Le langage

Ouvrages parus chez le même éditeur

Les Sciences humaines. Panorama des connaissances, Jean-François Dortier, 1998.

L'Identité. L'individu, le groupe, la société, Jean-Claude Ruano-Borbalan (coordonné par), 1998.

La Communication : état des savoirs, Philippe Cabin (coordonné par), 1998.

Les Organisations : état des savoirs, Philippe Cabin (coordonné par), 1999.

Le Cerveau et la Pensée. La révolution des sciences cognitives, Jean-François Dortier (coordonné par), 1999.

L'Histoire aujourd'hui, Jean-Claude Ruano-Borbalan (coordonné par), 1999.

Philosophies de notre temps, Jean-François Dortier (coordonné par), 2000.

L'Economie repensée, Philippe Cabin (coordonné par), 2000.

La Sociologie : histoire et idées, Philippe Cabin et Jean-François Dortier (coordonné par), 2000.

Eduquer et Former. Les connaissances et les débats en éducation et en formation, Jean-Claude Ruano-Borbalan (coordonné par), 2001 (2ᵉ éd. refondue et actualisée).

Si vous désirez être informé(e) des parutions de Sciences Humaines Éditions
et de la revue mensuelle *Sciences Humaines* :
Sciences Humaines, 38, rue Rantheaume,
BP 256, 89004 Auxerre Cedex.
Tél. : 03 86 72 07 00/Fax : 03 86 52 53 26.

Le langage

NATURE, HISTOIRE ET USAGE

- Les théories linguistiques
- Les débats
- Les origines
- Les enjeux

Coordonné par
Jean-François Dortier

Éditions
Sciences Humaines

Réalisation et diffusion de l'ouvrage

Cet ouvrage reprend des articles parus dans le mensuel *Sciences Humaines*, enrichis et actualisés. L'appareillage pédagogique (bibliographie, mots clés, encadrés) a été également actualisé.
Il reprend notamment des articles du hors série n° 27, réalisé en partenariat avec le département des Sciences de l'Homme et de la Société du CNRS.

Conception : Jean-François Dortier

Coordination : Jean-François Dortier et Bruno Choc

Conception maquette, mise en pages intérieures :
Anne Leprince et Marc-Philippe Saligue,
PolyPAO, 89420 Saint-André-en-Terre-Plaine

Fabrication : Jean-Paul Josse

Conception maquette couverture : Gilbert Franchi

Secrétariat : Laurence Blanc

Diffusion : Nadia Latreche-Leal

Promotion : Estelle Dorey

Diffusion Presses universitaires de France

En application de la loi du 11 mars 1957, il est interdit de reproduire intégralement ou partiellement, par photocopie ou tout autre moyen, le présent ouvrage sans autorisation de l'éditeur ou du Centre français du droit de copie.
© Sciences Humaines Éditions, 2001,
38, rue Rantheaume,
BP 256, 89004 Auxerre Cedex
ISBN 2-912601-12-6

Liste des auteurs

Sylvain Auroux, Directeur de recherche au CNRS et de l'Ecole normale de Fontenay-Saint-Cloud.

Dominique Boullier, Sociologue et linguiste, directeur de recherches et professeur à l'Université de technologie de Compiègne.

Jean-Paul Bronckart, Psycholinguiste et professeur de didactique des langues à l'Université de Genève.

Philippe Cabin, Journaliste scientifique.

Gaëtane Chapelle, Journaliste scientifique au magazine *Sciences Humaines*.

Joseph Courtés, Professeur en sciences du langage à l'Université Toulouse-II, chercheur au Centre pluridisciplinaire de sémiolinguistique textuelle.

Jean-François Dortier, Rédacteur en chef du magazine *Sciences Humaines*.

Oswald Ducrot, Directeur d'études à l'Ecole des hautes études en sciences sociales (EHESS).

Martine Fournier, Journaliste scientifique au magazine *Sciences Humaines*.

Françoise Gadet, Professeur en sciences du langage à l'Université de Paris-X Nanterre, chercheur au laboratoire Modèles linguistiques et dynamiques des langues.

Daniel Gaonac'h, Professeur à l'Université de Poitiers et directeur du laboratoire Langage et cognition (LaCo) CNRS.

Claude Hagège, Professeur au collège de France et directeur d'études à l'Ecole pratique des hautes études.

Nicolas Journet, Journaliste scientifique au magazine *Sciences Humaines*.

Catherine Kerbrat-Orecchioni, Professeur en sciences du langage à l'Université Lumière Lyon-II et membre de l'institut universitaire de France.

Jean-Marie Klinkenberg, Professeur en sciences du langage à l'Université de Liège.

Alice Krieg, Membre du Centre d'étude des discours, images, textes, écrits, communications à l'Université Paris-XII.

Bernard Laks, Professeur en sciences du langage à l'Université de Paris-X, directeur du groupe de recherche « Phonologies » du CNRS.

Michel Launey, Professeur à l'Université de Paris-VII et directeur du Centre d'étude des langues indigènes d'Amérique (CELIA).

Jacques Lecomte, Journaliste scientifique.

Dominique Lestel, Maître de conférences en psychologie de la cognition à l'Ecole normale supérieure Ulm.

Christiane Marchello-Nizia, Professeur à l'Ecole normale supérieure, Lettres et Sciences Humaines (Lyon), Institut universitaire de France.

André Martinet, A été professeur de linguistique générale à la Sorbonne, directeur d'études à l'Ecole pratique des hautes études et président de la Société européenne de linguistique.

Vincent Nyckees, Maître de conférences en linguistique à l'Université de Lille-III.

Daniel Péchoin, Lexicographe et éditeur.

Alain Peyraube, Directeur de recherche au CNRS et directeur d'études à l'Ecole des hautes études en sciences sociales (EHESS), Centre de recherches linguistiques sur l'Asie orientale.

Jean-Yves Pollock, Professeur à l'Université de Picardie et directeur de recherche à l'Université Paris-VIII.

Anne Reboul, Docteur en linguistique et en philosophie, chargée de recherche à l'Institut des sciences cognitives, CNRS, Lyon.

Denis Roycourt, Enseignant, chercheur en science de l'éducation.

SOMMAIRE

Introduction générale : Questions sur le langage
Jean-François Dortier   1

Première partie – Les théories linguistiques

Points de repère : Les courants de la linguistique au XXe siècle   16

Chapitre 1 - La structure interne du langage

- Ferdinand de Saussure :
  « Le père fondateur » de la linguistique moderne
  Alice Krieg   21

- L'école de Prague ou la naissance de la linguistique structurale
  Nicolas Journet   25

- Noam Chomsky : une théorie générative du langage
  Denis Roycourt   29

- A la recherche de la grammaire universelle
  Entretien avec Jean-Yves Pollock   35

- Phonologie : passé et présent des sons dans le langage
  Entretien avec Bernard Laks   41

- « La langue est d'abord parlée… »
  Entretien avec André Martinet   45

Chapitre 2 - Langage et communication

- Les linguistiques de la communication
  Nicolas Journet   57

- Le langage est une action : à propos du livre de John L. Austin *Quand dire, c'est faire*
  Nicolas Journet   61

- Aux sources du malentendu
  Anne Reboul   67

- De la langue à la parole
  Sylvain Auroux   73
- La force des mots
  Entretien avec Oswald Ducrot   81
- Points de repère : Les courants de la sociolinguistique   86
- Le français tel qu'on le parle
  Françoise Gadet   91
- La linguistiquue dans les années 90 :
  une science de plus en plus ramifiée
  Nicolas Journet   99

Chapitre 3 - La science des signes

- Qu'est-ce que le signe ?
  Jean-Marie Klinkenberg   105
- Points de repère : Les sémiotiques et leurs applications   113
- La liberté de l'interprète selon Umberto Eco
  Nicolas Journet   117
- la sémiotique, comprendre l'univers des signes
  Joseph Courtés   121
- Les mots, les choses… et nous.
  Vincent Nyckees   127

Deuxième partie – Unité et diversité du langage

Chapitre 4 - L'origine du langage

- Le langage est-il naturel ?
  Nicolas Journet   139
- Aux sources du langage
  Jean-François Dortier   147
- L'origine des langues et du langage
  Alain Peyraube   153
- Le débat Piaget/Chomsky : langage et apprentissage
  Jean-François Dortier   165

- Le langage n'est pas dans le cerveau
  Entretien avec Sylvain Auroux   *171*

Chapitre 5 - Histoire et diversité des langues

- Points de repère : Les langues du monde   *180*

- L'hypothèse Sapir-Whorf
  Nicolas Journet   *185*

- Aimer les langues pour aimer les hommes
  Entretien avec Claude Hagège   *191*

- Sauver la diversité des langues !
  Entretien avec Michel Launey   *197*

- Peut-on réformer les langues ?
  Nicolas Journet   *201*

- Les cultures de la conversation
  Catherine Kerbrat-Orecchioni   *209*

- Le français d'hier et d'aujourd'hui
  Christiane Marchello-Nizia   *217*

- Nique ta langue !
  Martine Fournier   *229*

Troisième partie – Enjeux

Chapitre 6 - Les applications

- Langage et travail
  Philippe Cabin   *239*

- Modes d'emploi : mode d'emploi
  Dominique Boullier   *247*

- L'art de faire un dictionnaire
  Entretien avec Daniel Péchoin   *253*

Chapitre 7 - L'acquisition du langage

- L'acquisition du langage
  Gaëtane Chapelle   *259*

- Parler tôt pour parler bien
  Entretien avec Claude Hagère   *265*

- L'enseignement précoce des langues
  Daniel Gaonac'h

Chapitre 8 - Langage et pensée

- Peut-on faire parler les singes ?
  Dominique Lestel   283
- Lev Vygotski. Pensée et langage, du social vers l'individuel
  Jacques Lecomte   291
- Quand l'aphasie nous parle
  Gaëtane Chapelle   297
- Langage et représentations
  Jean-Paul Bronckart   303

Annexes   309

Mots clés   311

Bibliographie générale   321

Index thématique   327

Index des noms des personnes   331

Jean-François Dortier[*]

INTRODUCTION
QUESTIONS SUR LE LANGAGE

 « Les scarabées sont des coléoptères », « Heureux qui comme Ulysse a fait un beau voyage », « Ta veste bleue est au pressing », « Quelle heure est-il ? », « Je ne mange pas de viande », « Merde ! », « Le CAC 40 a perdu 2 % », « L'œil était dans la tombe et regardait Caïn », « Maman, j'ai faim ! ».
Si l'on estime qu'une personne dit en moyenne une centaine de phrases par jour (seulement deux ou trois pour les grands solitaires, à quelques milliers pour les bavards ou les enseignants...), alors on peut considérer que pas moins de 500 ou 600 milliards de phrases sont prononcées au quotidien sur la planète. Et la variété des phrases est infinie : de la plus banale (« Bonjour, ça va ? ») à la plus attachante (« Je t'aime ! ») en passant par les moins ordinaires (« Va, va, pauvre âme, je n'envie pas ta gloire. », *Richard III*, Shakespeare).
Face à cette infinie variété des discours, des formes d'expression, des langues, plusieurs séries de questions ne manquent pas de surgir : 1) Qu'est ce que le langage ? Combien y a-t-il de langues ? Comment naissent et se transforment les langues ? Quels liens se nouent entre langage et pensée ? Quelles sont les grandes découvertes de la linguistique ?

---

[*] Rédacteur en chef du magazine *Sciences Humaines*.

Qu'est-ce que le langage ?

La communication non verbale est présente dans le monde animal. Les animaux communiquent entre eux par les gestes (un chimpanzé tend la main pour demander de la nourriture), des postures (le loup tend le cou en signe de soumission), des odeurs (l'odeur d'urine sert chez les félins à marquer leur territoire), des cris (d'alerte, de joie, de colère chez les singes), sans parler des sifflements (d'oiseaux), et autres brames, gloussements, caquetages et beuglements.

Mais plusieurs différences essentielles séparent le langage de la communication non verbale.

Tout d'abord, chaque signal non verbal – gestes, cris, postures – est associé à un seul message (le claquement de bec est un signe de colère et d'agressivité chez l'oie). Et le répertoire des messages est assez limité : les animaux utilisent des signaux pour appeler (une mère appelle ses petits, un mâle sa femelle), pour alerter (un cri), pour agresser et se défendre (posture d'attaque), faire la cour (offre), saluer. En revanche, le langage humain permet de construire une infinité d'énoncés différents – d'une pièce de Shakespeare à un mode d'emploi de machine à laver. Cette capacité créatrice du langage est due à deux caractères spécifiques.

a) Du point de vue de sa construction, le langage est bâti sur le principe d'une «double articulation». La première articulation concerne des unités de sens que sont les monèmes (ou morphèmes). Ainsi, le mot «partira» est composé de deux morphèmes : «parti» qui indique l'action de partir, «ra» qui indique que l'action se situera dans le futur, qui permettent par associations de construire une infinité d'énoncés différents (comme on compose une infinité d'airs de musique à partir de quelques notes). La seconde articulation concerne les phonèmes qui sont des unités sonores distinctives. Ainsi, les mots «pas» et «bas» se distinguent par deux phonèmes /p/ et /b/ (1).

b) Le propre du langage humain est de renvoyer à des représentations mentales, exprimées sous forme de symboles. «*Le langage représente,* écrit Emile Benveniste, *la forme la plus haute d'une faculté qui est inhérente à la condition humaine, la*

---

1. La théorie de la double articulation du langage est due au linguiste André Martinet. Notons que la décomposition du langage humain en «phonèmes» distincts n'est pas une propriété unique du langage humain. Le chant des oiseaux est composé d'une gamme de notes, qui permettrait *a priori* d'établir une infinité de mélodies différentes.

faculté de symboliser. Entendons par là, très largement, la faculté de représenter le réel par un "signe" et de comprendre le "signe" comme représentant le réel, donc d'établir un rapport de "signification" entre quelque chose et quelque chose d'autre. » (2)
Chez les animaux, ni la structure de l'instrument de communication (fait de cris, de gestes…) ni les aptitudes mentales ne permettent de raconter une histoire. Les expériences d'apprentissage du langage des signes à des chimpanzés montrent qu'ils peuvent apprendre de 200 à 300 mots, et qu'ils sont capables d'en associer deux ou trois («Washoe veut poupée» ou «joue ballon»). Mais ils ont beaucoup de mal à construire des phrases grammaticalement correctes. Surtout, ils se servent des mots appris uniquement dans le cadre de demande («donne pomme»), ou de jeux de questions/réponses simples (à la question «Sarah, de quelle couleur est ce ballon?», la guenon Sarah répond : «Jaune»). Mais on est loin des milliers de mots acquis par les enfants en quelques années. Et surtout des constructions grammaticales complexes («Maman, tu l'as mis où mon pantalon marron clair?» ou «Bon sang, j'ai encore oublié de fermer à clé la porte d'entrée!»).
De plus, jamais les singes n'utilisent les mots appris pour poser des questions sur le monde, du type : «Qu'est-ce que c'est?» ou «Qu'est-ce qu'il fait ton père dans la vie?». De là à faire un discours comme sait le faire Fidel Castro (qui dure de cinq à dix heures), ou réciter le *Màhabhàrata*, le grand récit épique indien dont la longueur est de 5 fois celle de la *Bible* (et que certains récitants connaissaient par cœur).

Pourquoi parle-t-on ?

Le langage sert à échanger des informations, dira-t-on.
Pas uniquement. D'abord, parce qu'il arrive que l'on parle tout seul, sans donc chercher à communiquer avec autrui. Ensuite, on se parle aussi parfois sans échanger d'information. Par exemple quand on dit «Bonjour!». Parfois, on ne fait qu'exprimer une émotion : «Ho, mon dieu!» ou «Putain de m…».
Le linguiste Roman Jakobson (1896-1982) a proposé de distinguer six fonctions du langage :
– la fonction référentielle qui consiste à délivrer une information («Moscou est la capitale de la Russie» ou «Il y a de la

---

2. E. Benveniste, *Problèmes de linguistique générale*, Gallimard, 2 tomes, 1976-1980.

bière dans le frigo»);
– la fonction émotive ou «expressive» qui traduit une émotion («Tonnerre de Brest!», «Hourra!»);
– la fonction phatique ou «de contact» qui vise simplement à établir, maintenir ou entretenir un contact («Allô?», «Coucou!», «Ça va?», «Merci»);
– la fonction «poétique» vise la recherche du beau («*La Terre est bleue comme une orange*»);
– La fonction conative qui vise à agir sur un destinataire («Pousse-toi de là!», «Passe-moi le sel!»);
– la fonction métalinguistique consiste à réguler son propre discours («Tu vois ce que je veux dire?», «Je voulais dire que...»).
On peut imaginer d'autres usages de la parole. Dans un ouvrage récent, Jean-Louis Dessalles avance l'idée que le langage est né, non pas pour échanger des informations utiles mais surtout pour raconter des histoires inédites («Tu connais la nouvelle?»). Selon cette hypothèse, le langage serait donc une forme de mise en scène de soi. Il aurait une fonction «politique» : donner une prime aux bavards et aux beaux parleurs (3).

Combien existe-t-il de langues dans le monde ?

Les estimations varient selon les auteurs entre 4 000 et 6 000 langues. L'importance de ce chiffre peut surprendre, dans des pays où règne le monolinguisme (France), ou la coexistence de plusieurs langues (2 en Belgique et au Canada, 4 en Suisse). Mais c'est oublier que certains Etats abritent un très grand nombre de langues différentes. On compte 410 langues au Nigeria, 380 en Inde, 200 au Cameroun, en Australie et au Brésil. La palme revient à la Papouasie-Nouvelle Guinée avec 850, et l'Indonésie avec 670. Certaines de ces langues sont parlées par un tout petit nombre de locuteurs (500 langues sont parlées par moins de 100 personnes). C'est le cas dans les tribus papoues, amérindiennes ou d'aborigènes, qui ont vécu longtemps dans un relatif isolement géographique.

Pour les spécialistes, l'une des difficultés dans l'estimation du nombre de langues est de se mettre d'accord sur une définition partagée de ce qu'est une langue, et notamment sur la distinction entre un dialecte et une langue. On a dit qu'«*une*

---

3. J.-L. Dessalles, *Aux origines du langage*, Hermès Science, 2000.

langue, c'est un dialecte avec une armée et une police » ; une langue serait donc un dialecte qui a pris le pouvoir dans un pays. En général, les dialectes sont des façons de parler qui ont suffisamment de ressemblance entre eux pour créer un univers d'intercompréhension. C'est le cas des dialectes arabes parlés en Tunisie, Libye, Algérie ou Maroc. De la même façon, en Espagne, le castillan et le catalan sont deux dialectes, dont l'un – le castillan – a été érigé au rang de langue officielle.

Comment naissent et se transforment les langues ?

Existe-t-il une «langue-mère» qui serait à l'origine de toutes les langues du monde ? La question de l'origine des langues reste une énigme qui fait l'objet de nombreux débats actuellement (*voir chapitre IV*).

En ce qui concerne l'apparition de nouvelles langues, on en est réduit à des hypothèses. Le cas des langues créoles constitue une particularité éclairante. Certaines sont apparues très récemment et on dispose de quelques informations sur leur naissance. Ainsi les créoles des Caraïbes sont nés au XVIIe et XVIIIe siècle à la suite du mélange de populations d'esclaves venus de régions très différentes d'Afrique. Des milliers de gens qui ne parlaient pas la même langue, se sont retrouvés dans les plantations ; ils ont inventé de nouvelles façons de parler en empruntant à leur langue d'origine et à celle des colons (français ou anglais). Mais les linguistes notent que les langues créoles ne sont pas de simples mélanges composites de mots ou de règles venus de langues diverses. Elles se sont rapidement constituées en un système avec leur cohérence interne, leur vocabulaire propre marqué par des régularités de prononciation, des règles régulières d'organisation des phrases. Autre constat, l'inventivité des hommes est très forte. Car à partir de matériaux épars, ils peuvent en une ou deux générations reconstruire une langue nouvelle.

On doit admettre que les langues nouvelles ne naissent pas *ex nihilo*. Elles résultent toujours de l'évolution, de la différenciation ou du mélange de langues existantes. Le français en est un bon exemple. Au Xe siècle, on parlait en France une variété de dialectes : au sud, les langues d'oc (les différentes variétés d'occitan) et au nord les langues d'oïl. Parmi ces dernières, il y avait le francien ou dialecte de l'Ile-de-France, parlé par les gens de la cour. La langue «savante», celle des clercs, des prêtres, était le latin. D'où le nom de « Quartier latin », qui désignait au Moyen Age le quartier des universités parisiennes. Le dialecte francilien est devenu la langue officielle à partir du Xe siècle. Puis, il devient une langue littéraire, Montaigne et Pascal étant parmi les premiers intellectuels à écrire en français. De la Renaissance au XVIIe siècle, le français littéraire ne cesse de se transformer, et il n'est pas encore bien codifié avant la création de l'Académie française en 1635. Dans les provinces françaises, on continue à parler différents dialectes, picard, béarnais, et leurs divers patois locaux. Il faut attendre le XXe siècle pour l'unification linguistique, réalisée notamment par l'école primaire, qui a joué à l'égard de la langue le même rôle que l'Eglise à l'égard de la religion.

Comme toutes les langues, le français ne cesse de changer. D'abord parce que le vocabulaire évolue : des mots anciens disparaissent de l'usage (« Ventre sans gris », « espagnolette », « dextre », « s'esbaudir »), d'autres apparaissent (« email », « employabilité », « meuf », « judiciairement »). Certains mots changent de sens mais leur écriture reste la même (« chétif » voulait dire méprisable en ancien français). Les règles de grammaire subissent aussi des inflexions.

Mais le phénomène historique le plus marquant dans l'histoire des langues est celui de leur disparition massive à l'époque contemporaine. Claude Hagège estime qu'il disparaît environ 25 langues par an (4). A l'échelle de la planète, ce n'est pas la mondialisation qui fait disparaître les langues, comme on pourrait le croire. Historiquement, c'est la constitution des Etats qui contribue depuis deux siècles à leur disparition. En réalisant l'unité d'un pays, en constituant une administration ou une école, qui véhicule une langue officielle, les Etats contribuent à une réduction massive des langues d'une région. Ce qui se passe dans un pays comme le Nigeria où la Papouasie aujourd'hui, est comparable à ce qui passait en France au XVIIIe et XIXe siècle, où coexistait encore une grande diversité de dialectes : le champenois, le lorrain, le normand, le poitevin, l'auvergnat, l'occitan, le provençal, le gascon, le morvandiou, etc. A cela s'ajoute l'ouverture des communautés tribales qui vivaient en relative autarcie dans certaines régions du monde (en Afrique noire, Indonésie, Amazonie), et qui sont maintenant intégrées dans des ensembles plus vastes (par exode rural,

---

4. *Halte à la mort des langues*, Odile Jacob, 2000.

urbanisation ou scolarisation). Si leur disparition semble inéluctable, des linguistes se mobilisent pour les recueillir et les décrire. Face à ce déclin, certaines communautés s'attachent à faire revivre des langues ou à les défendre en exigeant leur enseignement, leur maintien dans les documents officiels : c'est le cas du corse et du breton en France, mais aussi de nombreuses langues amérindiennes ou d'Océanie.

Comment fonctionnent les langues ?

Ferdinand de Saussure a fait entrer la linguistique dans une nouvelle ère au début du XXe siècle, en imposant l'idée qu'une langue forme un tout structuré, dont les éléments prennent sens les uns par rapport aux autres. Une langue n'est pas une accumulation désordonnée de mots et de règles de grammaire, légués par l'histoire, et qui se transforment au cours du temps. Tous les éléments d'une langue sont assemblés et possèdent une organisation, une «structure» interne. Voilà pourquoi on parle de «structuralisme» à propos de l'approche inaugurée par F. de Saussure. A sa suite, un des buts majeurs de la linguistique sera de dévoiler ces structures.

Le langage est construit sur une architecture que les linguistes décrivent en plusieurs niveaux.

• le niveau phonologique est celui de la production des sons et leur signification (5). Le cercle de Prague (dont Nicolas Troubetskoy et Roman Jakobson sont les membres les plus connus) va s'attacher à l'étude phonologique. Son travail consistera à décomposer la langue en unités phonologiques élémentaires (les phonèmes) et assigner à chacun une fonction dans le cadre de la communication. En français, il existe 34 phonèmes différents qui permettent, par associations de créer quelques dizaines de milliers de mots différents.

• le niveau morphologique correspond à la structuration des mots. Dans la plupart des langues, pour fabriquer un mot, il faut combiner entre eux plusieurs éléments. Ainsi, le mot «prédisposition» peut être décomposé en parties différentes pré-dis-posi-tion, qu'on appelle des morphèmes (6). Le morphème «posi» est dit «lexical» car il est une variante du mot «poser». Les morphèmes «pré», «dis», «tion» sont gram-

---
5. Voir dans les mots clés en fin d'ouvrage la distinction entre phonétique et phonologie.
6. Voir les mots clés en fin d'ouvrage.

maticaux et se divisent en plusieurs genres, dérivationnel (préfixe, suffixe) ou flexionnel.
• le niveau syntaxique correspond à la construction grammaticale de la phrase. On peut décrire au niveau de la grammaire courante, celle apprise à l'école et qui définit les fonctions des mots - verbes, sujets, adverbes, et leurs accords. A un niveau plus profond, on peut classer les langues selon leur organisation syntaxique. Ainsi le français, comme l'anglais ou l'allemand reposent sur un ordre SVO (Sujet, Verbe, Complément), tandis que l'hébreu, le thaï ou le gallois sont de type VSO; les langues de Polynésie ou le malgache sont de type VOS, etc. Il existe d'autres classifications possibles (isolantes, agglutinantes, flexionnelles). A un niveau plus profond encore, des tentatives visent à dégager des structures syntaxiques communes à toutes les langues. C'est le cas des grammaires génératives ou des grammaires formelles (voir la Question suivante).
• le niveau sémantique renvoie à la signification des mots, des phrases. Comment se forme le sens des mots «poule», «néant», «incroyable», ou «croquignole»? L'idée qu'un mot renvoie directement à une réalité extérieure se heurte à une objection : le mot «néant» ou «croquignole» ne renvoie à aucune réalité objective. Les mots font-ils alors référence à des représentations mentales clairement définies? Prennent-ils sens les uns par rapport aux autres? Voilà le type de questions auxquelles cherche à répondre la sémantique.
A propos de ces différents niveaux du langage, un débat oppose les linguistes pour savoir si on peut vraiment isoler la sémantique de la syntaxe.

Y a-t-il des lois universelles du langage ?

Face à la diversité des langues, l'infinie richesse des phrases possibles, l'esprit humain, avide de simplicité et d'unité, se pose la question : existe-t-il des invariants linguistiques, des règles générales d'organisation, des unités de sens qui transcenderaient la diversité des langues? C'est une grande question non résolue. Il est possible d'avancer que pour les langues, comme pour les êtres humains, toutes se ressemblent et en même temps elles sont toutes différentes. D'un côté, toutes les langues se ressemblent puisqu'il est toujours possible de traduire plus ou moins fidèlement un texte d'une langue à une autre. Ce texte par exemple pourrait trouver son équivalent en russe, malgache,

voire en iroquois. Mais toutes les langues sont aussi différentes, car le sens des mots ne se superpose jamais exactement d'une langue à l'autre (problèmes que connaissent bien les traducteurs).
La possibilité d'intercompréhension entre les langues invite à se demander s'il existe, au-delà des différences évidentes entre langues, des «invariants» ou lois universelles du langage.
Cette recherche a pris plusieurs directions.
– Une première orientation porte sur le sens des mots. Selon la thèse du relativisme linguistique défendue par Edward Sapir, chaque langage a sa façon à lui de découper le monde. Là où les esquimaux utilisent plusieurs mots pour dire «neige», d'autres populations n'en auront qu'un. Il en va de même pour la dénomination des couleurs et leurs nuanciers. Cette thèse a cependant été discutée par la suite (*voir p. 189*). A propos des noms de couleurs, des recherches ultérieures ont montré qu'au-delà de la variété du vocabulaire, il existait tout de même un répertoire unique, de «couleurs de base», reconnues comme telles par tous les peuples. L'anthropologie cognitive suppose qu'il existe des concepts universels qui résultent d'une configuration commune du cerveau humain. C'est ainsi que toutes les sociétés ont un mot pour dire «âme» ou pour distinguer le masculin et le féminin. Mais ces mots ont-ils exactement le même sens d'une langue à l'autre? On retombe sur le problème initial.
– Y a-t-il des invariants grammaticaux? Noam Chomsky a postulé l'existence d'une grammaire profonde qui serait commune à toutes les langues du monde. Elle reposerait sur une capacité à produire des phrases organisées selon quelques principes de constituants fondamentaux (Groupe verbal, Groupe nominal, déterminant, etc.). Cela dit cette recherche, au bout de 40 ans et plusieurs reformulations, n'a pas abouti.
A ce jour, la recherche de véritables universaux du langage n'a pas donné de résultats très probants, mis à part quelques généralités (dans toutes les langues, il y a des phrases affirmatives, négatives, interrogatives). Une autre voie de recherche consiste à délaisser la recherche de vrais universaux pour se consacrer à l'étude des degrés de similitudes plus ou moins fortes entre langues (7).

---

7. C. Hagège, *La structure des langues*, «Que sais-je?», Puf, 1999; ou dans un autre registre R. Fuchs, «Universalisme et relativisme en linguistique», *Sciences Humaines*, hors série n° 35, septembre-octobre-novembre 2001.

D'où vient le sens des mots ?

A priori la réponse est simple : le mot sert à décrire le monde. Les mots « chien », « table », « rouge » désignent un animal, un objet, une couleur de la réalité. Le mot serait donc comme une étiquette que l'on pose sur un objet.

Mais, dans les affaires humaines, les choses ne sont jamais si simples. Le mot « chien » ne désigne pas un animal particulier (Viky, le caniche de la voisine ou Aristote, le labrador de mon oncle, sont deux animaux très différents, par la taille, la couleur…). Le mot « chien » renvoie à une catégorie générale pensée et non directement au réel perçu. De plus, il est évident que certains mots n'ont pas d'équivalents dans le monde extérieur : « Dieu », « passion », « institution », « remarquable »…

Faut-il donc admettre que le sens des mots, ne renvoie pas à des objets mais à des représentations mentales ? A une idée ou un « objet mental » correspondrait un mot. Le mot « rouge » renvoie à la couleur que je perçois comme rouge, et le mot « blanc » à la couleur perçue blanche.

Mais, là encore les choses se compliquent. Car si le « vin rouge » correspond bien à la boisson alcoolisée de couleur rouge, ce n'est pas le cas du « vin blanc » dont la vraie couleur est plutôt jaune. Ici, le mot blanc ne renvoie donc ni à une réalité extérieure, ni à l'image mentale d'une couleur : elle prend sens dans un rapport d'opposition entre deux mots : rouge/blanc.

Et que dire des mots qui peuvent avoir deux sens très différents : comme table (le meuble) ou table (de multiplication). Dans ce cas, seul le contexte d'énonciation permettra de comprendre le bon usage (« Va mettre la table ! »).

Parfois même, le sens d'un mot ou d'une phrase est sous-entendu. C'est-à-dire que la signification réelle est implicite, différente de la signification explicite. Ainsi la phrase « il est déjà 11 heures ! » peut être considérée comme un simple constat. Mais si cette phrase est prononcée par Margerie, à l'adresse de Jonathan, au cours d'une soirée, elle signifie implicitement « J'ai envie de rentrer ».

Comprendre la signification réelle de cette phrase, suppose donc de ne pas s'intéresser simplement au contenu explicite de la phrase (sémantique) mais de s'intéresser au contexte d'énonciation.

Le langage est-il le reflet de la pensée ?

L'idée d'une identité entre le langage et la pensée est profondément ancrée dans la culture occidentale. *« Au commencement était le verbe »*, ainsi débute l'Evangile de saint Jean.
On trouve cette thèse exprimée tout au long de l'histoire de la philosophie. Chez les Grecs, le *logos* désigne à la fois la parole et la pensée (ou plus globalement la connaissance). Au XXe siècle, des auteurs comme Maurice Merleau-Ponty défendront la thèse de l'identité langage-pensée au motif que pour penser, il faut utiliser des symboles, et que tous les symboles prennent la forme des mots du langage. La même idée est exprimée par un linguiste comme E. Benveniste.
Cette thèse a été fortement contestée récemment. En effet, une série d'arguments semblent montrer qu'il existe une « pensée sans langage ».
– Quand on joue aux échecs, on doit imaginer le déplacement des pièces, les nouvelles positions, les stratégies possibles de l'adversaire. Ce type de pensée passe par une représentation spatiale qui fait appel aux images plutôt qu'aux mots. De nombreuses expériences sur la pensée spatiale (expérience de « rotation mentale » de cubes par exemple) suggèrent que l'on peut penser sans avoir recours au langage.
– Un autre argument en faveur de la pensée sans langage s'appuie sur le décalage que tout le monde peut ressentir entre ce que l'on dit et ce que l'on pense. Le cas le plus banal est celui du « mot sur la langue ». On pense à une personne (un acteur de cinéma, un homme politique, un ami,...), on le voit devant les yeux, on sait ce qu'il fait, on peut dire beaucoup de choses de lui, mais on ne retrouve plus son nom... On peut donc penser à quelqu'un sans se rappeler par le mot qui le désigne. Les témoignages d'aphasiques, personnes qui ont perdu l'usage de la parole suite à une lésion du cerveau et qui continuent pourtant à mener une vie presque normale : faire des projets, organiser leurs activités, travailler, faire la cuisine, bricoler, penser à leurs amis, leurs parents... montrent également que l'on peut penser sans langage (8).
Le langage ne serait donc qu'une façon parmi d'autres pour la pensée de s'exprimer ? C'est la thèse défendue par le psychologue Jean Piaget pour qui le langage est l'expression d'une

---

8. D. Laplane, *La Pensée d'outre-mots*, synthélabo, 1997.

aptitude plus générale : la «fonction symbolique». Elle apparaît chez l'enfant vers deux ans et s'exprime à travers plusieurs aptitudes mentales : les images mentales, le jeu, l'imitation différée, le dessin, et enfin le langage. Reste à savoir alors, dans cette hypothèse, s'il n'est qu'un sous-produit de la pensée ou s'il possède tout de même ses contraintes propres et une «autonomie relative».

L'étude du langage appartient-elle seulement aux linguistes ?

La linguistique moderne s'est constituée au début du XXe siècle en faisant du langage un objet d'étude autonome. Cette idée a été formalisée par F. de Saussure. qui postulait d'une part l'arbitraire du signe (c'est-à-dire le découplage entre la forme du mot et son contenu), et d'autre part l'organisation du langage en système (qui en fait une entité possédant ses propres lois).

A côté de la linguistique proprement dite, d'autres disciplines voisines ont vu le jour. Elles s'interrogent sur les liens entre le langage et la société, le langage et le fonctionnement du psychisme.

– La neurolinguistique étudie notamment les bases cérébrales du langage. Elle a débuté avec les célèbres découvertes de Paul Broca (1824-1880) et Carl Wernicke (1848-1905) sur l'aphasie. Ils ont montré qu'une lésion de certaines aires du cerveau (situées dans le temporal gauche) conduisait à de sérieux troubles dans la compréhension ou la production du langage. Depuis, on a affiné les types d'aphasie; les études récentes confirment qu'il existe dans le cerveau des modules linguistiques différents (phonologiques...), dont les lésions entraînent des pathologies spécifiques.

– La psycholinguistique se préoccupe des liens entre le langage et les autres fonctions psychiques : mémoire, raisonnement, perception... Un de ses champs privilégiés concerne l'acquisition du langage. Un des principaux acquis de ces recherches concerne la précocité des aptitudes linguistiques chez le nourrisson. Par exemple, on sait que les premières semaines, il est capable de reconnaître et discriminer les sons de sa langue natale, les séquences de syllabes. De même, on s'aperçoit que les phases d'acquisition du langage sont similaires chez tous les enfants. Cela conduit de nombreux chercheurs à admettre qu'il existe des bases biologiques innées

pour l'acquisition du langage (et propre à l'espèce humaine).
– La sociolinguistique étudie les relations entre l'usage du langage et les différents milieux sociaux. On ne parle pas de la même façon dans les quartiers chics et dans la banlieue. C'est ce qu'avait montré William Labov, le père de la sociolinguistique dans les années 1960. Mais il n'y a pas une langue dégradée et une langue correcte, sophistiquée; le parler des banlieues peut être aussi complexe dans sa formulation que n'importe quelle autre forme d'expression (« Hé bouffon, t'a qu'à écouter comment qu'y sont graves poètes, les rapeurs dl'a cité»).
Bien d'autres approches existent encore : la philosophie du langage, l'analyse de conversation, l'analyse de discours, l'informatique (TALN : Traitement automatique du langage naturel), la sémiotique, la pragmatique, la stylistique… Autant de facettes qui montrent que le langage ne peut se laisser enfermer dans le moule d'une seule approche.

PREMIÈRE PARTIE

Les théories linguistiques

Chapitre I
La structure interne du langage   *19*

Chapitre II
Langage et communication   *55*

Chapitre III
La science des signes   *103*

LES COURANTS DE LA LINGUISTIQUE
AU XXᴱ SIÈCLE

1900

LA RÉVOLUTION SAUSSURIENNE
Ferdinand de Saussure (1857-1913) est le père de la linguistique moderne. Dans son *Cours de linguistique générale* (1916), il rompt avec une approche descriptive et historique des langues pour rechercher les règles formelles de son fonctionnement (approche synchronique). Il défend un point de vue « structural », où la langue est étudiée comme un système. Un signe possède une double face : un signifiant, qui est le support « matériel » du signe (son ou graphisme), et un signifié, qui correspond à l'idée contenue dans le signe (*Voir l'article d'A. Krieg dans cet ouvrage*).

1925

LE DISTRIBUTIONNALISME
En 1935, Leonard Bloomfield (1887-1949) esquisse, avec le distributionnalisme, une tentative d'inspiration béhavioriste d'expliquer les faits de langage à partir de la fréquence d'apparition des mots.

LE CERCLE DE PRAGUE
A la fin des années 20, le Cercle de Prague accueille les linguistes russes Roman Jakobson (1896-1982) et Nicolas Troubetskoy (1890-1938). Son approche s'inspire de celle de F. de Saussure. La langue forme une structure dont les éléments sont arbitraires mais se tiennent entre eux (*Voir l'article de N. Journet « L'école de Prague » dans cet ouvrage*).

1950

LE CERCLE DE COPENHAGUE ET LA GLOSSÉMATIQUE
Dans le prolongement de F. de Saussure, le Danois Louis Trolle Hjelmslev (1899-1965) forge une théorie linguistique, nommée glossématique, dont le projet est de constituer une *« algèbre immanente des langues »*. Cette démarche se veut résolument théorique et formaliste.

1960

LA GRAMMAIRE GÉNÉRATIVE
Au début des années 60, on assiste à l'éclosion de plusieurs types de grammaires transformationnelles et génératives. Leur but est de constituer une grammaire universelle du langage. Elles sont impulsées notamment par Zellig Harris et son élève Noam Chomsky.
La grammaire générative est à la recherche d'un système formel du langage, d'une grammaire universelle qui décrirait toutes les langues et leurs énoncés.
A partir des années 80 se développent de nouvelles grammaires, dites « grammaires d'unification », dont l'objectif est d'unifier syntaxe et sémantique. Les modèles formels des grammaires d'unification sont explicitement forgés dans le cadre de la traduction automatique (*Voir l'article de D. Roycourt et l'entretien avec J.-Y. Pollock dans cet ouvrage*).

1975

Argumentation et rhétorique
Chaïm Perleman, le père de la théorie moderne de l'argumentation, a montré comment les discours argumentatifs étaient nichés dans la plupart des formes du langage courant (*La Nouvelle Rhétorique*, Dalloz, 1999, 1re éd. 1958).

La pragmatique
Le philosophe anglais John L. Austin (1911-1960) est le fondateur de la pragmatique (*Quand dire, c'est faire*, Points Seuil, 1970, 1re éd. 1960). La pragmatique quitte le terrain des structures de la langue pour s'intéresser à la parole et à ses effets dans le cadre d'une communication. Pour elle, les actes de langage désignent des énoncés en tant qu'ils agissent sur les autres (*Voir les articles de S. Auroux, A. Reboul et « Le langage est une action » de N. Journet dans cet ouvrage*).

L'ethnolinguistique
Selon Edward Sapir (1884-1939) et son élève Benjamin L. Worf (1897-1941), ethnologues et linguistes américains, la variété des langues et des types de vocabulaire contribue à forger des représentations différentes du monde. C'est ce que l'on nomme l'hypothèse Sapir-Worf (*Voir l'article « L'hypothèse Sapir-Whorf » de N. Journet dans cet ouvrage*).

1990

La sociolinguistique
William Labov (né en 1928) définit la sociolinguistique comme l'étude des différences linguistiques selon les milieux sociaux (*Voir Points de repères : « Les courants de la sociolinguistique » dans cet ouvrage*).

L'ethnographie de la conversation
L'ethnographie de la conversation (Dell Hymes et John J. Gumperz) repose sur l'analyse de la conversation ordinaire, des tours de parole, des rituels… (*Voir Points de repères : « Les courants de la sociolinguistique » dans cet ouvrage*.

Deux grands auteurs du Cercle de Prague

Roman Jakobson (1896-1982)
Fondateur de la phonologie, R. Jakobson émigre aux Etats-Unis en 1942. Dans son *Essai de linguistique générale* (1963), il propose de distinguer 6 fonctions du langage : référentielle (donner une information), émotive (traduire une émotion), conative (donner un ordre), phatique (maintenir le contact), poétique (rechercher l'esthétique), métalinguistique (réguler son propre discours).

André Martinet (1908-1999)
Il est le fondateur de la phonologie fonctionnelle. Il est aussi l'inventeur de la célèbre théorie de la double articulation du langage (*Voir l'entretien avec A. Martinet dans cet ouvrage*).

CHAPITRE I

La structure interne du langage

- Points de repère :
  Les courants de la linguistique au XXe siècle   16

- Ferdinand de Saussure :
  Le « père fondateur » de la linguistique moderne
  Alice Krieg   21

- L'école de Prague ou la naissance de la linguistique structurale
  Nicolas Journet   25

- Noam Chomsky : une théorie générative du langage
  Denis Roycourt   29

- A la recherche de la grammaire universelle
  Entretien avec Jean-Yves Pollock   35

- Phonologie : passé et présent des sons dans le langage
  Entretien avec Bernard Laks   41

- « La langue est d'abord parlée… »
  Entretien avec André Martinet   45

ALICE KRIEG[*]

FERDINAND DE SAUSSURE[**]
LE « PÈRE FONDATEUR » DE LA LINGUISTIQUE MODERNE

Une des tâches de la linguistique, disait Ferdinand de Saussure, «*sera de se délimiter et de se définir elle-même*». Son objet privilégié sera la langue telle qu'elle fonctionne à un moment donné de l'histoire, et non pas la parole en tant que système en évolution.

FERDINAND DE SAUSSURE naît en 1857, à Genève, dans une famille aristocratique dépositaire d'une tradition intellectuelle tournée vers les sciences naturelles et la physique. A cette époque, la linguistique est une discipline vivante, mais elle est avant tout une science historique. Depuis les débuts du XIXe siècle, en effet, les linguistes sont lancés dans une vaste entreprise de recueil, de description et de comparaison des langues. Leur projet consiste à établir l'arbre généalogique des langues, et à décrire les lois grammaticales et, surtout, phonétiques (1) de leur évolution.

Pendant quatre ans, F. de Saussure suit des études de linguistique historique à l'Université de Leipzig. Dès 1878, il est rendu célèbre pour son *Mémoire sur le système primitif des voyelles indo-européennes*. Après Leipzig, F. de Saussure va parfaire sa formation à Paris. Un an après son arrivée en 1881, il est nommé maître de conférences à l'Ecole des hautes études. Il y enseigne pendant onze ans, avant de retourner dans sa patrie helvétique. L'homme qui le remplace à Paris est un de ses élèves, Antoine Meillet, qui, en France, régnera sans partage sur la discipline pendant plusieurs décennies.

A Genève, F. de Saussure enseigne notamment le sanscrit, la grammaire comparée, la phonologie (2) et la versi-

---
[*] Membre du Centre d'étude des discours, images, textes, écrits, communications, à l'Université Paris-XII.
[**] *Sciences Humaines*, n° 47, février 1995.
1. Voir les mots clés en fin d'ouvrage.
2. *Idem*.

fication française (technique du vers). Soucieux d'être compris de son auditoire, travailleur rigoureux, scrupuleux de la justesse de ses démonstrations, F. de Saussure est l'objet d'une grande admiration de la part de ses étudiants. C'est en 1906 que la faculté de Genève lui confie l'enseignement de « linguistique générale et d'histoire et comparaison des langues indo-européennes ». Trois années durant (1907, 1908-1909 puis 1910-1911), il développe ses réflexions théoriques sur le langage.

Lorsque F. de Saussure meurt, en 1913, Charles Bally et Albert Séchehaye, deux de ses élèves, envisagent de publier l'enseignement du maître. Mais la déconvenue s'impose : il ne reste dans les tiroirs de F. de Saussure que quelques brouillons, et fort peu de traces des cours de linguistique générale. *Le Cours de linguistique générale* qui paraît en 1916 à l'initiative de C. Bally et A. Séchehaye est ainsi une synthèse des notes prises par huit étudiants. C'est donc à travers un document posthume et publié sans le sceau de son auteur que l'on étudie le plus souvent la pensée du « père fondateur » de la linguistique moderne.

La linguistique comme science

Comme Emile Durkheim l'avait ambitionné pour la sociologie dans *Les Règles de la méthode sociologique* (1895), F. de Saussure veut faire de la linguistique une science. Pour cela, il tente de lui en donner les attributs, c'est-à-dire un objet, une méthode, et des concepts théoriques et analytiques. L'objet de la linguistique, estime F. de Saussure, c'est la langue, définie par opposition à la parole. La langue est *« à la fois un produit social de la faculté de langage et un ensemble de conventions nécessaires »*. Elle est donc une institution sociale, un code partagé, un système de signes commun à l'ensemble des membres d'une communauté. La parole, elle, est l'utilisation de ce système par les sujets parlants, la réalisation individuelle du code. Elle est *« un acte individuel de volonté et d'intelligence »*.

Pour explorer cet objet privilégié de la linguistique que doit être la langue, F. de Saussure envisage deux démarches possibles. Soit – comme le fait la linguistique historique – on étudie la langue comme un système en évolution, et on observe les changements linguistiques qui s'opèrent à travers le temps : c'est une linguistique évolutive, ou diachronique. Soit on s'intéresse à la langue en tant que système stable, telle qu'elle fonctionne à un moment donné de l'histoire : c'est une linguistique statique, ou synchronique. Pour F. de Saussure, c'est le point de vue synchronique que doit privilégier la linguistique. Car, quand le sujet parle, il fait usage d'un état donné de la langue, sans tenir compte des évolutions qui ont concouru à le produire. Par exemple, *« la masse des sujets parlants établit un rapport entre "un mur décrépi" et "un homme décrépi" bien qu'historiquement ces deux mots n'aient rien à faire l'un avec l'autre »* puisqu'ils proviennent de deux mots latins différents. Pour comprendre la langue dont fait usage le sujet, le linguiste n'a donc pas besoin de connaître ses états antérieurs. La distinction diachronie/synchronie est bien entendu un modèle théorique, puisque la langue évolue constamment, et ne connaît pas d'état réellement stable. Avoir une perspective synchronique, c'est donc étudier un *« état de langue »*, celui-ci étant défini comme *« un espace de temps plus ou moins long pendant lequel la somme des modifications survenues est minime »*.

Une théorie du signe

Pour fonder la démarche scientifique en linguistique, F. de Saussure élabore également une théorie du signe linguistique. Celui-ci est la combinaison de deux éléments : un signifié (par exemple le concept abstrait d'« arbre », l'idée), et un signifiant (le son, l'*« image acoustique »* comme dit F. de Saussure, [arbre]) (3). Comme la pièce de monnaie ou la feuille de papier, le signe linguistique comprend donc deux faces indissociables : une face conceptuelle qui correspond au contenu sémantique du signe, à son sens, et une face que l'on qualifie généralement de « matérielle ».

Une première particularité du signe linguistique est d'être arbitraire, ou encore immotivé, c'est-à-dire qu'il n'existe aucun rapport interne entre le signifié et le signifiant, entre le concept et le mot qui le représente. Cette caractéristique apparaît bien dans le fait qu'il existe différents mots ([chien] en français, [dog] en anglais, [cane] en italien…) pour désigner des concepts très proches (très proches, mais non identiques, puisque chaque langue « découpe » le réel d'une façon singulière). Même les onomatopées, qui prétendent imiter le réel, sont en partie arbitraires :

on sait que si le coq français fait « cocorico », les coqs anglais et espagnols font respectivement « cock-a-doodle-doo » et « quiquiriqui ». Par son caractère arbitraire, le signe linguistique est très différent d'autres types de signes, comme le symbole, qui repose au contraire sur un rapport d'analogie entre signifié et signifiant. Par ailleurs, si le lien signifié/signifiant est arbitraire, il n'en n'est pas moins nécessaire, c'est-à-dire imposé à l'individu et à la communauté parlante : *« Si par rapport à l'idée qu'il représente, le signifiant apparaît comme librement choisi ; en revanche, par rapport à la communauté linguistique qui l'emploie, il n'est pas libre, il est imposé. »*

Autre caractéristique du signe linguistique : son signifiant est linéaire. C'est-à-dire que les signifiants sont disposés successivement sur une ligne, qu'ils forment une chaîne : pour parler ou écrire, il faut inévitablement mettre les signifiants (syllabes, mots…) les uns après les autres.

Une autre contribution de F. de Saussure à la linguistique est d'avoir défini la langue comme un système, ou encore comme une structure, terme qui sera privilégié par la suite et qui fera de la linguistique initiée par F. de Saussure une linguistique structurale. La langue est un système en ce que le signe linguistique tire sa valeur de son rapport avec les autres signes, et non de lui-même : l'identité linguistique est relationnelle. Par exemple, le signifiant [lapin] tient son identité de sa différence avec d'autres signifiants tels que

---

3. Voir les mots clés en fin d'ouvrage.

[lapon] ou [lopin]. [Lapin] peut être prononcé de différentes manières (avec un [a] plus ou moins ouvert, par exemple), il n'en conserve pas moins sa valeur de signifiant [lapin] du moment qu'il se différencie des autres signifiants. De même, à l'écrit, la lettre «a» peut être formée de différentes façons (a,*a*,a,ɑ…), elle reste un «a» dans les limites qui lui sont imposées par les différentes graphies d'autres lettres («o» «e»…). Le signifié, lui aussi, repose sur un principe différentiel : le sens de «cheval» se constitue par différence d'avec d'autres sens (ceux de «jument», «mulet», «étalon», «poulain»…). La plus exacte caractéristique des signifiés, dit F. de Saussure, *«est d'être ce que les autres ne sont pas»*. Le primat de la relation entre éléments sur les éléments eux-mêmes fait dire à F. de Saussure que *«dans la langue il n'y a que des différences»*.

Aujourd'hui, toute la linguistique n'est plus structurale, et ceux qui revendiquent une appartenance au structuralisme ont opéré une lecture critique des concepts saussuriens. Mais le *Cours de linguistique générale* est considéré comme l'ouvrage fondateur de la linguistique moderne. De grands linguistes comme Louis Hjelmslev, Roman Jakobson, Nicolas Troubetskoy et André Martinet ont fait du travail de F. de Saussure le point de départ de leurs recherches. Par ailleurs, le structuralisme en linguistique a été suffisamment fécond pour essaimer dans d'autres disciplines. Ainsi, en 1945, lorsque Claude Lévi-Strauss désigne la linguistique comme science pilote des sciences sociales, c'est à la linguistique structurale qu'il se réfère.

Bibliographie

Ferdinand de Saussure
- *Cours de linguistique générale*, 1916. Réédition Payot, 1972.
- *Mémoire sur le système primitif des voyelles dans les langues indo-européennes*, 1878. Réédition Georg Olms Hildesheim, 1968.
- *Recueil des publications scientifiques*, 1922. Réédition Slatkine Reprints, 1984.

Sur Saussure
- S. Bouquet, *Introduction à la lecture de Saussure*, Payot, 1997.
- L.-J. Calvet, *Pour et contre Saussure ; vers une linguistique sociale*, Payot, 1975.
- F. Gadet, *Saussure, une science de la langue*, Puf, 1990.
- R. Godel, *Les Sources manuscrites du Cours de linguistique générale de Ferdinand de Saussure*, Droz, 1969.
- G. Mounin, *Saussure ou le structuralisme sans le savoir*, Seghers, 1972.
- C. Sanders, *Cours de linguistique générale de Saussure*, Hachette, 1979.
- J. Starobinski, *Les Mots sous les mots ; les anagrammes de Ferdinand de Saussure*, Gallimard, 1971.
- *Les Cahiers Ferdinand de Saussure*, édités à Genève depuis 1941, publient des inédits et des articles consacrés à la linguistique saussurienne.

Sur la linguistique avant Saussure
- G. Bergounioux, *Aux origines de la linguistique française*, Pocket, 1994.
- C. Normand (dir.), *Avant Saussure. Choix de textes 1875-1924*, Complexe, 1978.

NICOLAS JOURNET[*]

L'ÉCOLE DE PRAGUE[**]
OU LA NAISSANCE DE LA LINGUISTIQUE STRUCTURALE

Née dans les années 20, l'école de Prague – dont Nicolas Troubetskoy et Roman Jakobson sont les figures de proue – est l'héritière de la théorie de Ferdinand de Saussure. Elle pose les bases de la phonologie et, plus généralement, d'une approche structuraliste du langage.

« *LA LANGUE est un système fonctionnel.* » Ainsi commence le texte que Roman Jakobson (1896-1982), Nicolas Troubetskoy (1898-1938) et Sergei Karcevski présentent au premier Congrès international des linguistes, qui se tient à La Haye en 1929. Remanié, ce texte est publié l'année suivante au nom du Cercle linguistique de Prague, dont il constitue le manifeste et le programme. Il marque l'entrée sur la scène internationale des idées du structuralisme linguistique, dont le développement et la diffusion seront assurés pendant dix ans par le groupe auquel appartiennent les trois signataires.

Ce groupe, fondé en 1926 par Vilm Mathesius (1882-1945), professeur à l'Université Charles, a deux ans d'existence. C'est un « cercle », on s'y retrouve parce que l'on a des idées et des goûts communs. V. Mathésius y a réuni des étudiants et des professeurs en désaccord avec les thèses, alors dominantes, des néogrammairiens, qui pratiquent une analyse mécaniste de la transformation des langues. Beaucoup d'entre eux sont aussi de grands amateurs de poésie. Le Cercle s'est vite élargi. R. Jakobson est un spécialiste de la poésie slave, venu de Moscou en 1923. N. Troubetskoy, également russe, a émigré à Vienne pour fuir la révolution de 1917. Il y enseigne la phonétique (1).

---

[*] Journaliste scientifique au magazine *Sciences Humaines*.
[**] *Sciences Humaines*, hors série n° 30, septembre 2000.

Jan Mukarovsky (1896-1975) est tchèque, et il est, autant qu'un linguiste, un théoricien de l'art et de la poésie. S. Karcevski, encore un Russe, est un linguiste qui a étudié à Genève avec Ferdinand de Saussure.

Les deux sources d'inspiration du Cercle sont les propositions théoriques de F. de Saussure (2), encore peu reconnues, et le formalisme hérité de l'Ecole de Moscou. A cela s'ajoute l'intérêt que R. Jakobson et d'autres portent à la stylistique : distinguer les formes poétiques des formes simplement communicationnelles du langage sera l'un de leurs soucis les plus féconds.

Le manifeste de 1929

Le manifeste de 1929 pose les jalons d'une linguistique ambitieuse : elle considère la langue dans toutes ses dimensions, sonore, morphologique, syntaxique et sémantique (3). La première thèse énonce que la langue doit être conçue comme un système : ses traits n'ont de sens qu'au regard les uns des autres et concourent à un but, communiquer. En conséquence, comme le réclamait F. de Saussure, les faits linguistiques doivent être d'abord considérés dans la synchronie. Ensuite seulement, il est possible d'étudier leur évolution de manière systématique. Il n'y a pas de changement isolé, car la contrainte de communication exige un rééquilibrage permanent. L'intuition du locuteur est la base de l'analyse linguistique : c'est lui qui est capable de dire si une différence est pertinente ou non. Enfin, pour ce qui est du programme, le manifeste des Praguois s'engage à mener à bien une vaste étude comparative des langues destinée à en faire apparaître les lois structurales, à commencer par la logique de leur système sonore.

Système de signes, synchronie, fonction de communication : en érigeant ces notions en principes, les Praguois reprenaient des idées déjà formulées par F. de Saussure, par des psychologues de la forme (4), ou même largement admises comme des évidences (la « communication »). Mais c'est leur coalescence au sein d'un projet théorique collectif, inspiré par des modèles rigoureux, qui pose les bases d'une nouvelle linguistique.

Pendant dix ans, le Cercle de Prague fonctionnera sur ces prémisses. R. Jakobson et N. Troubetskoy produisent une œuvre qui fonde une nouvelle discipline, la phonologie, c'est-à-dire l'étude des sons pertinents de la langue (5). La phonologie devient le modèle des approches structurales : les oppositions distinctives établies par les opérations de commutation (bateau/rateau) et de permutation (art/rat) sont ses outils de base.

La fin du Cercle

R. Jakobson, parallèlement, commence à élaborer le modèle des « fonctions du langage », qui atteindra sa formulation complète dans les années 40 (*voir encadré ci-contre*). Simultanément, il écrit sur

---

1. Voir les mots clés en fin d'ouvrage.
2. Voir l'article d'A. Krieg dans cet ouvrage.
3. Voir les mots clés en fin d'ouvrage.
4. Selon ce courant de la psychologie, la perception visuelle organise les données de l'environnement à partir des formes très prégnantes. Percevoir c'est donc projeter sur la réalité des formes ou des configurations connues.
5. *Principes de la phonologie*, Klincksieck, 1939, réed. 1986.

Les fonctions du langage selon Roman Jakobson

En 1963, le linguiste d'origine russe Roman Jakobson, reprenant le modèle fondamental des théoriciens de l'information, proposa un schéma qui attribuait six fonctions de communication au langage. Par rapport à la simple assertion que le langage sert à communiquer, la proposition de R. Jakobson introduisait l'idée que le langage peut faire plus que coder des messages. Il supposait que chacune des fonctions correspondait spécifiquement à un facteur de l'acte de communication (émetteur, récepteur, canal, code, message, référent). La fonction «émotive» ou «expressive» désigne le fait que le langage permet au locuteur d'exprimer des désirs, des états mentaux (concerne l'émetteur). La fonction «référentielle» : le fait que le langage permet de donner des indications sur l'objet nommé, la situation présente et le contexte (concerne le monde environnant). La fonction «conative» (du latin *conari*, «entreprendre») : le langage permet d'agir sur autrui (concerne le récepteur). La fonction «poétique» : le langage peut exprimer des qualités esthétiques propres, qui sont la forme du message (concerne le message). La fonction «phatique» : le langage permet d'établir, prolonger ou interrompre une communication (exemple : «Allo», au téléphone, concerne le canal). La fonction «métalinguistique» : le langage permet de parler sur lui-même (comme lorsqu'on dit : «Pour parler ainsi, en d'autres termes», etc., concerne le code).

N.J.

la théorie linguistique. Le Cercle exerce, ces années-là, une influence croissante sur de nombreux linguistes européens : Emile Benveniste, André Tesnières, André Martinet, Viggo Brøndal, Louis Hjelmslev participent à ses travaux.

En 1939, l'invasion allemande de la Tchécoslovaquie éclate comme un coup de tonnerre : R. Jakobson fuit au Danemark et les communications avec l'Ouest deviennent difficiles. N. Troubetskoy étant mort en 1938, le Cercle disparaît en tant que collectif. Il renaîtra de manière beaucoup plus discrète après la guerre, mais – rideau de fer oblige – n'aura plus le même rayonnement.

Le flambeau structuraliste est repris entre-temps par L. Hjemlslev à Copenhague, R. Jakobson aux Etats-Unis, A. Martinet en France (6), avec des orientations spécifiques à chacun. La linguistique structurale, à cette époque, cesse d'appartenir à un pays en particulier et se développe en une arborescence de courants qui bientôt se vivront comme concurrents. R. Jakobson a pour étudiants au MIT Noam Chomsky et Morris Halle, qui fondent la grammaire générative (7). Il invite aux

---

6. Voir l'entretien de A. Martinet dans cet ouvrage.
7. Voir l'article de R. Roycourt dans cet ouvrage.

Etats-Unis A. Martinet, qui se définit de plus en plus comme «fonctionnaliste» et non structuraliste. Bref, la victoire du structuralisme en linguistique signifie que de nouvelles divisions internes peuvent apparaître.

L'importance du Cercle de Prague ne se mesure pas seulement à son incidence sur le renouvellement des études linguistiques. Le rayonnement exercé par ses membres est un facteur de la diffusion des idées structuralistes dans le champ des sciences humaines, en particulier françaises.

Qu'on le considère comme un simple relais des idées de F. de Saussure, ou comme le véritable inventeur de la méthode structurale, le Cercle de Prague représente un de ces moments collectifs essentiels à ce qu'en histoire des sciences, on appelle un changement de paradigme.

De l'École de Moscou à l'analyse du conte

Née dans le même creuset que la phonologie structurale, l'analyse de récit est un autre déploiement du formalisme russe. Vladimir Propp en est le principal fondateur. Né en 1895, il est membre de l'Opoiaz (Société pour l'étude de la langue poétique) de Leningrad dans les années 20, et étudie le récit folklorique russe. Son œuvre principale, *La Morphologie du conte*, parue en 1928, est une analyse d'une centaine de contes populaires réduits à un répertoire d'actions et de rôles récurrents. V. Propp distingue 31 fonctions et un petit nombre de rôles à partir desquels tous les contes peuvent être générés : par exemple, dans *Le Petit Chaperon rouge*, il y a un héros (le chaperon), un méchant (le loup), un objet de quête (sauver la grand-mère), un adjuvant (les chasseurs) qui facilite la satisfaction du désir du héros, etc. L'action commence toujours par un manque (le départ du chaperon) et finit par la réussite de la quête (ou son échec). Tardivement traduite en anglais (1958) et en français (1970), l'œuvre de V. Propp connaîtra dans les années 60 un succès dépassant largement le cercle des folkloristes. Sa méthode morphologique fonde une discipline, la narratologie, qu'Algirdas J. Greimas articule à la sémiologie structurale. Tzvetan Todorov, Claude Brémond et Roland Barthes s'inspirent des idées de V. Propp et du Cercle de Moscou pour les appliquer à d'autres champs textuels : mythes, récits littéraires, textes de presse (1).

N.J.

1. Voir Points de repère : «Les sémiotiques et leurs applications».

Denis Roycourt[*]

NOAM CHOMSKY : UNE THÉORIE GÉNÉRATIVE DU LANGAGE[**]

S'appuyant sur les modèles de l'ordinateur et du code génétique, Noam Chomsky a proposé une théorie du langage qui fournit un modèle d'explication rationnelle des relations entre le cerveau et le langage. La grammaire générative vise à montrer que tous les énoncés de la langue dérivent de structures logiques profondes du psychisme.

LINGUISTE américain, né à Philadelphie en 1928, de parents émigrés russes, Noam Chomsky soutient sa thèse à l'Université de Pennsylvanie en 1945, avant de devenir « assistant professor » au Massachusetts Institute of Technology (MIT), établissement où de jeunes chercheurs de différentes disciplines (logique, linguistique, informatique, philosophie des connaissances...) travaillent ensemble dans une problématique cybernétique (1).

En 1956, Allen Newell et Herbert A. Simon du MIT présentent le premier programme d'intelligence artificielle. Dès l'apparition des ordinateurs, des tentatives sont faites en vue du traitement informatique du langage. Les difficultés rencontrées aiguisent l'intérêt porté au traitement formel des langues par N. Chomsky. En 1957, il propose une nouvelle théorie du langage. Son projet de constitution d'une grammaire universelle, visant à dégager les structures syntaxiques (2) profondes du langage à partir desquelles se construisent les discours particuliers, va le rendre instantanément célèbre dans le monde de la recherche. Il n'a pas trente ans.

La révolution chomskyenne

En 1957, le psychologue Burrhus F. Skinner publie un ouvrage de près de 500 pages sur le comportement verbal ; N. Chomsky lui consacre un compte

---
[*] Enseignant, chercheur en sciences de l'éducation.
[**] *Sciences Humaines*, n° 3, février 1991.
1. Voir mots clés en fin d'ouvrage.
2. *Idem.*

rendu critique de 34 pages, qui paraît en 1959 dans la revue linguistique américaine *Langage*. N. Chomsky y attaque le modèle béhavioriste de la langue considérée comme « système d'habitudes » apprises par répétition et y développe ses propres positions. Ce compte rendu marque l'entrée de N. Chomsky dans les milieux de psychologues. Il va dorénavant profondément les influencer dans leur manière de concevoir la psychologie du langage.

Pendant une bonne vingtaine d'années, la majorité des psycholinguistes vont se servir de ses analyses. L'un d'entre eux, Jacques Mehler, affirmait en 1969 : *« En fait, le déclin du béhaviorisme paraît lié à la naissance de la psycholinguistique moderne. »* Le courant béhavioriste continue ses travaux, mais le programme génératif de N. Chomsky domine les études linguistiques d'une telle façon que ceux qui ne s'y inscrivent pas directement sont minorés, « marginalisés ».

Une conception « générative » de la grammaire

« Savoir une langue, c'est produire et reconnaître des phrases qui n'ont jamais été utilisées précédemment ». Pour N. Chomsky, la syntaxe d'une langue est composée d'un stock relativement réduit de phrases de bases ou phrases-noyaux dont toutes les autres phrases de la langue doivent être dérivées par des opérations dites transformatoires (*voir encadré en fin d'article*).

Le linguiste américain, se réclamant de certains courants de la tradition linguistique (les cartésiens, l'Ecole de Port Royal et Willem Von Humboldt), introduit une rupture épistémologique. Il fait de la linguistique une science théorique. On ne travaille plus sur un corpus de discours, textes, expressions... récoltés empiriquement, mais à partir d'un nombre limité de faits (ici des phrases). De ces faits, on tire une hypothèse : la façon dont la grammaire s'organise. Si l'hypothèse est juste, cette grammaire devra vérifier les faits de départ et prédire de nouveaux faits c'est-à-dire l'ensemble des phrases de la langue étudiée. Il s'agit alors de rendre compte de la formation de l'infinité des phrases correctes d'une langue à partir d'un ensemble fini de règles.

La grande innovation de N. Chomsky, plus encore que l'introduction des transformations, consiste en la notion de « génération » empruntée au logicien E. Post. Pour lui, l'originalité chez l'homme, c'est qu'avec des moyens limités, son esprit peut engendrer un nombre infini de combinaisons. A ce propos, il introduit les notions de « compétence » et de « performance », où la performance serait comme l'actualisation, dans la parole, de la compétence (connaissance implicite de la langue par les locuteurs auditeurs, susceptibles de produire un nombre indéfini de phrases inédites).

Un modèle universel de l'être humain

Pour N. Chomsky, les théories d'apprentissage sont impuissantes à rendre compte de l'acquisition du langage. Il soutient que l'enfant « révèle » son langage au contact du parler adulte, constitué essentiellement de bribes d'énoncés, d'énonciations lacunaires, de discours interrompus, en postulant l'existence d'une «grammaire universelle», génétiquement déterminée par les structures neuroniques propres à l'espèce humaine. «*Toute structure surgit de l'intérieur.*» Le milieu révèle cette structure. Pour lui, l'humanité est donc homogène dans sa structure linguistique comme elle l'est dans sa biologie. Ce qui explique qu'aucune difficulté de traduction n'est insurmontable au sein de l'espèce humaine. «*Ce qui retient davantage mon propre intérêt, c'est de pouvoir découvrir à travers l'étude du langage, des principes abstraits qui gouvernent sa structure et son emploi. Ces structures sont universelles selon une nécessité biologique et pas simplement par accident historique. Elles découlent des caractéristiques mentales de l'espèce.*»

N. Chomsky ne cache pas que sa thèse s'est imposée en concomitance avec la découverte du code génétique au début des années 50. D'ailleurs, il propose d'étudier l'acquisition des structures cognitives, tel le langage, à peu près comme on étudie un organe physique complexe.

Difficultés et évolutions des modèles

Dès son origine, la grammaire générative a rencontré les critiques des autres courants de la recherche linguistique.

Abstraction excessive pour certains structuralistes américains ou linguistes de l'école française comme Georges Mounin : «*La grammaire générative opère avec un formalisme mathématique dont la lourdeur est sans commune mesure avec les résultats qu'elle obtient...*»

Pour les théoriciens de l'intention de communication comme John R. Searle, selon lequel une parole ne peut se comprendre indépendamment du sens qu'elle véhicule.

Ces critiques ont peu affecté les thèses de N. Chomsky. Elles lui permettent au contraire d'approfondir et d'affirmer son argumentation. Plus conséquentes vont être les difficultés posées par la conceptualisation des données empiriques ou l'utilisation pratique des modèles théoriques.

Ainsi N. Chomsky va devoir modifier assez profondément ces derniers. Dans une première présentation, les modèles générativistes proposaient une conception extrêmement «spécifiante» (transformations nombreuses et très spécialisées) et «chronologique» des transformations (la structure profonde «précède» la structure de surface, parce qu'elle «explique» celle-ci). Ils vont être presque entièrement abandonnés au profit d'une conception non spécifiante (transformations peu nombreuses) et simultanée.

Aujourd'hui, la grammaire générative, même dans ses révisions successives, est jugée déficiente dans certains de ses postulats essentiels et n'occupe plus une place dominante parmi les théories linguistiques. De fait, le projet initial de recréer les multiples formes du discours, à partir d'une structure sous-jacente, s'est révélé peu opérant. Néanmoins, les thèses de N. Chomsky, qui sont aujourd'hui banalisées parmi les nombreux modèles des sciences cognitives et de l'intelligence artificielle, ont, par l'originalité, l'étendue et l'ambition de leur analyse empirique et par l'attention portée aux problèmes de théorisation, marqué la linguistique moderne.

L'introuvable modèle de la grammaire générative

Le projet de Noam Chomsky consiste à établir quelques structures fondamentales qui seraient à la base de toutes les langues du monde (plus exactement de toutes les grammaires du monde). L'ambition du linguiste est de fournir un modèle de grammaire qui soit à la fois «universel» et «génératif».

– Universel, car il existerait – au-delà des grammaires «de surface» (propre à chaque langue) – des règles syntaxiques communes à toutes les langues du monde.

– Génératif, car ces règles permettent de produire, (de «générer») tous les énoncés d'une langue, des phrases les plus simples aux plus complexes.

Pour construire son modèle, N. Chomsky part à la recherche de «constituants» fondamentaux et de règles de production qui les unissent entre eux.

Soit la phrase :
«Le boulanger fait du pain». Elle peut être décomposée en :
1) «Le boulanger» = S.N. (syntagme (1) nominal), et
2) «fait du pain» = S.V. (syntagme verbal).
Cette phrase sera décrite sous la forme
　　P –> SN + SV
　　ou sous forme d'un arbre

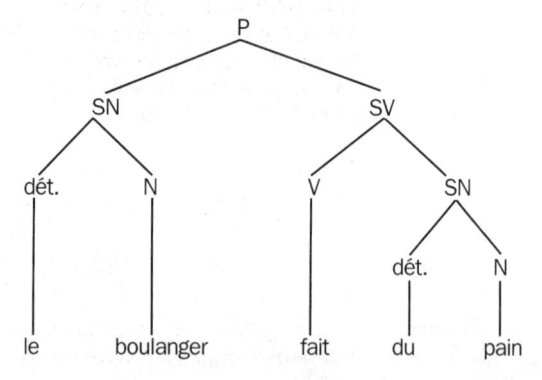

```
              P
           /     \
         SN       SV
        /  \     /  \
      dét.  N   V    SN
                    /  \
                  dét.  N
       |     |    |    |    |
       le boulanger fait du pain
```

Il est facile de transformer la phrase par «le pain est fait par le boulanger» en permutant les termes (règles de réécritures et de transformation). L'espoir de N. Chomsky sera de trouver ainsi quelques règles permettant de générer toutes les formes de phrases grammaticalement correctes.

N. Chomsky affirme les principes généraux de sa grammaire générative en 1957 dans *Structures syntaxiques* (trad. fr. 1979, Seuil). Cela aboutit, dans les années suivantes, à la construc-

tion d'un modèle, connu sous le nom de « Théorie standard », formulé dans *Aspects de la théorie syntaxique* en 1965 (trad. fr. 1971, Seuil). Cette théorie repose sur le principe d'une totale autonomie de la grammaire par rapport à la sémantique (2). Mais N. Chomsky s'est heurté à des difficultés et s'est vu contraint de remanier et d'étendre son modèle pour faire entrer certaines phrases rétives. Par exemple, la phrase « le boulanger a été fait par le pain » est correcte grammaticalement mais n'a aucun sens. Cela oblige N. Chomsky à envisager de façon différente les liens entre sémantique et grammaire, et d'abandonner la théorie des phrases-noyaux. Il va reprendre son modèle plusieurs fois :
• La première nouvelle mouture de sa théorie est nommée « Théorie standard étendue » (TSE), formulée dans *Questions de sémantiques* (1970, trad. fr. 1975, Seuil), *Réflexions sur le langage* (1970, trad. fr. 1975, Flammarion) et *Dialogues avec Mitsou Ronat* (1979, trad. fr. 1992, Flammarion). Ce remaniement a eu lieu sur fond de crise ouverte avec certains de ses anciens élèves, tenants de la « sémantique générative ».
• A son tour, le modèle de la TSE présente des failles et fait l'objet de critiques. Ce qui conduira N. Chomsky a une reconstruction totale de sa théorie, présentée dans les années 1980 sous le nom « théorie des principes et des paramètres », et centrée autour de la notion de grammaire universelle (*La Nouvelle Syntaxe*, 1982, trad. fr. 1987, Seuil).
• Puis, il tente de simplifier son modèle précédent, dont les hypothèses ne cessaient de proliférer. Au début des années 1990, un « programme minimaliste » est ébauché (*The Minimalist Program*, MIT Press, 1995).

Au total, N. Chomsky aura donc formulé plusieurs versions de sa théorie, sans être parvenu, près de cinquante ans après les premières ébauches à fournir un modèle satisfaisant de grammaire générative.

JEAN-FRANÇOIS DORTIER

---

1. Voir les mots clés en fin d'ouvrage.
2. *Idem.*

À LA RECHERCHE DE LA GRAMMAIRE UNIVERSELLE

Entretien avec Jean-Yves Pollock[*]

Mettre à jour, au-delà de la diversité des langues, la grammaire inconsciente de tout locuteur humain. Tel est le principal projet de la linguistique générativiste.

Sciences Humaines : **Quelle est la différence fondamentale entre la syntaxe (1) que vous pratiquez et celle que l'on enseigne à l'école ?**

Jean-Yves Pollock : La grammaire que l'on enseigne à l'école a pour but, essentiellement, de faire acquérir aux enfants la maîtrise de l'orthographe grammaticale. Son objectif est donc d'abord didactique et normatif : il s'agit de faire en sorte que les enfants accordent bien les participes selon les critères de l'orthographe usuelle. La syntaxe que je pratique est à la fois formelle et descriptive. Elle entend décrire l'ensemble des phénomènes qui président, par exemple, à l'ordre des mots dans les phrases telles qu'elles sont produites et comprises par un locuteur ordinaire. Il y a donc une différence de but et de point de vue : mon but est beaucoup plus large que celui des grammaires scolaires. Il s'agit de rendre compte de l'ensemble des phénomènes syntaxiques des langues, et pas seulement de ceux qui sont les plus difficiles ou les plus irréguliers. L'idée est que les locuteurs francophones, ou ceux de n'importe quelle langue, lorsqu'ils parlent, mettent en jeu un ensemble de règles et de principes qui préside notamment à l'ordre des mots des phrases qu'ils utilisent. Mon but, en tant que syntacticien, est de mettre à jour de façon explicite ces principes qui règlent ce que j'appellerai donc la grammaire « interne », inconsciente, de chaque locuteur.

> [*] *Professeur à l'Université de Picardie et directeur de recherche à l'Université Paris-VIII. Il a publié notamment :*
> Langage et Cognition : Introduction au programme minimaliste de la grammaire générative, *Puf, 1998.*

SH : **Il ne s'agit donc pas d'explorer une syntaxe particulière à une langue, mais une syntaxe qui serait commune à toutes les langues ?**

J.-Y.P. : En fait, on s'aperçoit qu'il est impossible de parler de « syntaxe française » *stricto sensu*. Le fonctionnement du français est régi par des principes qui sont très largement communs aux langues romanes, et au-delà des langues romanes, à beaucoup de langues non apparentées. La grammaire générative tente depuis près de cinquante ans de montrer qu'il existe un stock d'invariants, qu'on appellera « grammaire universelle », commun à différentes langues, sinon à toutes : le français, l'anglais, l'allemand, les langues scandinaves, mais aussi les langues sémitiques, amérindiennes, africaines, etc. Je peux donner un exemple de cela : en français, on peut séparer certains types de quantifieurs comme « tous » du groupe nominal qu'il quantifie. On peut dire « j'ai vu tous les garçons », mais aussi « je les ai tous vus », ou « tous » et « les » ne sont pas adjacents. On peut même dire « j'ai tous voulu les voir », ou « tous » est séparé du pronom qu'il quantifie (« les ») par une proposition (« tous » est dans la proposition qui contient le verbe « vouloir » et il quantifie dans la proposition infinitive qui contient « les »). On peut avoir des choses comme « il a tous dû les rencontrer », « il aurait tous fallu pouvoir les lire ». On peut aussi dire, de façon plus familière, « il faut tous qu'ils partent », où « tous » quantifie le sujet « ils » d'une proposition subordonnée au mode subjonctif.

Dans tous ces cas, « tous » est séparé de ce qu'il quantifie, le pronom « les », par un membre de phrase. Il y a donc une certaine latitude de positionnement de « tous » par rapport au pronom qu'il quantifie. Mais cela n'est vrai que des pronoms : on ne peut pas dire en français « j'ai tous vu les enfants », on est obligé de dire « j'ai vu tous les enfants ». Première limitation curieuse : les quantifieurs comme « tous » peuvent quantifier à distance des pronoms, mais pas des groupes nominaux pleins, comme « les enfants ». Seconde limitation : on peut « séparer » le quantifieur et son pronom par des subordonnées infinitives ou subjonctives, comme nous venons de le voir, mais pas par une subordonnée à l'indicatif : il est beaucoup plus difficile de dire « je crois tous qu'ils partent » que de dire « il faut tous qu'ils partent ».

Maintenant, est-ce que ces restrictions sont spécifiques au français ? Il s'avère que non. Par exemple, en mohawk, langue amérindienne étudiée en détail par le linguiste américain Mark Baker, on trouve les mêmes contraintes. Il y a évidemment beaucoup de différences entre ces deux langues : l'ordre des mots en mohawk est très libre, le verbe contient des groupes nominaux incorporés et des suffixes de personne qui s'accordent avec l'objet ou même l'objet indirect, etc. Il y a toutes sortes de différences massives entre le mohawk et le français. Mais en mohawk aussi on peut avoir des quantifieurs flottants comme « tous », et on les a exactement dans les mêmes conditions qu'en français ; l'équivalent de « tous » en mohawk peut quantifier à distance un pronom, mais pas un groupe nominal, et il peut en être séparé par une infinitive ou une subjonctive mais pas par une indicative.

Que penser quand on constate ce genre de choses ? Il est hors de question de dire que c'est parce que le mohawk, langue amérindienne, et le français sont apparentés d'une manière ou d'une autre ! On fait donc l'hypothèse que les contraintes qui régissent le déplacement de quantifieurs comme « tous » en français et en mohawk sont les mêmes, parce qu'elles reflètent des propriétés universelles du langage.

SH : **Dans quel langage peut-on exprimer ces principes qui n'appartiennent, en particulier, à aucune des langues étudiées ?**

J.-Y.P. : Ce langage de description prend la forme de représentations géométriques et de computations (2) définies sur ces représentations. Une des idées fondamentales, c'est que les phrases ne sont pas simplement des suites de mots enfilés comme des perles sur un fil, mais que les mots se regroupent en constituants hiérarchisés et emboîtés les uns dans les autres. « Elle a frappé l'homme avec un parapluie » n'a pas le même sens selon que je groupe « avec un parapluie » avec le complément « homme » ou non. On commence à très bien connaître les représentations géométriques qui sont universellement présentes dans les langues : elles sont binaires, elles branchent de gauche à droite, elles s'enchâssent de gauche à droite. Une partie du langage de description est donc fournie par ce type de représentations géométriques.

SH : **Qu'est-ce qui autorise ce niveau élevé de généralité ? On ne peut pas envisager de comparer l'ensemble des 6 000 langues disponibles dans le monde à propos de chacune des règles. Est-ce qu'on se contente de comparer de grandes familles de langues ?**

J.-Y.P. : La tendance naturelle des linguistes est de travailler sur les langues qu'ils maîtrisent le mieux et de faire des comparaisons fines sur ces langues. Puis, ils font des hypothèses qu'ils espèrent générales et qu'ils imputent à la grammaire universelle dont je parlais tout à l'heure, si aucune autre hypothèse plausible ne parvient à expliquer les faits. Par exemple, l'analyse de la similarité de fonctionnement des quantifieurs déplaçables en mohawk d'un côté et en français de l'autre pourrait être invalidée par l'étude de la 6001[e] langue.

En attendant, on admettra que les contraintes qui régissent les deux langues sont candidates à l'universalité.

Donc, on fonctionne sur quelques langues, on fait des hypothèses raisonnables, et si on les juge vraiment telles, on les attribue conjecturalement à la grammaire universelle, quitte à réviser les conclusions si l'étude ultérieure d'autres langues montrait que ça n'était pas vrai. Par ailleurs, on fait l'hypothèse que toutes les langues ont le même statut : le français, le russe, l'espagnol, mais aussi les dialectes de l'Italie du Nord et le mohawk sont aussi riches, aussi diversifiés, aussi révélateurs du fonctionnement de la faculté de langage. Voila l'idée que les linguistes de mon école se font des fonctionnements du langage : lorsqu'on étudie une langue particulière, on étudie aussi *ipso facto* une propriété générale de l'espèce humaine qu'on appelle la faculté de langage, et cette faculté de langage est définie par toutes sortes de principes et règles syntaxiques.

SH : Sur quel genre de matériau travaillez-vous ? Du langage parlé, de l'écrit, des exemples choisis ?

J.-Y.P. : On travaille sur tout ce qui vient, sur tout ce qui est disponible, sur l'intuition. Si je travaille sur le français et sur l'anglais, je peux interroger mes propres intuitions, que je peux corriger en demandant leur avis aux membres de ma famille ou à d'autres locuteurs. Quand je travaille sur des langues que je ne parle pas de première main, je passe mon temps à envoyer des messages électroniques à mes collègues qui parlent ces langues pour leur demander ce qu'ils pensent de telle phrase ou de telle autre.

J'ai travaillé récemment sur la syntaxe de l'interrogation, et je me suis interrogé sur les propriétés du «que» interrogatif français. Il s'oppose à «où», «quand», «comment» en ceci qu'il requiert un certain type d'inversion. Je peux dire «comment y va?» en français populaire, mais je ne peux pas dire «que il a mangé?». Il faut dire «qu'a-t-il mangé?». A première vue, c'est une particularité du français. Pourtant, le portugais a la même restriction. J'ai lu d'abord les travaux sur le portugais, puis j'ai travaillé avec une collègue de Lisbonne, Manuela Ambar, qui est locuteur natif du portugais. Elle m'a renseigné sur les propriétés subtiles du «que» portugais. Puis je suis allé voir avec des collègues de Padoue (Italie) comment fonctionnait le «que» dans un dialecte de Vénétie du Nord, le bellunese. A partir d'une thèse d'un jeune linguiste, Nicola Munaro, nous avons constaté qu'en bellunese, on doit dire «a-t-il mangé que?», mais qu'on ne peut pas dire «qu'a-t-il mangé?», ce qui est l'inverse de la situation en français. Nicola Munaro, Cecilia Poletto et moi avons depuis publié un article qui montre qu'on peut déduire le fonctionnement en apparence totalement bizarre du «que» français, du «que» portugais, du «che» bellunese de structures communes à toutes les langues romanes et de très petites variations dans, par exemple, l'existence ou non d'une classe de suffixes interrogatifs pronominaux qui existe en bellunese mais pas en français ou en portugais. Nous avons ramené des différences empiriques apparemment complètement bizarres à une différence tout à fait compréhensible couplée à une structure syntaxique commune au moins aux langues romanes. On passe, comme on le fait toujours dans les études empiriques, de la constatation de faits à la formulation de règles. Expliquer en science, c'est ramener la complexité du visible à de l'invisible simple. Sur ce point, le linguiste n'est pas différent du physicien.

Propos recueillis par
NICOLAS JOURNET
(*Sciences Humaines*, hors série n° 27, décembre 1999/janvier 2000)

---

1. Voir les mots clés en fin d'ouvrage.
2. *Idem*.

LA PHONOLOGIE
PASSÉ ET PRÉSENT DES SONS DANS LE LANGAGE

ENTRETIEN AVEC BERNARD LAKS[*]

Bernard Laks nous présente différents aspects de la phonologie. Elle s'intéresse aux universaux mais aussi aux variations sociales, et a des retombées dans les industries informatiques.

Sciences Humaines : Lorsqu'un linguiste entreprend de décrire une langue peu ou mal connue, il commence toujours par analyser la phonologie de cette langue, comme s'il s'agissait d'un aspect premier, mais technique, de toute description linguistique. Mais la phonologie, en tant que discipline, n'a-t-elle pas d'autres objectifs ?

> [*] Professeur en sciences du langage à l'Université de Paris-X, directeur du groupe de recherche «Phonologies» du CNRS.
> Il a publié notamment :
> *De natura sonorum : essais de phonologie*, Presses universitaire de Vincennes, 1995 ;
> *Langage et cognition*, Hermès science publications, 1996 ;
> (avec A. Rialland) *Architecture des représentations phonologiques*, CNRS éditions, 1998.

Bernard Laks : La phonologie est la partie des sciences du langage qui s'intéresse aux objets sonores du point de vue de leur participation au sens. Les sons des langues sont, d'un certain point de vue, des sons comme les autres avec des fréquences, des longueurs, des vibratos, etc. De ce point de vue, ils intéressent celui qu'on appelle le phonéticien. Mais la phonologie s'intéresse à ces sons en tant qu'ils supportent la communication. Or, c'est une question très ancienne que de savoir s'il existe des universaux dans la forme des objets sonores signifiants : par exemple, dans toutes les langues, il y a des syllabes. Egalement, toutes les langues connaissent des variations d'accent, ou de ton, ou les deux. Le fait que les phénomènes sonores forment des contrastes (fort-faible, voyelle-consonne...) est aujourd'hui admis comme un universel. Une des questions de la phonologie est de savoir sous quelle forme est engrangée cette forme sonore des langues. Par exemple, «petit» dans «petit ami» et «petit garçon» n'ont pas la même réalisation sonore, en raison de la liaison. Mais ces formes sonores renvoient au même mot. Comment expliquer cela ? Le modèle autosegmental dit que cette consonne latente (le t) appartient au «gabarit» du mot et se réalise ou non selon la place syllabique qui lui est offerte.

SH : Comment la phonologie se place-t-elle dans l'univers des sciences du langage ?

B.L. : A la fin du XIXe siècle, la phonologie s'intéressait à l'évolution historique des prononciations. Elle a découvert que les changements diachroniques obéissaient à des régularités frappantes. A partir de Ferdinand de Saussure, l'idée que les langues formaient des systèmes s'est développée et a été appliquée en premier lieu au système sonore des langues dans les années 1920-1930. Cette nouvelle rigueur méthodologique est apparue comme le garant même de la scientificité de la linguistique.

La phonologie étant une science objective, on pouvait envisager de faire une linguistique scientifique à partir du même modèle : la langue est un système de rapports différentiels (1), sans contenu particulier, un code relativement autonome. Mais, dès cette époque, et plus encore aujourd'hui, l'intérêt de comparer ces différents systèmes s'est également manifesté. L'un des universels les plus admis est celui du « contour obligatoire », qui dit qu'à quelque niveau que ce soit, il ne peut y avoir deux unités sonores totalement identiques qui se succèdent : il doit y avoir un contour (variation). Ce principe peut se réaliser au niveau accentuel (on ne peut pas avoir deux accents successifs sur deux syllabes successives), tonal, syllabique, etc. Ce principe est commun à toutes les langues : il a une valeur cognitive forte. En revanche, un phénomène qui n'apparaît que dans une langue reste contingent.

SH : **Quels sont aujourd'hui les enjeux scientifiques et techniques de la phonologie en tant que discipline relativement autonome ?**

B.L. : Aujourd'hui, on peut d'abord dire que c'est une science fondamentale, qui répond à des interrogations cognitives très théoriques. Toute théorie en phonologie est, plus ou moins explicitement, une thèse sur le fonctionnement mental de l'homme : par exemple, la syllabe est-elle génétiquement inscrite dans son esprit ? C'est un enjeu présent en arrière-plan de toute théorie de la syllabation. Autre type de question cognitive : comment sont stockées dans l'esprit ces entités sonores linguistiques ? Sous forme de symboles ou de quantités d'énergie ? C'est un enjeu des discussions qui peuvent exister entre les modèles cognitivistes computationnels (2) et les modèles connexionnistes de la phonologie.

Ensuite, elle sert à décrire toutes les variations qui interviennent : le changement dans le temps, les variations sociales, stylistiques. Il y a des programmes de description fine des pratiques, qui recourent à l'enquête, comme par exemple le projet que je mène avec Jacques Durand sur la phonologie du fran-

çais contemporain. Cette enquête couvre tout le pays pour observer l'état actuel de la phonologie du français. Là-dessus se greffent des questions sociales : comment sont marquées les différences sociales dans le parler, comment ces différences s'intensifient ou s'atténuent, comment de nouvelles variations apparaissent.
Enfin, il y a des retombées technologiques de la recherche en phonologie. Tout ce qui est analyse automatique de la parole, graphie automatique, oralisation automatique, passe par l'analyse phonologique. Le lien n'est pas encore direct entre recherche et industrie, mais il se met en place progressivement. Chez Microsoft, il y a plusieurs centaines de linguistes qui travaillent sur ces questions. Un des aspects de leur activité est la constitution d'importants corpus de mots phonétisés. Ces corpus sont aujourd'hui très utiles aux industries informatiques. Dans la période récente, on assiste à un renouveau de la linguistique de corpus, de terrain qui se lie plus étroitement aux approches théoriques et modélisatrices. Le champ phonologique n'échappe pas à ce mouvement.

Propos recueillis par
Nicolas Journet
(*Sciences Humaines*, hors série n° 27, décembre 1999/janvier 2000)

---

1. Définis les uns par rapport aux autres par leurs différences.
2. Voir les mots clés en fin d'ouvrage.

« LA LANGUE EST D'ABORD PARLÉE... »

ENTRETIEN AVEC ANDRÉ MARTINET[*]

André Martinet était un spécialiste mondialement reconnu de la phonologie, science qui se propose d'étudier la fonction des sons dans la communication.

Sciences Humaines : Vos travaux ont particulièrement contribué à l'analyse de l'évolution historique des langues. Quelle est votre conception de la linguistique ?

André Martinet : Durant plus d'un siècle, la linguistique a été essentiellement comparative. Elle a acquis immédiatement le statut d'une discipline scientifique, du fait de la découverte de la régularité des changements phonétiques (1). On pensait, avant les rapprochements comparatifs du XIXe siècle, qu'en raison du libre arbitre postulé pour l'homme, on ne pouvait réduire le comportement humain à des lois. Aussi les chercheurs de l'époque ont-ils été très troublés de constater la régularité des changements phonétiques, qui leur faisait voir là des lois analogues à celles qu'on trouve en physique ou en chimie. Il a fallu, un bon siècle plus tard, l'apparition d'une linguistique synchronique scientifique pour que les chercheurs arrivent à comprendre le pourquoi de ces lois de la transformation phonétique. Pourquoi par exemple, si vous prenez un mot français ou latin qui commence par un « p », vous aurez un équivalent anglais ou allemand avec un « f » initial : « poisson », « piscis » en face de « fish », « fisch ».

SH : Les esprits des linguistes n'ont-ils pas été d'abord frappés par les similitudes entre des langues aussi lointaines que le grec et le sanscrit ou, au-delà, entre toutes les langues dites indo-européennes ?

A.M. : Les Français et les Anglais n'avaient jamais pensé à s'étonner de l'évident parallélisme entre « père », « mère », « frère » d'un côté, *father*, *mother*, *brother* de l'autre. Voilà qui semble bien naturel. Mais retrouver en Europe et en Inde des formes linguistiques analogues paraissait réclamer une explication. On a pensé tout d'abord que le grec, le latin et quelques autres langues anciennes étaient dérivés du sanskrit (dès le XVIIIe siècle, on avait relevé des similitudes formelles et sémantiques (2) entre le grec ancien et le sanskrit). Mais on a dû finalement se convaincre que ce sanskrit et les langues de

[*] *1908 – 1999. Il a été professeur à la Sorbonne et directeur de l'Ecole pratique des hautes études. Voir l'encadré page suivante.*

45

Itinéraire de vie d'un linguiste

André Martinet est né en 1908 dans un petit village de la Savoie. Il est aujourd'hui considéré comme une des figures centrales de la linguistique du XXe siècle. Ayant participé aux travaux de l'école de Prague (1), il a introduit la phonologie en France et posé les bases théoriques d'un fonctionnalisme qui a pour but premier de comprendre la dynamique de l'évolution des langues. Son parcours peut être retracé en trois périodes.

– 1938-1946. Agrégé d'anglais et docteur d'Etat, il est nommé directeur d'études à l'Ecole pratique des hautes études. Un des événements marquants de ces années est son enquête sur *La prononciation du français contemporain* (2) prenant en compte l'origine géographique et sociale et l'âge des enquêtés ;

– 1946-1955. C'est la période américaine d'André Martinet. Invité à New York, en 1946, à diriger les travaux de l'International Auxiliary Language Association, il est nommé directeur du département de Linguistique à l'Université Columbia. Il dirigera également la revue du cercle linguistique de New York, *Word*. Il a retrouvé Roman Jakobson, l'un des fondateurs avec Nicolas Troubetskoy du Cercle linguistique de Prague, d'où est issue la phonologie structurale et fonctionnelle ;

– 1955-1999. De retour en France, il est nommé professeur à la Sorbonne. En 1960, il publie son plus fameux ouvrage *Eléments de linguistique générale*, traduit en 17 langues. Premier président de la Société européenne de linguistique, il a créé en 1965 la revue *La Linguistique*. Une importante production de livres et d'articles jalonne cette période, avec notamment un livre autobiographique en 1994, *Mémoire d'un linguiste : vivre les langues*, auquel se réfère principalement l'entretien ci-dessous.

---

1. Voir l'article de N. Journet « L'Ecole de Prague » dans cet ouvrage.
2. Droz, 1945 (rééd. 1971).

A publié notamment
- *Economie des changements phonétiques : traité de phonologie diachronique*, Francke, 1955.
- *Eléments de linguistique générale*, Armand Colin, 1960 (4e édition 1996).
- *La Linguistique synchronique : études et recherches*, Puf, 1965.
- *Syntaxe générale*, Armand Colin, 1985.
- *Des steppes aux océans : l'indo-européen et les Indo-européens*, Payot, 1986.
- *Fonction et dynamique des langues*, Armand Colin, 1989.
- *Mémoire d'un linguiste : vivre les langues*, Quai Voltaire, 1993.

l'Inde et de l'Iran avaient, sur certains points, innové par rapport au grec et au latin.

Aussi la première hypothèse a-t-elle été abandonnée au profit d'une langue originaire disparue. On a bien sûr tenté de reconstruire cette langue par la comparaison des formes attestées, connues. Soit, pour «père», le mot sanskrit *pitar*. Il comporte un p-, comme pater en grec et en latin ; le gothique (langue des Goths) a *fadar*, avec un f ; l'ancien irlandais a *athir*, avec l'«initiale zéro» (pas de consonne). On en a conclu que p- était l'ancien, car un passage de «zéro» à p- est impensable et on a constaté ailleurs que f- peut venir de p-, mais non le contraire.

Les linguistes ont donc non seulement comparé les formes attestées, mais aussi reconstruit les formes antérieures. Ils ont ainsi retrouvé les lois de transformation des différentes langues, et reconstitué une langue initiale, le «proto-indo-européen» ou «indo-européen commun».

En fait, ces premières reconstitutions se sont révélées critiquables. Par exemple le mouton, en latin *ovis*, avait été reconstruit comme *avis* (avec un astérisque indiquant qu'il ne s'agissait pas d'une forme attestée). On propose aujourd'hui, pour le même mot, quelque chose comme *hwewis*. Cette reconstruction est, à mon sens, non terminée, et si j'ai pu faire scandale, dans mon livre *Des steppes aux océans* (3), c'est que je continue à y reconstruire, pour rendre compte de faits qui n'avaient pas été expliqués. J'ai montré qu'en latin *iter* («chemin») est, au départ, le même mot *itur* («on va»), au départ *eiter*, accentué différemment au cours de l'évolution de la langue : en latin, l'accentuation de la forme initiale donne *itur* et l'accentuation de la finale donne *iter*. Il a paru scandaleux à certains linguistes que la même forme aboutisse à un verbe et à un nom. Cela remettait en cause la structure supposée des langues qui, croyait-on, opposait nécessairement verbes et noms, ce qu'une vaste expérience des langues diverses permet de mettre en doute.

J'ai vu tant de structures linguistiques différentes, en Afrique, en Océanie, en Amérique et partout que je ne m'étonne pas de trouver certains phénomènes permettant d'interpréter des inflexions (modifications de timbre) des langues.

SH : Dans votre ouvrage *Des steppes aux océans*, vous reprenez implicitement la thèse, récusée par certains archéologues, de l'existence d'un peuple

indo-européen. On sait qu'en Allemagne et ailleurs, l'hypothèse de conquérants indo-européens qui auraient régulièrement déferlé depuis le IVe millénaire sur l'Europe, l'Iran et l'Inde, a été l'un des supports de l'idéologie raciste de supériorité des «Aryens».

A.M. : Je place des guillemets au mot «indo-européen», afin d'éviter toute utilisation raciste. Les locuteurs actuels de langues classées comme indo-européennes n'ont aucune chance de descendre en droite ligne de gens qui parlaient cette langue initiale. En fait, l'indo-européen s'est diffusé aux dépens d'autres langues, mais pas en supprimant les gens du cru pour les remplacer. Ce qui a pu se produire, c'est que les conquérants indo-européens se sont largement implantés au sein de populations existantes. A partir de l'existence d'une langue-mère, on a conclu à l'existence d'un peuple qui aurait conquis le monde. Il faut absolument dissocier l'idée d'une langue-mère et l'existence d'une race pure. L'exemple de la conquête coloniale anglaise ou française montre bien que la langue des colonisateurs a pu se propager et devenir parfois la langue officielle et vernaculaire, sans que les conquérants n'annihilent les populations autochtones. Les linguistes n'ont aucune hypothèse scientifique à faire à ce sujet, et donc aucune raison de supposer une identité de race et de langue.

SH : Quels sont, selon vous, les facteurs principaux de mutation des langues ?

A.M. : Toute langue évolue à tout moment et se trouve constamment confrontée à des processus de convergence et de divergence. Si deux Français se rencontrent, leur conversation affectera leur manière de parler sans qu'ils en aient conscience, dans un certain sens qui, sans être forcément permanent, peut laisser des traces. Sur un plan plus simple, nous voyons que le vocabulaire change rapidement. A lire un article du *Monde* d'aujourd'hui, on s'aperçoit qu'un lecteur français d'il y a quatre-vingt et quelques années n'y aurait pas compris grand-chose : qu'aurait représenté pour lui le mot «Est», avec une majuscule initiale ? La langue évolue automatiquement pour répondre aux innovations, mais aussi sur le plan grammatical. Chaque génération d'enfants cherche spontanément à éliminer les irrégularités de la grammaire. Certaines innovations simplificatrices peuvent s'étendre assez vite. Le remplacement de «nous» par «on» en est un bon exemple. Il y a cinquante ans, aucune personne se piquant de parler un français correct n'aurait confondu «nous» et «on», alors qu'on

entend aujourd'hui «on» pour «nous» dans les circonstances les plus solennelles.
La tendance à l'élimination de l'objet du verbe lorsqu'il n'est pas indispensable est un autre cas d'évolution. Nous pouvons utiliser un verbe transitif sans objet : dire «j'aime» ou bien «j'assume», sans dire ce que ou qui nous aimons et ce que nous assumons. J'ai beaucoup insisté, dans mes recherches, sur l'économie des changements phonétiques, sur l'asymétrie des organes de la parole. La qualité de la voyelle est largement déterminée par l'ouverture de la bouche : pour le même angle du maxillaire (4) le degré d'ouverture est plus considérable à l'avant qu'à l'arrière. D'où, pour le même angle, des sons plus distincts en avant qu'en arrière. Par nature, il va y avoir constamment deux tendances en conflit, l'une à conserver le même angle du maxillaire et l'autre à percevoir moins bien les sons produits à l'arrière que les sons fabriqués à l'avant. Les organes dits de la parole, qui sont en premier lieu ceux de la nutrition et de la respiration, génèrent en permanence une instabilité pour tout système phonologique. En français, la distinction des deux «a» de «patte» et «pâte» se maintient mal, et «tâche», qui s'oppose de plus en plus mal à «tache», est en voie d'être éliminé par l'argotique «boulot».

SH : Vous avez joué un rôle très important pour la linguistique contemporaine. Comment évaluez-vous ses évolutions récentes ?

A.M. : Je pense que, pour qu'une discipline soit scientifique, il convient qu'elle se soumette à la causalité. Il existe deux sortes de sciences : celles que l'on appelle les sciences de la nature et celles que l'on appelle sciences de l'homme. Je dirais, pour ma part, que la distinction doit s'opérer entre sciences de la nature et sciences des cultures.
Nous nous trompons peut-être, mais nous posons que la chimie, par exemple, est valable sur toute la Terre. La différence fondamentale n'est pas que les sciences des cultures seraient moins scientifiques ou moins vérifiables que les sciences de la nature, mais qu'elles font entrer dans leurs champs des phénomènes non permanents, les phénomènes culturels, qui valent pour une époque et pour une région données.
Les sciences des cultures peuvent être aussi exactes que les sciences de la nature. Une loi phonétique, celle que j'évoquais pour l'indo-européen, qui fait que le p- initial est devenu f- en germanique et a disparu en celtique, est aussi vérifiable qu'un

Qu'est-ce que la phonologie ?

Dans ses *Mémoires d'un linguiste* (1), André Martinet rapporte comment s'est présentée à lui, dès l'enfance, la question du rapport entre les sons et le sens des mots : « *Entre cinq et sept ans, je me revois, dans un couloir mal éclairé du bâtiment où nous habitions, en train de me demander si je distingue entre le –ni de panier et le -gn de gagner, pour finalement conclure que je ne les confonds pas [...]. Vers huit ou neuf ans, [...] marchant sur la route, je prends conscience que le -e de bois-le ne se confond, pour moi, ni avec le –eu de feu, ni avec celui de peur... Voici donc entrevus les problèmes les plus délicats de la phonologie Française.* »

La phonologie s'intéresse aux unités de son susceptibles de fonder des distinctions de sens. Elle procède par « oppositions distinctives » entre les plus petites unités sonores pertinentes dans une langue donnée, appelées phonèmes. Par exemple, en français, les différentes prononciations du « r » (roulé ou grasseyé) ne transforment pas le sens du mot « rat » : les différentes réalisations de « r » ne constituent pas des phonèmes distincts. Leurs différences sont phonétiques. En revanche, la nasalisation du « a » permet de distinguer « rat » de « rang » : a et à constituent deux phonèmes distincts. Les phonèmes, en se combinant, forment des unités de sens, les monèmes (r + à = rang, mais un mot comme « ranger » se décompose en deux morphèmes : « rang » et -er, qui est une marque verbale). La distinction entre phonèmes et monèmes est à la base de ce que A. Martinet nomme la double articulation du langage. Une langue est un instrument de communication qui s'articule, c'est-à-dire procède par opposition et combinaison d'unités appartenant à deux niveaux distincts : celui des unités de signification (monèmes) et celui des unités distinctives sonores (phonèmes). La phonologie est donc un instrument de base de description des langues, mais aussi de reconstruction de leur histoire. On peut par exemple restituer la manière dont des mots ont subi des transformations phoniques à partir d'une origine commune. A. Martinet, en particulier, a étudié le cas des désinences (terminaisons) dans les langues dites « indo-européennes ». Le datif et l'ablatif pluriels des langues slaves et germaniques sont des formes en -m, alors qu'en latin, ce sont des formes en -b. Ainsi, en russe, « à nous » ou « par nous » se dit « nam », et en latin « nobis ». On ne voyait donc pas *a priori* quelle racine commune leur trouver. Selon A. Martinet, un certain nombre de règles d'évolution sonore, liées notamment à l'accentuation et à l'équilibre voyelles-consonnes, permettent de poser l'existence d'une désinence indo-européenne commune, *mbhi*, qui pourrait avoir donné

> la préposition «by» en anglais et «bei» en allemand «par», etc.).
> En germanique et en slave, *mbhi* a commencé par perdre son -i et, de ce fait, s'est appuyé sur la voyelle précédente, celle du radical *no-. Il en résulte la chute du -bh final : on retrouve le -m de «nam». En latin, **mbhi* a gardé sa voyelle et son autonomie. Le -m ne s'appuie pas sur la voyelle précédente -o, et tombe facilement : reste donc -bhi, qui donne le -bis de «nobis». On voit donc comment ce qui était au départ une consonne unique dite «prénasalisée» (-mb) finit par évoluer en deux formes séparées en fonction de la présence ou de l'absence de voyelles sur lesquelles elle s'appuie.
>
> ---
> 1. *Mémoires d'un linguiste*, entretiens avec Georges Kassai, Quai Voltaire, 1993.

fait de chimie ou de physique. Les exceptions sont interprétables en tenant compte de causes particulières. Les lois des sciences des cultures ne sont valables que dans un temps et un lieu donnés : il y a des régions et des moments ou le p- ne s'est pas changé en f- mais est demeuré, ou s'est changé en ph, etc. Cela étant, les sciences des cultures ont les mêmes impératifs que les sciences de la nature. On peut distinguer, dans ce cadre, entre la phonétique qui est une science de la nature, la science de la prononciation des sons par l'homme, et la phonologie, qui est une science des cultures s'intéressant aux associations des sons distinctifs que contracte chaque langue particulière. Je suis un fonctionnaliste et je considère que les langues fonctionnent et évoluent en raison des utilisations que l'on en fait. Elles ont en premier lieu une fonction de communication entre des locuteurs. Traditionnellement, les linguistes, qui opéraient plus par introspection que par observation, estimaient que la langue servait d'abord à penser. Or elle n'a pas été fabriquée pour penser. C'est la pensée qui résulte des besoins de communication qu'il a fallu satisfaire au moyen du langage. Celui-ci possède des fonctions secondaires (expression de soi, esthétique, poétique). Mais la fonction de communication demeure fondamentale pour définir les éléments pertinents de la langue.

On pourrait bâtir une linguistique du chant d'opéra ; il ne s'agirait plus là directement de communication, mais d'un mélange où l'élément primordial serait le sentiment artistique, l'émotion et sa communication. Une telle approche fournirait la possibilité de hiérarchiser les voyelles, par exemple. On pourrait alors déterminer que, dans telle circonstance, telle voyelle exprimera mieux l'esthétique ou l'émotion que telle autre.

SH : **Le fonctionnalisme n'est-il pas pris en défaut par la critique, formulée par Emile Benveniste (5) entre autres, selon laquelle la langue ne peut être considérée comme un objet extérieur à l'homme, mais qu'elle le structure également ?**

A.M. : En fait, tous les outils structurent l'homme. Apprendre à planter un clou avec un marteau structure l'homme au moins aussi bien qu'apprendre à dire «planter un clou». Ce n'est pas parce que la langue nous structure qu'elle n'est pas, dans son fonctionnement quotidien, déterminée par le besoin de communiquer. La langue n'a pas été faite pour le philosophe. Le philosophe a utilisé la langue pour philosopher, même s'il invente des mots pour ce faire. La langue est d'abord parlée. Ceux qui, pour des raisons diverses, écartent cette évidence, se collent volontairement des œillères. Paul Valéry a indiqué, de façon suggestive, que la langue parlée n'existe pas car elle disparaît dès que la voix s'éteint. Il ne s'agit que d'une virtualité qui se manifeste soudainement. En fait, l'homme a été rapidement tenté de conserver la langue, et ce bien avant d'inventer l'écriture. Il a inventé le rythme poétique, qui est un procédé mnémotechnique, de mémorisation. Une part notable des chefs-d'œuvre littéraires a été créée et conservée par ce moyen.

SH : **Vous accordez la part la plus importante à celui qui parle et à ses choix de communication.**

A.M. : Le choix du locuteur est absolument central, car il conditionne la compréhension. Vous ne comprenez quelque chose que parce que vous savez que votre interlocuteur a choisi de dire ceci au lieu de cela. Vous reconnaissez ainsi son intention. Vous devez vous-même toujours choisir pour définir le sens de la communication : le passé composé en français donne une idée de ces processus. Ce dernier peut avoir une valeur de passé, comme dans «j'ai couru», mais constitue en réalité souvent un présent accompli, comme «j'ai fini», bien sûr, mais aussi dans «j'ai mangé», qui signifie «j'ai terminé, je ne prendrai pas de dessert».

Il s'agit donc en permanence pour l'interlocuteur de déterminer, par examen des choix impliqués par le contexte, quelle est la valeur, présent accompli ou passé du verbe employé au «passé composé». De plus, un mot n'a de sens que s'il s'oppose à autre chose. Le linguiste ne peut valablement faire la distinction entre le phonème /l/ et le phonème /r/ que s'il dit à quelqu'un «prends la lampe», et que ce dernier ne prend pas la rampe. Nous n'avons pas le droit d'inventer des choses qui ne se trouvent ni dans la réalité physique, ni dans la réalité sociale.

Propos recueillis par
YVES JEANNERET ET JEAN-CLAUDE RUANO-BORBALAN
(*Sciences Humaines*, n° 39, mai 1994)

---

1. Voir les mots clés en fin d'ouvrage.
2. *Idem.*
3. Payot, 1986.
4. Os formant la mâchoire.
5. Voir les mots clés en fin d'ouvrage.

Chapitre II

Langage et communication

- Les linguistiques de la communication
  Nicolas Journet 57

- Le langage est une action : à propos du livre de John L. Austin *Quand dire, c'est faire*
  Nicolas Journet 61

- Aux sources du malentendu
  Anne Reboul 67

- De la langue à la parole
  Sylvain Auroux 73

- La force des mots
  Entretien avec Oswald Ducrot 81

- Points de repère :
  Les courants de la sociolinguistique 86

- Le français tel qu'on le parle
  Françoise Gadet 91

- La linguistique dans les années 90 :
  une science de plus en plus ramifiée
  Nicolas Journet 99

NICOLAS JOURNET[*]

LES LINGUISTIQUES DE LA COMMUNICATION[**]

Plus qu'à la langue elle-même, les nouvelles sciences du langage accordent leur attention à l'usage que nous en faisons. Pour elles, signifier c'est s'appuyer sur une situation, et communiquer, c'est faire passer une intention.

LE LANGAGE articulé est le principal instrument dont dispose l'homme pour communiquer. Les fondateurs de la linguistique du XIXe et du XXe siècles n'ont jugé possible d'accéder à une connaissance de ses mécanismes qu'en le purifiant de son usage quotidien. Ainsi, Ferdinand de Saussure, fondateur de la linguistique structurale, distinguait en 1916 la « parole » que nous produisons pour communiquer de la « langue », entité systématique déposée dans notre cerveau et objet de la linguistique.

Conçu en ces termes, le langage n'a, dans la communication humaine, qu'une fonction utilitaire. Il est comparable au code qui, dans la théorie de l'information proposée par C.E. Shannon et W. Weaver (1) en 1949, permet l'expression et le transport des signaux. En montrant que l'information était quantifiable, cette théorie invitait à traiter de la même façon tout système de signes. De ce point de vue, elle fondait un rapprochement durable entre les langues et les traductions mathématiques qu'on peut en donner. Le projet de traduction automatique des langues par le biais d'un langage binaire est, malgré les difficultés rencontrées, toujours d'actualité. Parallèlement, l'idée de ramener la langue à un modèle formel n'a cessé d'occuper avec Noam Chomsky le devant de la scène en linguistique générale.

---
[*] Journaliste scientifique au magazine *Sciences Humaines*.
[**] *Sciences Humaines*, n° 51, juin 1995.
1. Voir les mots clés en fin d'ouvrage.

Cependant, les usages que nous faisons du langage pour communiquer ne se sont jamais laissés vraiment saisir de cette façon. Dans la vie quotidienne, il nous arrive de ne pas comprendre les messages qui nous sont adressés, de les comprendre autrement, ou même de les comprendre alors qu'ils ont été mal formulés. Les langues ne sont pas des codes parfaits : souvent, plusieurs mots signifient la même chose, et le même mot peut avoir plusieurs significations. Seul, comme on dit, le contexte nous permet de trancher. Mais qu'est-ce que ce contexte, qui, sans faire partie du discours, lui est néanmoins indispensable ? Le langage est également un code incomplet : «je viendrai demain» est une phrase qui n'a de sens que si je sais qui parle, où et quand. Ici, c'est la situation qui permet de trouver le sens.

Plus généralement encore, chacun sait que certaines phrases ne sont pas faites pour informer, mais pour influencer. C'est le cas des formules impératives, mais pas seulement. «Vous êtes libre ce soir ?» n'est pas tant une question qu'une invitation. Par quel moyen cette intention est-elle communiquée ? L'étude des structures internes du langage, telle que la pratiquaient F. de Saussure et, à sa suite ou selon d'autres voies, les linguistes formalistes, ne s'occupe pas de répondre à ces questions. Dans les années 50, l'influence de certains logiciens et philosophes qui s'intéressaient entre autres aux ambiguïtés du langage «ordinaire» (Bertrand Russell, Rudolf Carnap et Ludwig Wittgenstein (2)) a incité des linguistes à se pencher sur les mécanismes de la parole et du discours.

Les nouvelles linguistiques

La prise en compte des fonctions du langage – celles décrites par R. Jakobson (voir page 27) – et l'étude du discours ordinaire ont été à l'origine du développement de plusieurs courants d'études en sciences du langage.

• **Le courant énonciatif** s'intéresse, à la suite d'Emile Benveniste, aux traces d'inscription dans la langue de ses conditions d'utilisation. L'étude de l'énonciation s'est développée dans deux directions. D'abord, celle des rapports entre énoncé et situation. Puis celle des rapports qu'entretient un locuteur avec son propre discours à travers l'étude des modalités variées (positive, négative, dubitative) et d'autres procédés (guillemets, style indirect, glose). Elle s'intéresse également au fait qu'un énoncé ne prend son sens que par rapport à d'autres énoncés prononcés par d'autres ou par la même personne. Les procédés de l'ironie, du mot d'esprit, de la citation, du discours rapporté relèvent de ce type d'approche, qui porte la plupart du temps sur la langue elle-même.

• **Le courant pragmatique** s'intéresse, plus généralement, au fait que tout énoncé est porteur d'intentions et en particulier celle de faire ou de faire faire quelque chose. Plus encore que l'étude de l'énonciation, la pragmatique s'intéresse aux éléments de signification du discours qui ne sont pas forcément inscrits dans la langue. Sur la base de la théorie des actes de langage (3) des

---

2. Voir «Cercle de Vienne» et «Wittgenstein» dans les mots clés en fin d'ouvrage.
3. Voir les mots clés en fin d'ouvrage.

philosophes John L. Austin et John R. Searle, ce courant s'est développé dans deux directions : celle de l'analyse de l'argumentation et celle de l'étude des présupposés et des implicites du discours qui permettent d'en reconstruire le sens. Pour certains linguistes, cette discipline ne relève plus de la linguistique, mais de la philosophie du langage.

• **Le courant sociolinguistique**, dominé par la figure de William Labov, s'intéresse surtout à l'inscription culturelle et sociale du langage. Ses sujets de prédilection sont les variations syntactiques et lexicales (4) selon les groupes sociaux (sociolectes), les règles sociales du dialogue et les situations de contact entre les langues.

• **L'analyse conversationnelle** s'est développée aux Etats-Unis à partir des années 60, pratiquée au départ par les ethnométhodologues et Erwin Goffman. Son postulat de base est que la communication verbale est un processus interactif : tout discours (plus ou moins inscrit dans un dialogue) est le résultat d'une construction à deux. Séquençage des dialogues, tour de parole, reprise, reformulation, accord ou désaccord des partenaires sont les éléments sur lesquels porte l'analyse conversationnelle. Au départ discipline purement empirique, tirée de l'expérience, cette approche, en empruntant à la pragmatique et à l'énonciation une partie de leurs outils, s'est structurée en une linguistique interactive, qui s'intéresse aujourd'hui à de nombreuses situations de communication (interview, débat politique télévisé, etc.).

Ces nouvelles sciences du langage ne font pas que s'ajouter à la linguistique du système de la langue. Elles remettent en cause les représentations formalistes, voire rationalistes, du langage.

Langage et communication

D'abord, si l'on accepte leurs analyses, il est difficile de croire à l'autonomie du système de la langue. Si le sens des messages dépend du contexte, des situations présentes et antérieures, de ce que d'autres ont dit avant, et d'éléments implicites plus ou moins accessibles au destinataire, alors la communication verbale ne peut reposer sur la seule combinaison d'un lexique et d'une syntaxe.

Ensuite, il apparaît qu'utiliser le langage, ce n'est pas seulement dire quelque chose, c'est agir. En 1957, le philosophe Paul Grice proposa de substituer la notion d'intention de communication à celle de signification. Selon lui « vouloir dire », c'est vouloir qu'un énoncé ait un certain effet sur un auditoire, ne serait-ce que simplement faire comprendre le contenu de l'énoncé. En ce sens, communiquer, ce n'est pas tant transmettre une information que faire aboutir une intention. Les compétences ne sont pas les mêmes, et les stratégies non plus.

Enfin, comment admettre que le contenu d'un message soit spécifique s'il peut être modifié par la réponse que lui donnera son destinataire ? La conception interactive des processus d'énonciation, de transmission et de compréhension remet en cause l'idée que les mots auraient un sens hors des

---
4. Voir les mots clés en fin d'ouvrage.

échanges langagiers. Aussi, le processus de communication verbale apparaît plus complexe que ne le supposait la théorie de l'information : l'idée que les mots reflètent le monde, traduisent nos pensées et transportent le sens recule devant une conception où le présupposé, l'implicite et le poids du contexte confèrent à tout discours plusieurs niveaux de signification. Selon le philosophe Peter Frederick Strawson (5), la phrase «le roi est mort, vive le roi!» possède trois niveaux de sens :
– celui de sa signification linguistique, qui consiste en ce que chacun, même ignorant de la situation précise, pourra traduire dans une autre langue ;
– celui de sa signification «référentielle», qui suppose une connaissance de la situation d'énonciation : nous sommes en 1710, le roi Louis XIV vient de mourir, et le second «roi», qui n'est pas le même, est son arrière petit-fils, le futur Louis XV ;
– la signification dite «complète», qui suppose la compréhension de l'intention de l'énoncé : il s'agit de manifester la mort du roi au pays et de proclamer la continuité du pouvoir.
Communiquer par le langage exige de passer par ces trois plans. C'est un processus dynamique de construction du sens qui laisse une place à l'hypothèse et à l'erreur.

---

5. Voir les mots clés en fin d'ouvrage.

NICOLAS JOURNET*

LE LANGAGE EST UNE ACTION**

A PROPOS DU LIVRE DE JOHN L. AUSTIN : QUAND DIRE, C'EST FAIRE (1)

Certains énoncés suffisent à faire ce qu'ils disent. C'est le cas lorsque l'on déclare « une séance ouverte », ou « un couple uni par les liens du mariage ». Ce phénomène, baptisé *performatif* par John L. Austin, marque les débuts d'une nouvelle linguistique : celle des actes de langage, qui amena notamment au courant de la pragmatique.

JUGEANT, paraît-il, que trop de livres avaient déjà été écrits, John Langshaw Austin, professeur de philosophie du langage à l'université d'Oxford, n'en publia aucun. De son vivant, il fit paraître sept articles et prononça un nombre raisonnable de conférences, qui suffirent à le faire remarquer. Huit d'entre elles, données à Harvard en 1955, ont été réunies après sa mort par ses disciples et publiées en 1962 sous l'intitulé *How to do things with words* (*Quand dire, c'est faire*). Ce texte est universellement reconnu aujourd'hui comme fondateur de la théorie des actes de langage, étape importante de la philosophie analytique et programme de base de la linguistique pragmatique, c'est-à-dire l'étude de l'emploi du langage dans la communication.

« *Quand dire, c'est faire* »
Le point de départ du livre est la réfutation par J.L. Austin d'un point de philosophie : les logiciens se trompent lorsqu'ils pensent que tout langage bien formé doit se ramener à une proposition vraie ou fausse. Il existe, dans l'usage ordinaire, des énoncés qui, bien qu'ils en aient la forme, ne servent ni à constater, ni à affirmer, ni à décrire une réalité. C'est le cas, par exemple, des phrases suivantes : 1/ « Je baptise ce bateau le Queen Elisabeth », 2/ « Je donne et lègue ma montre à mon frère » ou 3/ « Je vous parie six pence

---
* Journaliste scientifique au magazine *Sciences Humaines*.
** *Sciences Humaines*, n° 57, janvier 1996.
1. Points Seuil 1970 ; version originale *How to do Things with Words*, 1962.

qu'il pleuvra demain.» Ces expressions ne constatent pas une action, elles l'accomplissent par le simple fait d'être prononcées : dire «je parie», c'est le faire. J.L. Austin propose de nommer «performatifs» (de l'anglais *perform*, accomplir) ces énoncés qui ne sont ni ambigus, ni constatifs, et surtout n'appartiennent, *a priori*, à aucune catégorie véritablement définie : certains sont des rites institués, d'autres des actes informels de la vie courante.

Performatifs et constatifs (2)
Dans un premier temps (conférences 2 et 3), J.L. Austin accumule les arguments qui distinguent radicalement les performatifs des autres énoncés. Ils ne sont, explique-t-il, ni vrais ni faux, mais voués à la réussite ou voués à l'échec : un baptême est à refaire si celui qui l'accomplit n'a pas les qualités requises, une promesse est vaine si celui qui la prononce n'est pas sincère. J.L. Austin identifie les conditions dont l'absence peut provoquer l'échec de l'énoncé : les circonstances, la personne, la correction de la procédure, sa complétude, l'intention et l'aboutissement de l'acte. Pourtant, il remarque (conf. 4) que certaines conditions de vérité peuvent être requises : dire «je promets» et ne pas tenir sa promesse est une sorte de mensonge, de contradiction dans les faits. Finalement, se demande-t-il, la différence fondamentale entre constatifs et performatifs est-elle bien nette ?
J.L. Austin propose (conf. 5) de chercher la réponse à cette question du côté de la grammaire et du lexique (3). Le performatif est-il lié à un temps, à un mode, à une personne ? L'usage de certains verbes est-il indispensable ? Non : chaque fois que J.L. Austin isole un critère, les contre-exemples abondent et aucun résultat ne s'impose.
Ces résultats négatifs le mènent alors à suggérer une autre solution (conf. 6) : la forme la plus explicite de performatif («je parie qu'il fera beau», soit «je x que p») serait la forme achevée d'une réalité que l'on trouve dans bien d'autres énoncés.

Locutoire, illocutoire et perlocutoire
J.L. Austin est amené à réfuter progressivement son hypothèse de départ : il n'est finalement pas possible de distinguer les performatifs des constatifs. Soit les indécidables abondent, soit on se trouve sans cesse remis devant une gradation continue d'exemples allant d'un type à l'autre. Il prend alors un nouveau départ (conf. 8) : il se demande ce que peut bien être l'acte de «faire en disant», et distingue trois «aspects» présents dans tout énoncé un tant soit peu «actif». Reprenons un de ses exemples et considérons les trois énoncés suivants :
1/ « Il m'a dit : "Tu ne peux pas faire cela." » Telle quelle, la phrase est un énoncé doué de sens et en cela, dit J.L. Austin, c'est un acte locutoire.
2/ « Il protesta contre mon acte. » Ce disant, on souligne comment l'énoncé doit être compris (en l'occurrence, c'est une protestation). J.L. Austin appelle cela sa valeur illocutoire.

---

2. Respectivement «qui réalise une action» et «qui décrit un événement».
3. Voir les mots clés en fin d'ouvrage.

3/ « Il m'a dissuadé de le faire. » Cette fois, c'est l'effet obtenu par l'énoncé qui est mis en valeur : c'est sa dimension perlocutoire.

Ainsi mis en scène, ces trois aspects sont clairement distingués. Mais J.L. Austin constate aussitôt que, en situation ordinaire, ils sont présents simultanément dans une phrase, aussi simple soit-elle. Ainsi la phrase « Je te dis qu'il va foncer » peut être (selon le contexte) un constat, une mise en garde ou un pari, en conséquence de quoi l'effet attendu (perlocutoire) sera à chaque fois différent. En quoi cela éclaire-t-il la question des performatifs ? Illocution et perlocution n'étant pas des dimensions surajoutées, mais des composantes de tout énoncé, aussi factuel soit-il, le fait d'« agir en disant » n'est pas une propriété exclusive des énoncés performatifs (je promets, je baptise, etc.). Chaque fois que je «dis» quelque chose, affirme J.L. Austin, j'effectue à la fois un acte locutoire et un acte illocutoire. Renonçant à sa distinction de départ entre constatifs et performatifs, il propose finalement de classer tous les énoncés en cinq « familles » (conf. 11) dont la valeur illocutoire va croissant (expositifs, comportatifs, promissifs, exercitifs, verdictifs). C'est en cela que l'on peut parler d'une théorie des « actes de langage », encore que le concept ne soit pas défini par J.L. Austin.

Les prolongements

Depuis leur première édition en 1962, les textes de *Quand dire, c'est faire* n'ont cessé à la fois d'appeler des éclaircissements salutaires et d'inspirer un large mouvement d'idées en philosophie du langage. L'œuvre de J.L. Austin étayait une réaction très profonde contre les logiciens (Bertrand Russell, Rudolf Carnap), dont le projet était de rendre compte des langages ordinaires à l'aide de propositions entièrement explicites. Pour eux, tout ce qui n'était pas réductible au vrai ou au faux était un obstacle à la compréhension. En suggérant qu'un énoncé pouvait n'être ni vrai ni faux, mais avoir néanmoins une fonction, J.L. Austin inaugurait la recherche d'un autre type de sens : la signification d'un énoncé quelconque pouvait être dans ce qu'il faisait (faire) en même temps que dans ce qu'il « disait ». Cette démarche allait prendre tout son sens lorsque John R. Searle (4) généralisa la notion d'acte de langage et montra comment les actes indirects (où l'énoncé est clairement perçu comme distinct de la phrase dite) font partie de notre quotidien. Chacun sait que « je crois qu'il pleut » veut souvent dire « prends donc ton parapluie ». Ainsi, le développement de la philosophie dite du langage ordinaire, dont J.L. Austin, John R. Searle, Paul Grice (5), Peter F. Strawson ont été et restent les principaux théoriciens, tend-il à remplacer l'interrogation classique sur la vérité d'une proposition par celle sur sa signification. J.L. Austin n'ayant jamais défini l'acte illocutoire autrement que par son caractère conventionnel, d'autres interprétations ont été avancées : à partir de l'intentionnalité par le philosophe P. Grice, ou en se basant sur la notion de « perti-

---

4. J.R. Searle, *Les Actes de langage*, Hermann, 1972.
5. HP. Grice, « Logique et Conversation », *Communications*, n° 30, 1979.

John L. Austin : Repères biographiques

John Langshaw Austin, né en 1911, a fait des études de lettres classiques à l'Université d'Oxford (collège Balliol). Il a débuté comme chargé de cours (*fellow*) au collège All Souls en 1933 et a été nommé au collège Magdalen en 1935, puis professeur de philosophie morale au collège Corpus Christi en 1952, poste qu'il occupa jusqu'à sa mort, à 48 ans, en 1960. Hormis la période de la guerre, qu'il passa sous les drapeaux, la vie de J.L. Austin ne présente aucun épisode notoire. Pur produit d'Oxford, il y fit entièrement carrière, mis à part les quelques conférences qu'il a pu donner ailleurs. En 1955, il prononça une série de conférences à Harvard («William James lectures») et, en 1958, participa en France au colloque de Royaumont consacré à la philosophie analytique. Sa réputation, semble-t-il, était à cette époque déjà importante en Grande-Bretagne et aux Etats-Unis. J.L. Austin exprimait parfois, paraît-il, un certain regret de n'avoir pas étudié l'ingénierie ou l'architecture. En dépit d'un intérêt marqué pour la logique formelle, il s'est inscrit pleinement dans le courant oxfordien de la philosophie du langage «ordinaire». Professeur très brillant, il publia peu de son vivant : quelques articles et une traduction du logicien allemand Gottlob Frege (*Foundations of arithmetics*, 1950). Ses textes les plus marquants sont ses conférences rassemblées après sa mort sous les titres de *How to do things with words* et *Sense and sensibilia*. Ses articles ont été réunis en 1961 (*Philosophical papers*). Ces recueils ont été traduits en français sous les titres suivants : *Quand dire, c'est faire* (1) ; *Le Langage de la perception* (2) ; *Ecrits philosophiques* (3). On trouve également un article d'Austin dans *La Philosophie analytique* (4).

---

1. Points Seuil, 1970.
2. Armand Colin, 1971.
3. Seuil, 1994.
4. Minuit, 1979.

---

nence» par Dan Sperber et Deirdre Wilson (6). Ces définitions sont directement impliquées dans les discussions actuelles sur les activités cognitives humaines en général, et elles ne s'opposent pas toujours aux démarches formalistes. L'autre aspect de l'héritage d'Austin est ce courant de la linguistique qui étudie les traces portées par le langage de son usage dans la communication (par opposition à son système), et qu'on appelle la «pragmatique» (de *pragma*,

---

6. D. Sperber, D. Wilson, *La Pertinence : communication et cognition*, Minuit, 1989. Voir l'encadré dans l'article suivant.

«action» en grec). Ses développements comprennent l'étude des actes de langage, des mécanismes conversationnels et des présuppositions, qui peuvent être abordés dans tous les aspects de la langue (syntaxe, lexique, intonation, ponctuation, etc.). Accueillies avec un certain scepticisme par les philosophes, souvent jugées trop philosophiques par les linguistes (7), les idées de J.L. Austin ont été diffusées en France principalement par des linguistes pragmaticiens (Oswald Ducrot, Jean-Claude Anscombre, François Recanati (8)). Mais les analyses critiques de Pierre Bourdieu et de ses disciples (par exemple Michel de Fornel (9)) ont également contribué à leur notoriété auprès des sociologues.

---

7. E. Benveniste, « La philosophie analytique et le langage » (1963), *Problèmes de linguistique générale*, Gallimard, 1966.
8. O. Ducrot, *Dire et ne pas dire*, Hermann, 1972 ; F. Récanati, *Les Énoncés performatifs*, Minuit, 1981.
9. P. Bourdieu, *Ce que parler veut dire*, Fayard, 1982 ; M. de Fornel, « Légitimité et actes de langage », *Actes de la recherche en sciences sociales*, n° 46, mars 1983.

ANNE REBOUL[*]

AUX SOURCES DU MALENTENDU[**]

Pour la pragmatique, le discours n'acquiert un sens que dans des situations de communication. Elle s'intéresse donc à la fois à son contenu et aux informations implicites véhiculées par le contexte.

LE MALENTENDU est un phénomène propre à la communication plutôt qu'au langage lui-même. C'est en effet dans l'usage du langage pour la communication humaine qu'il se manifeste. Dès lors, l'étude de la communication langagière, ou pragmatique, se doit de produire une description des processus qui y sont impliqués, qui explique aussi bien l'échec que le succès des échanges.

On a longtemps considéré que l'on pouvait rendre compte de la communication langagière sur le modèle du code. Dans cette optique, directement héritée de la théorie de la communication (1), le locuteur – la personne qui parle – entend communiquer une pensée – son message. Cette pensée est encodée linguistiquement dans une phrase, livrant un signal acoustique, transmis par voie aérienne et reçu par l'interlocuteur – la personne à qui l'on parle. Ce signal est ensuite décodé linguistiquement pour livrer le message. Le langage est donc conçu comme un code transparent, donc clair et sans ambiguïté, et la production et l'interprétation des phrases sont ramenées à de simples processus d'encodage-déco-

---

[*] Docteur en linguistique et en philosophie, chargée de recherche à l'Institut des sciences cognitives, CNRS, Lyon. A publié notamment (avec J. Moeschler) : *Le Dictionnaire encyclopédique de pragmatique*, Seuil, 1994 ; *La Pragmatique aujourd'hui. Une nouvelle science de la communication*, Seuil, 1998.
[**] *Sciences Humaines*, hors série n° 27, décembre 1999/janvier 2000.
1. C. Shannon et W. Weaver, *Théorie mathématique de la communication*, Retz, 1975 ; *The Mathematical Theory of Communication*, University of Illinois Press, 1949.

dage. La seule interférence possible serait le bruit qui perturbe la transmission du signal acoustique.

Une conversation radio reçue 5 sur 5 !

Si cette vision du fonctionnement de la communication langagière était exacte, le bruit serait aussi la seule source possible de malentendu. Or, c'est loin d'être le cas, comme le montre l'exemple ci-dessous, supposé être la traduction de la transcription d'une conversation radio entre Américains et Canadiens (largement diffusée sur le réseau électronique Internet à cause de son caractère comique) :

«– Américains : *Veuillez vous dérouter de 15 degrés nord pour éviter une collision. A vous.*

– Canadiens : *Veuillez plutôt vous dérouter de 15 degrés sud pour éviter une collision. A vous.*

– Américains : *Ici le capitaine d'un navire des forces navales américaines. Je répète : veuillez modifier votre course. A vous.*

– Canadiens : *Non, veuillez vous dérouter je vous prie.*

– Américains : *Ici le porte-avions* USS Lincoln*, le deuxième navire en importance de la flotte navale des Etats-Unis d'Amérique. Nous sommes accompagnés par trois destroyers et un nombre important de navires d'escorte. Je vous demande de vous dévier de votre route de 15 degrés nord ou des mesures contraignantes vont être prises pour assurer la sécurité de notre navire. A vous.*

– Canadiens : *Ici, c'est un phare.* »

Dans cet exemple, le malentendu naît d'une divergence entre les informations des interlocuteurs : les Américains igno-rent que leurs interlocuteurs ne sont pas, comme ils le sont eux-mêmes, en mer, mais sur terre, dans un phare. D'où leur insistance, passablement arrogante, pour que les Canadiens se déroutent. Rien ne permet de dire si cet échange est authentique. Reste cependant que, dans cet exemple, le malentendu existe et qu'il n'est en rien dû à un bruit gênant la transmission du signal. Qui plus est, le théâtre classique fourmille de scènes qui reposent sur un malentendu – volontaire ou involontaire – à tel point que ce ressort comique a reçu, dans la dramaturgie classique, le nom de quiproquo.

De façon générale, le type de malentendu qui nous intéressera ici a les caractéristiques suivantes : il provient d'une divergence entre les informations dont disposent le locuteur et l'interlocuteur. Le plus souvent, sa résolution passe par l'échange, direct ou indirect, des informations manquantes entre l'un et l'autre : dans l'exemple ci-dessus, les Américains apprennent que leurs interlocuteurs ne peuvent se dérouter car ils ne sont pas en mer et qu'il n'est pas en leur pouvoir de modifier la géographie côtière de l'Amérique du Nord. On peut considérer que ce type de malentendu est essentiellement pragmatique, selon une terminologie que nous allons maintenant expliciter.

Toute communication langagière implique à la fois le langage (et donc les capacités linguistiques des interlocuteurs) et l'utilisation d'informations non linguistiques dans des processus cognitifs généraux (utilisés aussi dans d'autres tâches, non langagières). Dès lors, son analyse suppose l'étude du langage lui-même ou linguistique, et de l'usage du langage, la pragmatique. Dans le modèle contemporain, la linguistique regroupe la phonologie – l'étude des sons –, la syntaxe – l'étude de la structure de la phrase – et la sémantique – l'étude de la signification de la phrase. Le langage relève bien d'un modèle codique et, dans cette optique, la linguistique est l'étude de ce code.

Parler, oui, mais dans quel but ?

En revanche, l'usage du langage ne se réduit pas à ce code et l'analyse linguistique d'une phrase ne suffit pas à épuiser le message que le locuteur entendait communiquer. La pragmatique tente donc de décrire les processus cognitifs non codiques qui, à partir de la signification de la phrase livrée par la linguistique, entrent en jeu pour déterminer l'intention du locuteur.

Il faut distinguer la signification d'une phrase du message qu'elle contient. En effet, la signification d'une phrase ne dépend en rien des circonstances dans lesquelles elle est prononcée. En revanche, le message du locuteur employant cette phrase dépendra, quant à lui, de façon cruciale de ces circonstances. Pour prendre un exemple simple, la phrase « mon fils est bon en maths » communiquera des messages différents suivant les circonstances de sa production : il faut déterminer la personne qui parle pour identifier la personne dont elle parle, son fils. A une phrase donnée, avec une signification linguistique stable, correspond une multitude d'énoncés, dont chacun se rattache à la production de cette phrase dans des circonstances différentes pour communiquer des messages différents. La tâche de la pragmatique consiste à déterminer les processus qui, à partir de la signification linguistique stable de la phrase, permettent d'identifier les différents messages correspondant à ses différents énoncés.

Message caché et communication implicite

Les choses paraissent plus complexes lorsque l'on en arrive à la communication implicite. La communication implicite est générale dans les échanges langagiers, comme le montrait l'exemple des Américains et des Canadiens. Le dernier énoncé des Canadiens – *« Ici, c'est un phare »* – n'est en effet pas, à strictement parler, une réponse à la menace des Américains dans la phrase précédente. Une réponse à cette menace aurait consisté à dire « oui, nous allons nous dérouter » ou « non, nous n'allons pas nous dérouter ». *« Ici, c'est un phare »* inclut bien entendu la seconde interprétation, mais ne la communique pas explicitement : « Nous n'allons pas nous dérouter » est communiqué implicitement par *« ici, c'est un phare »*. Le problème, apparemment trivial mais plus complexe qu'il n'y paraît, est de déterminer comment on passe de *« ici, c'est un phare »* à « nous n'allons pas nous dérouter » et de savoir pourquoi l'énoncé *« ici, c'est un phare »* a été préféré à une réponse explicite. La réponse de la pragmatique contemporaine est simple : on passe de l'un à l'autre par un processus d'inférence. Typiquement, un processus inférentiel prend un certain nombre d'informations ou prémisses, leur applique une règle logique et en tire une ou plusieurs conclusions. Un exemple canonique de ce type de fonctionnement est le *modus ponens* qui dit que, à partir de «si P, alors Q» et de P, on peut tirer Q : «a. Si Pierre vient, Sophie sera contente. b; Pierre vient.; c. Sophie sera contente.» a et b sont les prémisses, c est la conclusion. Dans le cas de *«ici, c'est un phare»*, les prémisses, outre la signification de la phrase, pourraient être «un phare est situé à terre»; «un phare n'est pas mobile»; «un phare ne peut pas se dérouter», toutes informations qui permettent de conclure «les Canadiens ne vont pas se dérouter». D'autre part, dans ce cas particulier, les Canadiens, en répondant de façon implicite plutôt qu'explicite, ne communiquent pas seulement leur rejet des menaces américaines : ils indiquent aussi que la demande américaine n'a pas de sens, que les menaces n'ont donc pas d'objet et que, un phare signalant en général un danger, si le commandant du *Lincoln* ne se déroute pas, il risque d'endommager son navire et la flotte qui l'accompagne. La pragmatique suppose donc que, au-delà du décodage linguistique, l'interprétation d'un énoncé implique des processus inférentiels reposant sur des informations non linguistiques, généralement appelées son contexte. Ceci soulève plusieurs autres questions : d'où viennent les informations non linguistiques ? Comment sont-elles sélectionnées ? Comment bloque-t-on le processus inférentiel une fois le résultat souhaité atteint ? L'hypothèse actuelle est que la signification de la phrase fournie par le système linguistique donne accès aux informations non linguistiques attachées aux concepts et conservées dans la mémoire à long terme – dans ce cas-ci, des informations relatives aux phares.

La sélection de l'information

Reste que l'on ne peut supposer qu'à chaque interprétation d'un énoncé, l'ensemble des informations encyclopédiques soit pris en compte dans le processus inférentiel : le système serait menacé d'explosion. Il faut donc opérer une sélection sévère parmi ces informations. C'est ici qu'intervient la notion de pertinence introduite par Dan Sperber et Deirdre Wilson (2) (*voir encadré*), liée à celle de rendement : un énoncé est pertinent lorsque les effets qu'il produit (notamment les conclusions auxquelles il mène) suffisent à équilibrer les efforts nécessaires à son interprétation – en termes de rendement, cela veut dire que les bénéfices doivent équilibrer les coûts. Celui qui reçoit un message implicite (et qui nécessite donc une inférence) part du postulat suivant : le locuteur produit un énoncé pertinent. Il va donc choisir, selon le contexte de la conversation, les informations les plus accessibles et les plus susceptibles de produire des effets parmi celles auxquelles la signification de la phrase lui donne accès. On notera ici que cette sélection ne dépend pas d'un choix conscient de l'interlocuteur. Si ces informations suffisent à produire des conclusions inconnues jusqu'alors de l'interlocuteur, le processus inférentiel s'arrête. Dans le cas contraire, il va chercher des

2. D. Sperber et D. Wilson, *La Pertinence : communication et cognition*, Minuit, 1989.

> ## LE PRINCIPE DE PERTINENCE
>
> Dan Sperber et Deirdre Wilson énoncent le principe de pertinence suivant : tout énoncé porte en lui-même la garantie de sa propre pertinence optimale (1). Qu'est-ce que cela signifie ? Tout d'abord, il faut rappeler que toute conversation se déroule dans un contexte particulier, constitué d'éléments directement perceptibles et d'éléments conservés en mémoire.
>
> Partons de la phrase «Plus rien ne va dans le monde», qui peut concerner le journal *Le Monde*, ou la planète Terre. Si elle est accompagnée d'images sur les guerres sur différents continents, on la comprend directement. Parfois, une recherche dans la mémoire est nécessaire pour comprendre de quoi on parle. Or, les informations stockées en mémoire peuvent être innombrables. Comment choisit-on alors, parmi la masse des informations possibles, celles qui vont effectivement entrer dans le contexte ?
>
> La pertinence dépendrait de deux conditions : premièrement, plus l'interprétation d'un énoncé demande d'effort, moins cet énoncé est pertinent. Ainsi, si «Plus rien ne va dans le monde» est produite au cours d'une conversation entre deux journalistes sur l'état de la presse quotidienne, l'interprétation se fera en faveur du journal *Le Monde* car c'est la première qui leur vient à l'esprit. Deuxièmement, plus un énoncé produit d'effets, plus cet énoncé est pertinent. Ainsi, si c'est un actionnaire du *Monde* qui entend cette phrase, il pensera que l'on parle du journal, car cette interprétation est celle qui produit les plus grands effets pour lui.
>
> Gaëtane Chapelle
>
> ---
>
> 1. A. Reboul et J. Moescler, *La Pragmatique aujourd'hui. Une nouvelle science de la communication*, Seuil, 1998.

informations moins accessibles dans le but d'obtenir de telles conclusions.

Si on en revient à l'exemple ci-dessus, certaines informations encyclopédiques sur les phares n'augmenteront en rien la pertinence de l'énoncé : par exemple, le fait qu'un phare est généralement un bâtiment haut. En revanche, l'information selon laquelle un phare est un bâtiment situé sur la terre ferme est une information pertinente, puisque l'on peut s'attendre à ce qu'elle produise un revirement complet dans la représentation que les Américains ont de la situation. Les Canadiens ne peuvent se dérouter et c'est aux Américains de le faire.

Une nouvelle question se pose alors : pourquoi l'interlocuteur s'attend-il à ce que l'énoncé du locuteur soit pertinent ? La réponse passe par la notion de double intentionnalité : le locuteur n'a pas seulement l'intention de transmettre un message, il a aussi l'intention de transmettre son message de telle façon que son intention soit reconnue. Le modèle pragmatique esquissé ici est donc un modèle de la double intentionnalité qui présuppose fortement la capacité à attribuer à autrui des états mentaux (croyances, désirs, intentions, sentiments, etc.). L'interlocuteur attribue au locuteur tout à la fois l'intention de lui transmettre un message donné et l'intention de le lui transmettre dans un acte de communication. Le locuteur, s'il veut que son message soit compris, doit attribuer à l'interlocuteur les croyances et les connaissances nécessaires à l'interprétation complète de l'énoncé. Ainsi, les Canadiens, dans l'exemple, doivent attribuer aux Américains certaines connaissances sur les phares pour l'interprétation complète de l'énoncé « *ici, c'est un phare* ».

Que dire du malentendu dans ce cadre ? Un malentendu apparaît lorsque le locuteur produit un énoncé dont l'interprétation nécessite des connaissances ou des croyances que l'interlocuteur n'a pas : les Canadiens, lorsqu'ils disent « *veuillez plutôt VOUS dérouter...* », ne donnent pas, volontairement ou involontairement, l'information cruciale selon laquelle ils parlent depuis un phare. Cette divergence entre les informations nécessaires et les informations effectivement possédées par l'interlocuteur peut être volontaire, auquel cas le malentendu se double d'une manipulation, ou venir d'une mauvaise appréciation des connaissances de l'interlocuteur. Le malentendu conduit en général l'interlocuteur à attribuer au locuteur l'intention de transmettre un message autre que celui qu'il voulait transmettre.

On le voit, le modèle du code est bien loin derrière nous, et un des enjeux de la pragmatique contemporaine est d'arriver à modéliser le fonctionnement de la communication de manière formelle.

Sylvain Auroux[*]

DE LA LANGUE À LA PAROLE[**]

Peut-on faire la théorie du langage humain sans inclure les conditions de son utilisation ? Les nouvelles approches pragmatiques intègrent les dimensions psychologiques, sociales et relationnelles.

La QUESTION fondamentale posée aujourd'hui aux sciences du langage est celle de savoir si le langage humain est réductible à un code, comme l'est le langage des abeilles ou le morse. Dire qu'il est un code, c'est dire que toute communication verbale procède de l'association entre des signifiés (1) et des formes conventionnelles, ou signes, qui permettent de les manifester. Dans le cas du langage parlé, ces éléments sont phonétiques. Cette conception est celle des grammaires ordinaires, mais aussi celle, plus sophistiquée, de la grammaire générative de Noam Chomsky. Cette dernière a pour but ultime de trouver les formes d'association entre des représentations sémantiques (2) (des éléments du contenu) et des formes linguistiques. C'est une théorie qui s'accorde avec la théorie mathématique de l'information. Cette dernière décrit l'opération de communication comme un jeu assez simple entre deux partenaires : le locuteur a une représentation du contenu de son message, il le code, utilise un canal (sonore, par exemple) ; le destinataire reçoit le signal, décode la séquence à l'aide d'une règle identique, retrouve le contenu du message et en prend connaissance.

---

[*] Directeur de recherche au CNRS et de l'Ecole normale de Fontenay-Saint-Cloud. Philosophe et linguiste, il a publié de nombreux ouvrages sur l'histoire, la philosophie et l'épistémologie de la linguistique. A publié notamment : (et coll.) *Histoire des idées linguistiques*, 3 Tomes, Mardaga, 1990-92-2000 ; *La Philosophie du langage*, Puf, 1996 ; *La Raison, le Langage et les Normes*, Puf, 1998.
[**] *Sciences Humaines*, n° 51, juin 1995.
1. Voir les mots clés en fin d'ouvrage.
2. *Idem*.

Mais est-ce une représentation vraisemblable de la communication humaine ? Les exemples contraires ne manquent pas. Une bonne part des énoncés que nous utilisons quotidiennement ne sont pas transparents, donc clairs et sans ambiguïtés. Dans la phrase « Demain je partirai », demain peut désigner une infinité de jours différents. Le message contenu dans cet énoncé ne pourra constituer une information que si nous savons qui parle, où et quel jour. Donc, le codage de cette courte phrase, par ailleurs bien formée, n'a pas suffi à lui donner un sens précis. Autre exemple : la phrase « Donnez-moi une bière » n'a, paraît-il, aucune chance d'obtenir le résultat attendu si vous la prononcez en langue subanum des Philippines. En effet, l'usage dans cette langue est toujours de faire précéder une requête d'un discours sur autre chose. Sinon, vous commettez une telle grossièreté que personne ne saurait vous servir. Là encore, une phrase pourtant claire et grammaticalement correcte n'atteint pas son objectif.

Que faut-il donc ajouter pour que la communication fonctionne ? Dans un cas, un locuteur et une situation, dans l'autre, un rituel de politesse. Quel est donc ce fardeau ? Est-il indispensable ou est-ce une fioriture ? La réponse la plus radicale est celle de N. Chomsky : pour lui, tout énoncé un peu compliqué est la transformation selon des règles connues d'une phrase idéalement littérale et simple. Il y aurait donc un modèle de locuteur-auditeur idéal, qui présenterait une compétence linguistique maximale, et tiendrait un discours totalement transparent. Evidemment, cela n'expliquerait pas les énoncés plus compliqués ou allusifs que nous employons tous les jours. Mais on pourrait ajouter à ce modèle un autre module composé de règles un peu plus nombreuses et variées, qui rendraient compte des réalisations possibles d'un même message dans divers contextes temporels, locaux, culturels, et des diverses possibilités au sein d'une même langue pour dire la même chose. Ce type d'approche consiste à ajouter à la syntaxe et à la sémantique – qui forment la discipline linguistique *stricto sensu* – un module que l'on peut baptiser pragmatique (3), c'est-à-dire concernant l'usage du langage à des fins de communication. Cela consisterait à étudier et mettre à plat toutes les règles découlant des situations, des usages sociaux et de la personnalité des locuteurs, etc. Ce vaste programme, auquel on peut rattacher les premières remarques d'Emile Benveniste sur l'énonciation, s'est poursuivi avec le courant des études sur les « actes de langage » (John L. Austin, John R. Searle), puis les interactions verbales (4). C'est un modèle plausible, et de nombreux pragmaticiens ont eu pour objectif d'étendre la théorie linguistique en conservant l'idée que tous les processus de signification fonctionnent à la manière d'un code. C'est le cas de Paul F. Strawson, de Paul Grice, ainsi que d'Oswald Ducrot en France, qui ont tenté chacun à leur manière, d'édicter

---

3. Pragmatique : relatif à l'action. En linguistique, la dimension pragmatique d'un énoncé est son intention (ce qu'il fait ou veut faire). Comme discipline, la pragmatique étudie les aspects intentionnels du langage.
4. Voir les mots clés en fin d'ouvrage.

les règles de la «bonne communication». Qu'on les appelle principes, lois ou règles, il s'agit à chaque fois d'énoncer les conditions de la communication idéale, non pas simplement en tant que norme, mais en tant que principe constitutif de toute pratique. Le problème est que le nombre de situations traité par ces règles paraît assez réduit. Prenons par exemple l'injonction de pertinence chez P. Grice. Imaginez qu'on vous dise «Racontez-moi votre vie». Le principe de pertinence veut dire que, dans un entretien d'embauche, il n'existe qu'une manière de répondre : parler de vos études et de vos emplois passés. En revanche, au café, il existe une infinité de manières de répondre. Quelle est la plus pertinente? Ce n'est pas forcément déterminé d'avance. Donc, on doit se méfier de ces maximes, qui se révèlent souvent inutilisables. Si les lois de la pragmatique étaient vraiment des règles de codage, elles fonctionneraient de façon absolue, sans exception. Mais il y a des cas où elles ne fonctionnent pas, ou plus exactement ne fonctionnent que partiellement.
Prenons ces deux fragments de poèmes : «*La Terre est bleue comme une orange*» (Eluard), ou encore «*L'automne ivre a brûlé contre tes os/ta peau de seigle oubliée par la faux*» (Jean Grosjean). Il n'existe pas *a priori* de règle pour produire ou décoder de tels énoncés. En même temps, certains aspects du code sont assez évidents : la Terre est bleue vue du ciel, la Terre est ronde, une orange aussi, donc c'est une sorte de faux syllogisme. Dans les vers de J. Grosjean, il y a une dimension métaphorique : l'automne est la vieillesse, la faux est sans doute la mort. Ces éléments de poétique ne sont pas étudiés par la grammaire, mais par la rhétorique (5) ou la stylistique. Mais même dans ce cas, on voit bien que d'autres interprétations sont possibles et qu'il est toujours loisible de trouver de nouveaux sens à ces vers. C'est même, pour certains théoriciens, l'essence même de la poésie. Comment, dans ce cas, maintenir l'idée qu'il existe un code prédéterminé, capable d'attribuer un nombre limité de sens à tout énoncé? Il y a entre la conception du langage comme code et celle du langage comme activité pragmatique ouverte, la même différence qu'il y a entre deux conceptions de la morale. Une, universalisante, qui consiste à voir dans la morale un ensemble de règles qui s'appliquent en tout lieu et toute circonstance; l'action correcte est celle qui respecte la règle. L'autre, qu'a développée Aristote, qui consiste à dire que l'action juste est celle qui a lieu au bon moment, dans les bonnes circonstances et avec les bonnes finalités. C'est la théorie de l'instant propice.

Le sens est-il connu d'avance?
La même alternative s'applique aux activités intellectuelles : on opposera les activités rationnelles pures, fondées sur la nécessité, à ce qu'Aristote appelle la *phronêsis*, ou prudence, pour désigner le fait que l'être humain est doué de capacités qui lui permettent d'agir dans la contingence, c'est-à-dire dans des circonstances qui ne sont jamais deux fois

---
5. Voir les mots clés en fin d'ouvrage.

les mêmes. C'est sur cette base que l'on peut opposer une théorie « pure » du langage, où tout est déterminé et relève du code, à une conception pragmatique ouverte, qui admet que le sens n'est pas connu d'avance. Classiquement, la linguistique se définit comme la science de la langue en tant que telle, sans recours à des éléments extérieurs de types culturel, psychologique ou biologique. On peut très bien, comme le font les structuralistes et les chomskiens (6), définir la linguistique comme la théorie des codes langagiers et de leur évolution interne. Si l'on s'en tient là, la linguistique n'a rien à voir avec la communication. Mais une question se pose alors : peut-on espérer faire la théorie du langage humain sans comprendre ce que c'est que l'utiliser ? Or l'utilisation que nous faisons tous les jours du langage est étroitement dépendante du fait qu'il nous sert à communiquer (ou à tenter de communiquer) des intentions. Comment expliquer en effet que face à un événement plutôt ennuyeux, on puisse s'exclamer : « Ah ben, c'est pas triste ! » De toute évidence, l'antiphrase présente dans cet énoncé correspond à une intention qui n'est pas exprimée par les mots qu'elle met en jeu. « Détendre l'atmosphère », par exemple. Le problème qui s'est posé aussi bien aux linguistes qu'aux autres spécialistes était de savoir comment étudier de manière globale ces pratiques langagières de communication, et quel pouvait être le contenu exact de ce savoir.

Une des approches développées à partir des années 60, l'ethnographie de la communication (7), s'est attachée d'abord à décrire des situations concrètes (Erwin Goffman, John J. Gumperz, Dell Hymes). Cette pratique est, par la suite, devenue la base d'une discipline de recherche de type ethnométhodologique qui pratique l'analyse conversationnelle. Mais un certain nombre de bases théoriques ont également été posées dans cette direction. La notion de compétence de communication (ou encore pragmatique) a été proposée par le linguiste et ethnologue américain D. Hymes, à la fin des années 60, pour faire pièce à celle de compétence linguistique, qui est un point central de la théorie de N. Chomsky. D. Hymes entend par là l'ensemble des éléments physiques, psychologiques, cognitifs et sociaux dont ont besoin les participants à une interaction verbale pour communiquer avec succès. David Lewis et Stephen K. Schiffer ont développé les notions de savoir commun et de savoir mutuel : si notre conversation peut faire usage d'un code linguistique (ou autre), c'est parce que, de manière plus générale, non seulement nous partageons un savoir, mais que nous savons exactement quelles sont nos positions respectives par rapport à ce savoir (je sais que tu sais que je sais que tu sais…). Donc, cette notion fonde l'idée que la communication est un contrat qui est explicitement mis sur la table. Le contrat ainsi évoqué garde un caractère incertain. Nous ne sommes pas sûrs que l'autre a compris tout ce que nous avons voulu dire. Il y a donc dans ce modèle un problème soit de régression

---
6. Voir les mots clés en fin d'ouvrage.
7. Voir les Points de repères : « Les courants de la sociolinguistique » dans cet ouvrage.

à l'infini (avec un sens toujours problématique), soit de blocage sur des formes complètement ritualisées de communication, interdisant la moindre incertitude. Le problème, que nous évoquions plus haut, de la liberté d'interprétation possible d'un énoncé n'est donc pas réglé.

Les mots ne sont que des indices

Une des tentatives les plus intéressantes pour répondre à cette question est celle de Dan Sperber et Deirdre Wilson (8). Ces deux auteurs proposent un modèle de communication verbale qui admet deux composantes : un mode codé et un mode dit ostensif-inférentiel. La composante codée est constituée par les règles de langage proprement dites. Mais, ajoutent-ils, cette composante codée n'est qu'un moyen de rendre plus efficace la communication ostensive-inférentielle. Qu'est-ce au juste ? C'est le processus fondamental de la communication par lequel un locuteur rend manifeste un certain nombre d'informations, et notamment le fait qu'il veut les communiquer à un auditeur, informations à partir desquelles l'auditeur tirera des inférences, c'est-à-dire des conclusions vraisemblables. Par rapport au modèle précédent, on note deux définitions différentes. D'abord, la notion de « manifeste » remplace celle de savoir mutuel. Or, un élément peut être manifeste à quelqu'un sans être vrai. Il fait partie d'un environnement évident, mais non prouvé. Ainsi, si je dis « Robert a acheté *L'Yonne républicaine* », neuf personnes sur dix de la zone de diffusion de ce journal penseront qu'il s'agit d'un exemplaire du journal sans qu'il soit besoin d'ajouter de précision. En revanche, si nous sommes en plein milieu d'une conversation sur les magnats de la presse, il peut aussi être manifeste qu'il s'agit d'une opération de rachat d'une entreprise de presse par un certain Robert H., coutumier du fait. Mais, là encore, rien n'est absolument certain. L'important est que le processus inférentiel mène à des hypothèses probables, mais ne constitue pas une opération de logique formelle, où les propositions ne peuvent prendre que deux valeurs : vraie ou fausse. Dans le modèle de D. Sperber et D. Wilson, une hypothèse est retenue parce qu'elle est pertinente, c'est-à-dire s'insère commodément dans un contexte manifeste. Dans ce modèle, tout est question de degré, et par conséquent susceptible d'accueillir d'autres hypothèses : une hypothèse « très probable » n'empêche pas que lui coexiste une autre « seulement probable ». Il y a donc place pour l'apparition de nouvelles interprétations. Par exemple l'expression « autoroutes de l'information » est nouvelle en français. Son sens est assez éloigné de celui du mot « autoroute » tout court, mais le mot est suffisamment « motivé » par sa construction pour que plusieurs significations différentes, mais possédant des éléments communs, apparaissent à l'esprit. Parmi ces significations probables, il y a beaucoup de chances pour que se trouve la bonne. Les opérations par lesquelles nous parvenons à attribuer un

---

8. *La Pertinence*, « Communication et cognition », Minuit, 1979.

Qu'est-ce qu'une inférence?

Une inférence est un processus mental qui s'appuie sur un ensemble de prémisses supposées vraies et aboutit à une conclusion probable. Le cas le plus simple est celui de l'implication. Imaginons qu'un locuteur énonce ces deux phrases :
a) «Ou bien il pleut, et nous allons au cinéma,
Ou bien il fait beau, et nous allons à la plage.»
Puis il ajoute :
b) «Il ne pleut jamais en cette saison.»
L'auditeur en déduira le message :
c) «Nous allons à la plage.»

La conclusion (c) est l'aboutissement d'une série d'implications (a) et (b). Dans cet exemple, l'inférence est le processus par lequel le message est posé comme valide ou vraisemblable, sans avoir été nécessairement prononcé sous cette forme. L'émetteur du message aurait pu dire «Nous allons à la plage». Dans ce cas, c'est le décodage du signal phonétique (c') [nuzalõzalaplaz] qui donne le message (c) «Nous allons à la plage.» L'opération mentale n'est pas la même, puisque le signal c' n'implique pas le message qu'il véhicule, sans quoi toute proposition même absurde serait validée par le seul fait d'être énoncée. Le signal est associé à un signifié (1) par l'intermédiaire d'un code. Dans cet exemple, inférence et décodage aboutissent au même résultat et de nombreux linguistes maintiennent le point de vue que toute signification est, finalement, réductible à un code. Dans la vie de tous les jours, cependant, il est rare que les prémisses de nos énoncés soient totalement explicites. Le dialogue ci-dessus aurait pu mener à une tout autre conclusion :
a) «Ou bien il pleut, et nous allons au cinéma,
Ou bien il fait beau, et nous allons à la plage.»
b) «Il ne pleut jamais en cette saison.»
c) «Les vacances sont monotones.»
Un processus de décodage, lui, ne tolère pas l'ambiguïté : [nuzalõzalaplaz] et [levakãsõmonoton] sont deux signaux qui ne peuvent pas être confondus.

Nicolas Journet

---

1. Voir les mots clés en fin d'ouvrage.

---

sens à l'ensemble des messages qui nous parviennent relèvent de l'inférence (*voir l'encadré*), et elles retiennent ce qui semble le plus pertinent, à la manière d'un policier qui suit une piste pour parvenir à une conclusion plausible. En raisonnant à partir du plausible, on peut utiliser des règles parfaitement standard, on n'obtiendra jamais que des conclusions en forme d'hypothèse. L'idée qu'on peut retenir aujourd'hui est que, dans le langage, nous ne raisonnons jamais que de manière faillible et que par conséquent le langage n'est pas un instrument parfait pour communiquer, même s'il sert à communiquer.

LA FORCE DES MOTS

Entretien avec Oswald Ducrot*

Selon Oswald Ducrot, les mots du discours ne servent pas à représenter la réalité ou les idées. Ils n'ont de sens que par les conclusions auxquelles ils mènent.

Sciences Humaines : **Depuis plus de trente ans, vous travaillez sur un aspect de l'étude du discours que vous avez appelé la théorie de l'argumentation. Mais vous utilisez ce terme d'argumentation dans un sens différent de celui de la rhétorique. Pouvez-vous expliquer cette différence ?**

** Directeur d'études à l'EHESS.
A notamment publié : Dire et ne pas dire. Principes de sémantique linguistique, Hermann, 3ᵉ éd. aug., 1998 ; Les Echelles argumentatives, Minuit, 1980.*

Oswald Ducrot : La rhétorique, au sens habituel du terme, ne dit pas ce qu'est le langage, mais comment se servir du langage pour arriver à ses fins, la fin étant la persuasion. Elle reste donc externe au langage. Pour ma part, j'entends par argumentation le fait qu'on ne peut décrire le sens des constructions syntaxiques (1) qu'en indiquant à quelles conclusions la personne qui utilise ces mots prétend arriver dans son discours. Que cela persuade ou non le destinataire n'est pas l'objet de mon travail. J'ai en fait l'espoir de travailler à l'intérieur même de la linguistique et plus précisément de la sémantique linguistique.

SH : Une des grandes originalités de votre théorie est également de nier que les mots de la langue contiennent un sens informationnel, c'est-à-dire qu'ils représentent la réalité.

O.D. : En effet, je ne crois pas beaucoup au sens informationnel. Je vois très peu de mots, dans la langue, qui aient un sens véritablement informationnel. Selon moi, la plupart des mots ou des constructions syntaxiques ont cette vertu de rendre possibles certaines conclusions. Quand je parle de conclusions, j'entends par là des enchaînements possibles de discours, je n'entends pas du tout les idées qui peuvent passer par la tête de l'interlocuteur lorsqu'il entendra ce discours.

SH : Pourriez-vous nous donner un exemple de cette différence entre sens informationnel et sens argumentatif ?

O.D. : L'exemple le plus simple est celui de l'opposition entre les quantificateurs « peu » et « un peu ». Quelle est la différence entre «j'ai peu mangé» et «j'ai un peu mangé»? Je pense qu'il est impossible d'établir cette différence au niveau informationnel, c'est-à-dire au niveau de la quantité de nourriture que l'on déclare avoir ingurgitée dans un cas et dans l'autre. La différence se situe plutôt dans les enchaînements possibles à ces quantificateurs. Si je vous dis «j'ai peu mangé au petit-déjeuner ce matin», je peux continuer par «donc, j'ai envie d'aller tout de suite au restaurant» ou «pourtant, je n'ai pas besoin d'aller au restaurant maintenant». Si au contraire, je dis «j'ai un peu mangé ce matin au petit-déjeuner», l'enchaînement va être soit «donc je n'ai pas besoin d'aller tout de suite au restaurant», soit «pourtant, j'ai envie d'aller tout de suite au restaurant parce que j'ai très faim».

On voit bien dans cet exemple la différence entre l'argumentation telle qu'employée en rhétorique ou l'argumentation telle que je l'entends. Je n'essaye pas de définir à quelles croyances vont amener «j'ai peu mangé» et «j'ai un peu mangé». Ce qui m'intéresse, c'est qu'on peut enchaîner le même énoncé après «j'ai peu mangé» et «j'ai un peu mangé», mais par «donc» après «j'ai peu mangé», et «pourtant» après «j'ai un peu mangé». Dans les deux cas, on peut arriver à l'idée qu'il est inutile d'aller au restaurant, mais pas de la même façon. Il s'agit là d'un phénomène minuscule...

SH : Mais qui peut avoir une portée très générale...

O.D. : Je l'espère. Il s'agit d'une sorte de philosophie du langage. Selon ma conception du langage, les mots ne servent pas à représenter la nature des choses, ni même nos idées, mais ils servent seulement à rendre possibles d'autres mots, à faire du discours. Ce qui amène à un relatif scepticisme face à la possibilité d'obtenir des conclusions rationnelles avec des mots. Je ne vois pas comment la rationalité peut s'accrocher aux mots, puisque tout ce que les mots contiennent comme possibilités est d'enchaîner d'autres mots.

SH : Vos travaux vous ont amené à considérer l'argumentation comme graduable. Vous avez écrit un livre sur ce sujet, *Les Echelles argumentatives*. Que voulez-vous dire par là ?

O.D. : Je veux dire que deux énoncés peuvent diriger vers la même conclusion avec des forces différentes, dont l'une est supérieure à l'autre. Par exemple, «j'ai beaucoup mangé ce matin» mènera plus fortement à la conclusion «je n'ai pas

besoin d'aller au restaurant » que « j'ai un peu mangé ce matin ». Et « j'ai peu mangé ce matin » ira moins fortement vers la conclusion « il faut donc aller tout de suite au restaurant » que « je n'ai pas du tout mangé ce matin ». Donc, la force avec laquelle un énoncé appelle son enchaînement argumentatif peut différer selon les mots dont cet énoncé est composé. Cela ne signifie pas que l'on persuade davantage en disant « beaucoup » qu'en disant « un peu ». Il peut même parfois être beaucoup plus astucieux de dire « un peu » que « beaucoup ».
Mais alors, en quoi consiste cette force argumentative supérieure ? Il y a en fait des mots qui marquent cette force supérieure, à l'intérieur d'une orientation donnée. C'est le cas de « même ». On peut dire « j'ai mangé un peu et même beaucoup ». Mais on ne peut pas dire « j'ai mangé beaucoup, et même un peu ». Ni dire « j'ai mangé peu et même un peu ». Donc « même » indique que ce qui le suit à la même orientation que ce qui le précède, mais avec une force supérieure.

SH : Mais quand on oppose « peu » à « beaucoup », on utilise des mots qui se réfèrent à des sens différents, qui ont donc un contenu informatif différent. On ne peut donc évacuer les informations que donnent « peu » et « beaucoup ».

O.D. : Personnellement, je voudrais les évacuer complètement, parce que je pense qu'il n'y a aucun fait informatif clair qui permette de les distinguer. Prenons l'exemple « peu/beaucoup ». Ils ont des orientations opposées, l'un est négatif, l'autre positif. Mais peut-on dire qu'informativement, ils donnent des renseignements différents ? La même quantité peut être considérée comme « peu » par l'un et comme « beaucoup » par un autre. Dans ce cas, ces mots n'ont d'autre signifié (2) que les conclusions auxquelles ils mènent.
L'objection d'une différence informative tombe de façon encore plus évidente lorsqu'on oppose « peu » et « un peu ». Il n'y a pas de différence informative nette entre « peu » et « un peu ». Par contre, il y a une différence argumentative extrêmement claire. Dans ce cas au moins, on ne peut pas trouver de différence de sens à un autre niveau que celui de l'argumentation.

SH : Certains enchaînements semblent parfois impossibles, sauf si on les replace dans un contexte particulier. Prenons l'exemple : « il n'est que huit heures, dépêche-toi ! » Ces deux énoncés semblent contradictoires. Sauf s'ils

sont produits par quelqu'un qui pensait rater son train, puis qui réalise qu'il n'est que 8 heures, et qu'il vaut donc encore la peine qu'il se dépêche. Pour résoudre un tel enchaînement, vous avez développé la notion de *topos*. Pourriez-vous l'expliquer ?

O.D. : Il est vrai qu'un même énoncé peut parfois mener à des conclusions contradictoires. Ici, « il n'est que 8 heures » peut aussi bien mener à « inutile de te dépêcher » ou à « dépêche-toi ! ». Cela nous pose en effet un grand problème, puisque selon notre théorie, les conclusions auxquelles mène un énoncé sont internes à cet énoncé. Si les conclusions sont contradictoires, on devrait penser que l'antécédent est lui-même contradictoire. Or il est difficile d'admettre que « il n'est que 8 heures » soit un énoncé contradictoire. Nous avions donc, Jean-Claude Anscombre et moi, fait intervenir la notion de *topoï*, c'est-à-dire des connaissances ou des croyances extra-linguistiques auxquelles l'énoncé se référerait. Cela devait nous permettre d'expliquer la possibilité d'enchaînements à première vue contradictoires, comme « il n'est que 8 heures, dépêche-toi ! ».

Mais j'ai complètement abandonné cette idée, car elle est contraire à l'idée même de la théorie de l'argumentation. La théorie des *topoï* suppose que dans un enchaînement, l'antécédent et la conclusion sont séparés l'un de l'autre, ont chacun leur sens et que le *topos*, qui est une croyance sociale, permet de réunir ces deux sens présentés comme indépendants l'un de l'autre. Or, si je suis tout à fait fidèle à la théorie de l'argumentation, je dois affirmer que le sens du conséquent est entièrement déterminé par le sens de l'antécédent et que le sens de l'antécédent est inséparable de la possibilité qu'il donne d'aller vers le conséquent. La notion d'un *topos* n'est donc pas possible. Le point essentiel pour moi est que le passage au conséquent est à l'intérieur même de l'antécédent.

Pour résoudre la contradiction de « dépêche-toi, il n'est que 8 heures ! », je préfère penser qu'il existe un intermédiaire qui est sous-entendu. Ici, ce serait « nous avons encore le temps ». La contradiction disparaît alors.

SH : Quelle est la portée de la théorie de l'argumentation dans la langue ? Est-ce qu'il existe des énoncés qui n'ont aucune valeur argumentative ? Prenons l'exemple « Combien coûte le kg de bœuf ? 100 francs madame. » Quelle est la dimension argumentative d'un dialogue comme celui-là ?

O.D. : Est-ce qu'on peut admettre une description non argumentative à côté d'un point de vue argumentatif ? Personnellement, je suis plutôt libéral, et je ne vois aucune raison d'empêcher les gens de faire d'autres descriptions. Mais je suis persuadé que ces autres descriptions n'iront pas bien loin. Je ne sais pas trop ce qu'ils vont décrire. Peut-être décriront-ils le prix du kg de bœuf. Mais je n'en suis même pas sûr. Car 100 francs peuvent-ils être compris autrement que comme un point sur l'échelle du beaucoup ou sur l'échelle du peu. Je ne pense pas que même les noms de nombre, qui sont les plus informatifs qu'on peut imaginer, n'aient pas de valeur argumentative dans leur usage linguistique.

L'emploi informatif, qui n'est pas impossible, me semble pouvoir, dans certains cas comme celui-ci, être considéré comme un effet surajouté à l'emploi argumentatif. Mais la seule chose que je dois maintenir, sous peine de me contredire, est que l'emploi argumentatif, quand il existe, est premier, et ne peut pas être dérivé de l'emploi informatif. La théorie de l'argumentation est fondée sur l'idée que l'antécédent d'un enchaînement contient dans son sens le fait d'amener au conséquent.

SH : Est-ce que le défi de votre théorie est de rendre compte de la totalité des énoncés possibles ?

O.D. : L'ambition est d'aller le plus loin possible. Si on ne peut pas aller jusqu'au bout, tant pis. Mais mon ambition est d'aller jusqu'au bout, parce que je n'arrive pas à définir *a priori* quelles seraient les limites de la théorie de l'argumentation.

Propos recueillis par
NICOLAS JOURNET et GAËTANE CHAPELLE
(*Sciences Humaines*, hors série n° 27, décembre 1999/janvier 2000)

---

1. Voir les mots clés en fin d'ouvrage.
2. *Idem.*

LES COURANTS DE LA SOCIOLINGUISTIQUE

La sociolinguistique étudie la langue dans son contexte social à partir du langage concret. Apparue dans les années 60 aux Etats-Unis sous l'impulsion de William Labov, John J. Gumperz et Dell Hymes, elle a bénéficié des apports de certains courants de la sociologie : l'interactionnisme et l'ethnométhodologie.

VARIATIONS ET INÉGALITÉS

Les différences sociales et stylistiques
A partir d'une enquête célèbre sur les adolescents noirs, l'Américain William Labov a recherché les corrélations entre certaines variations linguistiques et la position sociale des locuteurs et/ou la situation de communication.
Cette démarche l'a amené à isoler deux niveaux de variation :
– un niveau social : différents locuteurs d'une même langue parlent différemment ;
– un niveau stylistique : un même locuteur utilise différents registres de langage (familier, soutenu...) selon la situation. Mais W. Labov remarque que l'écart entre langue courante et langue soutenue est beaucoup plus important chez un ouvrier que chez un cadre supérieur.
Pour W. Labov, la langue est soumise à trois sortes de règles :
– les règles catégoriques qu'aucun locuteur ne viole jamais. Aucun francophone ne dit : « on venons » ou « nous vient » ;
– les règles semi-catégoriques, dont la violation – fréquente – est interprétable socialement : la tournure « aller au coiffeur » est jugée populaire par la norme ;
– les règles variables comme l'emploi de « ne... pas » ou de « pas », dont le choix s'opère selon les circonstances (même si une forme est prestigieuse et l'autre stigmatisée).
Cette notion de règles variables, proposée par W. Labov et développée par David Sankoff, inscrit les processus de différenciation sociale et stylistique dans la grammaire : elle est très discutée par certains linguistes.

W. Labov, *Le Parler ordinaire*, Minuit, 1978.
Sociolinguistique, Minuit, 1976.
D. Sankoff (éd.), *Linguistic Variation : Models and Methods*, Academic Press, 1978.

Code élaboré/code restreint
Pour Basil Bernstein, les élèves des classes populaires subiraient un handicap particulier dû à leur langage. Le langage utilisé par l'institution scolaire (code élaboré) ne correspond pas à celui qui domine dans les familles culturellement défavorisées (code restreint). C'est en fait le rapport à la langue qui varie selon les milieux sociaux, en particulier dans l'importance qui lui est attribuée dans l'éducation. Dans les classes

supérieures, l'enfant est habitué à s'interroger sur le sens des mots, à reformuler les tournures incorrectes, à traduire ses sentiments. Dans les milieux populaires, le parler viserait avant tout à suivre une norme particulière : il comporte beaucoup d'idiomes (1), de locutions toutes faites et met l'accent sur les évidences partagées et non l'expression personnelle. Or, dit B. Bernstein, « *le langage parlé est le principal moyen par lequel un individu intériorise les normes sociales* ». Et les normes de l'école ne coïncident pas avec celles des milieux populaires, provoquant le désarroi des enfants qui en sont issus.
Cette thèse du handicap sociolinguistique a donné lieu aux Etats-Unis à un important programme éducatif, dirigé en particulier vers les enfants noirs. Les résultats ont été décevants. D'autre part, on a reproché à B. Bernstein de fonder une idéologie de la classe moyenne, dont le code linguistique serait le référent.

B. Bernstein, *Langage et Classes sociales*, Minuit, 1975.

Les marchés linguistiques
Dans *Ce que parler veut dire* (2), Pierre Bourdieu montre que la légitimité des productions langagières obéit à un marché linguistique dominé par la couche cultivée de la société qui détient le *« capital symbolique »* qu'est la culture. La variété linguistique du groupe dominant s'impose comme marque de prestige et détermine l'évaluation que les dominés font de leur façon de parler. Ainsi les colonisateurs s'efforçaient-ils d'imposer une évaluation péjorative des langues vernaculaires des colonisés, qui finissaient par mépriser leur propre dialecte.
Cependant, explique P. Bourdieu, à côté du marché linguistique dominant, existent des *« marchés francs »* en opposition et en résistance à celui-ci : *« On peut classer les marchés (linguistiques) selon leur degré d'autonomie, depuis les plus complètement soumis aux normes dominantes (comme ceux qui s'instaurent dans les relations avec la justice, la médecine ou l'école) jusqu'aux plus complètement affranchis de ces lois (comme ceux qui se constituent dans les prisons ou les bandes de jeunes). »* Ainsi l'argot du milieu ou la langue des banlieues ignorent délibérément les conventions et les convenances du « parler dominant », en traduisant l'affirmation d'une identité sociale marginale. Les échanges de café, fondés sur des valeurs de force et de virilité, traduisent eux aussi cette résistance à la norme standard en excluant du groupe les individus qui ne manient pas ces formes d'expression.

COMPÉTENCE COMMUNICATIVE

Pour l'Américain Dell Hymes, fondateur de l'ethnographie de la communication, il ne suffit pas d'acquérir la maîtrise grammaticale d'une phrase pour être un locuteur compétent. Il faut aussi qu'elle soit appropriée au contexte.
« Comment allez-vous ? » par exemple, phrase anodine, parfaite grammaticalement, peut difficilement figurer ailleurs qu'au début d'une

conversation ; ne peut s'adresser qu'à des personnes connues ; peut apparaître déplacée dans certaines situations formelles : on ne dit pas «comment allez-vous ?» à la personne qui vous reçoit pour l'enterrement d'un de ses parents...
C'est pourquoi l'une des notions principales de l'ethnographie de la communication est la «*compétence communicative*», qui pose que les faits de langage doivent être étudiés dans leur contexte naturel. Cette notion fait pendant à celle de «*compétence linguistique*» de Noam Chomsky, qui pense le langage comme une structure universelle (3).
Mais comment analyser les situations de communication (repas, cérémonies, réunions...) ? D. Hymes est le premier à avoir proposé un modèle devenu célèbre, le SPEAKING (Setting, Participants, Ends, Acts, Key, Instrumentalities, Normes, Genre), mettant en évidence la variété des stratégies discursives, leurs composantes et leurs finalités, et en déduisant les fonctions des activités langagières.

RITUELS ET CONVERSATIONS

Les rituels de la vie quotidienne

Erving Goffman présente le monde comme un théâtre dans lequel chaque individu joue un rôle. La vie sociale est alors composée de toutes sortes de «rituels de la vie quotidienne», situations-types dans lesquelles les interlocuteurs entrent en interaction. Estimant que chaque acteur essaie d'imposer une image valorisante de lui-même, la moindre conversation devient une petite lutte symbolique. Ces rituels de face à face s'expriment au niveau du comportement : la tenue vestimentaire, la façon de parler et de se présenter aux autres...
Dans une situation de communication réussie, le rituel veut que les partenaires de l'échange coopèrent pour confirmer la face que l'autre revendique ; sa fonction est de faciliter l'échange et de pouvoir l'interrompre sans que personne ne perde la face. Les présentations, départs, invitations, salutations sont donc des moments particulièrement ritualisés.

E. Goffman, *Les Rites d'interaction*, Minuit, 1974.

L'analyse des conversations

L'ethnométhodologie étudie la conversation comme une forme fondamentale de l'organisation sociale, et montre les procédures employées par les acteurs pour se construire une identité. L'analyse conversationnelle porte sur le comportement verbal des acteurs et sur leurs interactions (énoncés, pauses, hésitations, rires...). Elle étudie :
– l'organisation des tours de parole ;
– les phases successives de l'interaction verbale (entrée en matière, développement de la séquence, achèvement). Cette organisation séquentielle a été mise en évidence par les travaux de Howard Garfinkel ;
– l'interprétation que font les acteurs des messages émis : un locuteur détermine l'intention véhiculée par l'énoncé de son interlocuteur et indique, par sa réponse, l'interprétation qu'il en fait.

Dans une optique pragmatique, l'analyse conversationnelle pose que la communication est possible lorsque les acteurs ont un savoir en commun. John J. Gumperz a ainsi montré les fonctions communicatives des variables sociolinguistiques. D'où l'importance accordée par la sociolinguistique interactionnelle à tous les indices de contextualisation du discours : rythme et intonation de la parole, choix du lexique, des tours de paroles, signes non verbaux...
Ces processus jouent un rôle important dans les malentendus communicatifs, par exemple lors de communication interculturelle.

J.-J. Gumperz, *Sociolinguistique interactionnelle*, L'Harmattan, 1979.

1. Idiome : particularité propre à un parler spécifique d'une communauté.
2. Fayard, 1982.
3. Voir l'article de D. Roycourt dans cet ouvrage.

FRANÇOISE GADET*

LE FRANÇAIS TEL QU'ON LE PARLE**

Un jeune des banlieues, un paysan, un maître de requêtes au Conseil d'Etat ont chacun leur façon de parler... Au cours du temps, selon les régions, les situations ou les milieux sociaux, une langue connaît de multiples variations qui témoignent de sa vitalité.

LA SOCIOLINGUISTIQUE, discipline des sciences du langage, peut rapidement se définir comme la prise en compte de la façon dont les locuteurs d'une communauté parlent vraiment et interagissent en situations réelles, compte tenu de leurs particularités sociales, régionales et aussi historiques. Elle s'intéresse avant tout à la langue orale, porteuse de diversité, en face d'une langue écrite relativement stable, parce qu'ayant historiquement fait l'objet d'une standardisation.

Le français est regardé par ses locuteurs comme une langue homogène. Pourtant, il serait bien difficile de trouver deux personnes pour le parler de façon absolument semblable ; et personne pour le parler de la même manière en toutes circonstances. Ces variations linguistiques sont une propriété commune à toutes les langues : elles se manifestent sur les plans phonique, morphologique, syntaxique, lexical et discursif (et en conséquence, sémantique) (1).

De la wassingue à la serpillière
C'est dans le domaine phonique, du son, que les phénomènes variables sont les plus nombreux. C'est surtout le système des voyelles qui est l'objet de nombreux flottements, alors que le système des consonnes est pratiquement

---
* Professeur en sciences du langage à l'Université Paris-X–Nanterre, chercheur au laboratoire Modèles linguistiques et dynamiques des langues. A publié notamment : *Le Français ordinaire*, Armand Colin, 1997 ; (Coauteur de) *Nouvelle Histoire de la langue française*, dirigé par Jacques Chaurand, Seuil, 1999.
** *Sciences Humaines*, hors série n° 27, décembre 1999/janvier 2000.
1. Voir les mots clés en fin d'ouvrage.

stable. Les variations s'exercent aussi sur les liaisons, le «e» muet, les simplifications de groupes consonantiques et les assimilations. Quant à l'intonation, elle suffit bien souvent à caractériser un accent, comme c'est le cas pour l'intonation des jeunes des banlieues parisiennes.

Les phénomènes morphologiques (2) interviennent bien dans la variation, mais ils sont la plupart du temps rejetés comme étant des fautes : par exemple, «ils croivent» pour «ils croient», ou les variantes de pluriels irréguliers, comme «bonhommes» pour «bonshommes».

La syntaxe ayant été historiquement moins codifiée que la morphologie, il existe de nombreuses zones où les variations sont assez peu stigmatisées (comme les détachements : «Moi, ma mère, elle travaille»). En revanche, certaines zones font l'objet de jugements très forts, comme les relatives, avec notamment le relatif «que» («la fille que je sors avec» est regardé comme populaire), ou de nombreuses formes d'interrogatives («que dis-tu?», pratiquement dévolu à l'écrit ; «qu'est-ce que tu dis?», ordinaire ; «tu dis quoi?», familier ; «c'est quoi que tu dis?», populaire). A ces zones en forte variation, on opposera les complétives, phrases insérées dans d'autres phrases («je sais que la Terre tourne»), qui ne varient que très peu.

Quant au domaine lexical (3), il est tellement variable qu'on s'imagine souvent que les variations de langage se réduisent au choix du vocabulaire. Ainsi, il existe des mots régionaux (il est peu probable que «wassingue» soit compris en dehors de son Nord d'origine – ailleurs, on dit «serpillière»). Mais il y a aussi des mots liés à un usage social ou démographique : l'argot, réservé à des situations familières, ou le verlan dont seuls les jeunes font couramment usage.

Cette fixation sur le lexique a d'ailleurs une conséquence peu souhaitable : les locuteurs tendent à concevoir la variation dans les termes de «un mot pour un autre», c'est-à-dire comme «différentes façons de dire la même chose», sans envisager les modalités de constitution du sens.

Les caractères individuels et sociaux du français

Il faut en effet distinguer entre les variations de la langue selon les différents usagers, et la variation selon l'usage qu'en fait chacun donc individuel.

La première concerne tout ce qui correspond aux différences entre locuteurs distincts, selon le temps, l'espace, et leurs caractéristiques propres. On ne parlait pas français au XVIIe siècle comme on le parle aujourd'hui, et le français du Moyen Age différait encore davantage du français actuel. Un francophone peut distinguer, à la simple écoute, un Strasbourgeois, un Montréalais ou un Parisien (variation diatopique, c'est-à-dire spatiale ou régionale). On observe aussi des différences entre la façon de parler des hommes et des femmes, des jeunes et des vieux, de locuteurs ayant différents niveaux d'études ou exerçant diverses professions.

---

2. Voir les mots clés en fin d'ouvrage.
3. *Idem.*

Pourquoi « j'ai engueulé Charles-Edouard » ?

L'utilisation d'un registre soutenu est considérée comme la marque de l'appartenance à un milieu cultivé, ce qui est la forme, selon Pierre Bourdieu, d'une « distinction » des groupes socialement dominants.
Mais il arrive parfois que les locuteurs en fassent trop ! Pour parler selon un usage *« socialement légitimé »*, ils appliquent de manière excessive ou maladroite des règles académiques qu'il n'est pas toujours facile de maîtriser parfaitement : chez les linguistes, cela s'appelle l'hypercorrection. Le français en connaît de nombreuses formes : l'usage abusif du pronom relatif « dont » (les humoristes ont d'ailleurs caricaturé cette pratique avec l'emploi de « dont auquel ») ; les liaisons inadéquates (« si vous laissez-r-un message, je vous rappellerai... ») ; la redondance pronominale (« c'est une petite ville où il fait bon y vivre »); l'emploi injustifié du subjonctif (« nous pensons que la culture doive évoluer »)...
Dans les milieux populaires, certaines personnes ont un jugement dépréciatif de leur propre langue : elles l'utilisent dans les situations familières, mais la considèrent comme une forme stigmatisée. Lorsqu'ils veulent utiliser une langue plus soutenue, elles tombent rapidement dans l'hypercorrection : c'est ce que le linguiste américain William Labov (1) décrit comme un *« état d'insécurité linguistique »*, traduisant une tension entre des formes de langage jugées prestigieuses et la maîtrise insuffisante de ces formes.
Dans *Ce que parler veut dire* (2), Pierre Bourdieu avait identifié ces pratiques comme celle d'une petite bourgeoisie désireuse d'ascension sociale. Ce qui, chez les détenteurs des *« marques reconnues comme distinguées »*, suscite immédiatement la recherche de nouvelles stratégies langagières pour se démarquer. Par exemple : *« L'hypocorrection contrôlée qui associe le relâchement assuré et l'ignorance souveraine des règles pointilleuses à l'exhibition d'aisance sur des terrains plus pointilleux "... Telle cette maman très chic, parlant de son fils : 'C'est vrai, quoi ! J'ai engueulé Charles-Edouard pour ne m'avoir pas informée qu'il avait séché son cours de solfège'" »*
C'est ludique le langage, mais inégal aussi : plus on a de beaux jouets à sa disposition, mieux on peut s'amuser.

MARTINE FOURNIER

---

1. Voir les mots clés en fin d'ouvrage ainsi que les Points de repères : « Les courants de la sociolinguistique ».
2. Fayard, 1982.

La variation selon l'usage, quant à elle, concerne un locuteur unique, qui n'est nullement la garantie d'avoir affaire à une façon de parler unique. Car chacun s'exprime de manière différente au cours d'une même journée, selon ses activités, les interlocuteurs auxquels il a affaire, ou les enjeux sociaux présents dans l'échange (par exemple, institutionnels ou non) : c'est la variation dite diaphasique, ou encore d'ordre stylistique ou situationnel.

Enfin, dans une langue de culture très standardisée comme le français, la distinction entre oral et écrit est particulièrement forte. On ne parle pas comme on écrit, et on n'écrit pas comme on parle. D'ailleurs, la première chose à faire pour un sociolinguiste est de reconnaître les caractéristiques d'un oral ordinaire (4). Par exemple, tout le monde ou presque omet le « l » de « il » devant un verbe commençant par une consonne ([idi] pour « il dit »).

Ces différentes variations du langage n'ont pas le même statut dans l'évaluation sociale : certaines, comme le français populaire, ou les français archaïsants d'Amérique, sont stigmatisées ; d'autres sont valorisées, comme le français des couches urbaines favorisées, plus proche de la norme.

Les changements du temps et des régions

Les linguistes appellent variation diachronique les changements de la langue au cours du temps.

Il n'y a pas d'exemple de langue qui ne change pas, en un processus plus ou moins rapide, selon les époques et selon les conditions sociales (les langues changent plus vite en période troublée, comme la Révolution française). Un document donné comme le premier texte en Français, les *Serments de Strasbourg* qui datent de 842, est devenu pour nous pratiquement incompréhensible, et Racine est aujourd'hui difficile à lire en version originale. Dans ces évolutions, il faut encore distinguer les facteurs internes et les facteurs externes.

Au plan interne, les phénomènes de variation répondent à quelques tendances à long terme, qui ont déjà présidé à l'évolution antérieure, et continuent à jouer dans la langue moderne. Un premier exemple concerne la phonologie (5), où l'on observe une tendance à la réduction du système (ainsi, encore au début du siècle, on distinguait entre deux « a », de « pâte » et de « patte » : le premier disparaît de plus en plus). Un second exemple montre une tendance à la fixation de l'ordre des mots (sujet-verbe-objet). Pourtant, il serait réducteur d'en conclure à une tendance univoque à la simplification ou à la détérioration, car le changement résulte de l'interaction pas toujours prévisible entre tendances qui ne sont pas nécessairement harmonieuses.

L'évolution d'une langue est aussi liée à des facteurs externes. Pour expliquer les innovations, deux interprétations s'opposent : soit l'innovation provient des couches populaires, soit celles-ci tentent de reproduire la langue des classes supérieures, perçue comme

---

4. C. Blanche-Benveniste, *Approches de la langue parlée en français*, Ophrys, 1997 ; F. Gadet, *Le Français ordinaire*, Armand Colin, 1989 ; F. Gadet, *Le Français populaire*, Puf, « Que sais-je ? », 1992.
5. Voir les mots clés en fin d'ouvrage.

prestigieuse. La première orientation privilégie le rôle de la langue parlée, des couches populaires et des jeunes, et met en avant les processus de simplification et de régularisation. La seconde met en avant celui de l'écrit, des institutions et des élites, et obéit à une complexification et diversification. En fait, il faut reconnaître les deux possibilités, selon les phénomènes linguistiques et les forces sociales en jeu.
Le français se caractérise par une forte variation régionale, appelée diatopique par les spécialistes. Il faut avant tout distinguer entre les langues régionales (basque, alsacien, corse, occitan, flamand, catalan, breton, créole) et les particularités régionales dans l'usage du français. Les particularités régionales du français sont très marquées, surtout dans les campagnes, chez les hommes, et chez les plus âgés, bien qu'elles soient en train de s'atténuer sous le poids des nombreux facteurs d'uniformisation.
Outre sa diversité sur le territoire de la France, le français connaît une vaste diversification à travers le monde, étant donné la variété des situations auxquelles il participe, et la diversité des histoires (berceau, émigration, colonisation) : langue maternelle dans plusieurs pays ou régions d'Europe et d'Amérique, langue seconde privilégiée dans dix-neuf pays d'Afrique.
Il existe de nombreux dictionnaires de particularismes régionaux, et les diversités lexicales sont assez bien répertoriées. Henriette Walter (6), par exemple, note la diversité des termes employés pour assaisonner la salade : on peut la mélanger, la tourner, la remuer, la brasser, la fatiguer...

Mais on connaît beaucoup moins bien la palette des variations phoniques (et prosodiques) et grammaticales, dont voici quelques exemples. Pour la prononciation : atténuation de la différence entre consonnes sourdes et sonores (Alsace) (7) ; assourdissement des consonnes finales (Jura, Nord, Normandie) ; prononciation du « h » aspiré (Belgique, Lorraine, Alsace) ; affrication des [t] et des [d] prononcés [ts] et [dz] (Québec)... Et pour la syntaxe : « passe-moi le journal pour moi lire » (Nord, Lorraine) ; « avoir difficile » (Belgique) ; « cet article/je l'ai eu fait mais je le fais plus depuis longtemps » (zone franco-provençale) ; « le beaujolais, j'y aime » (Lyonnais, Dauphiné, Auvergne) ; « l'avoir su j'en aurais pas pris » (Canada).
Ces formes ont longtemps été considérées comme des fautes ou des objets de dérision. Il semble cependant que se fasse peu à peu jour une meilleure reconnaissance de la variation et des variétés non centrales du français, et que les réactions des usagers de la langue soient de moins en moins normatives.
A une même époque et dans une même région, la langue varie aussi en fonction des classes sociales, du niveau d'étude, de la profession, du type d'habitat (rural ou urbain)... Un ouvrier ne parle pas comme un paysan, qui lui-même ne s'exprime pas comme un maître des requêtes au Conseil d'Etat.

---

6. H. Walter, *Le Français dans tous les sens*, Robert Laffont, 1988.
7. Les consonnes sourdes, contrairement aux consonnes sonores, s'articulent sans faire vibrer les cordes vocales. En français, six consonnes sont sourdes [p, t, k, f, s, ʃ]. Les voyelles sont généralement sonores.

Vie des langues et variété d'usage

La variété la plus fréquemment identifiée est ce que l'on appelle le français populaire, regardé comme l'apanage des classes défavorisées. C'est l'intonation qui est la plus immédiatement reconnaissable comme populaire; le cinéma l'a bien montré avec des personnages joués par Arletty ou Jean Gabin. D'autres formes au contraire ne s'entendent pratiquement que dans la bouche de locuteurs éduqués, comme l'imparfait du subjonctif ou l'interrogation par inversion complexe (« mon père est-il sorti ? »).

En fait, tous les facteurs sociaux ou démographiques qui divisent une société peuvent constituer le cadre de variations langagières : l'âge, le sexe (certaines sociétés où la coupure sexuelle est forte connaissent des formes dévolues aux hommes et d'autres aux femmes), l'origine ethnique (qui redouble fréquemment les effets de la variation sociale). Ces variations d'ordre social et démographique sont appelées variations diastratiques.

Il n'existe pas de locuteur à style unique. Ainsi par exemple, un professeur qui emploie toujours le « ne » de négation en faisant cours (« il ne vient pas »), peut l'omettre dans son cadre intime (« il vient pas »).

Plutôt que de parler de « niveaux ou registres » (utilisation et différences individuelles et sociales), notion qui comporte beaucoup d'insuffisances, en particulier par la façon dont elle fige le jeu discursif en des variétés, on cherche plutôt de nos jours à mettre en valeur deux aspects fondamentaux : l'universalité (quelle que soit la forme qu'elle prend, la distinction diaphasique, stylistique et situationnelle apparaît dans toutes les sociétés); et la créativité (les locuteurs ne sont pas passivement soumis aux exigences de la situation, dont ils créent en partie les enjeux par leur maniement même de la langue).

La dimension diaphasique se trouve en jeu de façon déterminante, à la fois dans la mort d'une langue, et dans la diversification de ses emplois. En effet, moins un locuteur a d'occasions diversifiées d'utiliser une langue et d'interlocuteurs différents, moins celle-ci offre de souplesse et de possibilités de distinction : elle est alors en marche vers l'extinction, comme c'est le cas en Ontario par exemple, province canadienne où le français est fortement minoritaire. C'est le contraire qui se produit avec l'extension des usages, comme par exemple quand des patoisants ont fait un transfert vers le français et ont dû effectuer de plus en plus de leurs interactions quotidiennes en français.

La variation diastratique (sociale) et variation diaphasique (stylistique et situationnelle) ont des manifestations linguistiques semblables (8), qui agissent selon des directions parallèles (ainsi, on observe de plus en plus de liaisons en montant dans l'échelle sociale comme dans l'échelle stylistique). Ceci est vrai pour la majorité des phénomènes, bien que l'ampleur de la variation sociale soit un peu plus étendue que celle de la variation situation-

---

8. W. Labov, *Sociolinguistic Patterns*, 1972. Trad. fr. : *Sociolinguistique*, Minuit, 1977.

Peut-on dire « on ne dit pas... » ?

« On ne dit pas je me rappelle de lui mais je me le rappelle. » Parler d'une norme de langage, c'est le plus souvent se référer à des interdits, des prescriptions sur les façons de dire...
Le langage serait-il régi par des normes ? Cette question divise les linguistes et les « puristes » de la langue. La notion de norme linguistique n'apparaît dans les dictionnaires que depuis la Seconde Guerre mondiale. Ce n'est pas pour autant qu'une pratique normative de la langue n'existait pas auparavant. En France, depuis le XVIIe siècle, la grammaire, par exemple, est soumise à des règles impératives instituées par l'Académie française (fondée en 1634).
Avec le développement de la sociolinguistique, pourtant, c'est la notion même de normalité qui a volé en éclats. Les sociolinguistes étudient les variations de la langue dans ses différents contextes (historique, régional, social...). S'ils parlent encore de norme, c'est pour désigner soit des pratiques langagières telles qu'on peut les observer dans les différents groupes sociaux (« norme objective »), soit une utilisation du langage correspondant à un système de valeurs (« norme subjective »). La norme est en fait devenue un type d'usages, parmi lesquels celui que d'aucuns considèrent comme « le bon usage » – celui qui est prescrit par les règles académiques, véhiculé par l'institution scolaire, l'administration ou certains manuels comme le célèbre *Grévisse* –, et qu'il est de bon ton de pratiquer dans certaines situations.
Pour rendre compte des différentes façons de parler la langue, sans en stigmatiser certaines, la tradition américaine a introduit les notions de « niveau », « registre » ou « style » de langage : ainsi, la gifle, terme du français standard (ou courant), peut-elle être soufflet (littéraire ou soutenu), claque (familier), torgnole (populaire)... Mais ces distinctions ont elles aussi leur variabilité : il n'existe pas un « locuteur à style unique » et la même personne peut, dans la même journée, passer d'un registre à l'autre.

MARTINE FOURNIER

nelle. Une interrogative comme « c'est laquelle rue qu'il faut tourner ? » est une variante sociale (stigmatisée), mais pas une variante familière pour un locuteur favorisé. On peut donc supposer que la variation diaphasique constitue un écho assourdi de la variation diastratique, ce qui permet des hypothèses sur la façon dont elle est acquise par les enfants : ceux-ci généraliseraient à partir d'observations sociales effectuées sur les locuteurs rencontrés au cours de l'apprentissage.
Ajoutons qu'il y a un lien de ces deux dimensions avec le diatopique, car les locuteurs ont d'autant plus de chances

de faire usage de formes régionales que leur statut socioculturel est plus bas, et que la situation est plus familière.

Ces constats induisent des enjeux pédagogiques : connaître la façon dont les locuteurs parlent vraiment, peut en effet permettre d'améliorer le maniement de l'écrit par les enfants.

Critique de la notion de variété
La diversité linguistique a été traditionnellement fixée sous le nom de « variété », où l'on distingue : dialectes ou régiolectes, sociolectes (liés à la position sociale), ou technolectes (liés à la profession). Mais les locuteurs ne font pas usage de ces termes techniques, ils se contentent de dire français parlé, littéraire, des jeunes, populaire, parisien, canadien…

Pour le linguiste, la notion de variété a l'inconvénient d'impliquer des découpages linguistiques difficiles : faciles pour les lieux, mais beaucoup moins pour le démographique ou le social. Par exemple, français populaire et français familier partagent la plupart de leurs caractéristiques, ce qui exclut de les définir à partir du linguistique (on ne pourrait le faire que par le social). Il est d'ailleurs rare qu'un trait linguistique soit l'apanage d'une variété et d'une seule. De plus, cette notion oblige à figer la souplesse discursive en des ensembles de traits supposés en cohérence, alors que ce n'est pas ce que l'on peut observer, comme on le voit dans deux exemples : « ceux [kizi] sont [pazale] » (« ceux qu'ils y sont pas allés ») où la relative de français populaire connote, ici avec le relatif « que », une variété toute autre que celle qu'implique la liaison rare. De même, quand cet académicien déclare « il m'eut déplu que vous m'imputassiez cette connerie », il joue de toute évidence sur le décalage entre lexique et syntaxe.

La notion de variété a encore l'inconvénient de négliger la tension dans laquelle est pris tout locuteur, entre facteurs de stabilité et d'unification (respect des normes sociales et recherche du statut à l'école ou dans les institutions, à l'écrit ou dans le langage public), et facteurs de diversification (identités communautaires, solidarité : langage oral dans des situations familières, en cercle privé). En fait, les productions d'un locuteur ne sont jamais stables, à la mesure de ses identités multiples.

NICOLAS JOURNET[*]

LA LINGUISTIQUE DANS LES ANNÉES 90[**]
UNE SCIENCE DE PLUS EN PLUS RAMIFIÉE

Depuis le début des années 90, la linguistique est entrée dans une période caractérisée par la diversification de ses théories, la multiplication des recherches sur l'origine du langage et des langues, et l'essor de la linguistique appliquée.

Les ANNÉES 90 se sont ouverts par une mise à l'épreuve de l'imaginaire linguistique des Français : on leur a proposé une réforme de l'orthographe. Même modeste, le changement a été accueilli comme un sacrilège. La défense de l'accent circonflexe, en particulier, a réuni en 1990 des centaines de pétitionnaires partageant l'idée que, juché sur le mot « île », il évoque les ailes d'une mouette. Ce petit scandale témoigne de la double nature des langues : à la fois systèmes de communication, et objets de valeurs affectives, politiques et culturelles. Sous cet angle, elles intéressent de manière croissante des historiens, des sociolinguistes et des lexicologues (1).
La perspective européenne, la domination de l'anglais et le regain d'intérêt pour les patrimoines nationaux (voire pour les langues minoritaires et les sociolangues comme l'argot) justifient l'écho rencontré par les livres de Claude Hagège (2), d'Henriette Walter (3) et de Louis-Jean Calvet (4).
Toutefois, l'heure est à la dénonciation par les linguistes de l'illusion traditionaliste : l'histoire des langues montre que l'emprunt et le changement sont de règle à toutes les époques.

---

[*] Journaliste scientifique au magazine *Sciences Humaines*.
[**] *Sciences Humaines*, n° 100, décembre 1999.
1. Voir les mots clés en fin d'ouvrage.
2. *Le Souffle de la langue*, Odile Jacob, 1992.
3. *L'Aventure des langues en Occident*, Laffont, 1997.
4. *La Guerre des langues*, Hachette, 1999.

Le langage, les langues et les cerveaux

Durant les années 90, les idées sur le langage comme capacité cognitive se sont affirmées dans un sens précis : celui de l'acceptation croissante de la thèse innéiste formulée par Noam Chomsky dans les années 50. L'idée que la compétence langagière est une aptitude naturelle de l'homme (et donc, non apprise) s'impose peu à peu. Psychologues et linguistes disposent désormais d'une série étendue d'indices allant dans ce sens (5).

Sur un autre plan, les liens étroits que les langues (qui, elles, sont apprises) entretiennent avec leurs supports vivants intéressent de plus en plus les paléolinguistes. Ainsi les années 90 ont-elles vu arriver sur le marché français les théories des généticiens des populations sur la dynamique des langues. Selon Luca Cavalli-Sforza (6), il existe une correspondance assez stricte entre la divergence des langues et celle des génomes dans le monde, ce qui veut dire que, dans le passé au moins, les langues ont voyagé et évolué en même temps que les hommes qui les parlaient. Cette thèse, associée à l'idée d'une origine unique de *l'Homo sapiens sapiens*, s'accorde bien avec les travaux – récemment reçus en Europe – de l'école californienne de linguistique historique fondée par Joseph Greenberg. La théorie de la langue-mère unique, source de toutes les langues humaines, est défendue par Merritt Ruhlen (7), souvent critiquée pour des raisons de méthode, mais jugée de plus en plus plausible dans son principe. Le débat ne laisse pas indifférents les spécialistes de l'évolution des langues. Même si beaucoup d'entre eux trouvent prématurée la thèse de la langue-mère, l'heure est à la réduction du nombre de familles de langues dans le monde. Parallèlement, l'accélération de l'unification culturelle dans le monde fait craindre aux linguistes de terrain la disparition rapide de centaines de langues minoritaires : sur les 6 000 langues actuellement parlées dans le monde, 600 sont en voie d'extinction et entre 3 000 et 5 000 pourraient disparaître au cours du siècle prochain, sans être remplacées (8).

La diversification des théories du langage

La linguistique fondamentale connaît, elle, un destin complexe. Discipline phare dans les années 70, fournissant des modèles structuraux pour l'ensemble des sciences humaines, elle a retrouvé, au cours des années 90, une place hautement technique, dont les progrès sont réels, mais pour l'instant peu convergents. Les sciences du langage sont en effet plus que jamais habitées par deux soucis distincts : l'analyse des codes, issus du structuralisme (9), qui s'occupe de dégager les règles propres aux langues, et l'étude des faits de communication, issue de la philosophie du langage, qui donne priorité à l'analyse de ce que le discours permet de dire et de faire.

D'un côté comme de l'autre, on assiste à une diversification des théories, à l'in-

---

5. S. Pinker, *L'Instinct du langage*, Odile Jacob, 1999.
6. *Qui sommes-nous ?*, Albin Michel, 1997.
7. *L'Origine des langues*, Belin, 1996.
8. Voir l'entretien avec M. Launey dans cet ouvrage.
9. Voir les mots clés en fin d'ouvrage.

térieur de grands modèles : structuralisme saussurien, générativisme, cognitivisme. Phonologie et syntaxe (10) sont, par excellence, les disciplines du code : elles sont largement dominées, au plan international, par le programme générativiste de N. Chomsky, qui s'est longtemps heurté en France au courant de F. de Saussure, mais ne cesse de gagner du terrain. Dans ce domaine, même si ces dix dernières années n'ont pas donné lieu à de radicales innovations, on notera tout de même que la décennie a vu aboutir une dernière synthèse de la grammaire universelle sous le nom de programme minimaliste. Son développement et sa vérification empirique sont en cours (11).

En phonologie, des divisions plus fines interviennent entre computationnistes et partisans de modèles non symboliques, analogiques, de type réseaux de neurones. En sémantique, l'approche différentielle, issue du structuralisme, est aujourd'hui concurrencée par un retour aux approches dites référentielles, fondées sur l'idée d'expérience commune (12) ou sur des théories interactionnistes et d'autres enfin fondées sur des modèles connexionnistes (13).
Même les approches des unités de langues les plus petites sont aujourd'hui travaillées par l'idée que, dans le langage, les usages ne cessent de mettre en mouvement les codes symboliques et les règles syntaxiques auxquels les partisans d'une grammaire universelle tentent de ramener les langues.
Les linguistiques centrées sur la fonction de communication du langage, les intentions qu'il traduit et les actes qu'il entraîne ont creusé, dans les années 90, des pistes déjà ouvertes auparavant, en se déclinant sur les divers aspects du discours : les recherches sur l'énonciation s'intéressent aux termes de la langue qui marquent ses conditions d'utilisation (ex. : la théorie de l'argumentation de Jean-Claude Anscombre et d'Oswald Ducrot), et le courant pragmatique considère les conséquences des énoncés, ce à quoi ils renvoient, ce qu'ils font dire et font faire, parfois dans une optique cognitiviste (telle la pragmatique inférentielle de Jacques Moeschler et d'Anne Reboul). L'ambition de rassembler l'ensemble de ces recherches derrière l'enseigne d'une pragmatique intégrée anime chacun de ces courants, étant entendu que tout ne relève pas du travail du linguiste, mais aussi de celui du psychologue, du sociologue ou du logicien (14).

Les industries de la langue
Le traitement automatique des langues a accédé, dans les années 90, à un développement important en termes de visibilité, mais assez modeste en volume d'investissements (340 millions de francs en 1997). Si les applications semblent infinies par leur nombre, l'écueil reste de taille : comment faire produire et comprendre du langage humain à une machine sans pouvoir compter sur son «intuition»? Comme le montrent bien les problèmes de traduction, le sens du

---
10. Voir les mots clés en fin d'ouvrage.
11. J.-Y. Pollock, *Langage et Cognition*, Puf, 1997.
12. G. Kleiber, *Problèmes de sémantique*, Septentrion, 1999.
13. B. Victorri et C. Fuchs, *La Polysémie, construction dynamique du sens*, Hermès, 1996.
14. R. Ghiglione et A. Trognon, *Où va la pragmatique ?*, Pug, 1993.

discours est souvent ambigu, flou, lié aux circonstances, au locuteur, au lieu, aux événements passés... En dépit d'une tendance commune à la formalisation, il existe un clivage entre linguistique fondamentale et industries de la langue : ces dernières ne peuvent se passer de la dimension du lexique, et ont besoin de modèles aisément transposables à l'ordinateur. Elles utilisent des grammaires dites «unifiées», dissidences de la grammaire générative de N. Chomsky. Les applications sont nombreuses : reconnaissance et synthèse de la parole, analyse de textes pour classement, résumés ou traductions, vérification orthographique et grammaticale, production automatique de diagnostics, gestion de messages, synthèses de bilans comptables. Mais les performances sont imparfaites, ou très spécialisées. La recherche fondamentale, proche de l'intelligence artificielle, s'intéresse à simuler plus complètement sur ordinateur la capacité de comprendre et produire du langage humain dans des situations ouvertes, et fait appel à d'autres disciplines que la linguistique (notamment la psychologie cognitive) pour intégrer le discours dans le contexte d'un raisonnement. Mais ses applications sont plus lointaines.

CHAPITRE III

La science des signes

- Qu'est-ce que le signe ?
  Jean-Marie Klinkenberg   105

- Points de repère : Les sémiotiques
  et leurs applications   113

- La liberté de l'interprète selon Umberto Eco
  Nicolas Journet   117

- La sémiotique, comprendre l'univers des signes
  Joseph Courtés   121

- Les mots, les choses… et nous
  Vincent Nyckees   127

JEAN-MARIE KLINKENBERG*

QU'EST-CE QUE LE SIGNE ?**

Le monde des signes ne se limite pas aux lettres et aux chiffres : le tracé, la forme, la couleur, la texture des objets qui nous entourent peuvent aussi être porteurs de sens. Quelles sont les différentes manières qu'ils ont de le faire ? C'est l'objet de la sémiotique d'en faire la description.

LES CHERCHEURS de l'école de Palo Alto (1) sont restés célèbres pour avoir énoncé l'axiome selon lequel « on ne peut pas ne pas communiquer ». Si la sémiotique – la science des signes – avait une formule équivalente, elle dirait sans doute « qu'on ne peut pas ne pas signifier ».

Pour en faire l'expérience, prenons un vêtement que portent beaucoup de gens aujourd'hui : un T-shirt. Son propriétaire, disons Toto, le retourne : il voit plusieurs étiquettes, dont l'une porte une inscription en toutes lettres : « Bodywood ». Ce n'est pas le nom du T-shirt, mais sa marque, c'est-à-dire quelque chose comme sa « famille ». Certaines marques sont réputées, d'autres non. Celle-ci est inconnue, mais ce mot-là ressemble à Hollywood, et devrait faire penser à l'Amérique, au cinéma et peut-être à des acteurs musclés... A côté, il y a un « S » : c'est pour la taille, « small », « petit ». Apparemment, pour acheter un T-shirt, il faut connaître l'anglais. Mais les gens comprennent. Ils ont appris le code : « M », c'est moyen, « XL », c'est très grand. Sur l'autre étiquette, en bas, il y a une autre inscription, qui dit « 100 % coton » : c'est le matériau. On voit éga-

---

* Professeur de sciences du langage à l'Université de Liège. A publié notamment : *Précis de sémiotique générale*, De Boeck, 1996 (Seuil, 2000) ; (avec B. Cerquiligni, J.-C. Corbeil) *Tu parles ?! Le français dans tous ses états*, Flammarion, 2000.
** *Sciences Humaines*, n° 83, mai 1998.
1. On désigne ainsi les auteurs regroupés autour de G. Bateson et P. Watzlawick, E.T. Hall, qui se sont intéressés à la communication interpersonnelle, la communication non verbale et aux formes de la communication pathologique.

lement une série de petits dessins : Toto ne sait pas très bien les déchiffrer. Pourtant, sans utiliser un seul mot, ils ▨⬙▧Ⓟ▨ donnent beaucoup de renseignements utiles : ne pas laver ce T-shirt à plus de trente degrés, ne pas utiliser d'agent blanchissant, repasser avec un fer sur la position «2», on peut confier ce T-shirt au nettoyage à sec, ne pas sécher en tambour. Pourquoi toutes ces précautions ? Sans doute à cause de la couleur. Ce T-shirt est vert mousse, et dans la pile, quand Toto l'a acheté, il y en avait de toutes les teintes : rouge (qu'il a trouvé trop voyant), gris (trop triste), blanc (banal), rose (efféminé), orange (vulgaire), jaune (trop sportif). Le vert mousse lui plaisait, c'est une couleur «naturelle». Mais pas très gaie. Il a hésité : dans la pile d'à côté, il y avait les mêmes, avec des inscriptions et des dessins. On avait le choix entre le portrait de Che Guevara (trop politique), une jungle avec des cacatoès (mauvais goût), un dinosaure jaune (puéril), la tour Eiffel (touriste), et l'inscription, en toutes lettres, «Harvard Business School». «Si je porte cela, s'est dit Toto, les gens vont peut-être penser que je suis membre de cette prestigieuse université. Non, sûrement pas : plutôt, que j'aurais bien aimé être étudiant là-bas, si j'avais pu. Donc, c'est ridicule.» Toto est revenu à son T-shirt vert mousse. Il n'est peut-être pas très gai, mais «distingué» sans doute. Là-dessus, le vendeur a insisté pour que Toto prenne la taille «S». Il a dit : «Les T-shirt flottants, c'est les gamins qui portent ça maintenant.» Comme Toto n'est plus un gamin, il a suivi le conseil de ce bon connaisseur du code de la mode.

Dans un objet aussi banal qu'un T-shirt, toutes sortes de signes se présentent à nous. Mais ils ne sont pas de même nature.

Qu'est-ce qu'un signe ?

Il existe différentes sortes de signes et les critères qui permettent de les classer sont nombreux. Par exemple, on peut les distinguer selon leur caractère «naturel» (la mousse sur les arbres qui indique le nord, la fumée qui indique qu'il y a du feu) ou «artificiel» (les codes postaux, les armoiries). On peut aussi tenir compte du canal physique et de l'appareil récepteur concernés : il y a des signes olfactifs comme les parfums, visuels comme les feux de circulation, auditifs comme les sirènes des ambulances.

Toutefois, ces approches empiriques ne nous disent pas grand-chose des mécanismes de la signification. La sémiotique s'est efforcée, depuis fort longtemps, de comprendre les rapports qu'entretiennent entre eux les différents éléments qui constituent un signe, et mettent en œuvre le processus de signification (ou processus sémiotique).

Ainsi, les philosophes stoïciens étaient-ils arrivés à la conclusion que le signe, rapporte Sextus Empiricus (IIIe siècle après J.-C.), se divisait en trois éléments : le *seimainon*, l'entité physique manifestant la présence du signe (son, image, dessin...), le *semainomenon*, son contenu immatériel et le *tynchanon*, c'est-à-dire l'objet, l'action ou la qualité auxquels le signe se réfère. On y trouve déjà, presque au complet, les éléments qui, aujourd'hui, entrent dans l'analyse du signe. Quelles sont ces composantes ? On en distingue, selon l'approche qu'on veut en faire, trois ou quatre, liées entre elles : le signifiant, le signifié, le « stimulus » et le référent. La plupart des linguistes, ainsi que certains sémioticiens, laissent volontiers de côté l'élément stimulus, dans la mesure où son étude ne les intéresse pas directement. Le carré se ramène alors à un triangle (de quatre à trois éléments) dont la figure est également une assez bonne représentation du fonctionnement du signe. Le stimulus est la manifestation concrète et sensible du signe : la lumière qui frappe ma rétine, les ondes agissant sur mon tympan ou les molécules en suspension qui viennent stimuler la région olfactive de la muqueuse nasale.

Toutefois, ces molécules, vibrations sonores ou ondes électromagnétiques ne doivent pas être quelconques. Le stimulus ne véhiculera de signification que s'il correspond à un certain modèle abstrait, pris dans un code. Ce modèle est le signifiant : le dessin de la lettre « A » appartient à l'alphabet comme le son « bip » au registre des signaux produits par mon ordinateur.

Un signifiant n'a cependant d'intérêt que s'il renvoie à quelque chose qui n'est pas lui-même. Le signifié est l'image mentale suscitée par le signifiant : le feu rouge a pour signifié « stop », le son « bip » signale un problème ou une erreur et le son « arbre » renvoie au concept d'arbre.

Enfin, le signifié renvoie à son tour à un référent. On se le figure souvent sous l'espèce d'un objet du monde : si je parle de l'arbre qui est dans mon jardin, le référent serait cet arbre concret et présent à ma vue. Mais dans beaucoup de cas, le référent est une classe d'objet : par exemple, quand je dis « le sapin est un bel arbre », je me réfère à tous les sapins qui existent et ont existé. Le signifié peut renvoyer à une abstraction (la transcendance, par exemple), une qualité (la vitesse), ou bien encore à un objet inexistant (une licorne). Le référent n'est donc pas un objet du monde : c'est ce à propos de quoi on communique.

Comme on le voit, les différentes composantes du signe ne peuvent exister indépendamment les unes des autres : un stimulus n'est un stimulus que parce qu'il actualise le modèle qu'est le signifiant. Ce dernier n'a ce statut que parce qu'il est associé à un signifié et on ne parle de référent que parce qu'il y a un signifié qui permet de le ranger dans une classe. Ce sont ces relations qui forment le signe, et décrivent ce que l'on appelle le processus sémiotique.

Expression et contenu

Ces quatre composants peuvent être ensuite regroupés en deux plans, selon qu'ils participent à « l'expression » ou au « contenu » du signe.

Stimulus et signifiant sont la « porte d'entrée » du signe : ils constituent ce qu'on appelle le plan de l'expression. Signifié et référent sont le point d'aboutissement du signe : ils constituent ensemble le plan du contenu. Sur chacun de ces plans, la sémiotique distingue des unités. Par exemple, sur un panneau routier, le rouge (la couleur rouge, opposée au bleu, au jaune…), la forme circulaire sont des unités du plan de l'expression tandis que « l'interdit », le «danger» sont des unités du plan du contenu. Ces unités se combinent évidemment entre elles. Ainsi, rouge + forme circulaire renvoie à «interdit», alors que rouge + forme triangulaire renvoie à «danger». Selon les relations qui unissent le contenu et l'expression, on distingue différentes familles de signes.

Le premier critère est la (non-) correspondance des plans. Tout d'abord, rappelons que les signes forment des codes, c'est-à-dire des ensembles d'associations nécessaires ou conventionnelles entre expression et contenu : la langue, le catalogue des blasons ou les numéros de téléphone sont des codes. Dans un certain nombre de codes, les signes sont indécomposables. Ainsi, dans des circonstances précises, le noir renvoie au deuil, le vert à la protection de l'environnement ou le blanc à la pureté. Le noir, le vert, le blanc sont des abstractions indécomposables en unités plus petites. On peut aussi citer les cas de phénomènes physiques qui en signalent d'autres : par exemple, la fumée de la cheminée qui indique l'existence du feu, l'empreinte qui signale le passage d'un animal. Cette indécomposabilité des signes a une conséquence : à toute unité découpée sur le plan de l'expression correspond une unité sur le plan du contenu. On dit, dans ce cas, que le découpage est correspondant.

Dans d'autres codes, en revanche, l'analyse du plan du contenu et celle du plan de l'expression peuvent être menées d'une manière relativement indépendante. L'exemple le plus clair est celui des langues humaines, où l'expression et le contenu disposent chacun d'articulations propres. Les signifiants y sont faits de sons, mais on ne peut pas dire que dans un mot donné chaque composant de son (ou phonème) renvoie à un composant de sens : le signifiant «arbre», par exemple, se décompose en «a», «r», «b», etc. Mais aucun de ces phonèmes ne renvoie à un élément sens (tel que «verticalité», «végétalité») dont la composition permette de produire le sens du mot «arbre». Inversement, si je prends le mot «guenon», je peux lui associer le signifié «singe femelle». Pourtant, il n'y a rien dans le signifiant «guenon» qui signifie «femelle». Pour tous ces types de codes, on dira que le découpage est non correspondant.

L'arbitraire et le motivé

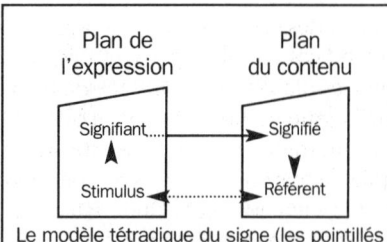

Plan de l'expression	Plan du contenu
Signifiant	Signifié
Stimulus	Référent

Le modèle tétradique du signe (les pointillés indiquent que la relation du stimulus au référent est le plus souvent arbitraire).

On distingue encore les systèmes de signes selon que la relation entre les plans du contenu et de l'expression est arbitraire ou motivée.

On considère comme arbitraires les signes dont la forme prise par le stimulus est indépendante de celle du référent : le rapport du signe à son objet a été établi par pure convention. Les signes linguistiques sont pour la plupart dans ce cas : rien, dans l'objet «arbre», ne le prédisposait à recevoir le nom «arbre». La preuve en est que le même objet est appelé *tree* en Angleterre, *baum* en Allemagne, et *árbol* en Espagne.

En revanche, on appelle «motivés» tous les signes dont la forme entretient un rapport un tant soit peu nécessaire avec le référent. Ainsi, quand une girouette indique l'orientation du vent, sa position est déterminée par la direction du déplacement de l'air : il ne pourrait pas en être autrement. Egalement, tous les signes qui sont fondés sur un rapport de ressemblance (images, mais pas seulement) ou de contiguïté (l'empreinte) entre l'expression et le contenu sont considérés comme motivés.

La combinaison de ces deux critères permet de répertorier quatre grandes familles de signes, qui couvrent l'ensemble des objets de la sémiotique.

Les indices sont des signes causalement motivés : la girouette, la trace de main sur la joue, témoignant de la gifle, le rond humide laissé par le verre sur la table de marbre, le symptôme permettant de diagnostiquer une maladie... Leur découpage est correspondant car ce sont des signes indécomposables.

Les icônes (certains écrivent «icones», sans accent, pour les distinguer des images religieuses) sont des signes motivés par ressemblance : l'image renvoyée par le miroir, la carte géographique, la maquette d'avion, l'imitation d'un parfum de marque, l'imitation d'un cri animal... Comme le montrent les derniers exemples, les icônes ne sont pas nécessairement des images, contrairement à ce que le mot suggère. Leur découpage est non correspondant : on peut décomposer une icône en éléments non signifiants et les réutiliser ailleurs, comme dans le cas d'une carte géographique ; on peut réutiliser une couleur pour faire une autre image.

Les symboles sont des signes associant arbitrairement un signifiant et une abstraction : le vert pour «protection de l'environnement», la balance pour la «justice» ou la croix pour le christianisme. Certains symboles sont très partagés, comme ceux que l'on vient d'évoquer, mais d'autres le sont moins : un goût de madeleine pour «souvenir de Combray» est une relation symbolique qui, au départ, ne vaut que pour Marcel Proust. Les symboles sont indécomposables, en ce sens que leurs éléments ne sont pas systématiquement réutilisables, à moins d'être eux-mêmes des symboles.

Enfin, les signes au sens strict sont ceux qui composent les codes les plus sophistiqués. Ce sont, bien entendu, les signes linguistiques, mais également les numéros de téléphone, les «symboles» chimiques, les codes barres... Ils sont décomposables en unités non signifiantes qui peuvent être réutilisées systématiquement pour la production d'autres signes.

L'inventaire ne serait pas complet si nous n'évoquions pas quelques genres supplémentaires de signes, qui sont en fait des espèces particulières se rattachant à ces quatre familles.

Par exemple, on évoque souvent, depuis Charles Sanders Peirce, les «index» : ce sont des signes qui ont pour fonction d'attirer l'attention sur un objet déterminé. Exemple canonique : le doigt pointé vers un objet. Mais il en existe d'autres sortes, linguistiques notamment : le « là » dans l'expression « ce type-là », les titres des livres et des tableaux, les inscriptions sur les magasins, les étiquettes sur les produits, etc. Ce sont, on le voit, des signes arbitraires, dont l'usager doit avoir appris les règles de lecture. En linguistique, on appelle « embrayeurs » les index qui solidarisent l'énoncé et son référent : pronoms personnels, démonstratifs, certains adverbes de temps (maintenant, hier), de lieu (ici, là-bas), certains adjectifs (actuel). Si je dis « Je suis ici aujourd'hui », c'est moi qui parle, de ma place précise et en un jour donné ; mais si mon voisin prononce la même phrase, le signifié et le référent de la phrase changent. Les embrayeurs sont des mots qui dépendent étroitement du contexte pour prendre leur sens.

Les signes dits « ostensifs » ont également pour fonction de montrer, mais d'une autre manière. Ce sont, classiquement, les échantillons : morceaux de papiers peints, brins de laines, objets placés à l'étalage d'un magasin. Ici, le signifiant n'est autre que l'objet lui-même, qui renvoie au papier à acheter, aux objets en vente. Ces signes ostensifs sont motivés par la ressemblance, et sont donc des sortes d'icônes.

Il est une dernière catégorie de signes spéciaux qu'on nomme « contigus », ou « intrinsèques ». Pour imiter un torero, on essaye de s'approcher le plus possible de l'attitude qu'il prend dans la réalité lorsqu'il fait une passe. Ces signes sont également des icônes : ils renvoient en effet à un objet à travers la mise en évidence de la forme d'une de ses parties.

L'image et ses signes

L'ambition de la sémiotique visuelle est d'apporter à la lecture des images (photographie, cinéma, peinture, dessin, affiche) la même rigueur que celle que la sémiotique textuelle a pu développer à propos du discours littéraire, politique ou autre. Mais il faut reconnaître que l'image, lorsqu'elle n'est pas accompagnée de mots, ne se lit pas comme un texte. Ce que nous reconnaissons en elle n'appartient pas, *a priori*, à un code appris. Certaines indications relèvent, il est vrai, du domaine de la pragmatique et de l'énonciation (2), à savoir par qui, quand, comment et dans quel but cette image a été produite. Mais, plus fondamentalement, nous pouvons nous demander comment nous sommes parvenus à reconnaître qu'il y avait quelque chose dans une image sans nous tromper trop souvent.

Le signe linguistique repose tout entier sur la notion d'arbitraire : si nous comprenons le mot « chat », c'est qu'il existe une convention selon laquelle la suite de lettres « c », « h », « a », « t », (qui se lit $[fa]$), doit être associée au signifié « chat ». Cette convention, nous passons quelques années de notre vie à en maîtriser le code.

Les signes qui spécifiquement servent à produire des images sont d'un autre genre. On en distingue essentiellement deux sortes : les signes plastiques et les signes iconiques.

Les « signes plastiques » sont ceux que l'on peut reconnaître lorsque l'on s'intéresse à la couleur, à la texture et à la forme d'une image. Ce ne sont des

---

2. Voir les mots clés en fin d'ouvrage.

signes que dans la mesure où ils renvoient à un signifié. A cet égard, on peut les rapprocher de deux familles de signes déjà citées : le symbole et l'indice. Une couleur peut renvoyer à un concept ou à une émotion, un graphisme peut traduire le « geste nerveux » du peintre. La sémantique plastique étant particulièrement plurivoque, et les signifiés peu définis, la lecture de ces signes relève d'une interprétation très ouverte. Le flou, dans une photo, peut aussi bien exprimer la vitesse que le trouble du photographe.

La deuxième sorte de signes que l'on trouve dans les messages visuels est celle des « signes iconiques », c'est-à-dire fondés sur une relation de ressemblance entre le signifiant et le signifié. Ils sont plus contraignants : ce que nous reconnaissons dans un dessin, par exemple, semble aller de soi. Si c'est un chat, ce n'est pas un chien. La figure « ressemble » à celle d'un chat et non à celle d'un chien. Pourtant, le chat du dessin n'est pas du tout identique à un chat (l'animal). Cette relation est mystérieuse : elle semble « naturelle », mais elle ne l'est pas tant que cela. Les rapports qui président au signe iconique posent donc des problèmes particuliers. La structure du signe iconique comporte, comme celle de tout signe, quatre éléments : stimulus, signifiant, type et référent. La raison de substituer le « type » au « signifié » habituel vient, pour une part, de ce que le « signifié » d'une icône ne fait pas appel aux mêmes savoirs que celui d'un signe linguistique. L'identification d'une image fait en premier lieu appel aux données encyclopédiques : on conçoit le chat au fait qu'il a des oreilles pointues, une queue, des moustaches, des rayures, un corps souple...

Le « type » a une fonction particulière, que l'on comprendra si l'on considère la structure du signe iconique. Le stimulus, c'est-à-dire le support matériel du signe (taches, traits, courbes, etc.), entretient avec le référent (la classe des animaux qu'on appelle chats) une relation de transformation : le chat dessiné n'est pas du tout identique à l'animal chat. Mais je reconnais un chat parce que le stimulus est conforme à un modèle (le signifiant) équivalent à un type (un ensemble d'attributs visuels) qui lui-même est conforme à ce que je sais de l'animal chat (le référent).

Tout cela peut sembler compliqué mais permet de comprendre que pour un signe iconique, le processus de signification est essentiellement assuré par le fait que le stimulus (le dessin) et le référent (la chose représentée) entretiennent des rapports de conformité avec un même « type », qui rend compte des transformations qui sont intervenues entre le stimulus et le référent.

Un des problèmes du signe iconique est en effet qu'il procède par transformation du réel visuel : quelles sont les règles de transformation ?, où les transformations doivent-elles s'arrêter pour être conformes à un signifié ?, à quel moment passe-t-on d'un référent à un autre ? Ce sont là des questions dont les réponses nous entraîneraient trop loin. Cette courte présentation du signe iconique permet cependant de comprendre ce que peut être le fonctionnement d'un signe « motivé ». Beaucoup de sémioticiens, découragés par le caractère vague de la notion de « motivation » (qu'est-ce que « ressembler à quelque chose »?), ont proposé de l'abandonner. Or, il apparaît que, dans le cas du signe iconique, on peut appeler « motivation » le fait que, entre la pipe peinte et les pipes que nous avons vues, il existe un type « pipe » qui autorise certaines transformations et pas d'autres. Ce type appartient à notre culture (celle de la peinture occidentale) et on peut dire que tout comme le signe linguistique, le signe iconique a une part d'arbitraire. Il est donc vrai qu'on peut écrire en dessous, comme l'a fait le peintre Magritte : *« Ceci n'est pas une pipe. »*, mais faux de croire qu'on pourrait écrire « ceci est un chat » sans abuser.

LES SÉMIOTIQUES ET LEURS APPLICATIONS

A partir des années 60, la sémiotique s'est constituée en une pluralité de spécialités définies par leur objet et par les méthodes qu'elles mettent en œuvre. S'affranchissant de la tutelle de la linguistique, la sémiotique visuelle s'est développée en s'appliquant à des objets qui n'avaient pas été conçus dans l'intention de communiquer comme un paysage, une architecture ou une posture du corps.

La sémiotique du texte et du discours

S'applique au texte de fiction, à la biographie, au texte politique (déclarations, tracts), juridique, scientifique. La poésie et le roman donnent lieu à une sémiotique littéraire, plus centrée sur la stylistique et la rhétorique (1).
(Umberto Eco, *Les Limites de l'interprétation*, Lgf, 1994, 1re éd. Grasset, 1992).

La sémiotique des médias

Elle s'intéresse aux messages visuels, écrits ou sonores. La publicité, l'affiche politique, les jeux télévisés, les reportages, sont des objets de prédilection (2). Roland Barthes est considéré en France comme l'initiateur de l'analyse de l'image publicitaire, avec son article de 1964 sur l'affiche des pâtes Panzani : les trois couleurs jaune, vert et rouge, la présence du poivron et de la tomate forment un condensé de l'italianité attribuée au produit par un public français. En 1957, déjà, dans ses *Mythologies*, Barthes avait abordé les messages publicitaires de lessives : il y distinguait les produits «*purificateurs*» qui «*tuent la saleté*» (Javel), les détergents (Omo) qui «*chassent la saleté*» («*un petit ennemi malingre qui fuit à toutes jambes*»), et les produits «*mousseux*» qui «*flattent l'imagination aérienne de la matière*» et évoquent la «*spiritualité*».
La sémiotique des spectacles (cinéma, théâtre, opéra) est un domaine à part entière, fondé sur l'analyse de messages «plurivoques» : image, mouvement, parole, musique (*voir Christian Metz ci-dessous concernant le cinéma*).

La sémiotique visuelle

Elle s'applique à l'image en général. Les études sur la peinture s'intéressent particulièrement au signe plastique (3). L'analyse du dessin, de la bande dessinée, de la photographie, plus souvent au signe iconique.
(Groupe u, *Traité du signe visuel : pour une rhétorique de l'image*, Seuil, 1992).

LES THÉORICIENS DU SIGNE

• **Ferdinand de Saussure**
(1857-1913)
Grammairien genevois, il est le fondateur de la linguistique moderne et, en particulier, de la linguistique structurale. Son *Cours de linguistique générale*, édité en 1916, énonce le projet d'une science des signes «*au sein de la vie sociale*». On lui doit la description binaire du signe en signifiant et signifié (4).
(*Cours de linguistique générale*, Payot, 1995, 1re éd. 1916)

• **Charles Sanders Peirce**
(1839-1914)
Logicien né à Cambridge (Etats-Unis), il est à la fois le fondateur d'un courant philosophique (le pragmatisme) et l'auteur de la théorie du signe soutenant une bonne partie de la sémiotique moderne. Dans ses *Écrits sur le signe*, il propose une conception qui fait intervenir l'interprétation dans le processus de signification. Il distinguait trois sortes de signes : l'indice (la fumée par rapport au feu), l'icône (une image – photo ou peinture – du feu) et le symbole (le mot «feu»).
(*Écrits sur le signe*, textes rassemblés, traduits et commentés par G. Deledalle, Seuil, 1978)

• **Louis Trolle Hjelmslev**
(1899-1965)
Linguiste danois, fondateur du Cercle de Copenhague. On lui doit la notion de fonction sémiotique liant un plan du contenu à un plan de l'expression (5).
(*Prolégomènes à une théorie du langage*, Minuit, 1968, 1re éd. 1943)

- **Roman Jakobson**
(1896-1982)
Linguiste américain d'origine russe, enseigna à Prague, Copenhague, New York et Boston. Il a développé et systématisé la linguistique saussurienne et proposé un modèle des fonctions de communication du langage.
(*Essais de linguistique générale*, Minuit, 1973, 1re éd. 1963)

- **Charles Morris**
(né en 1901)
Sémioticien américain.
A développé, notamment dans *Signs, Language and Behavior*, un projet de sémiotique générale. On lui doit la distinction entre les dimensions syntaxique, sémantique et pragmatique du signe (10).
(*Signs, Language and Behavior*, Prentice-Hall, 1946)

FIGURES DE LA SÉMIOTIQUE

- **Roland Barthes**
(1915-1980)
Professeur au Collège de France, il a développé une sémiologie originale des textes littéraires, des messages publicitaires, de la photographie, des objets de la vie moderne. Il s'appuie sur la linguistique saussurienne pour faire émerger le mythe social dans l'usage des signes.
(*Mythologies*, Seuil, 1971, 1re éd. 1957 ; « Eléments de sémiologie » dans *Communications*, n° 4 1964).

- **Algirdas Julien Greimas**
(1917-1992)
Sémioticien français, a développé l'analyse formelle du récit en distinguant deux niveaux : celui du schéma narratif, et celui, plus profond, des structures sémiotiques qui l'engendrent. Sa structure élémentaire en « carré » a soutenu de nombreuses généralisations hors du champ du récit (*voir l'encadré page suivante*).
(*Sémantique structurale*, Puf, 1995, 1re éd. 1966)

La sémiotique de l'espace
Concerne l'architecture, l'urbanisme et le paysage, en tant qu'il est créé par l'homme, mais aussi fait l'objet de représentations.
(Christian Norbert-Schultz, *La Signification dans l'architecture occidentale*, Pierre Mardaga, 1997, 1re éd. 1977).

La sémiotique du geste
Traite de tous les codes corporels, qu'ils soient naturels
– expressions, postures –, ou artificiels
– langage des sourds-muets (6).

L'analyse des codes signalétiques
Routiers, urbains, graphiques…
Elle a des applications industrielles, et s'intéresse aux aspects plastiques et sémantiques des symboles et des indices (7). Georges Mounin a ébauché en 1970 une analyse des blasons (8). Il y distinguait deux types de signes :
– des indices, comme la forme ronde ou « en écu », qui dépend de l'origine géographique, et les couleurs, qui souvent représentent des métaux (jaune = or, blanc = argent, etc.) ;
– des symboles : figures animales, végétales, astres, tours, clés, croissants… qui souvent renvoient à des valeurs morales (courage, constance, gloire).
Certaines combinaisons de ces signes forment un code propre : un losange dans un écu signale les armoiries d'une fille. Le casque fermé au-dessus de l'écu signale un nouvel anobli. Les figures mutilées sont des marques d'ignominie.

La sémiotique du récit
Elle s'intéresse à la dimension narrative de textes écrits et oraux comme les mythes, les contes, les romans, les biographies (9). La sémiotique narrative fondée par A.J. Greimas repose sur l'idée que les récits (en particulier les contes) suivent un schéma universel (la quête d'un objet). Les narrations développent des oppositions de valeurs situées à un niveau plus profond (« vérité »/« mensonge », par exemple). Le récit actualise le passage d'une valeur à l'autre, leur médiation, à travers deux opérations : la négation et l'assertion, qui forment ce qu'on appelle le « carré sémiotique » (*voir page suivante*).
S'inspirant de cette méthode, J.-M. Floch montre, par exemple, que le récit de *Tintin au Tibet* par Hergé se rapporte à l'opposition sacré/profane, incarnée par le couple

Tintin/Haddock. Tintin est un être spirituel, animé par la foi, le capitaine Haddock est un être matérialiste (le whisky est son seul plaisir), prêt à renoncer au moindre obstacle. Cette opposition est doublée d'une autre, surtout présente dans le dessin, entre verticalité (de la montagne, de la lévitation du moine) et horizontalité (adoptée par Haddock dans des épisodes ridicules). Des négations interviennent lorsque,

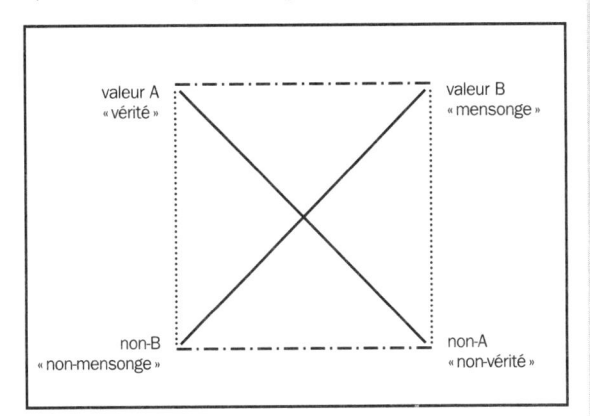

```
       valeur A   ╲ ╱   valeur B
       « vérité »  ╳   « mensonge »
                  ╱ ╲
       non-B     ╱   ╲   non-A
    « non-mensonge »    « non-vérité »
```

par exemple, Haddock enjambe une vache sacrée en Inde, passe du mauvais côté d'un lieu sacré. Tintin, lui, a des moments de découragement pendant lesquels il abandonne la recherche de son ami Tchang. En fin de compte, une médiation est assurée entre deux valeurs extrêmes : la consécration totale à la vie spirituelle (celle des lamas) et la vie matérialiste incarnée par Haddock (mais aussi vécue par Tintin, d'ordinaire). Tintin, à la fin, rentre chez lui récompensé et convaincu que l'expérience spirituelle ne peut être que temporaire.
(J.-M. Floch, *Une lecture de Tintin au Tibet*, Puf, 1997).

1. Voir les mots clés en fin d'ouvrage.
2. J.-M. Floch, *Sémiotique, marketing et communication*, Puf, 1995.
3. Voir l'article de J.-M. Klinkenberg dans cet ouvrage.
4. Voir les mots clés en fin d'ouvrage.
5. Voir la partie « Contenu et expression » de l'article de J.-M. Klinkenberg dans cet ouvrage.
6. E. T. Hall, *La Dimension cachée*, Seuil, 1978.
7. Voir l'article de J.-M. Klinkenberg dans cet ouvrage.
8. G. Mounin, *Introduction à la sémiologie*, Minuit, 1970.
9. J. Courtès, *Analyse sémiotique du discours*, Hachette, 1991.
10. Voir les mots clés en fin d'ouvrage.

• **Erwin Panofsky**
(1892-1968)
Historien et philosophe de l'art, né en Allemagne et émigré au Etats-Unis, il a développé une « iconologie » rigoureuse, fondée sur l'analyse des images peintes en motifs, thèmes et contenus de signification. Sans s'inscrire directement dans le courant de la sémiotique, il a instauré l'analyse de l'image comme discipline.
(*L'Œuvre d'art et ses significations*, Gallimard, 1969, 1re éd. 1955)

• **Umberto Eco**
(né en 1932)
Professeur à l'université de Bologne, écrivain et sémioticien, a développé notamment dans *Le Signe* la théorie de Peirce en développant la notion de sémiose illimitée : la signification est le produit d'une interprétation, et ne s'arrête que sur les « *habitudes de la vie* ». Par ailleurs, Umberto Eco a produit une œuvre de critique et de création littéraire.
(*Le Signe, histoire et analyse d'un concept*, Labor, 1990, 1re éd. 1973 ; *L'Œuvre ouverte*, Seuil, 1979, 1re éd. 1962 ; *Le Nom de la rose*, Grasset, 1990, 1re éd. 1980)

• **Christian Metz**
(1931-1993)
Linguiste, directeur d'études à l'EHESS, il est la principale figure de la sémiotique du cinéma. Il a développé, successivement, une analyse systématique du langage filmique et de l'institution cinématographique comme signifiant.
(*Langage et cinéma*, Albatros, 2000, 1re éd. 1971 ; *Le Signifiant imaginaire : psychanalyse et cinéma*, Christian Bourgeois, 1993, 1re éd. 1977).

NICOLAS JOURNET*

LA LIBERTÉ DE L'INTERPRÈTE SELON UMBERTO ECO**

Si lire un texte, c'est l'interpréter, qui maîtrise les limites de sa signification et où se situent-elles ?

UN JOUR, rapporte l'écrivain et linguiste Umberto Eco, le président Ronald Reagan, faisant un essai de micro avant une conférence de presse, prononça la phrase suivante : *« Dans un instant, je vais donner l'ordre de bombarder la Russie. »* Des journalistes présents lui demandèrent de s'expliquer et le président protesta qu'il s'agissait, bien sûr, d'une plaisanterie. Certains journaux le critiquèrent ensuite pour avoir dit une chose qu'il ne voulait pas dire et qui, objectivement, était une menace.

Cette petite histoire illustre assez bien une des évolutions récentes des études sémiotiques. Elle démontre qu'un message, même très simple, peut être reçu de diverses manières. Les significations qu'il porte dépendent des multiples façons dont un récepteur l'interprète et évalue l'intention de l'auteur. L'approche dite « herméneutique » (1) est un développement de ce constat. Elle juge que cette activité d'interprétation est ce qui produit la signification. En s'appliquant au texte littéraire et à d'autres supports, comme l'image, cette idée a donné naissance à une sémiotique dite « interprétative », dont une des caractéristiques majeures est de s'intéresser plus aux différentes manières dont un énoncé est recevable qu'à celle dont il est produit.

---

* Journaliste scientifique au magazine *Sciences Humaines*.
** *Sciences Humaines*, n° 83, mai 1998.
1. Voir les mots clés en fin d'ouvrage.

Qui décide du sens ?

Mais est-il vrai que le lecteur ou l'auditeur soit l'unique source de la diversité des sens possibles ? Sur ce point, U. Eco a émis quelques réserves. Dans *Les Limites de l'interprétation* (2), il rappelle que l'approche herméneutique d'un texte peut porter sur différents objets : l'intention de l'auteur (ce qu'il a voulu dire), l'intention de l'œuvre elle-même (ce que le texte dit) et l'intention du lecteur (ce qu'il voit dans le texte). Selon U. Eco, l'intention du lecteur n'est pas la seule cause de la diversité des interprétations : les kabbalistes du Moyen Age et de la Renaissance considéraient que Dieu, lui-même, avait voulu que ses textes soient indéfiniment interprétables, et on pourrait sans doute en dire autant de certains poètes. U. Eco endosse ce point de vue, non seulement en déclarant *« l'œuvre ouverte »* (3), mais en la mettant en pratique. Son roman, *Le Nom de la rose* (4), met en scène l'enquête d'un moine franciscain dans un couvent médiéval où se produisent des morts suspectes. Au bout du compte, il découvre surtout un manuscrit disparu. Conçu comme un labyrinthe à étages multiples, le récit offre au lecteur la possibilité d'y voir un récit historique sur les hérésies, un roman philosophique ou une intrigue policière, ou les trois à la fois. Plus d'une fois invité à préciser ses intentions, U. Eco a expliqué dans son *Apostille au Nom de la rose* (5) qu'un *« narrateur n'a pas à fournir d'interprétation de son œuvre, sinon ce ne serait pas la peine d'écrire des romans, étant donné qu'ils sont, par excellence, des machines à générer de l'interprétation »*.

Les limites du possible

Le lecteur, en revanche, peut parfaitement, par goût personnel ou parce qu'il est pris dans les habitudes de sa communauté culturelle, n'accepter qu'une seule interprétation. La liberté n'est pas toujours de son côté : elle peut être plus ou moins octroyée par l'auteur, notamment en fonction de ce qu'il imagine de son lecteur.

Mais cette liberté est-elle pour autant illimitée ? Dit autrement, est-il vrai qu'un texte puisse prendre un nombre infini de significations, dont aucune ne serait plus vraie qu'une autre ? Sur ce point, U. Eco a tenu à se démarquer de ce qu'il nomme la tradition « hermétiste ». L'hermétisme procède comme si un énoncé (ou un symbole) quelconque pouvait renvoyer à tous les autres énoncés (ou symboles) possibles dans ce monde. De son côté, U. Eco soutient que tout texte comporte une « intention » propre : *grosso modo*, qu'il a un « sens littéral », qui interdit certaines interprétations sans toutefois en prescrire une en particulier. Dans le cas de R. Reagan, il est clair que le président a littéralement prononcé une phrase menaçante. On peut l'interpréter comme une plaisanterie ou comme un avertissement. D'autre part, il y a des interprétations plus économiques, plus efficaces que d'autres selon la situation de l'auteur ou celle du texte lui-même. Pour reprendre un autre exemple cité par U. Eco, il est peu vraisemblable que

---

2. U. Eco, *Les Limites de l'interprétation*, Grasset, 1992.
3. U. Eco, *L'Œuvre ouverte*, Points Seuil, 1990.
4. U. Eco, *Le Nom de la rose*, Grasset, 1982.
5. U. Eco, *Apostille au Nom de la rose*, Grasset, 1985.

la phrase du poète Wordsworth «*un poète se doit d'être gai*», fasse allusion à l'homosexualité, étant donné l'usage du vocabulaire au XIXe siècle (période où vécue l'auteur). En revanche, si elle figure dans un magazine d'aujourd'hui, c'est très possible. Enfin, troisième règle, une interprétation doit être cohérente : si elle porte sur un texte, elle ne doit pas être remise en question par un point de ce texte. Il est certain que si le président Reagan avait ajouté «et je ne plaisante pas», les éventuels rires des journalistes auraient immédiatement cessé. L'interprétation humoristique serait devenue impossible.

JOSEPH COURTÉS*

LA SÉMIOTIQUE, COMPRENDRE L'UNIVERS DES SIGNES**

Les mots, les sons, les couleurs, les images qui nous environnent sont autant de signes dont le sens émerge d'un système d'interprétation. La sémiotique, science des signes, cherche à décrypter leur signification et l'organisation de ces signes. Charles S. Peirce, Louis T. Hjelmslev, Algirdas J. Greimas, Roland Barthes et Umberto Eco sont les grands noms de cette discipline souvent méconnue des sciences humaines.

Le terme de « sémiotique » est en fait encore relativement peu connu du grand public français, voire même dans le secteur des sciences humaines (alors qu'il est fort usité en anglais depuis la fin du siècle dernier avec l'appellation *semiotics*) ; et ce, à la différence du mot « sémiologie » mis largement à la mode par Roland Barthes. A vrai dire, R. Barthes, envisageait la sémiologie plutôt d'un point de vue connotatif (à tendance donc « littéraire » et/ou « sociologique »), prenant alors ses distances, surtout vers la fin de sa vie, par rapport à la sémiotique proprement dite, qui - pour être fidèle aux grands linguistes Ferdinand de Saussure et Louis T. Hjelmslev – se présentait plutôt comme une méthode d'analyse à vocation scientifique (et donc plus aisément reproductible par un sujet quelconque). Au passage, notons que le terme de « sémiologie » a été précédemment employé en France dans le domaine médical, pour désigner la science des symptômes, des signes de maladie. Depuis, sous l'influence nord-américaine, c'est le mot de « sémiotique » qui – au cours de ces trois dernières décennies – a pris le pas, jusqu'en terre française, sur celui de « sémiologie ».

---

* Professeur en sciences du langage à l'Université Toulouse-II, chercheur au Centre pluridisciplinaire de sémiolinguistique textuelle. A publié notamment : *Analyse sémiotique du discours*, Hachette, 1991 ; (avec A. Greimas) *Sémiotique. Dictionnaire raisonné de la théorie du langage*, Hachette, 1993 ; *Du lisible au visible : initiation à la sémiotique du texte et de l'image*, De Bœck-Wesmael, 1995.
** *Sciences Humaines*, n° 22, novembre 1992.

La vie des signes en société

Etymologiquement, les mots de « sémiotique » et de « sémiologie » viennent tous deux du grec et renvoient directement à la notion de signe, même si, au cours des dernières décades, ils ont pris des acceptions quelque peu divergentes. Au départ, depuis la définition proposée par Ferdinand de Saussure : *« Science qui étudie la vie des signes au sein de la vie sociale »*, la « sémiologie » visait essentiellement l'inventaire, la typologie et le fonctionnement des signes dans un univers socioculturel donné. De ce point de vue, elle aurait pu correspondre à peu près au terme anglais actuel « sémiotics » (spécialement dans la ligne des remarquables travaux de Charles S. Peirce). En Europe par exemple, André Martinet ou Luis J. Prieto lui donnaient une acception assez voisine.

Dans cette perspective, on pouvait établir une première typologie des signes en se basant sur les divers canaux (relevant des cinq sens traditionnels) de la communication intersubjective. Etaient ainsi distingués les signes visuels (par exemple le code de la route), auditifs (linguistiques, musicaux, etc.), olfactifs (pensons seulement à la taxinomie, la classification très fine employée en parfumerie), tactiles (par exemple le braille) ou gustatifs (les chevaliers du taste-vin jouent sur un système différentiel, très précis, fort bien organisé).

Au milieu de cet immense champ que représente l'étude des signes, c'est le domaine du verbal qui a été très largement privilégié à travers la linguistique (qu'il s'agisse de phonétique, de phonologique, de morphologie ou de syntaxe (1)), au détriment peut-être d'autres types de langage, qui n'ont pas bénéficié de la même faveur des chercheurs.

Historiquement, F. de Saussure envisageait la linguistique comme partie constituante de la « sémiologie ». Or, on pourrait dire que c'est la linguistique qui, en fait, a occupé tout le terrain des « sciences du langage ». Actuellement tout se passe comme si la sémiologie (ou la sémiotique) n'avait pas à s'occuper des langues naturelles, domaine que les linguistes se réserveraient. On lui reconnaîtrait tout au plus le droit d'étudier les autres codes – considérés comme « mineurs », « marginaux » en usage dans la communication intersubjective (tel le code de la route, ou celui du savoir- vivre...). Ce serait une sémiologie de type fonctionnaliste qui, se réclamant de la célèbre « théorie de la communication », insisterait surtout sur les rapports entre émetteur et récepteur, sur les procédures d'encodage et de décodage, etc, mais dont la pertinence sémantique et syntaxique (2) resterait largement sujette à caution.

Depuis les années 60, spécialement sous la forte impulsion d'A. J. Greimas, s'est constituée en France une véritable discipline, la « sémiotique », qui est d'ailleurs reconnue comme telle tant par le CNRS que par le ministère de l'Education nationale. Ce qui caractérise cette nouvelle « sémiotique », c'est le fait qu'elle cherche non pas à établir une typologie incontestée des signes (même si cela est nécessaire et important, sur-

---
1. Voir les mots clés en fin d'ouvrage.
2. *Idem.*

tout au plan anthropologique), comme le faisait précédemment la sémiologie, mais à savoir plutôt ce qui se passe « sous les signes » ou « entre les signes », ce qui est à la base de leurs mutuelles relations.

Le rouge et le jaune clair

Le but affiché de la sémiotique est l'étude de la signification, tant au niveau dénotatif que connotatif (3), tant au plan de l'énoncé (syntaxe et sémantique) – qui relève de l'analyse objective du message (qu'il soit sonore, visuel, gestuel, etc.) – qu'à celui de l'énonciation (de l'ordre de la pragmatique) (4) qui met enjeu les conditions de production du sens, les rapports avec le contexte, avec les interlocuteurs.

Un signe est toujours signe d'autre chose, au moins d'un autre signe et, dans ce dernier cas, on sera tenté de parler d'une « sémiosis illimitée » (comme le fait spontanément tout dictionnaire de langue où chaque mot ne peut que renvoyer à d'autres mots, selon le principe de circularité). Une chose est l'étiquetage du monde par le moyen des signes (selon le rapport du signe au référent, tel le code de la route où le « rouge » est utilisé comme marque d'interdiction), qui sont le plus souvent d'ordres conventionnels dans un groupe social donné. Autre chose est de postuler que les signes ont entre eux des rapports qui n'ont pas nécessairement de lien direct avec le monde lui-même, qu'ils peuvent être analysés selon le fameux principe d'immanence (indépendamment donc de la « réalité »). On voit par exemple que la valeur du « rouge » peut varier très largement selon les cultures, selon aussi – dans le cadre d'une culture donnée – les contextes où il apparaît : nul ne saurait lui attribuer, en peinture par exemple, une valeur univoque, tout dépendra de son rapport aux autres couleurs et teintes, aux formes en jeu, etc. Cela veut dire concrètement qu'un signe n'est jamais seul, qu'il renvoie toujours à un autre, au moins : si je dis par exemple « ce mur est jaune clair », le « jaune clair » n'a de sens que dans un système de couleurs, de teintes, de dégradés, dans un univers socioculturel donné. Dans cette perspective, la priorité est donnée plus aux relations qu'aux termes : *« dans la langue, il n'y a que des différences sans termes positifs »*. Ce principe de F. de Saussure, concernant au départ les seules langues naturelles, peut être étendu à la totalité des objets sémiotiques possibles, c'est-à-dire à tous les ensembles signifiants.

« Le monde naturel est un langage »

Il ne s'agit pas ici de nier la « réalité » simplement de reconnaître que le « vécu » par exemple - tout autant que les systèmes de représentation que sont les langages - met lui aussi en jeu le rapport signifiant/signifié (5) (en dehors duquel il n'aurait aucun sens). Dans la mesure où il fait donc sens pour l'homme, le monde naturel (en gros la « réalité ») doit être déjà considéré comme un véritable langage, comme un

---
3. Voir les mots clés en fin d'ouvrage.
4. *Idem.*
5. *Idem.*

Le carré sémiotique

Pour qu'il y ait un minimum de signification, dans quelque domaine que ce soit (auditif, visuel, olfactif, etc.), il faut au moins une opposition entre deux unités (plus ou moins importantes) qui soient distinctes et néanmoins apparentées. On peut ainsi opposer la santé à la maladie ou la richesse à la pauvreté, mais jamais la richesse et la maladie, la pauvreté à la guérison, ou le citadin à l'olympique : toute opposition et toute différence entre deux termes donnés n'existent que sur un fond de ressemblance, d'identité.

Cela étant, Algirdas J. Greimas a imaginé (avec François Rastier), dans la ligne des recherches de Claude Lévi-Strauss, que lorsqu'on pose deux termes en relation de contrariété, chacun des deux peut donner, par relation de contradiction (grâce à une opération de négation), des termes négatifs. Termes qui ne sont pas directement équivalents aux unités de base comme l'admet, en revanche, la logique traditionnelle : ainsi la non-mort n'est pas tout à fait réductible à la vie, tout comme la non-vie n'est pas exactement identifiable à la mort ; de même, dans la perspective lévi-straussienne, la non-nature (le « rôti ») n'est pas encore la culture (le « bouilli »), tout comme la non-culture n'équivaut pas entièrement à la nature (le « cru »). A ce jeu d'oppositions statiques qui spécifie le « carré sémiotique », il faut ajouter une remarque sur son fonctionnement dynamique. Imaginons ici seulement par exemple un personnage qui partirait de la /gloire/ (en s1), qui serait ensuite (parcours I) l'objet de suspicion (soit : non s1, noté - s1) avant d'être (parcours II) publiquement diffamé (en s2), puis qui, à la suite (parcours III) d'une réhabilitation (en non s2 ; soit -s2) retrouverait (selon le parcours IV) le poste s1, mais alors avec une « gloire » d'autant plus renforcée que l'itinéraire général effectué aurait été particulièrement pénible. Comme on le sait, dans ce parcours en forme de « huit » sur le carré sémiotique, le point d'arrivée est le plus souvent (surtout dans les épisodes narratifs) quelque peu au-dessus (positivement) ou en dessous (négativement) de celui du départ. Bien entendu, avec ce jeu de parcours possibles, situé à un niveau profond, nous sommes au cœur de la narrativité telle qu'elle s'exprimera ensuite au niveau superficiel, si méticuleusement analysé par A. J. Greimas (par exemple dans son merveilleux *Maupassant*, Seuil, 1991).

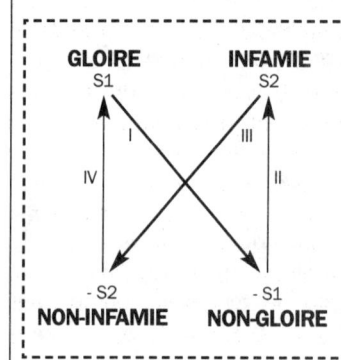

GLOIRE S1 — INFAMIE S2
I, III, IV, II
- S2 NON-INFAMIE — - S1 NON-GLOIRE

J.C.

objet sémiotique tout à fait comparable aux langues naturelles ou aux images auxquelles il peut être diversement corrélé selon les cultures. Seules les difficultés de l'analyse sémiotique ont fait que l'on a commencé en priorité par la description des textes, à étudier des «*simulacres*» et des «*êtres en papier*» comme disait plaisamment A. J. Greimas.

Cela dit, «la sémiotique» n'existe pas; en revanche, il est de nombreuses approches sémiotiques qui ont au moins en commun la reconnaissance d'un rapport et plus précisément d'une complémentarité entre signifiant et signifié, interprétable en terme de relation de présupposition réciproque.

La sémiotique, ici préconisée, part du principe que tout langage donné (verbal ou non verbal) comporte deux caractéristiques essentielles. D'une part, pour être tel, tout langage doit nécessairement jouer sur le rapport (et donc la distinction et la complémentarité) entre signifiant et signifié. On dit alors qu'il est «biplane»: une chose est, par exemple, ce que je vois, ce que j'entends, autre chose est la signification que je lui attribue. Prenons une bande dessinée sans parole. Mes yeux perçoivent des formes, des surfaces, des couleurs (tout ce qui relève donc du signifiant, de la perception visuelle, ici d'ordre planaire) qu'une machine peut enregistrer. Et, en même temps, au plan du signifié, je comprends tout autre chose, à savoir l'histoire qui m'est racontée. M'appuyant sur les données perceptives, je les ordonne, les hiérarchise et je dégage la signification qui, elle, est d'un autre ordre; à moins de disposer d'un processus de décodage sémantique correspondant, aucune machine n'est capable *a priori* d'accéder à ce niveau de la saisie du sens. Ceci veut dire que l'objectif de la sémiotique, son souci premier, est d'expliciter, sous forme d'une construction conceptuelle, les conditions de la saisie et de la production du sens, quels que soient les supports signifiants en jeu.

La sémiotique et le Petit Chaperon rouge

Il faut préciser ici que la sémiotique ne se donne pour objet que ce que nous avons proposé d'appeler ailleurs la «signification primaire» (dite aussi «linguistique», dans le cas du langage verbal), est la seule à laquelle se consacre l'analyse sémiotique. Comme l'indique son qualificatif, elle n'a d'autre ambition que de servir de préalable à une compréhension plus approfondie, celle que les autres sciences humaines sont justement à même de nous apporter. Soit, par exemple, une histoire assez simple, un conte bien connu comme celui du *Petit Chaperon rouge*. On appellera signification primaire celle qui est à la portée de tout l'auditoire qui écoute ce récit, de tous les lecteurs de cette histoire, enfants compris, ce qui va bien dans le sens des sciences du langage qui, toutes, sont obligées de postuler un «locuteur moyen».

Cela dit, le sociologue, l'ethnologue, le psychanalyste, le folkloriste, etc. investiront dans ce conte bien d'autres significations, combien plus éclairantes: ce sont elles que nous désignons par l'appellation de «significations secondaires », du fait qu'elles présupposent toutes un niveau « primaire ». On notera alors que la signification primaire – correspondant globalement au minimum de compréhension effective – et la signification secondaire – de nature plutôt encyclopédique – ne s'opposent point, elles se distinguent, certes, mais elles sont essentiellement complémentaires. En acquérant progressivement plus de savoir, l'enfant enrichira de nouvelles significations.

Bibliographie
- A. Hénault, *Histoire de la sémiotique*, Puf, « Que sais-je ? », 1997.
- R. Marty, C. Marty, *99 réponses sur la sémiotique*, CRDP Montpellier, 1992.
- J. Martinet, *Clefs pour la sémiologie*, Seghers, 1973.
- G. Mounin, *Introduction à la sémiologie*, Minuit, 1970.
- J. Courtès, *Analyse sémiotique du discours, de l'énoncé à l'énonciation*, Hachette, 1991.
- R. Barthes, *Mythologies*, Seuil, 1957.
- U. Eco, *Les Limites de l'interprétation*, Grasset, 1992.

Vincent Nyckees[*]

LES MOTS, LES CHOSES... ET NOUS[**]

Le langage désigne-t-il des choses ou des idées ? Est-il soumis à la nécessité de décrire ce qu'il nomme, ou bien plutôt de véhiculer des messages entre les hommes ? Telles sont les questions centrales auxquelles la sémantique commence à apporter des réponses empiriquement vérifiées.

Pour le sens commun, le problème de la référence des signes, c'est-à-dire celui de la relation entre le langage et la réalité, ne se pose même pas. Un signe comme cheval exprimera ainsi un concept qui lui préexiste (l'idée de cheval), qui représentera à son tour un objet du monde (un cheval). Cette conception simple suffit amplement à nos besoins de communication quotidiens. Elle soulève cependant des difficultés considérables dès que l'on tente de comprendre comment s'instaure cette relation, plus mystérieuse qu'il n'y paraît d'abord, entre les signes du langage et le monde.
Dans la plupart des cas, sinon dans tous (on pourrait discuter sur le cas des noms propres), cette relation ne s'effectue pas directement, mais par la médiation de généralités. Dire, par exemple « j'ai vu un chien », c'est être en mesure de constituer la classe des êtres répondant aux caractéristiques des chiens. De même, rouge, ce n'est pas cette tomate, ou ce coquelicot, mais une propriété commune à ces objets et à bien d'autres encore. Ainsi, l'emploi du moindre mot implique de notre part une aptitude à structurer notre expérience du monde.
Sur quoi cette structuration est-elle fondée ? Reflète-t-elle l'ordre objectif de la réalité, comme le pensent les réalistes (encore appelés objectivistes) tels que Platon, Aristote, Descartes ? Ou bien

---

[*] Maître de conférences en Linguistique à l'Université de Lille-III. A publié : *La Sémantique*, Belin, 1998.
[**] *Sciences Humaines*, hors série n° 27, décembre 1999/janvier 2000.

les idées générales n'ont-elles pas d'existence indépendamment des sujets humains, comme le pensent les antiréalistes ? Dans ce dernier cas, l'existence des idées générales ne repose-t-elle que sur l'usage linguistique, comme l'affirment les nominalistes stricts (Abélard, Hobbes, le second Condillac, Saussure...) – ce qui rassemble des individus dans une même classe n'étant rien d'autre que l'existence d'un signe fédérateur (chien, homme, etc.) ? Ou bien ne sont-elles que des entités mentales, constructions de notre esprit qui les produit par abstraction à partir de son expérience, comme le pensent les conceptualistes tels que Locke ? Ou bien encore, option du conceptualisme linguistique défendu par le premier Condillac, les idées générales sont-elles formées par un esprit humain aidé et guidé dans ses opérations par les signes linguistiques ? Ceux-ci ne seraient pas alors de simples instruments d'une pensée prélinguistique.

Les apports actuels de la sémantique, des sciences cognitives et de la philosophie du langage permettent de voir aujourd'hui plus clair dans ces débats anciens sur la référence en faisant mieux apparaître les points forts et les points faibles des différentes positions.

Signifier, c'est décrire un état du monde

La tradition réaliste pense la signification des énoncés comme une propriété objective, par laquelle ils entrent en relation de correspondance avec la réalité objective. La sémantique formelle, qui s'est développée depuis les années 70, s'inscrit dans cette tradition et ambitionne de fonder une théorie scientifique de la signification. Elle part du principe qu'un énoncé n'a de sens que dans la mesure où, de par notre connaissance de la langue, nous sommes capables de lui faire correspondre des conditions de vérité qui permettront, face à une situation donnée, de le déclarer objectivement vrai ou faux. Toute la tâche de la sémantique consiste alors à élaborer des procédures permettant de traduire la signification des énoncés des langues naturelles dans un langage formel d'ordre logique, langage formel qui, pour de nombreux auteurs, serait l'analogue d'un langage de la pensée... Ainsi l'énoncé « chaque homme court » recevra la traduction : « x /*homme*'(x) —> *court*' (x)/ Ce qui peut se lire « *pour tout x, si x est homme, alors x court* »

L'objectif à long terme de cette sémantique est d'expliciter, à l'aide de règles formalisées, tous les liens d'implication logique dont est capable le locuteur d'une langue de par sa maîtrise de cette langue.

Toutefois, cette théorie s'expose à des objections sérieuses. D'abord, cette sémantique « vériconditionnelle » (1) ne permet pas de comprendre certaines propriétés essentielles des langues humaines, comme le sens figuré. Ainsi, pourquoi recourons-nous au même qualificatif dans les énoncés : « *cette construction est solide* "et" *cet argument*

---

1. Vériconditionnel : une logique vériconditionnelle traite des conditions de vérité dans lesquelles une proposition peut être dite vraie ou fausse. Ainsi la proposition « les fantômes sont sympathiques » a pour condition de vérité qu'il n'existe pas au moins un fantôme antipathique. L'une et l'autre propositions supposent, par ailleurs, qu'on ne puisse pas dire que les fantômes n'existent pas...

est solide », alors même que les conditions d'application de l'adjectif «solide» dans les deux énoncés n'ont manifestement rien de commun au regard de la réalité objective ? De même, si la signification était un phénomène absolument objectif, comment les mots pourraient-ils changer de sens ? D'ailleurs, la réduction de la signification des énoncés à leurs conditions de vérité pose des problèmes d'ordre... logique, comme l'ont montré Willard van Orman Quine et surtout Hilary Putnam (2). Enfin, comme l'a fait remarquer le philosophe Michael Dummett, on ne peut connaître les conditions sous lesquelles un énoncé est vrai ou faux sans connaître préalablement son sens... Les conditions de vérité d'un énoncé sont donc secondes par rapport à sa signification.

Ainsi, la sémantique formelle ne semble pas en mesure de fonder une théorie efficace de la référence. La raison profonde est que la relation du langage à la réalité ne peut se laisser enfermer dans une définition technique de la vérité, conçue comme la conservation de valeurs de vérité à travers les manipulations d'une syntaxe (3) logique. La relation avec le réel passe nécessairement en effet par la compréhension humaine. La sémantique formelle a cependant permis, et permettra encore sans doute, comme tout formalisme rigoureux, de mettre en évidence des données méconnues des langues humaines.

Signifier, c'est agir sur son interlocuteur

A l'opposé de cette sémantique formelle, les théories ascriptivistes (de l'anglais *to ascribe*, attribuer, par opposition à descriptive) comme celle de Jean-Claude Anscombre et d'Oswald Ducrot, partent du point de vue que la capacité des phrases à décrire le monde n'est qu'une illusion. Le langage n'a pas pour but de représenter la réalité. Il sert fondamentalement à accomplir des actes. Dans cette perspective, les significations ne sont plus que des constructions linguistiques dont la valeur réside dans l'action exercée sur un interlocuteur. Ainsi, selon la théorie de l'argumentation dans la langue de J.-C. Anscombre et de O. Ducrot (4), dire « cet hôtel est bon », ce ne serait ni décrire l'hôtel désigné, ni le recommander, mais argumenter en faveur de cet hôtel, orienter le discours vers certains discours, et l'éloigner d'autres conclusions. Là encore, cette thèse, lorsqu'elle est généralisée, se heurte à des objections simples. Ainsi, tout francophone a le sentiment de pouvoir maîtriser la signification de l'énoncé « Pierre est venu » quel qu'en soit le contexte, sans se sentir obligé d'imaginer les conclusions auxquelles on pourrait vouloir le conduire en prononçant cet énoncé. Inversement, plusieurs énoncés peuvent servir la même conclusion sans que la signification de leurs unités paraisse se recouper : ainsi, que je dise « il fait chaud » ou « ça manque d'air », la conclusion pourra être la même (il faut ouvrir la fenêtre). Il semble donc impossible de comprendre la valeur

---

2. H. Putnam, *Raison, Vérité et Histoire*, trad. Minuit, 1984.
3. Voir les mots clés en fin d'ouvrage.
4. Voir l'entretien avec O. Ducrot dans cet ouvrage, et leur livre J.-C. Anscombre et O. Ducrot, *L'Argumentation dans la langue*, Mardaga, 1983.

argumentative d'un énoncé sans avoir au préalable des idées assez précises sur la signification de l'énoncé et des mots qui le composent. Pour dépasser ces objections, il nous paraît préférable de considérer l'action sur autrui et l'apport d'information comme deux modalités d'une fonction plus fondamentale du langage, la fonction de coordination et d'orientation mutuelle entre des interlocuteurs. La signification, dans ce cadre, ne s'épuise pas dans les modalités d'une action immédiate, ni dans la description d'un état du monde. Elle prend son sens sur le fond d'une action commune qui mobilise les catégories déposées dans la langue dont héritent les locuteurs, catégories sélectionnées par l'expérience collective à travers l'histoire des interactions linguistiques.

En effet, même si les sujets poursuivent à travers leurs échanges linguistiques des fins qui leur sont propres, ils n'en sont pas moins engagés par leur interaction dans une structure qui dépasse les actions individuelles. C'est la raison pour laquelle un locuteur disant « cet hôtel est bon » peut considérer son énoncé comme une information tout en ayant conscience d'exprimer un jugement. (Etre) bon constitue en effet un prédicat qui peut être approuvé ou contesté, être jugé vrai ou faux, bien qu'il ne renvoie pas à une propriété objective, mais à une expérience subjective (j'ai été satisfait, ou telle personne dont je partage les goûts a été satisfaite...), expérience que le locuteur présente comme devant normalement être partagée par ceux qui l'écoutent pour autant qu'ils aient les mêmes attentes que lui concernant les hôtels. La fonction référentielle du langage n'est donc pas une illusion, tout en n'étant qu'une dimension parmi d'autres de la fonction de coordination entre des locuteurs.

Le nominalisme, tel que défendu par Ferdinand de Saussure, s'oppose au réalisme et, plus généralement, à l'instrumentalisme linguistique selon lequel les signes du langage seraient des outils créés en vue d'exprimer des réalités (mentales ou objectives) préexistant aux systèmes linguistiques.

Ferdinand de Saussure ou l'arbitraire du signe

L'expérience de la traduction et la comparaison des langues montrent en effet que les langues ne découpent pas la réalité de la même manière. De plus, comme l'a montré la sémantique historique, l'histoire des significations obéit à sa logique propre, soustraite à la rationalité et à la volonté consciente des hommes. Ainsi, le mot latin signifiant chose *rem* a fini par signifier en français l'absence de toute chose *rien*... Tuer vient d'un mot latin signifiant « protéger » *tutari*... De telles évolutions paraissent en contradiction avec le bon sens le plus élémentaire.

F. de Saussure et ses continuateurs ont déduit de ces observations que les relations entre le langage et la réalité sont régies par l'arbitraire et que la structuration du monde opérée par les langues n'a d'autre fondement que les habitudes linguistiques. Il s'ensuit que, pour eux, la signification d'un signe ne peut être valablement définie en termes positifs à partir de ses relations avec la réa-

lité. Elle ne peut l'être que par les relations d'opposition que ce signe entretient avec les autres signes de la langue (sa valeur). Conséquence paradoxale : seule la totalité de la langue est désormais en mesure d'entrer en relation avec la réalité.
En dépit du renouvellement considérable apporté par F. de Saussure dans les domaines formels de la linguistique, un nombre croissant de sémanticiens juge insuffisante sa théorie de la signification. En effet, en refusant d'expliquer la capacité des signes à entrer en relation avec la réalité, en déniant tout contenu positif aux significations linguistiques, la théorie saussurienne rend inintelligible notre capacité de traduire ou de reformuler nos messages. Elle rend également problématique la possibilité même d'un discours scientifique valide, et plus généralement, l'efficacité des actions humaines, puisque ces actions passent constamment par le langage.
F. de Saussure pensait devoir choisir entre deux solutions opposées : ou bien le langage reflète la réalité objective, ou bien il est arbitraire. Or, il existe une autre solution qui consiste à rechercher la clé de l'organisation sémantique des langues dans l'expérience humaine elle-même.
Si F. de Saussure n'a pas envisagé cette solution, c'est qu'il ne voulait traiter l'évolution des langues ni comme l'effet de volontés individuelles (il savait bien que les individus n'ont guère de pouvoir sur l'évolution de leur langue), ni comme l'effet de la volonté de sujets supra-individuels (l'âme d'un peuple, la Raison en marche...). Là encore, il existait une autre solution. Une étude minutieuse des changements de sens conduit en effet à penser que les nouvelles significations ne se produisent pas au hasard, mais qu'elles sont intégralement conditionnées, à chaque moment de l'histoire de la langue, par les relations entre le système linguistique et les expériences collectives qui traversent la communauté des locuteurs. En d'autres termes, ce sont les circonstances de l'expérience collective qui sélectionnent les nouvelles valeurs des signes à travers les échanges linguistiques en situation, et tout particulièrement à travers l'apprentissage linguistique des jeunes locuteurs (5). On peut ainsi expliquer que les significations s'ajustent sur les expériences collectives, sans faire intervenir, à aucun moment, une quelconque volonté d'adaptation individuelle ou collective.

Le problème
des catégories sémantiques

La théorie du prototype est une théorie récente qui s'oppose à l'objectivisme de la sémantique formelle. Son originalité est de contester le modèle traditionnel de l'appartenance catégorielle, dit modèle des CNS (ou conditions nécessaires et suffisantes). Selon ce modèle, pour qu'un élément de l'expérience appartienne à une catégorie, il faut et il suffit qu'il partage un certain nombre de traits avec l'ensemble des membres de cette catégorie : par exemple, tout membre de la catégorie chaise présente, au minimum, un pied et un dossier, tout fauteuil a des accoudoirs.

---
5. V. Nyckees, *La Sémantique*, Belin, 1998.

Or, si l'on en croit ses adversaires, le modèle des CNS se heurterait à de sérieux contre-exemples. Ainsi, il n'existerait pas de propriété spécifique de la catégorie oiseau qui soit partagée par tous les membres de cette catégorie. En particulier, tous les oiseaux ne volent pas, témoins les autruches et les manchots. Les prototypistes opposent alors aux CNS un modèle fondé sur le critère de la ressemblance, qui a connu deux versions successives (6) : ressemblance avec un prototype central (généralement assimilé au moineau pour la catégorie oiseau) pour la version dite standard ; ressemblance avec un exemplaire quelconque de la catégorie (ressemblance de famille) pour la version dite étendue.

Le critère de la ressemblance ne peut suffire toutefois à fonder la catégorisation. En effet, tout ce qui ressemble d'une certaine façon à un oiseau n'est pas forcément un oiseau, et les prototypistes ne nous expliquent pas pourquoi tel élément présentant un ensemble de traits bien représentés dans une catégorie (exemple : la chauve-souris vole, comme les oiseaux) ne sera pas forcément intégré dans cette catégorie. La situation s'aggrave encore avec la version étendue, puisque le concept de ressemblance de famille n'implique même plus une ressemblance véritable entre tous les membres de la catégorie. Les prototypistes pourraient répondre qu'il n'est pas nécessaire d'expliciter une règle d'usage pour une catégorie : il suffirait de se fier à l'intuition, tous les hommes possédant le même système cognitif. Mais cet argument n'aurait d'efficacité que si la théorie permettait réellement de prédire l'appartenance catégorielle d'un élément, ce qui, encore une fois, n'est pas le cas.

Il semble donc qu'on ne puisse se passer des CNS, qui seules permettent d'identifier une catégorie sémantique sur des bases rigoureuses. Mais contrairement à ce qu'affirment les prototypistes, ce modèle n'implique pas que les traits présentés par les exemplaires d'une catégorie soient des traits objectifs. Des définitions concurrentes peuvent ainsi coexister pour une même dénomination : on observe par exemple des décalages entre la catégorie savante d'oiseau (qui est, en réalité, précisément définie par les zoologues en termes de CNS, sur la base de la présence de plumes chez l'adulte) et les représentations sémantiques d'oiseau dont disposent des usagers qui ne maîtrisent pas cette définition savante, représentations sélectionnant apparement des animaux volants non-insectes et excluant ou non, selon les locuteurs, les mammifères et/ou les chauves-souris.

Autre point essentiel : les CNS ne sont pas – selon notre modèle – des conditions nécessairement remplies par les éléments d'expérience, mais des conditions dont les usagers croient qu'elles le sont. Elles sont donc révisables en fonction de l'expérience. Ainsi les zoologues, qui ont découvert au XIXe siècle des oiseaux présentant tous les caractères des cygnes sauf la blancheur, les ont néanmoins considérés comme des cygnes en vertu de raisons internes à leur discipline, et le trait blancheur a cessé alors d'être définitoire de la catégorie des cygnes pour devenir un trait

---

6. G. Kleiber, *La Sémantique du prototype*, Puf, 1990.

> **Pour en savoir plus**
> - G. Lakoff, Women, *Fire and Dangerous Things*, Paperback, 1990.
> - R. Montague, *Selected Papers*, Yale University Press, 1974.
> - J. Moeschler et A. Reboul, *Dictionnaire encyclopédique de pragmatique*, Seuil, 1994.
> - F. Rastier, *Sémantique et Recherches cognitives*, Puf, 1991.
> - F. de Saussure, *Cours de linguistique générale*, rééd. Payot, 1995.
> - F. Varela, *Connaître. Les Sciences cognitives*, tendances et perspectives, Seuil, 1989.

par défaut, très probable mais non nécessaire. Les catégories sont donc toujours fonction de l'état des connaissances et des expériences et de leur diffusion dans la culture.

Ajoutons que les catégories sont normalisées (un merle albinos n'est pas un merle canonique, etc.) et que les représentations sémantiques nous semblent prendre une forme comparable à celle des connaissances-experts. Ce sont des ensembles complexes de conditions, mobilisant une expérience plus ou moins étendue. Ainsi, tout locuteur est en un certain sens un expert et la maîtrise des significations du langage est inséparable d'une connaissance du monde. Cette sorte de connaissance dépasse de loin, bien sûr, l'aptitude strictement individuelle à former des images mentales. Elle met en œuvre une mémoire collective qui se dépose dans la langue et les productions langagières et se ressaisit à travers l'apprentissage linguistique.

Ainsi, tous les chemins de la référence semblent devoir nous reconduire au conceptualisme linguistique. Le langage, en effet, n'est pas seulement un instrument d'expression ou un ordre de phénomènes spécifique. C'est un mode de savoir sur le monde et sur nous-mêmes incessamment remodelé par la succession des générations.

Deuxième partie

Unité et diversité du langage

Chapitre IV
L'origine du langage *137*

Chapitre V
Histoire et diversité des langues *179*

Chapitre IV

L'origine du langage

- **Le langage est-il naturel ?**
  Nicolas Journet   *139*

- **Aux sources du langage**
  Jean-François Dortier   *147*

- **L'origine des langues et du langage**
  Alain Peyraube   *153*

- **Le débat Piaget/Chomsky :
  langage et apprentissage**
  Jean-François Dortier   *165*

- **Le langage n'est pas dans le cerveau**
  Entretien avec Sylvain Auroux   *171*

Nicolas Journet[*]

LE LANGAGE EST-IL NATUREL ?[**]

Depuis trente ans, psychologues et linguistes considèrent avec sérieux l'idée que le langage n'est pas un patrimoine culturel transmis de génération en génération, mais l'expression d'une aptitude naturelle de l'homme à produire une pensée organisée en phrases.

Qu'EST-CE QUE LE LANGAGE ? Linguistes, psychologues et autres spécialistes seraient sans doute d'accord pour retenir cette définition en trois points. D'abord, c'est un système fini d'unités sonores qui, en se combinant, permettent de former une infinité d'énoncés, conformément à une syntaxe (1), c'est-à-dire à un ordre capable d'en modifier le sens. La phrase « le chien a mordu son maître » ne dit pas la même chose que « le maître a mordu son chien », alors que les unités sonores qui composent ces phrases peuvent être rigoureusement les mêmes.
Ensuite, c'est un système de symboles, c'est-à-dire de signes arbitrairement liés à un signifié (2) : le mot « cageot » n'a pas de ressemblance avec l'objet qu'il désigne. Il y a des exceptions, mais elles sont minoritaires : « cocorico », « plouf », « zig-zag » sont un peu moins arbitraires que « chant du coq », « plongeon » ou « double courbe à 45° ». Enfin, et surtout, le langage humain n'est pas lié aux événements immédiats : il permet d'évoquer des événements réels, imaginaires, passés ou futurs. C'est ce que les philosophes appellent son caractère « intentionnel ».
Au-delà de ces trois points, la question se complique, et il est devenu quasiment impossible de l'aborder sans évoquer l'existence de deux thèses opposées

---

[*] Journaliste scientifique au magazine *Sciences Humaines*.
[**] *Sciences Humaines*, hors série n° 27, décembre 1999/janvier 2000.
1. Voir les mots clés en fin d'ouvrage.
2. *Idem*.

concernant la manière dont cet outil universellement répandu sur la planète est déposé en l'homme, bref, sur sa nature intime.
Durant toute la première moitié du XXe siècle, linguistes et psychologues ont admis, dans leur grande majorité, l'idée que le langage n'était pas, pour un individu, autre chose que la somme des performances possibles dans la ou les langues qu'il parle, en un moment donné. Cette définition rejetait l'idée que l'étude de l'histoire des langues pouvait expliquer leur fonctionnement. Elle appréhendait le langage comme un système. C'était une étape très importante de la fondation de la linguistique moderne.
Le structuralisme, issu des travaux de Ferdinand de Saussure (3), en mettant en évidence l'arbitraire du signe, insistait aussi sur la nature artificielle du langage humain : en tant qu'expression la plus achevée de la culture, le langage devait être appris de génération en génération. A la même époque, la psychologie du comportement soutenait l'idée que l'acquisition du langage se faisait comme celle de n'importe quelle technique : par essais, erreurs et récompenses.
Bref, la conception standard du langage d'avant les années 50 soutenait qu'il s'agissait d'un fondement de la culture, expression d'une « fonction symbolique » qui pouvait s'exprimer sur d'autres registres de communication (gestuelle, musicale, etc.). Il en résultait une conception du langage relativement pauvre en ce qui concernait son soubassement universel (la fonction symbolique) et riche en ce qui concernait la diversité de ses expressions dans les langues : la tâche du linguiste était de partir à la recherche des différences entre les langues.

Les années 60 ont vu apparaître une autre thèse, dont le porte-parole parmi les linguistes fut Noam Chomsky. S'appuyant sur des recherches en psychologie du développement, il affirma, dans une critique adressée en 1959 à un livre de Burrhus F. Skinner, que l'acquisition du langage ne pouvait être le résultat d'une inculcation, et devait reposer sur une aptitude « innée » de l'être humain. A partir de là, par de multiples voies, s'est développée l'idée que l'usage du langage, chez l'homme, repose sur une faculté mentale spécifique que, selon les spécialités, on décrira comme un ensemble de règles de syntaxe, un processeur de computations (4), ou un ensemble de neurones. Bref, au-delà de l'inévitable débat sur l'inné et l'acquis qui enveloppe cette question, tout un ensemble de propositions nouvelles a émergé de cette prise de position radicale (celle de N. Chomsky) sur ce qu'est la « compétence linguistique » de l'homme, sur ses rapports avec la culture, sur son développement chez l'enfant, sur son incidence sur l'histoire des langues, sur ses rapports avec les autres facultés mentales et avec l'évolution de l'être humain...
Aujourd'hui, les ramifications de ce programme sont si nombreuses, et parfois si divergentes, qu'il est devenu difficile d'en faire le tour. Mais on peut

---

3. Voir l'article d'A. Krieg et celui de N. Journet « L'école de Prague » dans cet ouvrage.
4. Voir les mots clés en fin d'ouvrage.

dire qu'il existe au moins trois voies par lesquelles aborder la question des fondements du langage : celle de sa place dans le règne du vivant, celle de sa genèse, et celle des règles communes à toutes les langues.

La communication chez l'homme et l'animal

La faculté de langage, telle que définie plus haut, à toujours été considérée par les philosophes comme une propriété exclusive du genre humain, opposée au reste des espèces vivantes. On a donc fait de cette aptitude merveilleuse soit un don des dieux, soit la condition même de toute culture. Toutefois, les recherches menées au XXᵉ siècle sur les animaux ont fait apparaître qu'il existe des systèmes de communication naturels chez différentes classes d'animaux : insectes, oiseaux, poissons, mammifères. Des expériences plus poussées sur des primates supérieurs (chimpanzés, gorilles) ont même montré, depuis les années 70, que certains parvenaient à manier des dizaines de symboles pour former des messages simples, voire – selon certains chercheurs – les combiner de manière inédite. Cependant, toutes ces études s'accordent à conclure que jusqu'à nouvel ordre, aucun de ces primates communicants ne possède un langage comparable à celui de l'homme. Deux éléments, au moins, manquent : une syntaxe complexe et l'intentionnalité, c'est-à-dire la capacité de parler de choses absentes, de situations passées ou à venir.

Inversement, des dizaines d'études affirment aujourd'hui que la transmission de compétences, en général techniques, proprement culturelles, s'observe chez différents règnes animaux : le chant des oiseaux, l'usage d'outils chez les primates. Ce brouillage des frontières bouleverse les présupposés de la linguistique structuraliste. Il fait apparaître d'un côté que la « fonction symbolique », dans sa forme élémentaire, n'est nullement l'apanage des êtres parlants, et de l'autre, que la transmission culturelle n'est pas fondée sur l'existence d'une compétence proprement langagière, mais intervient bien en amont de celle-ci. Bref, l'idée que langage et culture sont comme les deux faces d'une même monnaie ne semble pas résister à l'ensemble des conclusions auxquelles parviennent les études comparatives sur l'homme et sur l'animal.

De l'origine des paroles articulées

Une autre manière d'interroger la faculté humaine de langage consiste à tenter d'en retracer la genèse. Dans ce domaine, il est vrai, les évidences sont minces : préhistoriens et paléoanthropologues sont condamnés à lier l'apparition du langage à des indices physiologiques ou matériels. Ils raisonnent donc sur l'idée que certains indices concrets manifestent indirectement l'existence d'un mode de communication plus ou moins semblable au nôtre. Ainsi, en l'état actuel des recherches, il est admis que l'homme de Néandertal possédait un appareil phonatoire sans doute beaucoup plus nasal que celui de l'homme moderne, mais néanmoins apte à la production de paroles articulées. Possédait-il un langage ? Là-dessus, les thèses divergent, selon que l'on

prend ou non les outillages et les pratiques ornementales attribués aux néandertaliens pour des manifestations de leur compétence symbolique.
Selon Paul Mellars, de l'université de Cambridge (5), les outils du paléolithique moyen manquent de la standardisation minimum qui témoignerait d'une aptitude à les catégoriser (lame, pointe, herminette…). Il préférerait donc attribuer aux néandertaliens une forme de protolangage à la syntaxe pauvre, comparable au langage d'un enfant d'un an et demi. D'autres chercheurs soutiennent qu'ils n'avaient aucune sorte d'aptitude langagière, d'autres encore, qu'il n'y a aucune raison de la leur refuser. Tous s'accordent à penser que la révolution du paléolithique supérieur (- 40 000), contemporaine en Europe de l'émergence d'*Homo sapiens sapiens*, n'aurait pu se faire sans une maîtrise déjà avancée du langage.
En plus des évidences minces sur lesquelles elles s'appuient, ces spéculations se heurtent à ce que l'on appelle le « paradoxe du *sapiens* », qui se résume ainsi : ce n'est pas parce qu'une aptitude existe chez l'homme qu'elle s'exprime forcément dans ses réalisations. Les Romains possédaient les bases de calcul nécessaires à la manipulation, voire à la conception d'un ordinateur, mais ils n'ont pas eu l'occasion de le montrer. Le même principe s'applique à l'histoire du langage : les néandertaliens possédaient peut-être des facultés mentales et un appareil phonatoire suffisants pour user d'un langage doublement articulé, mais rien n'indique qu'ils l'ont fait. Aussi conclut-on à une émergence plus tardive du langage, sur la base d'évidences culturelles. En réalité, la reconstruction de l'histoire du langage humain est bel et bien liée à deux sortes de causalités : celles qui pèsent sur les aptitudes mentales langagières, soumises aux lois de l'évolution, et celles qui déterminent les performances langagières, soumises aux dynamiques propres du développement du savoir dans les sociétés humaines. L'histoire des aptitudes langagières raisonne donc en terme d'avantages sélectifs. Quels sont-ils ? Il existe quelques hypothèses à ce sujet, notamment celles qui font partir l'aptitude au langage sur l'idée qu'elles servent, en premier lieu, à « engranger de l'information sur la structure causale du monde », c'est-à-dire à mémoriser des connaissances sur les rapports entre les choses, les êtres. Mais cette faculté n'est devenue vraiment intéressante qu'avec la mise en œuvre de langages parlés, c'est-à-dire des moyens de communiquer, ces savoirs hors contexte d'usage. Ainsi, de nombreux anthropologues s'accordent à penser que l'émergence du langage est étroitement liée à l'histoire sociale des hommes, et à leur capacité accrue à vivre en groupes plus nombreux.

L'acquisition du langage chez l'homme moderne

Les faibles évidences sur la genèse du langage chez l'homme sont aujourd'hui dépassées de beaucoup par les connaissances accumulées depuis trente ans, à l'interface des neurosciences, de la psychologie et de la linguistique,

---

5. P. Mellars a publié notamment *Star Carr in Context*, Mac Donald Institute for Archaeological Research, 1998.

par les partisans de la proposition de N. Chomsky : il est commode de l'appeler ainsi, même si ses tenants et aboutissants sont aujourd'hui beaucoup plus riches et variés que la thèse défendue par le grand linguiste. Elle tient en deux volets, directement reliés : d'abord, que la compétence linguistique est innée chez l'homme, ensuite qu'il s'agit d'une fonction autonome du cerveau, et non d'un aspect de l'intelligence générale. L'innéité est aujourd'hui étayée par une série d'indices. C'est le cas de l'argument, repris par tous les partisans de cette thèse, de la « pauvreté du stimulus ». De quoi s'agit-il ?

Les psychologues du développement, et des philosophes avant eux, ont observé que l'apprentissage d'une langue maternelle par les enfants suit à peu près le même profil partout dans le monde, quelle que soit l'attitude des parents : entre dix-huit mois et quatre ans, l'enfant passe de l'état de locuteur très pauvre (des énoncés de deux mots) à celui, quasiment achevé, de locuteur adulte, formant des phrases articulées telles que « j'ai du beurre de cacahuètes sur ma cuiller ». Dans ce processus, deux faits ont de quoi étonner : l'acquisition extrêmement rapide de mots nouveaux – un toutes les 90 minutes, selon Steven Pinker – et, surtout, la mise en œuvre d'une syntaxe qui, *a priori*, n'a rien d'évident.

La vision comportementale des choses voulait que l'enfant parvienne à ce résultat par une série répétée d'essais (des phrases mal formées) et de corrections (par les parents). Or, les études *in vivo* montrent qu'enfants et parents ne procèdent pas ainsi : les enfants ne font pas n'importe quels essais de phrase, et les parents se soucient assez rarement de corriger la syntaxe de leurs enfants, voire emploient eux-mêmes des syntaxes appauvries (« Allez, dodo, sinon Gazou fatigué ! »). Bref, les enfants reçoivent un enseignement trop pauvre pour expliquer leurs progrès rapides en grammaire et, lorsqu'ils se trompent, font des fautes plutôt par excès de logique que par absence de règles. Quelle est donc cette logique qui est là avant d'avoir été apprise ?

Qu'est-ce que la compétence linguistique ?

Si l'on admet qu'il existe, déposée dans le cerveau humain, une faculté de langage quasiment naturelle, il n'en reste pas moins que les langues, elles, doivent être apprises, et que, sans cet apprentissage, il est quasiment impossible de mettre en œuvre cette faculté. Pour le linguiste, toute langue peut s'analyser en quatre composantes : une phonologie (l'ensemble des sons pertinents dans une langue), un dictionnaire de mots, des règles de morphologie (qui affectent les mots), et une grammaire (6), permettant de former des propositions et des phrases complexes. Jusqu'à présent, les deux aspects sous lesquels l'existence d'une compétence linguistique innée a été la plus explorée sont la phonologie et la syntaxe, par des moyens assez différents.

On sait à travers, entre autres, les travaux de Jacques Mehler, que les nouveau-nés viennent au monde avec une

---
6. Pour les termes précédents, voir les mots clés en fin d'ouvrage.

143

capacité très fine de distinguer entre des signaux linguistiques comme « ba » et « pa ». D'autre part, qu'ils reconnaissent la « musique » propre à leur langue maternelle, sans doute pour l'avoir déjà entendue dans le ventre de leur mère. Enfin que, vers le dixième mois, ils commencent à reconnaître le système phonologique propre à leur langue maternelle, principalement en ne s'intéressant plus aux différences qui ne sont pas pertinentes dans cette langue : en japonais, par exemple, le « l » et le « r » sont confondus.

Tout cela suggère d'abord une idée simple : qu'il existe un système universel de reconnaissance de la parole chez l'enfant, que ce système est indépendant de la mise en rapport du son avec le sens. Bref, l'homme apprendrait à reconnaître la parole avant même de la comprendre dans une langue particulière.

De plus, la reconnaissance de la « musique » des langues n'est pas seulement une question de phonétique : la prosodie (les règles régissant la durée et la mélodie des sons) des langues est aussi une expression de leur syntaxe, à travers les intonations qu'imprime la structure courante des phrases. Le turc ne sonne pas comme le français, entre autres parce que les compléments sont souvent placés dans la phrase avant le sujet. Aussi la reconnaissance que manifestent les nouveau-nés de ces différentes « musiques » a-t-elle déjà des aspects de compétence syntaxique. Ce second aspect, dont les effets spectaculaires déterminent l'explosion langagière chez l'enfant de deux ans, est en effet l'étonnante capacité de l'être humain à acquérir une syntaxe sans pratiquement être exposé à un modèle clair.

Pour S. Pinker (7), il ne fait pas de doute que la compétence linguistique mise en œuvre par l'enfant pour acquérir une langue quelconque comprend, entre autres fonctionnalités, une sorte de logiciel mental contenant les règles communes aux syntaxes de toutes les langues du monde. Il se trouve, et ce n'est pas un hasard, que c'est aussi le projet des héritiers de N. Chomsky que de développer une grammaire universelle.

Qu'y trouve-t-on ? D'abord, quatre règles.

• La première pose que toutes les langues comprennent deux types de termes, les uns d'action (les verbes, mais pas seulement) et les autres de description (les noms, mais pas seulement). Former une phrase exige de combiner au moins un élément de chaque sorte.

• La deuxième énonce que combiner des termes revient à les mettre dans un certain ordre, et que cet ordre a du sens : « Pierre poursuit une ombre » et « une ombre poursuit Pierre » n'ont pas le même sens.

• La troisième est que le sens des phrases dépend aussi de la manière dont les mots sont groupés : « Il a parlé de voyage avec Emma » peut prendre deux sens différents, selon que l'on groupe le terme « voyage » avec le verbe ou avec le complément (« avec Emma »).

• La quatrième règle concerne le sens de la prédication, c'est-à-dire la manière

---

7. S. Pinker a publié notamment *L'Instinct du langage*, 1994, trad. Odile Jacob 1999.

Quand les enfants corrigent les parents

Il existe plusieurs arguments en faveur de l'innéité des capacités linguistiques. L'un des plus frappant est le phénomène de «créolisation».

Il existe des langues métissées dites «créoles» (surtout dérivées du français et de l'anglais), apparues dans des situations coloniales particulières comme le commerce d'esclaves dans les Antilles et l'emploi de natifs dans les îles du Pacifique Sud. Ces langues sont donc de formation relativement ancienne, et il est difficile de reconstruire leur histoire. Cependant, le linguiste Derek Bickerton (1) a pu observer un cas récent de travailleurs étrangers adultes amenés à Hawaï : venant de pays différents, ils pratiquaient une sorte de «petit nègre» anglais très peu articulé. Or leurs enfants, exposés à ce «pidgin», avaient eux élaboré des parlers («créoles») plus articulés en faisant un usage inédit de mots anglais comme auxiliaires, prépositions, pronoms. Il y avait là un cas de création grammaticale spontanée par des enfants qui, de plus, faisait ressembler ce «créole hawaiien» à l'ensemble des créoles connus. Selon D. Bickerton, cette convergence constitue une démonstration des effets de la «compétence» innée chez l'homme à mettre en œuvre une syntaxe (2) non apprise pour acquérir une langue maternelle.

Un phénomène analogue a été étudié dans une autre situation : celle des enfants sourds de parents entendants. Il a été observé que des enfants confrontés à des parents qui parlent mal le langage des signes (parce qu'ils l'ont appris tard) réinventent ou rétablissent d'eux-mêmes une syntaxe plus complète. Brefs, ces exemples, plus une somme de travaux sur l'enfant «normal» montrant, par exemple, à quel point sa sensibilité à la phonétique (3) des langues est précoce (dès les premiers mois), à quel point également les erreurs d'apprentissage qu'il fait (en morphologie (4) notamment) ne sont pas des essais au hasard, mais plutôt le fruit d'une application trop rigide des règles acquises. Tout cela constituant un faisceau d'indices à l'appui de la thèse selon laquelle, à l'origine du maniement du langage par l'homme, il y a un dispositif universel, un organe présent avant toute expérience, permettant d'acquérir une langue particulière d'autant plus rapidement que celle-ci est elle-même le produit de cet organe.

N.J.

---

1. D. Bickerton a publié notamment : *Language and Species*, The university of Chicago Press, 1990 ; *Language and Human Behavior*, UCL Press, 1995.
2. Voir les mots clés en fin d'ouvrage.
3. *Idem.*
4. *Idem*

dont l'action est orientée dans une phrase et détermine son sens : dans les phrases « l'homme craint les chiens » et « l'homme effraie les chiens », le sujet est le même, mais l'action n'est pas orientée de la même façon. Dans un cas, l'homme cause la peur, dans le second, il est affecté par elle. La prédication contenue dans le verbe est donc inversée : « avoir peur » n'est pas « faire peur ». Enfin, et c'est là un des grands soucis de la grammaire transformationnelle de N. Chomsky, la grammaire universelle comprend des règles de transformation qui permettent de comprendre comment ces instructions élémentaires peuvent générer des phrases dans des langues particulières qui, elles, n'ont rien d'élémentaires. L'exemple classique est celui de la tournure passive : si l'ordre importe tant dans une phrase, comment se fait-il que « Jacques a peint le mur » et « le mur a été peint par Jacques » puissent avoir la même signification ? L'explication est que la grammaire universelle comporte aussi des règles selon lesquelles l'ordre des mots peut être modifié et le sens conservé, tout en mettant un accent particulier sur des acteurs différents.

Peut-on dire que ces quelques grands principes décrivent la compétence linguistique que les enfants mettent en œuvre pour apprendre les langues ? Pour l'instant, on ne peut parler que de candidature : beaucoup de psycholinguistes du développement travaillent avec cette hypothèse en tête. Par ailleurs, la grammaire universelle est un programme qui est loin d'être achevé, et dont le développement se heurte à quelques problèmes bien concrets : jusqu'à présent, aucun programme de traduction automatique – potentiellement universel – n'a pu être dérivé de la grammaire générative, pour la raison que, dans les langues réellement parlées par les hommes, les exceptions sont légions, les significations des mots sont doubles, et les voies par lesquelles nous arrivons au sens sont multiples.

Aussi, même si les neurologues admettent aujourd'hui volontiers que l'aptitude langagière de l'homme correspond probablement à un « module » bien identifié de son cerveau, ils n'ignorent pas non plus que ce module ne peut fonctionner que parce qu'il est doté de nombreuses interfaces avec le reste des fonctions mentales de l'homme.

JEAN-FRANÇOIS DORTIER*

AUX SOURCES DU LANGAGE**

Quand et comment est apparu le langage sur Terre ? A quoi ressemblait le langage des premiers hommes ? Depuis quelques années, les hypothèses se multiplient.

LA COMMUNICATION n'est pas le propre de l'humain. Les animaux communiquent entre eux de multiples manières : la luciole mâle avertit la femelle de sa présence par des signaux lumineux ; le loup adopte des postures particulières (position des oreilles, de la queue), pour montrer sa soumission à un dominant. Les oiseaux utilisent des chants différents pour signaler leur présence à un congénère ou séduire une partenaire. Les singes vervets utilisent des cris d'alerte différents pour signaler au groupe la menace d'un serpent, d'un aigle ou d'un léopard. Mais quelle est donc la différence entre cette communication animale et le langage humain ?
Les critères de définition du langage humain varient selon les auteurs, mais tous s'accordent sur un petit nombre de caractères distinctifs.

• La créativité : le langage humain a la capacité d'exprimer un nombre de significations quasi illimité, alors que la communication animale se limite à quelques messages stéréotypés (appel, alerte, demande, etc.). La fameuse « danse des abeilles » n'a qu'une seule fonction : indiquer aux ouvrières de la ruche où se trouve la nourriture. Le langage humain permet de décrire des objets, des situations, de raconter des histoires sans fin... Cette créativité résulte elle-même de deux autres particularités.
• Le langage est construit à partir d'unités élémentaires (de sons et de sens) qui

---
* Rédacteur en chef du magazine *Sciences Humaines*.
** *Sciences Humaines*, n° 117, juin 2001.

147

s'assemblent pour former des milliers de mots et de phrases. C'est ce que les linguistes appellent la «double articulation du langage». La première articulation est celle des unités sonores – les phonèmes (1) – qui peuvent être assemblés pour former des mots différents. La seconde articulation est celle des unités. Certains linguistes ont noté que le chant des oiseaux est également construit à partir d'unités sonores de base (les notes) qui s'agencent en variations mélodiques différentes : une centaine chez certaines espèces.

• La représentation est un autre caractère fondamental du langage humain. Un mot n'est pas simplement un signal (comme un cri, une posture, un geste) qui exprime une émotion (colère, peur) ou une sollicitation (« attention danger ! », « donne ! », « pars de mon territoire ! »). Le langage repose sur des signes arbitraires qui renvoient à des représentations du monde. Par une phrase simple comme «Jules est à Marseille», je peux représenter un objet, une personne et donner des informations sur leur situation.

Quand est-il apparu ?

Dans les années 80, la thèse d'une émergence très récente du langage a prévalu. Le langage serait apparu avec *Homo sapiens* il y a 150 000 ans environ. Cette hypothèse s'appuyait notamment sur l'étude de l'appareil vocal (larynx, pharynx, tractus vocal) et montrait que ni l'anatomie des australopithèques, ni celle des *Homo erectus* (2) ne permettaient d'articuler des sons. On en a déduit que seul *Homo sapiens* avait pu parler. L'avènement récent du langage

semblait confirmé par l'apparition concomitante d'autres phénomènes culturels survenus vers - 100 000 ans : l'art, les sépultures, l'accélération des innovations techniques. Autant de signes de présence d'une capacité symbolique qui aurait accompagné le langage.

Depuis les années 90, des arguments en faveur d'une apparition bien plus lointaine du langage ont été avancés. Des études plus précises sur l'appareil vocal ont d'abord montré qu'*Homo erectus* pouvait tout de même articuler une palette de sons identique à celle d'un enfant de deux ans. Or, avec quelques phonèmes, on peut déjà produire un vocabulaire assez varié. De plus, l'anatomie de l'appareil vocal n'est pas un argument décisif. Car on peut envisager l'existence d'un langage gestuel, sans paroles, comme l'est la langue des signes. Des recherches sur l'anatomie du cerveau suggèrent également de reculer les dates d'apparition du langage. Depuis - 2,5 millions d'années jusqu'à aujourd'hui, on constate, chez tous les *Homo*, une augmentation continue de la taille du cortex frontal et temporal, là où sont centralisées les activités de conceptualisation, de planification et de langage. Ralf Holloway a repéré sur un crâne d'*Homo habilis* la présence embryonnaire de l'aire de Broca, une des zones cérébrales de production du langage.

Enfin, certains auteurs pensent que les techniques employées par *Homo erectus* (invention du feu, fabrication de bifaces et d'habitats) impliquent des capacités

---

1. Voir les mots clés en fin d'ouvrage.
2. Pour situer les différentes étapes de l'évolution de l'homme, voir l'article de A. Peyraube dans cet ouvrage p. 155-156.

LES SOURCES DU LANGAGE

Deux grandes étapes de l'évolution culturelle

On peut distinguer deux grandes périodes dans l'émergence des cultures humaines.

• De - 2, 5 millions à - 100 000 ans environ, les différents représentants du genre *Homo* (*erectus, habilis, ergaster*...) fabriquent des outils (notamment les bifaces de pierre), maîtrisent le feu (à partir de - 500 000 ans environ) et construisent leur habitat (huttes et abris). La question de la possession du langage est discutée par les scientifiques. De nombreux spécialistes s'accordent désormais à admettre qu'*Homo erectus* possédait au moins un proto-langage.

• Vers - 100 000 ans, l'apparition d'*Homo Sapiens* correspond à un nouveau bond culturel. Neandertal et Cro Magnon (qui sont tous deux des *Homo Sapiens*) enterrent leur mort. Les premières formes d'art (peintures sur le corps, utilisation de l'ocre rouge) apparaissent. De fortes présomptions existent quant à l'utilisation du langage durant cette période. Mais c'est surtout à partir de - 40 000 ans qu'un véritable big bang culturel a lieu : apparition de l'art rupestre, complexification de l'outillage, de l'habitat, des vêtements.

mentales et sociales (symbolisation, planification d'activités) pour utiliser le langage articulé.

Quel langage parlaient les premiers hommes ?

Si on retient l'hypothèse d'une apparition reculée dans le temps, quel type de langage parlait les premiers hominidés ? Le psychologue américain Merlin Donald a imaginé l'existence d'une forme de langage mimétique utilisé par les australopithèques. Pour désigner des êtres (un lion) ou décrire une situation (la chasse), il suffit de les mimer. Les aptitudes des chimpanzés à mimer, la pratique de la danse dans toutes les sociétés primitives attesteraient de l'archaïsme du comportement mimétique. Cette hypothèse de l'origine mimétique du langage se heurte à une objection :

l'imitation dans le monde animal ou humain est un moyen de transmission culturel mais n'est pas un moyen de communication. De plus, son hypothèse est purement spéculative.

Pour les *Homo erectus*, Michael C. Corballis, de l'Université d'Auckland (Nouvelle-Zélande), avance la thèse d'une origine gestuelle du langage proche de celle employée par les sourds-muets (3). Les gestes des mains permettent plus facilement de décrire des objets ou des situations que la voix. Ils permettent aussi d'exprimer des catégories générales comme la grandeur ou la hauteur (le pêcheur écarte les mains pour indiquer la taille du poisson...) ; enfin, nombre de sujets parlants accompa-

---

3. M.C. Corballis, « L'origine gestuelle du langage », *La Recherche*, n° 341, avril 2001.

149

gnent leur discours de gestes des mains (et pas simplement les Italiens…). Ce serait la trace d'un comportement très archaïque. Mais ce scénario ne permet pas d'expliquer comment on est passé des gestes à la voix humaine.

Le linguiste Derek Bickerton a introduit, quant à lui, l'idée d'un « protolangage » qui permettrait de décrire la langue des *Homo erectus*. Ce protolangage primitif aurait deux caractéristiques : usage d'un vocabulaire limité à des termes concrets (désignant des objets, personnes ou actions) et absence de grammaire. C'est le langage que maîtrisent les enfants d'environ 2 ans. Il permet d'énoncer des phrases comme « veux gâteau », « chat gentil » ou encore « pas partir toi ». Ce protolangage est aussi celui que parviennent à maîtriser les primates auxquels on enseigne la langue des signes. C'est également le cas du langage pidgin que réinventent les personnes parlant des langues différentes et qui se retrouvent ensemble : comme le furent les esclaves africains, issus d'ethnies différentes et déportés dans les plantations de coton.

Le protolangage permet d'exprimer des représentations (« moi partir sur la montagne » ou « chien de Paul mort »…), mais il est inapte à construire des récits complexes ou des discours abstraits. Le protolangage serait donc un bon candidat pour imaginer les premières formes de langage.

Comment est-il apparu ?

Pendant longtemps, une thèse a prévalu dans les sciences humaines (anthropologie, linguistique) : le langage était une « invention » humaine, au même titre que la technique, l'art ou plus tard l'écriture. L'être humain est considéré comme un être culturel « par nature ». N'ayant que peu de conduites instinctives, ce sont l'invention et la transmission culturelle qui dirigent ses conduites. L'aptitude la plus fondamentale de son cerveau serait de découvrir et d'apprendre. Dès lors, cette aptitude créatrice lui a permis un jour d'inventer le langage. Globalement, l'origine du langage est identifiée à celle de l'origine de la culture (4). C'est un produit social et collectif dont l'origine doit être cherchée dans la société et non dans le cerveau individuel (où on ne peut trouver au mieux que des conditions biologiques et psychologiques d'existence et non une cause première).

Le langage serait le vecteur de la pensée symbolique. Car utiliser le langage, c'est donner forme à des concepts, des idées et les communiquer à autrui. Telle est la thèse avancée notamment par William Noble et Iain Davidson (5), pour lesquels le « *big-bang culturel du paléolithique supérieur (invention de l'art, des sépultures, de nouvelles techniques) est la conséquence de l'invention du langage* ». Récemment, certains auteurs, dont Steven Pinker, ont soutenu une thèse surprenante : le langage exprimerait un « *instinct humain, biologiquement programmé, au même titre que la marche sur deux jambes* » (6). Les arguments avancés sont les suivants.

---

4. Citons par exemple C. Lévi-Strauss : « *L'émergence du langage est en pleine coïncidence avec l'émergence de la culture.* »
5. W. Noble et I. Davidson, *Human Evolution, Langage and Mind*, Cambridge University Press, 1996.
6. S. Pinker, *L'Instinct du langage*, 1994, trad. Odile Jacob, 1999.

LES SOURCES DU LANGAGE

- Les capacités d'apprentissage ne sont pas propres à l'homme. Beaucoup d'animaux disposent de capacités d'apprentissage très élaborées. Pourtant, seul l'homme parvient à maîtriser le langage évolué, et notamment les règles de grammaire. Toutes les expériences d'apprentissage de langue des signes à des chimpanzés (7) montrent qu'ils ne parviennent péniblement qu'à atteindre le niveau linguistique d'un enfant de 2 ou 3 ans. Or, c'est justement à cet âge que les petits humains connaissent une véritable « explosion linguistique », apprenant à maîtriser les règles de grammaire et acquérant plusieurs mots nouveaux par jour.
- Chez les enfants, l'acquisition du langage n'est pas le fruit d'un long et laborieux enseignement (comme on apprend le calcul mental ou le piano) : ils apprennent spontanément à parler en écoutant leur semblable. De plus, tous réussissent dans cette tâche avec une grande aisance. Or, si les enfants n'étaient pas « programmés » pour cette acquisition, il y aurait une proportion non négligeable d'échecs (comme on en trouve dans l'apprentissage de la lecture).
- Les rares cas d'enfants élevés dans un isolement linguistique, comme les jeunes sourds-muets au Nicaragua réunis tardivement dans des centres spécialisés, ont montré une aptitude extraordinaire à recréer entre eux un langage évolué.

> **Pour en savoir plus**
> - J.-L. Dessalles, *Aux origines du langage*, Hermès Sciences, 2000.
> - J.A. Rondal, *Le Langage. De l'animal aux origines du langage humain*, Mardaga, 2000.
> - G. Jucquois, *Pourquoi les hommes parlent-ils ? L'origine du langage humain*, Académie royale de Belgique, Classe des lettres, 2001.

Récemment, un chercheur américain, Terrence Deacon, a proposé un modèle intermédiaire entre la thèse culturaliste et innéiste du langage. Selon lui, au cours de l'hominisation, certains *Homo erectus* ont commencé à développer des capacités symboliques (capacité à forger des représentations mentales) utilisées pour la communication. Cette innovation a procuré un avantage adaptatif. Dès lors, ces premières formes de langage sont devenues des prolongements indispensables à leur existence (comme la construction d'un barrage par le castor). Ce milieu symbolique est devenu un nouveau « milieu culturel » qui s'est superposé au milieu naturel. Cet environnement symbolique a exercé une pression sélective pour le développement du cortex et des aires cérébrales dévolues aux capacités langagières. Il y aurait donc eu, selon T. Deacon, une « coévolution » du langage et du cerveau (8).

---

7. Voir l'article de D. Lestel dans cet ouvrage.
8. T. Deacon, *The Symbolic Species*, Pinguin Books, 1997.

ALAIN PEYRAUBE[*]

L'ORIGINE DES LANGUES ET DU LANGAGE[**]

Quand a été inventé le langage ? Les paléoanthropologues défendent plusieurs hypothèses, toutes fragiles faute de données. Parallèlement à cette interrogation, un champ de recherche linguistique s'est donné pour objectif de définir ce qu'aurait pu être une hypothétique langue des origines.

L'ORIGINE DU LANGAGE renvoie à deux questions distinctes. Quand l'homme a-t-il commencé à parler ? Ces différentes langues actuelles ont-elles une racine unique ? Ces deux questions sont, de fait, distinctes, ne serait-ce qu'en raison même de la différence de profondeur historique. L'origine du langage, probablement apparu chez l'*Homo sapiens* moderne, remonterait à 100 000 ans environ, alors que les linguistes les plus optimistes pensent ne pouvoir reconstruire des proto-langues que vers 12 000 (ou au maximum 15 000) ans avant notre ère.

Pour l'instant, ces deux questions, de l'origine du langage et de celle des langues, sont bien l'objet, depuis une dizaine d'années, de recherches en nombre croissant, et de plus en plus fécondes. Il est loin le temps ou la puissante Société de linguistique de Paris interdisait à ses adhérents, en 1866, de débattre de ces thèmes (*voir l'encadré page suivante*).

Ces recherches, toutefois, ont mené jusqu'à présent plus à des hypothèses, parfois contradictoires les unes par rapport aux autres, qu'à des certitudes. C'est ce qui rend, au demeurant, passionnants ces domaines d'études. On présentera ci-dessous les plus stimulantes de ces hypothèses, en distinguant l'origine du langage et celle des langues.

---

[*] Directeur de recherche au CNRS et directeur d'études à l'EHESS, Centre de recherches linguistiques sur l'Asie orientale.
[**] *Sciences Humaines*, hors série n° 27, décembre 1999/janvier 2000.

Le tabou des origines des langues

Raclez-vous la gorge, descendez votre voix de deux octaves et dites « ious ». Voilà, vous avez prononcé le premier mot que Giambattista Vico, un érudit italien du XVIIIe siècle, estime avoir été créé par l'humanité, réduite à un état bestial pour cause de Déluge. Ious signifie tonnerre. Le terme résulterait d'une volonté de maîtriser un phénomène effrayant par une onomatopée incantatoire, et aurait donné la racine *jovis* en latin (Jupiter). A sa suite, des esprits aussi prestigieux que Jean-Jacques Rousseau prirent la plume pour défendre l'hypothèse que le langage était un fait naturel, donc non divin, contrairement à la position défendue par l'Eglise.

Des auteurs modernes se sont amusés à recenser les thèses du passé. Patrick Quillier classe, par exemple, ces théories dans les familles : « bim-bam » (Ernest Renan, pour qui l'homme a imité par onomatopées les sons de la nature pour les représenter) ; « ouah-ouah » (Condillac, selon lequel l'homme s'est inspiré des cris d'animaux avant d'aboutir à une symbolisation par interjections) ; « ding-dong » (Michel Müller, qui supposa un temps que toute impression venue de l'extérieur se répercute en écho dans une expression vocale issue de l'intérieur) ; « ho hisse » (Noiré, pour qui l'homme s'est inspiré des bruits divers produits par l'organisme) ; « la-la-la-la » (Henri Morier et André-Georges Haudricourt, qui faisaient du trajet des phonèmes dans la cavité buccale le fait fondateur de toute expression langagière) ; « et voilà le travail » (Wihelm Wundt, qui voyait dans les gestes le moyen de communication le plus naturel, dont dérivait toute phonétique) ; « miam-miam » (Bertil Malmberg, qui pensait que le son premier était « M », produit par le nourrisson pour réclamer sa tétée)...

Un refus institutionnel

Au préalable, l'abandon des présupposés théologiques ne se fit pas sans mal. Ainsi, dès sa création en 1866, la Société de linguistique de Paris (SLP) interdisait toute recherche sur l'origine du langage, au motif que la science linguistique ne pouvait avoir pour objet que d'étudier des langues existantes. Cette frilosité s'explique par le rejet de l'évolutionnisme, qui posait comme principe que, si l'homme avait des origines animales, alors la construction du langage devait avoir été simultanée à un développement progressif des organes (cerveau et appareil vocal) et à l'acquisition d'émotions. Il impliquait donc que le fossé entre homme et animal n'était pas aussi infranchissable que ne l'affirmait l'Eglise.

Rétrospectivement, les arguments soutenus par la SLP afin d'interdire à ses membres toute recherche sur l'origine du langage

> semblaient plus scientifiquement étayés que les spéculations des thèses naturelles. Au-delà du refus de croiser le fer avec le clergé sur le dogme de la Genèse, s'affirmaient des précautions méthodologiques ainsi formulées : « *Il faut s'abstenir des hypothèses générales qui touchent des questions obscures...* », car la philologie ne saurait étayer des recherches comparant des langues depuis longtemps distinctes. « *La naissance d'une langue n'est pas un observable* », car on ne peut reconstituer scientifiquement les étapes ayant abouti à la constitution d'une langue. Extrapoler par exemple que le chien a dû originellement être désigné sous le terme de ouah-ouah qui, par modifications successives – chouah-chouah, puis chouah, chouin... – aboutirait au mot chien, est difficilement soutenable.
> C'est pourtant une volonté de construire un corpus scientifique, en réaction à ce dernier type de raisonnement, qui a fourni la matrice des recherches modernes.
>
> LAURENT TESTOT

D'où vient l'homme moderne ?
Rappelons d'abord dans les grandes lignes les étapes de l'évolution des hominidés (dont la caractéristique essentielle est la bipédie). Les premiers australopithèques – dont la célèbre Lucy – sont apparus en Afrique il y a plus de 4 millions d'années. Ils auraient laissé la place à l'*Homo habilis* (2 millions et demi à 2 millions d'années), puis à l'*Homo erectus* (1,7 million d'années, également en Afrique), dont descendrait l'*Homo sapiens*, au plus tôt vers 300 000 ans, et qui aurait atteint sa forme moderne (*Homo sapiens sapiens* ou *Homo sapiens* moderne) il y a plus de 100 000 ans.
Beaucoup d'archéologues et de généticiens s'accordent aujourd'hui sur une origine africaine du genre *Homo*, ne serait-ce que parce que c'est en Afrique que les archéologues ont découvert les plus anciens fossiles d'hominidés, ainsi que les objets qui leur sont associés. Les récentes études en génétique des populations – qui ont tenté de reconstruire, dans leurs grandes lignes, les migrations géographiques qui ont abouti à la dispersion génétique de l'humanité d'aujourd'hui – confortent cette thèse, dite du berceau africain. Si on admet cette thèse, le scénario proposé est le suivant : les Asiatiques se seraient séparés des Africains il y a 100 000 ans, les Australiens des Asiatiques il y a 50 000 ans et les Européens des Asiatiques il y a 35 000 ou 40 000 ans. D'un autre côté, les distances génétiques entre Africains et non-Africains sont les plus grandes (elles sont le double de celles qui existent entre Australiens et Asiatiques, elles-mêmes le double de celles qu'on peut relever entre les Asiatiques et les Européens), ce qui ne se comprend que si on admet que les mutations se sont faites à partir d'un foyer originel africain.

Les grandes migrations Humaines

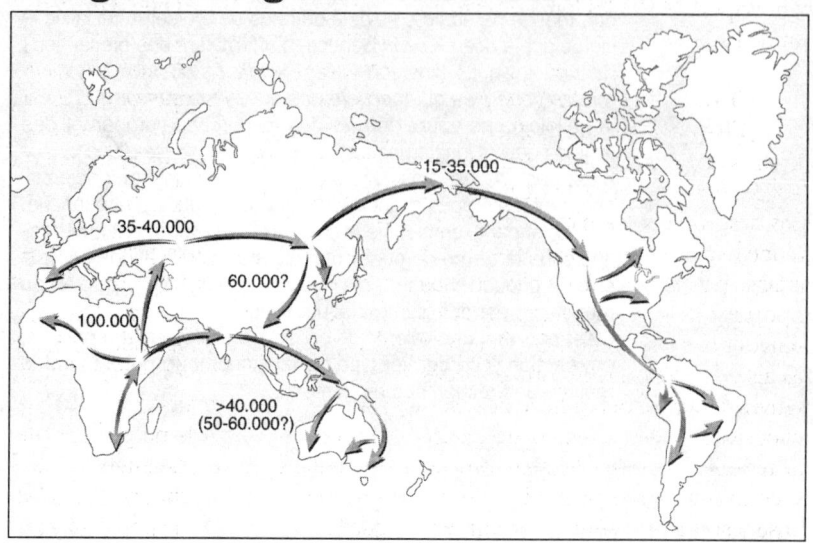

(Carte mondiale avec flèches de migration : 35-40.000, 15-35.000, 60.000?, 100.000, >40.000 (50-60.000?))

Les études en génétique des populations ont tenté de reconstruire, dans leurs grandes lignes, les migrations qui ont abouti à la dispersion génétique de l'humanité d'aujourd'hui, selon l'hypothèse dite du berceau africain. Les distances génétiques entre Africains et non-Africains sont en effet les plus grandes (elles sont le double de celles qui existent entre Australiens et Asiatiques, elles-mêmes le double de celles qu'on peut relever entre les Asiatiques et les Européens), ce qui ne se comprend que si on admet que les mutations se sont faites à partir d'un foyer original africain. Ce scénario implique donc que les Asiatiques se seraient séparés des Africains il y a 100 000 ans, les Australiens des Asiatiques il y a peut-être 50 000 ans et les Européens des Asiatiques il y a 35 000 ou 40 000 ans.

Il existe néanmoins une autre hypothèse que celle du berceau africain : celle dite du modèle d'évolution multirégionale. L'*Homo erectus* n'aurait pas seulement évolué vers l'*Homo sapiens* en Afrique, mais aussi en Asie, voire en Europe. Les humains modernes se seraient donc développés indépendamment dans des régions géographiques distinctes, et à des époques différentes. L'énigme du néandertalien, disparu sans laisser de trace il y a presque 35 000 ans, complique pourtant singulièrement le tableau, d'autant plus que les dernières études comparatives des gènes codés par l'ADN mitochondrial (1) – transmis exclusivement par la mère – chez le néandertalien et l'homme mo-

---

1. Les mitochondries sont des granules présents dans les cellules des tissus humains. Ces granules contiennent un matériel génétique (ADN) plus court que celui présent dans le noyau cellulaire. Sa particularité est d'être transmis de mère à enfant, ce qui permet de simplifier la généalogie des mutations qui l'affectent.

derne montrent qu'il y a une telle distance entre les deux qu'il est assurément impossible de les faire descendre l'un de l'autre.

L'hypothèse biologique, l'hypothèse culturelle

Qu'en est-il du langage ? Il serait apparu chez ces *Homo sapiens* modernes dont nous descendons. Ce n'est là, bien sûr, qu'une hypothèse qui, même si elle est partagée par un nombre de plus en plus important de spécialistes, attend des preuves pour être confirmée. Il ne sera pas aisé de disposer un jour de telles preuves. Il est en effet difficile de déterminer ce qu'est véritablement le langage par rapport à d'autres formes, variées, de communication orale. Une seule chose est aujourd'hui couramment admise : le langage humain est étroitement lié au développement du cerveau, dont l'histoire, chez les hominidés, a commencé seulement il y a deux millions d'années.

On peut ainsi raisonnablement supposer que les australopithèques n'avaient pas un système de communication bien différent de celui que nous connaissons aujourd'hui pour les animaux. Autrement dit, ils ne possédaient pas le langage. La fameuse Lucy était bien bipède, mais le volume de son cerveau était à peu près le même que celui d'un chimpanzé actuel. L'*Homo habilis* avait un cerveau de 40 à 50 % plus grand que l'*Australopithecus*, ce qui vraisemblablement ne suffisait encore pas pour que le langage se développe. De toute façon, comme le dit Yves Coppens, «*plus personne, aujourd'hui, ne pense que l'apparition de l'outil fait l'homme*».

Pour l'*Homo erectus*, la question reste ouverte. Disposant d'un cerveau d'à peu près 80 % de la taille d'un cerveau humain actuel, les *Homo erectus* ont été capables de grandes migrations en Asie, en Océanie, en Europe, ce qui présuppose des progrès considérables, en termes d'organisation sociale et de développement technologique, par rapport aux *Homo habilis*. D'aucuns ont ainsi suggéré que ces grandes migrations n'ont pu se faire qu'avec une forme de communication langagière déjà passablement sophistiquée. Ce critère n'est quand même pas déterminant : les oiseaux migrateurs – dont tout le monde sait qu'ils ne parlent pas – parcourent d'énormes distances tous les ans. D'autres chercheurs ont affirmé que l'*Homo erectus* ne pouvait pas parler en raison même de la position de son larynx, beaucoup trop élevée. Ce dernier serait seulement descendu il y a environ 150 000 ans pour atteindre la place qu'il occupe aujourd'hui chez l'homme. Cette thèse est maintenant très controversée. De plus, il n'est nul besoin d'une telle virtuosité articulatoire pour avoir un langage.

On a cherché d'autres critères anatomiques qui pourraient être des conditions nécessaires au développement de la capacité langagière. Après avoir mesuré le canal hypoglosse (2), des chercheurs américains ont ainsi estimé, en 1998, que le langage n'a pas pu apparaître avant 400 000 ans.

On peut, sans prendre trop de risques, affirmer que si l'*Homo erectus* possédait

---

2. L'hypoglosse est un nerf du crâne, qui se distribue aux muscles de la langue.

une forme quelconque de langage, elle était bien différente de celle dont dispose aujourd'hui l'espèce humaine. Et il y a peu de raisons de douter que l'*Homo sapiens* moderne – qui avait une anatomie comparable à la nôtre – parlait comme nous le faisons.

Cette datation de l'origine du langage à 100 000 années environ est une hypothèse biologique. Elle suppose que le langage était alors articulé à peu près de la même manière qu'il l'est aujourd'hui. Et elle n'exclut pas, évidemment, que l'*Homo erectu*s, voire l'*Homo habilis* aient pu posséder des formes de langage moins développées, intermédiaires entre des systèmes de communication rudimentaires comme en ont les animaux et notre langage.

Il est une autre hypothèse, culturelle, qui avance cette origine à 35 000 ans environ. Certains chercheurs pensent en effet que l'apparition du langage humain a dû coïncider avec la remarquable expansion culturelle, artistique et technologique, dite explosion *sapiens*, qui s'est produite au début de l'aurignacien (3), et qui implique la maîtrise d'un langage déjà développé.

Des classifications linguistiques

Une majorité de linguistes et de généticiens pense aujourd'hui que l'hypothèse biologique est plus vraisemblable. «*Dès que nous surgîmes en tant qu'espèce – et selon l'estimation la plus fiable, à l'heure actuelle, cela s'est produit en Afrique il y a 100 000 à 250 000 ans –, nous étions probablement très largement nous-mêmes en termes d'organisation mentale*», affirme le biologiste américain Stephen Jay Gould. Les linguistes typologues regroupent traditionnellement les 5 000 à 6 000 langues du monde – dont près de la moitié disparaîtra au cours du prochain siècle – dans 300 à 400 familles, de taille très inégale. Certaines d'entre elles, comme la famille austronésienne, comptent près d'un millier de langues, d'autres n'en comptent qu'une seule : le basque, exemple bien connu d'isolat linguistique, est dépourvu de parents proches.

Les linguistes ont plutôt eu pour habitude, jusqu'à présent, de travailler à la reconstruction de proto-langues (dont les plus anciennes ne remontent pas au-delà de 6 000 ans avant J.-C.) pour les familles de langues dont ils sont spécialistes. Rares sont ceux qui ont tenté, dans le passé, de comparer entre elles des familles très dissemblables, ce qui revient à comparer les proto-langues. Ce parti pris méthodologique est en train d'évoluer.

Certes, des hypothèses de grands regroupements ont été régulièrement formulées tout au long du XXe siècle, mais elles n'ont jamais été véritablement prises au sérieux, comme celle de l'Italien Trombetti, qui tirait la conclusion de ses études comparatives que toutes les langues devaient appartenir à une seule et même famille. Au début du siècle également, le linguiste danois Holgen Pedersen suggérait déjà de rattacher l'indo-européen (IE) à d'autres familles telles que l'ouralien, l'altaïque

---

3. Culture matérielle utilisant la pierre et l'os, apparue en Europe vers – 30 000 ans, caractérisée par une plus grande différenciation et une meilleure efficacité des outillages et des armes.

et le sémitique (4), au sein d'une macro-famille qu'il appela le nostratique. Il fallut cependant attendre le début des années 60 pour que cette proposition soit reprise et développée par l'école linguistique russe (Aharon Dolgopolski et Vladislav Illitch-Svitytch), qui fit entrer dans le nostratique, outre l'IE, le kartvélien, l'ouralien, l'altaïque, voire le dravidien, le tchouktchi-kamtchatkien et l'eskimo-aléoute. Cette thèse du nostratique, pourtant beaucoup plus argumentée au niveau des reconstructions proposées, ne s'est quand même jamais imposée dans la communauté linguistique internationale.

La situation s'est quelque peu modifiée au début des années 80. La proposition de Joseph H. Greenberg, en 1963, de réduire la diversité déroutante des langues africaines à quatre macro-familles a commencé à être acceptée par une grande majorité de spécialistes, après avoir été l'objet de critiques virulentes par les africanistes. C'est aussi l'époque où les linguistes russes S.A Starostine et Nikolaiev présentent des preuves d'apparentements entre le proto-caucasien, le proto-sino-tibétain et le proto-iénisséen, dans un premier temps, avant de relier, dans un second temps, la famille caucasienne et la famille na-déné, qui avait été découverte par Edward Sapir, mais à laquelle personne n'avait auparavant prêté la moindre attention.

Ces hypothèses sont devenues aujourd'hui dignes d'intérêt, non pas toujours pour les spécialistes purs des reconstructions, mais pour les typologues dont le souci essentiel n'est pas de reconstruire des proto-langues, mais de proposer des classifications de langues. Les typologues modernes comme J.H. Greenberg ou Merritt Ruhlen pensent en effet qu'il n'est pas nécessaire que les familles soient d'abord reconstruites sous la forme de proto-langues pour qu'on puisse ensuite les comparer. En 1987, J.H. Greenberg réduit les quelque deux cents familles indépendantes des Amériques à seulement trois familles, l'amérinde, l'althabasque et l'eskimo-aléoute. Aujourd'hui, sans souscrire complètement au nostratique des linguistes russes, J.H. Greenberg pense aussi, comme eux, que l'IE est assurément clairement apparenté à d'autres familles d'Eurasie, comme l'ouralien, l'altaïque et l'eskimo-aléoute, et il parle d'une macro-famille, l'eurasiatique. En retenant ces différentes propositions, M. Ruhlen dégage en 1994 une douzaine de macro-familles qui engloberaient les 5 000 à 6 000 langues du monde (*voir la carte page suivante*). Il reste que cette classification est bien loin d'être l'objet d'un consensus, même vague, de la part des linguistes. Si les quatre macro-familles des langues africaines de J.H. Greenberg sont aujourd'hui acceptées par une grande majorité de spécialistes, il n'en va pas de même de ses nouvelles hypothèses sur l'eurasiatique ou l'amérinde. Elles sont d'abord l'objet de critiques très virulentes de la part des indo-européanistes, qui continuent à penser que l'IE ne peut être relié à aucune autre famille, car le changement linguistique est si

---

4. Pour situer ces langues et celles qui suivent, voir notamment les Points de repères : « Les langues du monde » dans cet ouvrage.

Les 12 familles de langues selon M. Ruhlen

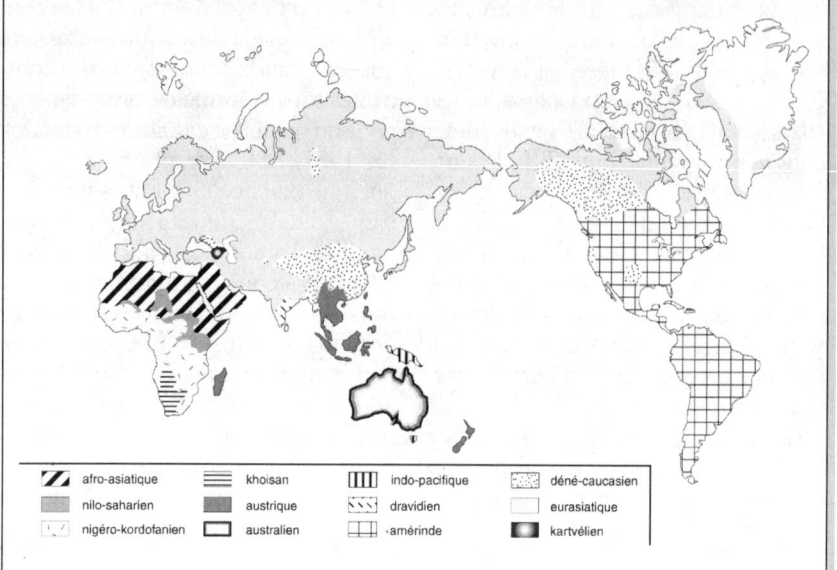

Légende :
- afro-asiatique
- nilo-saharien
- nigéro-kordofanien
- khoisan
- austrique
- australien
- indo-pacifique
- dravidien
- amérinde
- déné-caucasien
- eurasiatique
- kartvélien

S'appuyant notamment sur les travaux de Joseph H. Greenberg, le linguiste américain Merrit Ruhlen a reconstitué une douzaine de macro-familles linguistiques. Chaque famille regroupe des langues ayant une parenté commune. Ces familles sont les suivantes :
– khoisan (la plupart de ces langues – à click – sont parlées en Afrique du Sud) ;
– nilo-saharien (une famille très diversifiée dans le nord de l'Afrique centrale et en Afrique orientale, qui comprend quelques dizaines de sous-familles) ;
– nigéro-kordofanien (qui occupe une vaste surface de l'Afrique subsaharienne, comprend le kordofanien au sud du Soudan et les centaines de langues bantoues groupées dans le nigéro-congolais) ;
– afro-asiatique (sémitique avec l'arabe et l'hébreu, tchadique, berbère, ancien égyptien, omotique, couchitique).
– kartvélien (en Géorgie) ;
– dravidien (en Inde du Sud) ;
– eurasiatique (regroupant les langues indo-européennes [anatolien, italique, germanique, tokharien, etc.], l'ouralien [finnois, hongrois, youkaghir], l'altaïque [turc, mongol, tongouse], le coréen-japonais-aïnou, le tchouktchi-kamtchatkien dans l'extrême-

> nord de la Sibérie, l'eskimo-aléoute en Alaska et dans le Groënland) ;
> – déné-caucasien (sans doute plus archaïque que l'eurasiatique, regroupe le basque, le caucasien [dont le tchétchène], le burushaski dans les montagnes du nord du Pakistan, le iénisséen en Sibérie centrale, le sino-tibétain [avec les langues sinitiques et les langues tibéto-birmanes], le na-déné en Amérique du Nord [dont les langues de la famille altabasque et trois autres langues de la côte méridionale de l'Alaska] ;
> – austrique (regroupant l'austro-asiatique [dont les langues munda du nord de l'Inde et les langues mon-khmer du Viêt-Nam et du Cambodge], le miao-yao dans le sud de la Chine, le tai-kadai en Thaïlande et au Laos, l'austronésien enfin [langues parlées à Taïwan, en Malaisie, aux Philippines, à Madagascar, en Nouvelle-Zélande, à Tahiti, etc.]) ;
> – indo-Pacifique (en Nouvelle-Guinée, où on recense plus de 700 langues) ;
> – australien (en Australie) ;
> – Amérinde (en Amérique du Nord, Amérique centrale et Amérique du Sud).

rapide qu'après environ 6000 ans, toute trace de relations antérieures est effacée par l'incessant érosion phonétique et sémantique (5).

La classification des langues aborigènes d'Amérique est aussi à l'heure actuelle un des domaines les plus controversés. A l'appui de sa famille amérinde, J.H. Greenberg présente pourtant plus de 300 séries de mots cognats, ainsi que plusieurs douzaines d'éléments grammaticaux dont le fameux système pronominal amérinde *na/ma 'tje, moi / tu, toi*, que les Américanistes orthodoxes, pour contrer J.H. Greenberg, considèrent comme des emprunts dus à des relations de contact et de multilinguisme. Les hypothèses de J.H. Greenberg ont pourtant été partiellement confirmées par des études génétiques, menées par Sokal (en Europe, Amérique du Sud) ou André Langaney (en Afrique), et surtout par Luigi L. Cavalli-Sforza (qui a réalisé des études génétiques sur l'ensemble de la planète). Les résultats de ces recherches mettent en évidence des corrélations indiscutables entre les relations génétiques de populations parfois très éloignées et les regroupements proposés par J.H. Greenberg pour les langues amérindiennes et africaines.

Qu'en est-il enfin de l'origine des langues indo-européennes ? Des hypothèses contradictoires sont aussi en discussion. La thèse traditionnelle, qui date de la fin des années 20, mais qui est reprise aujourd'hui par de nombreux archéologues et linguistes, situe le berceau indo-européen dans les

---
5. Voir les mots clés en fin d'ouvrage.

steppes de l'Ukraine, aux alentours de 4 000 à 5 000 ans avant notre ère. D'importantes migrations de guerriers à cheval auraient ensuite propagé l'indo-européen dans des directions très différentes, à l'ouest et à l'est. Cette thèse est aujourd'hui battue en brèche. Dès le début des années 80, Tamaz V. Gamkrelidze et Vlaroslav V. Ivanov, qui estiment largement dépassée la dichotomie entre langues orientales et langues occidentales, voient plutôt le berceau indo-européen dans l'ancienne Mésopotamie. Le proto indo-européen aurait été parlé au sud du Caucase, en Asie occidentale il y a plus de 6 000 ans. Il existe en effet en proto indo-européen de nombreux mots empruntés aux langues non indo-européennes d'Anatolie orientale (proto-sémitique) et du sud du Caucase (proto-kartvélien en Géorgie). En revanche, l'absence totale d'emprunts entre l'indo-européen et le proto-ouralien est remarquable. Le proto indo-européen se serait ensuite différencié vers 4 000 ans avant notre ère, en se propageant d'abord vers l'est, puis vers l'ouest.

M. Ruhlen confirme ce dernier scénario, mais localise plus précisément la naissance de l'indo-européen en Anatolie, aux alentours de 7 000 à 8 000 ans avant notre ère. Il lie aussi la propagation des langues indo-européennes aux migrations des premiers agriculteurs, en reprenant les hypothèses de l'archéologue Colin Renfrew. Celui-ci, se basant sur les découvertes archéologiques en Europe et au Proche-Orient, avance que l'agriculture se serait développée pour la première fois au monde il y a environ 10 000 ans, dans le Croissant

> **Pour en savoir plus**
> - L.L. Cavalli-Sforza, *Gènes, Peuples et Langues*, Odile Jacob, 1996.
> - C. Cohen, « Nos ancêtres dans les arbres », *La Recherche*, n° 345, septembre 2001.
> - T. Gamkrelidze et V. Ivanov, *Indo-European and the Indo-Europeans : A Reconstruction and Historical Typological Analysis of a Proto-Language and Proto-Culture*, Tbilissi State University, 1984.
> - J.H. Greenberg, *Language in the Americas*, Stanford University Press, 1987.
> - C. Renfrew, *L'Enigme indo-européenne. Archéologie et langage*, Flammarion, 1990.
> - M. Ruhlen, *L'Origine des langues. Sur les traces de la langue-mère*, Belin, 1997.

fertile qui s'étend de l'Anatolie (en Turquie) à la Mésopotamie (en Irak). C. Renfrew pense que ces fermiers anatoliens étaient les premiers indo-européens et que la propagation indo-européenne procéderait des migrations graduelles d'une population agricole plutôt paisible dont le mode de vie, supérieur, a supplanté celui des populations de chasseurs-cueilleurs.

On peut sans doute aller encore plus loin dans les regroupements de familles linguistiques. Des rapports semblent pouvoir être établis entre l'amérinde et l'eurasiatique (ou le nostratique), comme le suggère M. Ruhlen. L'idée que l'austrique, le déné-caucasien, voire l'indo-pacifique pourraient être proches n'est pas non plus saugrenue et mériterait sans doute des recherches complémentaires. Et de remonter ainsi à une proto-langue unique.

De fait, la conception des « unificateurs » (l'école américaine de J.H. Greenberg et M. Ruhlen, ainsi que l'école russe de A. Dolgopolski et S.A. Starostine) fait aujourd'hui son chemin. A l'instar des humains, toutes les langues pourraient avoir une origine commune. Elles seraient ainsi apparentées, à des degrés divers, les unes aux autres, et seraient issues d'une même proto-langue. Beaucoup de linguistes pensent aujourd'hui que cette hypothèse mérite d'être prise en considération. Le plus grand défi lancé à la typologie linguistique reste évidemment l'organisation en sous-familles de cette famille linguistique unique.

JEAN-FRANÇOIS DORTIER[*]

LE DÉBAT PIAGET/CHOMSKY[**]
LANGAGE ET APPRENTISSAGE

En 1975, une rencontre historique opposa Jean Piaget et Noam Chomsky. Le psychologue et le linguiste confrontèrent leurs théories de l'acquisition du langage chez l'enfant.

LE CADRE : octobre 1975, à Royaumont (Val-d'Oise), dans une magnifique abbaye cistercienne transformée en centre culturel, le Centre Royaumont pour une science de l'homme.
Les acteurs : Jean Piaget, le célèbre psychologue genevois, âgé de 79 ans. Longs cheveux blancs, sourire courtois, esprit vif et culture encyclopédique, il est l'une des grandes figures de la psychologie. Son contradicteur est Noam Chomsky, 47 ans, linguiste américain venu de Cambridge (1). Sa théorie de la grammaire générative a révolutionné la linguistique. Une pléiade de chercheurs – psychologues, linguistes, philosophes, neurologues... – participe au débat.
L'enjeu : confronter deux conceptions opposées de la genèse de la pensée et du langage, l'innéisme de N. Chomsky et le constructivisme de J. Piaget. Selon N. Chomsky, il existe des compétences mentales innées, inscrites dans le cerveau de l'homme, qui expliquent notamment ses capacités linguistiques universelles. J. Piaget soutient que les capacités cognitives de l'humain ne sont ni totalement innées, ni totalement acquises. Elles résultent d'une construction progressive où l'expérience et la maturation interne se combinent.

Premiers échanges

Comme l'ont proposé les organisateurs, le débat est préparé par un premier échange écrit. J. Piaget ouvre la discus-

---
[*] Rédacteur en chef du magazine *Sciences Humaines*.
[**] *Sciences Humaines*, n° 96, juillet 1999.
1. Voir l'article de D. Roycourt dans cet ouvrage.

Deux acteurs pour une confrontation

Jean Piaget (1896-1980) et le constructivisme

L'œuvre imposante de Jean Piaget est tout entière consacrée à un thème : la genèse de la pensée. Sa vision de l'intelligence humaine est d'inspiration biologique et évolutionniste. La pensée est une forme d'adaptation de l'organisme au milieu. Elle se développe par stades successifs. Piaget fut l'un des premiers psychologues à observer le développement de l'intelligence de l'enfant. Son premier livre, *Le Langage et la Pensée chez l'enfant* (Delachaux et Niestlé, 1923), marque le début d'une longue série d'études où Piaget va explorer toutes les facettes de l'intelligence (le nombre, l'espace, l'objet, la logique...) et leur développement.

Noam Chomsky et la grammaire générative

Né à Philadelphie en 1928, Noam Chomsky a fait des études de linguistique à Harvard. Il mène à la fois une double activité de linguiste et d'intellectuel engagé aux positions anti-impérialistes et anticapitalistes très radicales. La « grammaire générative » postule l'existence d'une grammaire universelle qui est au fondement de toutes les langues du monde. Le programme scientifique de Chomsky consiste à découvrir ces structures grammaticales (ou « syntaxiques ») profondes qui gouvernent la production de tous les discours particuliers. La capacité à produire des phrases grammaticalement correctes résulterait d'une capacité mentale (ou « compétence ») innée.

...sion par un texte en sept points, qui résume sa théorie. La pensée ne fonctionne pas par un simple enregistrement des données (comme le supposent les empiristes) : pour saisir le réel, il lui faut des cadres mentaux. Mais ces cadres mentaux ne sont pas innés. La pensée se construit par étapes : de l'intelligence sensori-motrice où l'action joue un grand rôle, au stade des opérations formelles qui survient à l'adolescence.

N. Chomsky accepte d'emblée le cadre du débat. Il existe trois conceptions de la connaissance : l'empirisme, l'innéisme et le constructivisme. J. Piaget se définit lui-même comme constructiviste. Dans sa réponse, N. Chomsky se range sans équivoque dans la deuxième catégorie : « *Jean Piaget qualifie très justement mes conceptions comme étant (...) une forme d'innéisme.* » Et il ajoute aussitôt : « *Précisément, l'étude du langage humain m'a amené à considérer qu'une capacité de langage génétiquement déterminée, est une composante de l'esprit humain...* »

A son tour, N. Chomsky expose ses conceptions. Pour accéder à une grammaire précise (chinoise ou anglaise), l'enfant déploie une compétence particulière : découvrir les relations entre les mots et groupes de mots formant des phrases grammaticalement correctes. Tous les enfants du monde comprennent vite quelles sont les relations qui unissent le sujet (le chien) et son prédicat (aboie) ou les liens qui relient entre elles les grandes fonctions de la phrase : syntagme verbal et syntagme nominal (2). Le but de la grammaire générative est de dévoiler ces règles profondes qui gouvernent la langue, ce noyau fixe, fondé sur des propriétés logiques, que l'enfant doit maîtriser pour pouvoir comprendre et produire des phrases. La rapidité avec laquelle il découvre ses propriétés, entre 2 et 5 ans, l'universalité de cette découverte (tous les enfants acquièrent le langage) suggèrent qu'il s'agit là d'une capacité innée, auquel l'humain est prédisposé. Les positions des deux auteurs sont donc clairement opposées.

C'est à Piaget qu'il revient d'ouvrir le débat oral : *« Je suis d'accord sur le principal apport de Chomsky à la psychologie, le langage est un produit de l'intelligence ou de la raison et non pas d'un apprentissage au sens béhavioriste du terme. Je suis ensuite d'accord avec lui sur le fait que cette origine rationnelle du langage suppose l'existence d'un noyau fixe nécessaire à l'élaboration de toutes les langues (...). Je pense qu'il y a accord sur l'essentiel, et je ne vois aucun conflit important entre la linguistique de Chomsky et ma propre psychologie. »* D'entrée, J. Piaget fait une énorme concession théorique. Il admet que le langage repose sur une capacité logique à former des phrases grammaticalement correctes. Le débat doit donc porter sur l'innéité ou non de ce noyau fixe, cette capacité logique à produire le langage. Et il argumente : ce n'est pas parce qu'un comportement est universel et solidement enraciné qu'il est transmis héréditairement. Il se pourrait que certaines structures cérébrales et fonctions psychiques associées se stabilisent par une autorégulation, née de l'interaction entre le patrimoine génétique de l'espèce et l'expérience. L'hypothèse laisse sceptique François Jacob, prix Nobel de biologie, qui voit dans les thèses de J. Piaget un relent de lamarckisme (3).

N. Chomsky refuse de s'engager sur un tel terrain. Savoir si le noyau fixe est inné ou non, résulte ou non d'une mystérieuse autorégulation, ne constitue, selon lui, qu'un problème secondaire. La question est de savoir si ce noyau fixe existe, s'il est spécifique et s'il précède tout apprentissage. Les jeux semblent faits, car J. Piaget l'a admis un peu plus tôt... Les échanges vont se poursuivre en gravitant autour de plusieurs questions : Peut-on prouver qu'une structure est innée ? Qu'une aptitude intellectuelle est déjà contenue en germe dans les stades initiaux ? Existe-t-il des mécanismes généraux du développement intellectuels ? A la question « peut-on vraiment prouver qu'une structure mentale est innée ? », N. Chomsky répond qu'il ne prétend pas vouloir démontrer l'innéité du langage. On ne peut pas *« prouver »*, dit-il, que l'araignée tisse sa toile par instinct. Mais il est possible d'apporter des arguments convaincants qui *« rendent plausible cette thèse »*.

Pour lui, l'évolution du langage est comparable à celle de la vision. Il existe

---

2. Voir Syntagme dans les mots clés en fin d'ouvrage.
3. De Jean-Baptiste de Lamarck, naturaliste français Jean-Baptiste de Monet, chevalier de Lamarck (1744-1829), qui élabora une théorie de l'évolution des êtres vivants, dans laquelle il soutenait que l'évolution des êtres vivants s'expliquait par l'adaptation au milieu et l'hérédité des caractères acquis.

dans le cerveau des centres spécialisés qui concernent la vision des couleurs, des formes, du mouvement. Ces aptitudes à distinguer se développent par maturation progressive dans les premières semaines de la vie. Si on apprend bien à identifier tel ou tel objet, les dispositifs mentaux qui permettent de voir sont, eux, innés et hautement spécialisés. N. Chomsky se réfère alors aux travaux de David Hubel et de Torsten Wiesel – deux biologistes dont les recherches commencent à faire grand bruit dans la communauté scientifique (4). Il en irait de même pour le langage. On apprend, certes, selon les cultures, des règles de grammaire et des lexiques de mots particuliers. Mais tout cela se fait à partir d'une capacité innée à organiser ces éléments entre eux.

Un test décisif

J. Piaget oppose alors à cette hypothèse un modèle concurrent. Si le langage apparaît vers 2 ans, ce n'est pas seulement par une sorte de maturation interne. Son apparition a été préparée par plusieurs étapes de son développement intellectuel. L'accès au langage est conditionné par l'intelligence sensori-motrice. Elle se déploie au cours des deux premières années de la vie. Le tâtonnement physique expérimental permet à l'enfant de découvrir les objets, puis leurs relations, pour enfin accéder à une faculté d'abstraction dont le langage est une des expressions. La maîtrise de la langue est donc l'expression d'une intelligence générale, qui se développe par stades. On ne peut aborder les catégories abstraites que si on a

d'abord le concret. La logique qui sous-tend les capacités d'organisation du langage se déploie par phases, du simple au général, du concret à l'abstrait.

Le biologiste Jacques Monod intervient alors. Bien que non spécialiste du sujet, le prix Nobel et président du Centre Royaumont s'intéresse de près à cette rencontre. Il suggère un test qui permettrait de trancher le débat. «*Si le développement du langage chez l'enfant est étroitement associé à l'expérience sensori-motrice, on peut supposer qu'un enfant né quadriplégique aurait les plus grandes difficultés à développer son langage.*» A-t-on étudié, demande-t-il, des cas semblables ? Bärbel Inhelder, proche collaboratrice de J. Piaget, psychologue à l'Université de Genève, répond par la négative. Elle précise cependant que l'intelligence sensori-motrice pourrait passer de toute façon uniquement par des expériences acoustiques ou visuelles. Jerry Fodor, un philosophe américain tenant des thèses de N. Chomsky, s'engouffre aussitôt dans la faille. «*S'il suffit, pour que l'intelligence sensori-motrice entre en jeu, qu'il y ait à la limite un mouvement des yeux, (…) cela rend triviale la doctrine de l'intelligence sensori-motrice.*»

La réplique de J. Fodor

J. Fodor présente alors sa propre contribution. Jeune philosophe, collègue de Chomsky au MIT (Massachusetts Institute of Technology) de Cambridge, il vient de publier *Le Langage de la pensée*, un ouvrage dans lequel il défend

---

4. Ils obtiendront en 1981 le prix Nobel de médecine pour leur découverte.

une conception computationniste (5) de l'esprit humain. Selon lui, la pensée repose sur un ensemble de règles logiques, une sorte d'algèbre mental qui gouverne la plupart des fonctions mentales : l'intelligence, la perception et le langage. Il y développe notamment une thèse provocante qui *« va à l'encontre de la pensée dominante des trois cents dernières années »*. Il soutient tout simplement que l'apprentissage des catégories n'existe pas. Certes, on apprend les mathématiques, mais la logique qui les sous-tend est préalable. De la même façon, la capacité linguistique de construire des phrases est antérieure à l'apprentissage de telle ou telle langue. Il faudrait alors admettre, rétorque J. Piaget, que l'on n'apprend pas les mathématiques. Les notions d'infini, les nombres négatifs, etc., seraient déjà présents chez l'enfant dès 5 ans, voire 2 ans, et même pourquoi pas chez l'animal ? Or, il est évident que ce sont des inventions récentes de l'humanité, liées à l'histoire des mathématiques.
Des inventions récentes certes, réplique J. Fodor, mais qui ne font pas appel à des capacités logiques nouvelles. La logique humaine existait avant qu'Aristote en formule les principes généraux. Il n'a fait que théoriser des règles accessibles à tous les humains. Descartes a raison d'affirmer que la raison est *« la chose au monde la mieux partagée »*. L'enfant n'apprend pas à raisonner, il ne fait que mobiliser une capacité propre à l'espèce.
Le débat prend donc une nouvelle direction : l'intelligence, la raison, le langage sont-ils une capacité spécifique aux humains ? On se tourne alors vers David Premack, qui étudie le langage et la pensée animale à l'université de Pennsylvanie, menant depuis plusieurs années des expériences avec Sarah, une femelle chimpanzé à qui il enseigne la langue des signes. D. Premack répond en plusieurs points. Tout d'abord, il s'oppose à ceux qui affirment que le langage est le produit de la société et de la communication sociale. Beaucoup d'espèces animales vivent en société. Mais le langage, lui, est une spécificité humaine. Est-il alors lié à l'intelligence générale ? Fort de son expérience, il soutient que les grands singes sont intelligents : ils sont capables d'abstraction, de résolution de problème... Mais leur capacité à utiliser un langage est très limitée. Le langage serait donc une capacité spécifique, non directement liée à l'intelligence générale. Par ailleurs, D. Premack se montre très sceptique devant l'existence d'une fonction symbolique. Pour lui, il existe des fonctions différenciées : la capacité de représentation, de raisonnement, de catégorisation, qu'il faut étudier une par une plutôt que de généraliser par une fonction générale. Le langage est donc modulaire, non lié à l'intelligence générale, ni à la société en général. Les arguments vont plutôt dans le sens des thèses de N. Chomsky, même si D. Premack refuse de s'aligner dans le camp innéiste.

Tentatives de compromis et... rebondissements

A ce stade, les protagonistes se répartissent alors en plusieurs camps. Il y a ceux, comme J. Monod ou F. Jacob, qui

---
5. Voir les mots clés en fin d'ouvrage.

se tiennent sur une prudente réserve. Certains, comme Seymourt Papert ou D. Premack, voudraient engager le débat sur d'autres pistes.
Les tenants de N. Chomsky campent fermement sur leur position. L'intéressé lui-même refuse de s'engager dans des débats trop spéculatifs et généraux qu'il juge stériles. Il voudrait que l'on s'en tienne à des hypothèses précises sur des questions limitées et réfutables, et au premier chef, sa théorie grammaticale. Sur ce point, il est en position de force, car bien peu de spécialistes présents maîtrisent vraiment la théorie linguistique et peuvent en débattre. Seul Hillary Putnam, un philosophe américain, viendra contester directement et précisément ses thèses (6). Son argument central : l'enfant ne peut organiser les phrases sans la sémantique (7). S'il peut découvrir les règles de la grammaire, c'est parce qu'il a accès au sens des mots (alors que N. Chomsky affirme que sémantique et grammaire sont indépendantes). Toute la construction de N. Chomsky, est, selon lui, fausse à la racine.
D'autres participants aux débats recherchent la synthèse. C'est le cas de Stephen Toulmin, Guy Cérellier, Jacques Melher... qui vont tour à tour présenter des tentatives de compromis. Jean-Pierre Changeux propose, par exemple, une théorie neurologique qui emprunte à la fois à l'innéisme et au constructivisme. J. Piaget remercie vivement J.-P. Changeux de cette tentative de compromis. « *Pour ma part, j'ai tenté dans ce symposium de trouver un tel compromis en admettant l'hérédité de fonctionnement des constructions elles-mêmes.* »
L'heure est venue de clore les discussions. Globalement, chacun est resté sur ses positions, même si J. Piaget et ses partisans ont sans cesse recherché un compromis que N. Chomsky et J. Fodor ont refusé fermement. En fait, comme le signale Massimo Piattelli-Palmarini, un des organisateurs du débat, l'entente était difficile, car le débat mettait aux prises « *deux programmes de recherche différents* » (8). Avec le recul, cette confrontation apparaît néanmoins comme un moment charnière. Les conceptions concernant le langage et la pensée basculent.
Avant 1975, les théories nativistes sont ultraminoritaires. L'optique dominante est que l'homme est un être de culture, entièrement façonné par la société, l'expérience, l'apprentissage. Or, ni J. Piaget ni N. Chomsky ne partagent cette vision. Dans les années suivantes, l'optique cognitiviste – qui conçoit l'esprit humain comme une sorte de programme interne de traitement de l'information guidé par une logique interne – va s'imposer.

---

6. En fait, ce débat a eu lieu, après Royaumont, par échange de textes.
7. Voir les mots clés en fin d'ouvrage.
8. M. Piattelli-Palmarini, *Théorie du langage et Théorie de l'apprentissage, le débat entre Jean Piaget et Noam Chomsky*, Points Seuil, 1979.

LE LANGAGE N'EST PAS DANS LE CERVEAU

ENTRETIEN AVEC SYLVAIN AUROUX[*]

Pour Sylvain Auroux, on ne peut expliquer les propriétés du langage à partir de quelques lois universelles inscrites dans le cerveau humain. Le langage est soumis à l'histoire, au devenir, à la variation.

Sciences Humaines : Un des grands projets scientifiques du XXe siècle a été de découvrir quelques règles formelles élémentaires qui régiraient toutes les langues. C'est le programme de Noam Chomsky. Dans votre livre, *La Raison, le Langage et les Normes*, vous prenez résolument position contre ce que Chomsky appelle le « rationalisme », qui considère qu'il existe quelques lois universelles qui gouvernent toutes les langues.

[*] *Directeur de recherche au CNRS et de l'Ecole normale de Fontenay-Saint-Cloud. Philosophe et linguiste, il a publié de nombreux ouvrages sur l'histoire, la philosophie et l'épistémologie de la linguistique. A publié notamment (et coll.) :* Histoire des idées linguistiques, *3 Tomes, éd. Mardaga, 1990-92-2000 ;* La Philosophie du langage, *Puf, 1996 ;* La Raison, le Langage et les Normes, *Puf, 1998.*

Sylvain Auroux : Il n'est pas exclu qu'il puisse exister quelques grands principes d'organisation auxquels obéissent toutes les langues. Au demeurant, il faut bien que la langue soit organisée pour qu'on la comprenne. Tout comme il n'est pas exclu qu'il y ait un ancrage biologique au langage. Mais j'ai essayé de montrer que cela ne suffit pas à épuiser la diversité des phénomènes linguistiques. Il y a dans le programme de N. Chomsky un certain nombre d'erreurs qui tiennent à une mauvaise formation en philosophie. N. Chomsky est un grand linguiste, mais il n'est pas un bon philosophe. Quand il parle du « rationalisme », il le confond avec un simple nativisme. Le rationaliste affirme que les connaissances vraies résultent d'une nécessité logique. Un empiriste est celui qui assume la contingence de notre condition dans le monde.

Le langage est certes le support de la rationalité. Mais cela n'implique pas pour autant que le langage puisse être transparent à lui-même, réductible à un système logique. Le rêve d'une langue parfaite et universelle qui fonctionnerait selon quelques règles de calcul est-il crédible ? Les rationalistes ont répondu par l'affirmative. N. Chomsky n'a fait que rejoindre cette utopie traditionnelle sous une forme assez banale. Or, les grands progrès de la philosophie du XXe siècle, dans ce domaine, ont permis de montrer une fois pour toutes qu'il n'en était rien. Que, bien qu'il soit le médium de l'intelligibilité, le langage fait partie du monde de la facticité.

SH : Qu'entendez-vous par facticité ?

S.A. : Le philosophe américain Willard van Orman Quine a apporté sur ce point une contribution décisive. Il défend deux thèses importantes, qui nous conduisent à cette interprétation de la facticité du langage.

La première thèse montre qu'il est impossible de tracer une frontière entre les vérités de fait et les vérités de raison, entre les « jugements synthétiques » et les « jugements analytiques », comme on disait dans la philosophie classique. Cela revient à dire que, dans nos connaissances, nous sommes incapables de distinguer de façon absolue ce qui relève du langage et ce qui relève du monde extérieur. Nous savons bien que le langage est distinct du monde, mais nous sommes incapables d'en assigner la frontière exacte.

La seconde thèse de W.O. Quine relève de ce que l'on a appelé l'indétermination de la traduction, ou l'instabilité de la référence. Expliquons cela simplement. Si vous vous trouvez dans une tribu dont vous ne connaissez pas la langue et qu'une personne vous montre du pain en prononçant un mot, vous allez supposer que ce mot signifie « pain ». Car c'est cette expérience du monde qui semble assigner un sens au mot employé. Or, il se peut que la personne ait voulu dire « prends », ou « c'est à moi », ou encore « c'est bon ».

W.O. Quine ne fait que reprendre une vieille histoire qui circule chez les linguistes depuis Otto Jespersen. Un explorateur avait traduit par « aiguille » un mot groenlandais qui signifiait « à ma fille ». On l'imagine arrivant dans une habitation groenlandaise. Il veut apprendre des mots : il montre l'aiguille à une vieille dame, celle-ci répond « c'est celle de ma fille », et lui note « aiguille ».

Autrement dit, le monde ne suffit pas à fixer la référence du langage. Ce qui signifie que nous sommes toujours irrémédiablement confrontés au langage. Il y a toujours un certain flottement dans une traduction, nous ne sommes jamais sûrs qu'il existe une fixation absolue du sens. C'est cela, la facticité du langage. La facticité implique que le langage est toujours là, que je ne pourrai pas le rendre transparent à lui-même, que l'on ne pourra jamais le rendre totalement rationnel. Ce qui ne veut pas dire que je ne puisse pas le décrire et trouver des régularités. Mais on ne parviendra jamais à transformer le langage en formulation rationnelle, dépouillée de toute ambivalence.

SH : **Quelles sont les conséquences de cette vision empiriste pour la compréhension du langage ?**
    S.A. : L'une de ces conséquences est ce que j'appelle la sous-catégorisation grammaticale. Pour dire les choses grossièrement, cela signifie que la grammaire est en situation de dépendance du langage, et non l'inverse. Quelle que soit la richesse de notre grammaire, elle ne pourra pas prédire tous les événements linguistiques, toutes les façons de parler des sujets. Les règles de grammaire produisent un langage artificiel, que l'on peut ou non respecter. Mais cela n'empêche pas le langage d'évoluer. Et la grammaire ne peut expliquer à elle seule le langage, pourquoi et comment il évolue. Une grammaire n'est qu'un outil, un artefact qui nous permet d'une certaine façon de décrire une partie de notre activité linguistique et de la réguler.

SH : **Quand vous parlez de la grammaire, s'agit-il de la grammaire courante ou de la grammaire formelle des linguistes ?**
    S.A. : Il n'y a pas de différence de nature, ni de discontinuité radicale entre les deux. La grammaire repose sur l'existence de régularités dans la langue. Elle consiste à découper le langage en unités puis à donner des lois pour assembler ces unités. Cette démarche peut être plus ou moins raffinée, plus ou moins normative : le principe est toujours le même.

SH : **Cette idée de la sous-détermination est-elle démontrable ?**
    S.A. : Il n'y a pas de démonstration absolue, comme pour un théorème de mathématique, mais il y a des arguments très forts qui la soutiennent.
    Premier argument : la non-prédictibilité des changements linguistiques. Il n'y a aucune loi qui permette de prédire l'avenir d'une langue. Ce qui signifie que, par rapport à la réalité du langage, nos discours scientifiques ne sont pas dans le même statut que les calculs d'un astronome par rapport à la trajectoire d'un astre. Au mieux, on peut les comparer à ceux des économistes.
    Deuxième point : toutes les grammaires que nous avons faites ont été dépassées, à un moment donné, par la réalité du langage vivant. La grammaire du latin n'est pas adaptée aux langues romanes.
    Enfin, il y a des phénomènes d'irréversibilité, auxquels on n'a pas accordé toute l'attention qu'ils méritaient. De quoi s'agit-il ?

Traduisez un texte d'une langue 1 dans une langue 2, puis dans une langue 3 et 4. Enfin, vous retraduisez le texte obtenu dans la langue 1. Vous n'avez aucune chance de retomber sur le texte primitif. Pourquoi ? Parce que, quand vous passez d'une langue à une autre, vous prenez un ensemble de décisions, sur la forme, sur la signification des mots. Et ces décisions sont irréversibles. C'est un peu comme le principe de la thermodynamique, où il y a irréversibilité de certains phénomènes physiques. Cette idée d'irréversibilité est, je crois, essentielle. Car elle introduit la temporalité dans le langage. La thèse de la sous-détermination implique l'historicité et la facticité du langage. Le langage est soumis à l'histoire, au développement et à des phénomènes d'irréversibilité.

SH : **Est-ce que cela signifie que la linguistique est condamnée à vivre dans le règne de la contingence ? Car, en refusant l'idée de lois universelles, il faut rejeter tout programme unificateur et ouvrir la connaissance linguistique vers la diversité des langues, vers une connaissance encyclopédique et classificatrice des langues.**

S.A. : Avec quelle discipline la linguistique a-t-elle le plus d'air de famille ? Un chomskien dira que c'est évidemment avec les mathématiques, et il aura avec lui toute la théorie des langages formels. Pour la théorie empiriste, la linguistique se rapproche plus de la biologie et de l'histoire.

Bien sûr, nous sommes capables de repérer des catégorisations, de généraliser, d'observer des régularités, mais ces régularités ne se résorbent pas dans des lois ou dans un calcul. Quand je critique le rationalisme, je critique en quelque sorte la résorption des compétences linguistiques des hommes dans une faculté plus générale, qui serait celle du calcul.

L'empirisme admet qu'il existe des systèmes organisés, mais ceux-ci ne sont pas hors de l'histoire. On aurait tort d'opposer trop sommairement empirisme et rationalisme, en disant que l'empiriste ne croit pas aux systèmes, et que le rationaliste ne croit pas à l'histoire.

Il est paradoxal, au moment où les cosmologistes ont découvert que l'univers entier a une histoire, qu'on en vienne à refuser d'expliquer les connaissances humaines par leur histoire... Etre empiriste aujourd'hui, c'est affirmer qu'il y a une histoire de la nature comme il y a une histoire de nos connaissances, que celles-ci relèvent du domaine de la culture et de l'invention de technologies cognitives.

SH : **Quelle est la traduction du programme empiriste en terme de programme de recherche ? Le projet de N. Chomsky était lié au développement de l'ordinateur et à la volonté de créer une sorte de programme universel générant toutes les langues du monde. Qu'en est-il pour le programme empiriste ?**

S.A. : Défendre le programme empiriste aujourd'hui, c'est défendre un programme « externaliste », qui consiste à dire que nos connaissances ne peuvent pas s'expliquer par la seule structure du cerveau. On retrouve ici la question de la démarcation entre l'inné et l'acquis. Prenons un exemple : celui de l'apparition de la capacité de calcul chez l'humain. De nombreuses expériences montrent aujourd'hui qu'un bébé de quelques mois, si on lui présente trois objets au lieu de cinq, est sensible au nombre. D'aucuns en ont conclu que la capacité arithmétique était innée chez l'homme. Je pense que c'est une interprétation erronée.

L'être humain est spontanément sensible à la numérosité. Les animaux de même : un lion doit savoir qu'il y a une différence entre deux et cinq gazelles. Mais cela ne signifie pas que tout le calcul et les mathématiques dérivent de cette capacité élémentaire. Pour que se développent les mathématiques, il faut l'essor d'une culture, des inventions, une histoire. Le point de départ est sans doute inscrit dans les capacités innées de notre cerveau, mais les technologies cognitives – comme les mathématiques, les langages – naissent de l'invention, de la culture, de l'histoire. L'arithmétique dépend de la manipulation des cailloux. Il lui fallait pour exister que l'humain soit sensible à la numérosité, mais l'arithmétique n'est pas une discipline innée.

Si je transpose cela au langage, je pense que le langage est un appareillage technologique, apparu dans l'instrumentalisation du corps humain, qui s'est par la suite considérablement développé avec l'écriture, la conception de listes de mots, et ensuite avec la constitution de grammaires et de dictionnaires, que l'on doit concevoir comme des outils technologiques capables de concevoir et de réguler notre communication.

SH : **Si l'on doit admettre qu'il existe des compétences fondamentales inscrites dans le cerveau humain, sur lesquelles se greffe un développement culturel, pourquoi opposer aussi fondamentalement les deux programmes, rationaliste et empiriste ?**

S.A. : Les travaux récents d'Ursula Bellugi et de ses collaborateurs montrent, à partir de l'imagerie cérébrale, que les mêmes zones du cerveau sont en activité lorsque l'on parle (oral) ou lorsqu'un muet s'exprime par langue des signes (gestuelle). Cela semblerait aller dans le sens de la thèse d'une spécialisation neuronale du langage, indépendant de la zone corporelle en activité. Qu'il y ait une spécificité biologique du langage, je pense que nous sommes à peu près tous d'accord là-dessus. La question qui se pose ensuite est : est-ce que cela va servir à expliquer le langage ?

Et je crois que le programme chomskien pèche, en ceci qu'il pense que cela va suffire à expliquer le langage. C'est un peu comme si l'anatomie de la main allait expliquer l'invention du piano et de l'harmonie. Pour les empiristes, le fait qu'il y ait des contraintes et des potentialités inscrites dans la nature n'empêche pas de prendre en compte l'essor des technologies cognitives. Je pense qu'il y a vraiment deux programmes de recherche différents. L'un consiste à résorber le langage dans les langues formelles, donc les mathématiques. L'autre considère que le langage est du domaine de la facticité, donc que la linguistique est une science empirique. J'essaie de ne pas avoir de position tranchée par rapport à tel ou tel aspect de la théorie linguistique. A l'aide de ce que j'appelle le tétraèdre de validation, je montre que les modes de validation peuvent être plus vers l'un que vers l'autre, tantôt davantage factuels, tantôt davantage formels.

SH : Quels sont, selon vous, les enjeux majeurs de la linguistique pour les années à venir ?

S.A. : J'en vois quatre. Un premier défi est proprement scientifique : il vise à construire une information fiable sur l'ensemble des langues du monde, leurs catégories et leur évolution. Un énorme travail de description des langues est encore à faire. Simplement en Amazonie, il y a environ 140 langues non encore décrites !

Le deuxième porte sur les technologies linguistiques. Il nous faut automatiser les formes de la communication pour dominer l'explosion contemporaine de la quantité des informations véhiculées par le langage. Tout comme il existe déjà un tri automatique des lettres ou des chèques, il nous faut développer le traitement automatique du langage, la reconnaissance du langage écrit et de la parole par des machines. Cela permettra de passer directement de l'oral à l'écrit, et générera un gain de productivité énorme. C'est la frontière technologique du XXIe siècle. Il y a là-dessous d'énormes enjeux économiques, scientifiques, et aussi des enjeux de civilisation. Tout comme les langues qui n'ont pas été «outillées» par des dictionnaires et des grammaires sont devenues marginales, les langues qui ne bénéficieront pas d'un équipement informatique conséquent perdront progressivement leur importance et leur impact.

Un troisième défi porte sur l'élucidation des racines biologiques et culturelles du langage. On retrouve ici notre opposition entre ceux qui affirment qu'il existe quelque chose comme un gène du langage, et ceux pour qui le langage est avant tout une production culturelle.

Le quatrième enjeu est thérapeutique et sanitaire. Il vise à surmonter l'ensemble des handicaps linguistiques : bégaiement, dyslexie, aphasie, difficultés de tout genre.

Alors que le premier enjeu est traité uniquement par les linguistes, les trois autres défis supposent la collaboration avec d'autres disciplines. Les écoles d'orthophonistes sont rarement liées aux études linguistiques fondamentales, et c'est dommage de part et d'autre. Il faudrait que ces quatre enjeux soient traités en commun.

Propos recueillis par
JEAN-FRANÇOIS DORTIER et MARIE FAGOT
(*Sciences Humaines*, hors série n° 27, décembre 1999/janvier 2000)

CHAPITRE V

Histoire et diversité des langues

- Points de repère : Les langues du monde 180

- L'hypothèse Sapir-Whorf
   Nicolas Journet 185

- Aimer les langues pour aimer les hommes
   Entretien avec Claude Hagège 191

- Sauver la diversité des langues ?
   Entretien avec Michel Launey 197

- Peut-on réformer les langues ?
   Nicolas Journet 201

- Les cultures de la conversation
   Catherine Kerbrat-Orecchioni 209

- Le français d'hier et d'aujourd'hui
   Christiane Marchello-Nizia 217

- Nique ta langue !
   Martine Fournier 229

LES LANGUES DU MONDE

On compte de 4 000 à 6 000 langues dans le monde. La plus parlée est le chinois. La langue internationale, en passe de devenir le standard mondial, est l'anglais. Mais certaines ne sont plus utilisées que par quelques dizaines d'individus. Comme l'écrit François Rastier : « Les quelques dizaines de langues les plus parlées trouvent de plus en plus de locuteurs ; les moins parlées en trouvent de moins en moins. Ces monuments de l'histoire humaine disparaissent dans l'indifférence. Par exemple, sur douze à quinze cents langues africaines, une centaine seulement est décrite par des documents de base (une grammaire, un dictionnaire, un recueil de textes). Sur les deux cent cinquante langues tibéto-birmanes, seule une dizaine est peut-être ainsi été étudiée. La diversité des langues s'atténue. Elles sont uniformisées par la norme écrite et par les médias. Le caractère centralisé des Etats modernes favorise bien sûr cette évolution. »
(*voir aussi l'entretien avec M. Launey dans cet ouvrage*)

Qu'est-ce qu'une langue ?
Comment distinguer une langue d'un dialecte ?

Une langue, «*c'est un dialecte qui a une armée et une police*», aurait dit le maréchal Lyautey... Au-delà du critère institutionnel de la langue dominante, il n'existe pas pour les linguistes de démarcation précise entre un dialecte et une langue.

Le pidgin est une langue composite, formée d'une hybridation entre plusieurs langues et qui sert à communiquer entre personnes ayant des parlers différents (souvent utilisé dans les relations commerciales). Le pidgin de Chine est, par exemple, un composé d'anglais et de chinois.

De leur côté, les créoles sont des langues nouvelles, formées par brassage de langues différentes, qui sont devenues les langues maternelles de certaines populations. Le créole «français» est parlé dans les Antilles (Haïti, Guadeloupe, Martinique, Guyane), et l'océan Indien (Réunion, île Maurice, Seychelles).

Anglais, russe, hindi... la galaxie indo-européenne

Thomas Young, au début du XIXe siècle, dénomma «indo-européennes» l'ensemble des langues d'Europe et du nord de l'Asie en fonction d'une certaine ressemblance et, sans doute, d'un lien de parenté.

La famille indo-européenne est composée de plusieurs groupes de langues : latines (français, espagnol, italien, roumain...), germaniques (anglais, allemand, néerlandais, yiddish, langues scandinaves...), celtes (breton, gallois, gaélique...), slaves (russe, polonais, serbo-croate...), iraniennes (farsi, baloutche, langues kurdes...), et certaines langues de l'Inde (hindi, kaashmiri, pandjabi, gurati, marathi, oriya, bengali, assamais, ourdou, népali, cinghalais...).

L'anglais est la langue maternelle de 400 millions de personnes, mais elle est la langue officielle ou de communication de pays comme l'Inde.

L'hindi, langue du nord de l'Inde, est la 3e langue du monde, après le chinois et l'anglais.

L'espagnol, langue officielle de 18 pays, comporte des dialectes (galicien, castillan, andalou), alors que le catalan est parfois considéré comme une langue à part.

A l'intérieur de ce vaste ensemble, Il existe en Europe quelques langues qui n'ont pas d'origine indo-européenne. Le finnois (ou suomi), le lapon, l'estonien sont regroupés dans l'ensemble des langues finno-ougriennes. Le hongrois et le basque sont des énigmes linguistiques. Ils n'appartiennent pas à la famille indo-européenne et leurs origines restent obscures.

Arabe, hébreu... les langues sémitiques

L'arabe fait partie du groupe des langues sémitiques (avec l'hébreu) et chamitiques (égyptien ancien et langues berbères).

Issu du Coran, l'arabe classique est la référence pour l'écrit dans les documents administratifs, à l'école ou dans la presse.

L'arabe parlé varie d'un pays à l'autre, et on ne parle pas exactement la même langue au Maroc, en Egypte ou en Algérie.

Bantou, somali... les langues d'Afrique noire

On ne dénombre pas moins de 2 000 langues et dialectes en Afrique noire, divisés entre plusieurs groupes et sous-groupes.

Le groupe des langues bantoues, au sud de l'Afrique, est le plus vaste. Il comprend à lui seul pas moins de 1 200 langues, dont le swahili, langue officielle de la Tanzanie, également parlé au Kenya, en Ouganda et au Congo, ou le kirundi au Rwanda et au Burundi. Dans la Corne de l'Afrique, le somali et l'amharique sont des langues dominantes, non bantoues.

A l'Est, on parle peuhl, wolof, bambara, mossi. Dans le golfe de Guinée, on parle yorouva, éwé, fon, ibo...

Turc, samoyède... les langues ouralo-altaïques

Il existe plusieurs langues turques (azeri, turkmène, ouzbek, kirghiz, kazakh, tatar, tchouvage, etc.), présentes de la mer Noire à l'Asie centrale. En Turquie, l'alphabet latin a été imposé par Atatürk en 1928.

En français, on a importé des langues turques des mots comme yaourt, kiosque, sérail ou turban.

Parmi les autres langues dites « ouralo-altaïques » (usitées entre l'Oural et l'Altaï), on compte les branches des langues ouraliennes (tchérémisse, votiak, samoyède), caucasiennes, mongoles...

Tamoul, malayalam... les langues dravidiennes

Ce sont les langues issues de l'Inde du Sud. Apparentées entre elles, les quatre principales langues dravidiennes sont le tamoul, le malayalam, le telugu et le kannada. Du malayalam, le français a importé le mot patchouli.

Le tamoul, parlé dans l'Etat indien du Tamil Nadu est également la langue officielle de Singapour.

Eskimo, quechua... les langues amérindiennes

Sont dites amérindiennes les langues parlées en Amérique (du Nord et du Sud) avant les colonisations. C'était alors un vaste babel d'au moins 800 langues, dont quelques-unes seulement sont encore parlées par plusieurs centaines de milliers de locuteurs, comme le quechua (au Pérou et pays limitrophes), le guarani (au Paraguay), le nahualt (la langue des Aztèques, au Mexique), l'aymara (en Bolivie), le maya (éclaté en dialectes en Amérique centrale).

Certaines de ces langues sont parlées par quelques dizaines de milliers de personnes comme l'eskimo, le cherokee ou le navajo en Amérique du Nord, ou l'Araucan au Chili.

Il existe enfin une poussière de langues et dialectes, dont certaines ne sont plus utilisées que par quelques centaines ou dizaines de personnes.

Coréen, thaï... les langues d'Asie

Ce qu'on appelle « le chinois » est souvent la langue officielle de la Chine, c'est-à-dire le pékinois que les Occidentaux appellent « mandarin ». C'est la langue de l'ethnie majoritaire, celle des Han, et elle correspond à la langue écrite. Mais il existe d'autres chinois, comme le cantonais, le chinois de Shanghaï, celui du Fu-Jian... qui sont parlés par plusieurs millions de personnes.
- Le chinois fait partie des langues tonales d'Asie, avec le tibétain, le birman, les langues thaï, le vietnamien.
- Le japonais et le coréen sont spécifiques par rapport aux autres familles de langues asiatiques.

Les langues d'Océanie

On dénombre en Océanie trois familles de langues : papoues (Papouasie/Nouvelle-Guinée), mélanésiennes, australiennes.

Il existait, en Australie, plus de 200 langues aborigènes avant la découverte de l'île-continent par Cook. Chacune de ces langues, dont la plus usitée aujourd'hui est l'aranda, comprenait plusieurs formes dialectales. Le français a hérité au moins deux mots d'elles : kangourou et boomerang.

Indonésien, samoan... les langues malayo-indonésiennes

De Madagascar à la Polynésie, on parle des langues du groupe malayo-polynésien. Les langues polynésiennes sont parlées dans les îles comme Tahiti, Samoa, Fidji, Hawaï.

L'indonésien (dont est proche le malais) est parlé par plus de 150 millions de personnes. C'est en fait une langue de communication qui résulte de la synthèse de langues locales.

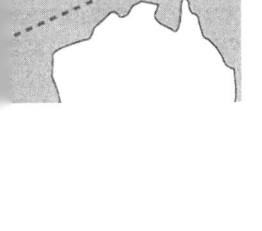

NICOLAS JOURNET*

L'HYPOTHÈSE SAPIR-WHORF**
LES LANGUES DONNENT-ELLES FORME À LA PENSÉE ?

L'idée, courante au xxᵉ siècle, qu'il existe un rapport intime entre la langue et les formes de pensée d'une société trouva une formulation plus scientifique dans les années 30. Bien que contestée, elle constitue aujourd'hui encore une référence pour le relativisme culturel.

« *QUELLE EST L'INFLUENCE réciproque des opinions du peuple sur le langage et du langage sur les opinions ?* », se demandaient, en 1757, les membres de l'Académie de Berlin. Posée sous de multiples formes, cette question a suscité la réflexion des philosophes, des lettrés, puis des linguistes, depuis que le simple constat de la diversité des langues parlées dans le monde peut être fait. Sommes-nous amenés, parce que nous utilisons des grammaires et des lexiques (1) différents à penser différemment ? Cette diversité des langues va-t-elle jusqu'à rendre les cultures humaines hétérogènes les unes aux autres ?
Dans les années 50, deux linguistes américains, Edward Sapir et Benjamin Lee Whorf, aboutirent à la formulation d'une thèse qui a constitué pendant longtemps une référence pour le relativisme linguistique. Connue sous le nom d'hypothèse Sapir-Whorf, elle dit à peu près ceci : les hommes vivent selon leurs cultures dans des univers mentaux très distincts qui se trouvent exprimés (et peut-être déterminés) par les langues différentes qu'ils parlent. Aussi, l'étude des structures d'une langue peut-elle mener à l'élucidation de la conception du monde qui l'accompagne. Cette proposition a suscité l'enthousiasme d'une génération entière d'anthropologues, de psychologues et de linguistes

---
* Journaliste scientifique au magazine *Sciences Humaines*.
** *Sciences Humaines*, n° 95, juin 1999.
1. Voir les mots clés en fin d'ouvrage.

Des langues aux cultures

Edward Sapir (1884-1939)
Né en Allemagne, E. Sapir fit sa carrière aux Etats-Unis où il se forma auprès de Franz Boas, et mena de front une double activité de linguiste et d'anthropologue. Conservateur du musée ethnographique d'Ottawa, enseignant à Chicago, puis professeur à l'Université de Yale, E. Sapir fit des études de terrain au Canada et acquit une connaissance large des cultures et des langues amérindiennes. Ses publications sont variées : un traité critique de l'évolutionnisme (1916), une introduction à la linguistique (*Language*, 1921), de nombreux articles de phonologie (1) et d'anthropologie, où il développe une posture culturaliste marquée. Sapir est considéré comme un des fondateurs de la phonologie structurale, en même temps qu'il tentait de donner au relativisme culturel une formulation empiriquement fondée.

1. Voir les mots clés en fin d'ouvrage.

A lire en français :
Linguistique, Minuit, 1971.

Benjamin Lee Whorf (1897-1941)
B.L. Whorf commença par étudier la chimie au MIT, puis entama une carrière d'inspecteur des risques d'incendie pour des compagnies d'assurances. Passionné de civilisations et de langues méso-américaines, attiré par un certain mysticisme, il suit les cours de E. Sapir à partir de 1928, se rend chez les Hopis en 1932 et sera l'assistant de E. Sapir à Yale en 1937-1938. Tout en gardant sa profession d'expert, B.L. Whorf rédigera un dictionnaire et une grammaire hopi puis, à partir de 1936, une dizaine d'articles qui contiennent l'essentiel de l'hypothèse Sapir-Whorf, ainsi nommée bien que tous ces textes aient été exclusivement rédigés par B.L. Whorf. Il meurt en 1941, et ses textes réunis en volume, dont certains inédits, ne paraîtront qu'en 1956 sous le titre *Language, Thought and Reality*.

A lire en français :
Anthropologie et Linguistique, Denoël, 1969.

N.J.

---

américains et, dans une moindre mesure, européens, dans les années 40 et 50, avant d'être mise à mal par le courant cognitiviste (2). Elle a influencé quelque peu le structuralisme français et, en dépit de réfutations apportées entretemps, poursuit son existence aujourd'hui auprès, principalement, d'ethnologues et de sociolinguistes.

L'hypothèse Sapir-Whorf

E. Sapir, linguiste et anthropologue, spécialiste des langues amérindiennes et inventeur de la notion de phonème (3), est surtout responsable d'avoir préparé le terrain à la formulation de la thèse qui porte son nom. En effet, on trouve dans son œuvre, développée dans les années 20 et 30, l'affirmation de deux idées : d'abord un culturalisme, dominant à l'époque, qui accordait une place quasi exclusive à l'acquis dans la détermination des comportements humains. Ce qui lui faisait écrire que les *« sociétés vivent dans des mondes distincts »*, et

2. Voir les mots clés en fin d'ouvrage.
3. *Idem*.

que le langage est un *« guide de la réalité sociale »*. Son rôle, comme linguiste, est d'avoir développé deux autres arguments, importants pour B.L. Whorf comme pour la linguistique en général. D'abord, c'est l'idée, issue de la phonologie (4), que les langues sont des systèmes de formes dont chaque élément est logiquement dépendant des autres. Ensuite, c'est la conviction que derrière les formes lexicales et grammaticales, il existe des *« formes de pensée »* plus ou moins inconscientes. E. Sapir appelle cela des *« sentiments de forme »*, et insiste sur le fait qu'ils *« organisent l'expérience différemment »* selon les langues, et donc les cultures. Toutefois, il ne va pas plus loin dans la démonstration de correspondances entre langues et cultures.

B.L. Whorf en fit, lui, son sujet de réflexion le plus abouti. Chimiste de formation, il s'intéressa à la linguistique amérindienne vers 30 ans, suivit les cours de Sapir et fut même son assistant. Son œuvre, interrompue par la mort en 1941, porta d'un côté sur l'étude de l'écriture et de la grammaire des Indiens hopis de l'Arizona (*voir encadré page suivante*), et de l'autre sur l'analyse comparée des rapports entre langue et pensée. C'est à ce propos qu'il formula ce qu'on appela par la suite l'hypothèse Sapir-Whorf, contenue dans une série d'essais. La thèse qu'il y défend peut se résumer ainsi :
– des langues aussi éloignées que l'anglais et le hopi utilisent des manières très différentes de décrire le monde, l'action, mouvement, le temps et l'espace ;
– les cultures humaines sont influencées par les « infrastructures » des langues dans lesquelles elles s'expriment. Ces infrastructures sont des modes de pensée profonds enfouis sous les langues, qu'il appelle « cryptotypes », dont B.L. Whorf dégage quelques exemples en comparant les langues amérindiennes et européennes ;
– on peut en déduire que les locuteurs de ces langues ne pensent pas le monde et ne perçoivent pas le temps et l'espace de la même façon.

De cet ensemble d'idées, l'hypothèse Sapir-Whorf retiendra une formulation radicalisée et un exemple. La thèse standard est que les structures grammaticales et lexicales des langues, celles qu'étudient les linguistes, ont un effet contraignant sur ce que l'individu perçoit de son univers et la manière dont il le pense. L'exemple est celui de la perception du temps et de l'espace chez les Hopis : selon B.L. Whorf, la langue hopi ne comporte aucune marque du passé, du présent et de l'avenir, mais des formes de validité (selon que la chose est vue ou rapportée de mémoire), des aspects (selon que les choses durent ou tendent vers une autre) et des modes (qui marquent l'ordre des faits). Il en déduit que les Hopis ne conçoivent pas le temps comme les Européens. Ce n'est pas une durée homogène et quantifiable, mais un « passage » plus ou moins intense d'un fait à un autre. Dans l'univers mental hopi, ajoute B.L. Whorf, il est impossible d'opérer la classique distinction entre la forme et la matière des phénomènes. En revanche, la culture hopi est beaucoup plus sensible

---

4. Voir les mots clés en fin d'ouvrage et l'entretien avec B. Laks.

L'univers mental des Hopis

L'exemple hopi est l'analyse la plus aboutie qu'ait donnée B.L. Whorf des rapports qu'il concevait entre langue et pensée. Dans *Un modèle amérindien de l'univers*, écrit vers 1936, il part de l'idée que les Hopis, bien qu'ils n'aient pas de théorie explicite du temps et de l'espace, sont néanmoins capables de décrire les phénomènes de l'univers dans leur langue. Il en déduit que leur langue contient une «métaphysique». Or, la langue hopi est grammaticalement et lexicalement très différente de ce que B.L. Whorf appelle le SAE (*Standard Average European*), sorte de modèle commun aux langues occidentales. Il retient surtout trois faits :
– les verbes ne comportent pas de temps, mais des aspects, selon qu'un état ou une action «commence» ou est «en devenir»;
– le Hopi ne comptabilise pas les unités de temps (heures, jours), mais exprime des rapports d'ordre (deuxième, troisième, etc.);
– les termes de durée (été, matin) ne sont pas des noms mais des adverbes, des états qui affectent la personne. En hopi, explique B.L. Whorf, le temps n'est jamais traité comme un objet, une quantité, un espace qui peut être «grand», «long» ou «court», mais comme un mouvement, une perpétuelle fuite. Bref, le temps n'est pas une matière, une substance, mais un mouvement qui affecte les gens et les choses. De ce point de vue, B.L. Whorf relève également que les Hopis ne classent pas les êtres comme le SAE : ils distinguent les «animés» des «inanimés», et placent des phénomènes comme les nuages parmi ces derniers. Bref, la langue hopi dessine un univers physique qui ne ressemble pas au nôtre : il est vu «du point de vue du sujet», le temps est une expectative, l'espace est un déplacement possible.

aux différences d'intensité entre les phénomènes et apte à les décrire sous l'angle de leur «vibration».

Dans les années 50, la thèse Sapir-Whorf orienta de nombreuses recherches destinées soit à l'illustrer, soit à la vérifier. Des ethnolinguistes se mirent à étudier la manière dont, dans des langues non écrites, le temps, l'espace, le mouvement, l'étendue étaient exprimés. Ils s'efforcèrent de les mettre en rapports avec d'autres aspects des cultures associées à ces langues : mythes, modes de vie (sédentarité, nomadisme), pratiques agricoles et rituelles. La plupart de ces travaux ont été, à leur manière, concluants : ils ont dégagé des correspondances possibles. Mais, ces correspondances ne constituaient pas une preuve qu'il existe des écarts importants entre les univers mentaux des différentes cultures.

Des psycholinguistes, eux, s'engagèrent dans une vérification plus expérimentale de la thèse Sapir-Whorf, mais pour cela durent en restreindre la portée. Inaugurant une longue lignée de recherches sur le lexique, ils entreprirent de tester les rapports entre le vocabulaire et la perception de phénomènes physiques universels, comme les couleurs. Ainsi, le relativisme whorfien fut, provisoirement au moins, conforté par les travaux minutieux de Roger Brown et d'Eric Lenneberg (1954) : leurs études montraient que, à l'intérieur de chaque langue, les couleurs recevant des noms simples étaient mieux reconnues et mieux mémorisées par leurs locuteurs que les autres couleurs.

Enfin, l'influence de l'hypothèse Sapir-Whorf déborda largement le champ des études linguistiques : prenant un sens général, elle fonctionna, jusque dans les années 70 – et continue d'être citée aujourd'hui – comme un argument en faveur du relativisme culturel dans d'autres domaines des sciences sociales (ethnologie, histoire, droit, théorie littéraire). En France, la traduction du recueil de B.L. Whorf, en 1969, connut immédiatement une édition de poche, et sa leçon fut souvent exploitée par des ethnologues pour souligner la spécificité des cultures qu'ils décrivent.

Le déclin d'une brillante idée

Mais 1969 fut aussi une année fatale pour l'hypothèse Sapir-Whorf. Jusque-là, en effet, les écrits de B.L. Whorf n'avaient connu que des critiques de forme et de méthode, qui ne réfutaient pas nécessairement la vérité de ses intuitions. Certains commentateurs, comme E. Lenneberg et Lewis Feuer, avaient souligné le caractère tautologique de son raisonnement : B.L. Whorf attribuait aux Hopis des idées sur le monde dont il affirmait qu'ils devaient les avoir, puisqu'elles étaient dans leur langue, et que la langue détermine la pensée… En fin de compte, cet édifice argumentaire ne tenait-il pas seulement à la manière dont B.L. Whorf lui-même avait traduit la langue hopi en anglais ? Bref, son raisonnement était logiquement faible et empiriquement peu fondé, mais cela ne prouvait pas qu'il avait tort.

L'effacement assez rapide de la thèse Sapir-Whorf, à partir du début des années 70, est attribuable en fait à deux autres causes. D'abord, 1969 est l'année de la fameuse étude de Brent Berlin et Paul Kay sur les couleurs. Cette recherche, contrairement aux précédentes, montrait de manière convaincante que la classification des couleurs obéit à des règles identiques dans toutes les langues, et donc peut être considérée comme contrainte, indépendamment des variations culturelles, par les mécanismes universels de la perception humaine. Cette observation, critiquée depuis, reste tout de même dans l'arène théorique, la référence expérimentale la plus citée contre la thèse Sapir-Whorf. Ensuite, les années 70 virent le succès grandissant des thèses innéistes, selon lesquelles les cadres de la pensée humaine sont dominés par des mécanismes neuropsychologiques fondamentaux et universels. Principaux initiateurs de ce changement des idées : Jean Piaget, en psychologie, avec ses étapes obligées du développement logique, et Noam Chomsky, en linguistique, avec ses structures profondes du langage antérieures à toute culture (5). Quelle que soit la validité de leur théorie respective, l'un et l'autre ont orienté le projet des sciences humaines vers la recherche d'universaux de langue ou de pensée et non plus, comme le pratiquaient E. Sapir et B.L. Whorf, de différences marquantes. C'est sur la base de présupposés innéistes que la majorité des approches dites cognitives (allant de la neuropsychologie à l'anthropologie) s'est engagée, pour atteindre, au cours des années 80, la dimension contestée de nouveaux paradigmes scientifiques. Aujourd'hui, la thèse Sapir-Whorf est-elle définitivement enterrée par l'intérêt prioritaire porté aux universaux ? La réponse est complexe car, à ce jour, aucune démonstration magistrale de l'unité des structures grammaticales qui sous-tendent les diverses langues du monde n'a été fournie. Les recherches sur les universaux sémantiques (6) n'ont pas vraiment tenu leurs promesses. Quant aux ethnosciences, leurs résultats se cantonnent à des secteurs bien délimités des cultures (catégories de la nature, systèmes de parenté, couleurs). Pour le reste, l'intérêt porté aux variations culturelles poursuit une carrière légitime tant chez les ethnologues que chez les linguistes, et l'on voit mal ce qui pourrait l'arrêter. Aussi, le balancier des idées fait-il qu'après une bonne dizaine d'années de domination universaliste, les recherches sur la diversité des structures langagières semblent susciter à nouveau l'intérêt. Un colloque international, publié en 1996, intitulé «Repenser la relativité des langues» (7) s'ouvrait ainsi sur l'idée que, le climat intellectuel ayant changé, il était temps de faire revivre, sous une nouvelle forme, l'étude des rapports privilégiés qu'entretiennent les langues, la pensée et les sociétés. Mais avec d'autres arguments que ceux de E. Sapir et de B.L. Whorf.

---

5. Voir les articles de J.-F. Dortier «Le débat Chomsky/Piaget» et de D. Roycourt dans cet ouvrage.
6. Voir les mots clés en fin d'ouvrage.
7. J. Gumperz, S.C. Levinson, *Rethinking Linguistic Relativity*, Cambridge University Press, 1996.

AIMER LES LANGUES POUR AIMER LES HOMMES

Entretien avec Claude Hagège[*]

Claude Hagège nous parle de sa façon humaniste de faire de la linguistique aujourd'hui, de son amour des langues qu'il part étudier sur le terrain, et de la place du linguiste dans la Cité.

Sciences Humaines : Pouvez-vous situer votre conception de la linguistique par rapport aux autres systèmes existants ?

Claude Hagège : D'ordinaire on distingue le langage comme aptitude et les langues comme réalisation de cette aptitude sous forme d'objets socio-historiques, et on sépare l'étude de chacun de ces domaines. Pour moi, l'un n'est pas exclusif de l'autre : je « vais au langage » comme attitude caractéristique de l'humain et « à travers les langues » comme objets historiques et sociaux précis.

Je suis un linguiste passionné par les langues depuis l'enfance et par cette passion j'alimente ma vision théorique du langage. Cela veut dire que je suis aussi un linguiste de terrain, en contact par monts et par vaux, avec ceux qui parlent leur langue maternelle. Je suis par conséquent un linguiste très orienté vers la typologie, vers l'étude des types de langues, laquelle conduit aux « universaux ». Ces derniers sont des caractéristiques possédées par un nombre important de langues, et qui par conséquent ont vocation à être les traits universels des langues.

Ma théorie est articulée sur une recherche concernant la manière dont l'homme fabrique ses formes linguistiques ; en fonction de quels besoins, et de quels types de pression répond-il à la pulsion communicative ? Les langues sont pour moi construites par l'homme en fonction des contextes d'interlocution. Cela me situe par rapport au nouveau courant du savoir très à la mode : les sciences cognitives, qui étudient notamment ce que l'usage des langues suppose de connexions mentales.

[*] Professeur au collège de France et directeur d'études à l'Ecole Pratique des Hautes Etudes. A publié notamment : L'Homme de parole, contributions de la linguistique aux sciences humaines, Gallimard, 1991 ; Halte à la mort des langues, Odile Jacob, 2000. Voir aussi sa présentation p. 266.

SH : Et votre pratique de terrain, en quoi consiste-t-elle ?

C.H. : Je suis parachuté dans une brousse peu connue, où j'ai délimité sur la carte des zones de non-connaissance. Logé par un chef coutumier, avec mon magnétophone, j'interroge les gens. Ainsi, au bout de quelques mois j'en reviens avec un dictionnaire ou une grammaire. Je ne connais pas la langue et j'essaie d'en apprendre assez pour la décrire, grâce à des questionnaires et des méthodes qui permettent de connaître les choses les plus fondamentales. En fonction des enregistrements on devine quelles sont les structures de la grammaire, comment la phrase se construit et comment on acquiert un vocabulaire de base. Parfois les gens parlent également une langue véhiculaire (1) (comme l'anglais, mais aussi beaucoup le français).

SH : Pouvez-vous nous dire comment la monographie d'une langue contribue à la définition plus générale de la langue ?

C.H. : Prenons un exemple précis. J'appelle «anthropologie casuelle» (c'est-à-dire de cas de la déclinaison) le fait que les correspondants des cas qui, dans les langues à déclinaisons, indiquent le lieu où l'on est, le lieu où l'on va, la situation dans l'espace comme «à côté de», «dedans», «dessus» sont souvent tirés de noms des parties du corps. Je l'ai constaté dans de nombreuses langues. Dans les langues créoles que j'ai particulièrement étudiées, cela est clairement observable.

De même, dans de nombreuses langues africaines, le mot «tête» a donné «au-dessus de», le mot «pied» a donné «au-dessous de», le mot «dos» donne «derrière»; les substantifs donnent des prépositions. Dans la vallée du Nil, en Ethiopie, au Soudan, il existe en revanche de nombreuses sociétés pastorales chez qui le mot «dos» signifie «au-dessus de». En effet, la base de référence n'est plus l'homme, mais le bovin, dont le dos est horizontal. Alors que, dans les sociétés où ces désignations sont fondées sur la position humaine, le mot qui signifie «derrière» est en général le mot «dos», dans les sociétés pastorales (africaines nomades, ou encore en Asie, au Tibet, au Népal), ce sera souvent «anus», que l'animal présente à sa face externe arrière.

Ainsi que j'ai tenté de le démontrer sur un certain nombre de langues, il semble que l'homme exprime autour de lui l'univers en fonction de son *ego* comme centre : le corps de l'*ego* est ainsi la mesure de toute chose. Si la référence est un animal comme dans les exemples ci-dessus c'est toujours un *ego* humain qui le perçoit. Avec ce cheminement technique et assez complexe en général, inconnu du grand public, la linguistique nous apprend quelque chose sur l'homme. C'est pour cette raison que le sous-titre de mon livre *L'Homme de paroles* est *Contribution de la linguistique aux sciences humaines.*

SH : Quelle est justement cette contribution, cet apport du linguiste en dehors de sa discipline propre ? Car la linguistique a tout de même servi de modèle, voire de paradigme aux sciences humaines pendant toute une période...

C.H. : Plus que des informations utiles dont on peut se prévaloir dans les salons ou des systèmes pilotes directement utilisables dans d'autres disciplines, la linguistique apporte surtout un type de regard particulier, selon moi autant sociologique, historique, que biologique. Paradoxalement, les biologistes et les neurologistes attendent des linguistes cognitivistes qu'ils leur apportent des modèles. En effet, nous ne saurons sans doute pas avant longtemps par quel mécanisme les 30 à 50 milliards de neurones de notre voûte corticale entrent en action lors d'une engrammation (quand je vous parle et vous écoute). Faute d'avoir des indices permettant l'accès à cette connaissance de phénomènes extrêmement complexes, les biologistes s'adressent provisoirement aux linguistes pour demander des modèles descriptifs, des structures de langue, pour tenter de simuler ce qui se passe peut-être dans le cerveau, en première approximation. D'où en fait toutes les recherches en intelligence artificielle, en sciences des ordinateurs et de la traduction.

Pour les autres sciences, ma réponse sera plus décevante. Une époque est un peu révolue : celle où Claude Lévi-Strauss rencontre Roman Jakobson aux Etats-Unis, et trouve que les schématisations suggestives des linguistes peuvent être utilisées et reprises en ethnologie dans l'étude des structures de la parenté. Mais, cela étant dit, je ne vois guère d'autres exploitations topiques précises d'une science humaine lui permettant d'être une science pilote ; le linguiste n'apporte qu'un éclairage différent : l'homme vu par sa langue ou « Homme de Paroles ». De même que l'économiste racontera l'homme vu par le rapport avec la monnaie, le sociologue, l'homme en tant qu'être social, et l'ethnologue, l'homme comme membre d'ethnie vivant en dehors des sociétés industrielles...

SH : Ferdinand de Saussure avait pourtant défini la linguistique en isolant une « *science du système de la langue* ». En rencontrant, ainsi que vous le faites, les siècles et les civilisations diverses, sans vous inscrire dans un système

très formalisé, ne risquez-vous pas de dissoudre l'objet linguistique dans le psychologique, le social, l'histoire ?

C.H. : Non seulement je ne pense pas dissoudre l'objet linguistique, mais au contraire je tente à la fois de répondre à l'attente du public cultivé curieux, mais également à celle de chercheurs d'autres sciences, voire de linguistes. F. de Saussure venait à une époque où la coupure, tel un acte de création, était indispensable ; et la mutilation, car c'en est une, est une coupure épistémologique : coupure par rapport à ce qui est passé, et coupure au sens chirurgical, parce qu'il s'agit de délimiter un territoire de la connaissance.

Mais dans la mesure où cela a été fait, et où le *Cours*, publié en 1916, est devenu le bien commun de tous les linguistes, la situation est différente : ouvrir la linguistique, à travers les langues, à tout ce dont parlent les humains, est plutôt une attitude qui lui permet de se réinsérer dans la Cité...

SH : Pouvez-vous expliquer ce concept, central dans votre œuvre, « d'homme dialogal » ?

C.H. : L'homme dialogal était justement une réaction à cette focalisation d'intérêt sur l'homme défini par ses neurones. Je ressentais cette dernière comme une mise en cause de ce que je disais en tant que linguiste. On retrouvait en effet ce débat, primordial, de l'inné et de l'acquis, de la tendance cognitiviste et de la tendance sociale. Certes, il est important de tenter de comprendre le fonctionnement neurologique de la parole, de la communication. Mais il est essentiel aussi de se replacer dans le contexte social : la matière de tout entretien, ce sont les traces que laissent les liens complexes tissés au cours d'un dialogue. Ainsi, j'appelle « homme dialogal » l'homme investi dans un type de relation avec un autre, relation qui n'est pas justiciable d'une explication purement neurologique. S'il n'y avait pas eu situation de dialogue, il n'y aurait pas eu de langue : le monologue lui-même est une conduite de communication uniquement si l'on suppose le dialogue. Et j'ai l'intuition, sans pouvoir le démontrer hélas, que les premières manifestations vocales linguistiques ont été suscitées par le désir de dialoguer, de créer une relation d'altérité où l'on ait quelque chose à dire à l'Autre.

SH : Dans vos ouvrages grand public, une certaine pondération, voire une modération humaniste, semble de règle.

C.H. : Cela ne ressemble guère à mon tempérament, qui est plutôt extrême : il m'est arrivé de m'enflammer pour une belle langue, et de tout quitter quand j'avais en vue un voyage aux antipodes, à la poursuite d'une langue exotique jamais étudiée auparavant. Comme homme, je suis plutôt de type passionnel, mais comme chercheur je suis différent : effectivement, on pourra lire dans ma recherche, sinon une modération humaniste, en tout cas une grande prudence.

En effet, cette prudence est dictée par mon amour des langues : la quasi-totalité des théories sont mutilantes parce que créées par des esprits qui ne connaissent qu'une ou deux grandes langues et non celle des tribus africaines isolées, celles du Népal ou de la brousse amazonienne et brésilienne. Ces recherches ont lieu pour moi en enquêtes sur le terrain. J'en rapporte des études techniques, des dictionnaires et des grammaires.

La modération que vous avez cru lire entre les lignes est donc due au désir sérieux de quelqu'un qui, après enquête sur de nombreuses langues, s'insurge devant les réductions, les simplifications qui falsifient les faits. Mais en fait, plutôt qu'une hostilité, j'émets une certaine réserve au sujet du formalisme. Contrairement aux sciences exactes, qui formalisent pour photographier le réel, les sciences humaines, et singulièrement la linguistique, ont formalisé, à l'origine, par inquiétude voire angoisse, et désir d'emprunter aux sciences exactes leur appareil externe jugé comme plus rigoureux. Personnellement, je n'ai pas cette anxiété, je considère que la linguistique a un très bel objet : les langues. Pour s'occuper des langues, je ne crois pas à la signification des schémas complexes. A travers ces schémas, ce n'est pas tant une rigueur empruntée aux physiciens et aux mathématiciens que l'on espère, mais plutôt une simulation de ce qui se passe au niveau des structures mentales. C'est ce que Noam Chomsky (2) a toujours tenté de réaliser, sans aboutir finalement à des résultats convaincants.

SH : On lit cependant, dans vos ouvrages, le souci d'être un linguiste conséquent, et de ne pas être irresponsable par rapport à ce qui ce passe dans la société moderne..., le linguiste a-t-il, d'après vous, une responsabilité ?

C.H. : Je suis depuis une dizaine d'années assez sensible au statut du linguiste dans la Cité : je pense qu'il ne peut plus, désormais, se contenter d'un mandarinat d'observateur, qui est bien sa vocation, mais doit, sinon faire profession de maître de beau langage, ce qui est exclu, du moins donner avis sur la direction dans laquelle s'engage une langue. L'ouvrage, *Le Français et les siècles* (3), livre de linguiste, est considéré par les puristes comme trop peu ouvert à la défense du français, parce qu'ils ne savent pas que le linguiste n'est pas garant du bon usage. Il contient cependant une petite ouverture sur un certain type de défense du français. Si je ne me départis pas d'une attitude d'observation, j'ai pris une position avancée en soutenant que la francophonie n'était pas de mauvais aloi, que le français, comme langue à vocation internationale, devait être promu par une action publique.

SH : Tout au long de cet entretien, vous avez utilisé le terme d'amour à propos des langues. Cet « amour » est-il de même nature que l'affection de tout un chacun pour les mots, ou existe-t-il un « amour de la langue » du linguiste ?

C.H. : L'amour de la langue, par exemple maternelle, se définit en termes psychanalytiques comme l'amour de la mère. C'est la langue directement transmise par la mère, surtout dans les sociétés tribales d'Afrique.

J'ai en revanche intitulé l'ultime chapitre de *L'Homme de paroles* « L'amour des langues ». Par là, j'entends l'amour de ces « touts » qui ont une esthétique, propre à tous les niveaux : leur phonétisme, leur morphologie, leur syntaxe et leur lexique (4). En même temps parce que ces mécanismes énigmatiques servent à communiquer et nous permettent de sortir de nous-mêmes : don d'altérité, attention offertes à ceux qui nous écoutent et peut-être aussi fuite de la solitude.

Par conséquent, pour moi, cet amour des langues n'est pas très éloigné de l'amour des hommes.

Propos recueillis par
YVES JEANNERET
(*Sciences Humaines*, n° 6, mai 1991)

---

1. Langue utilisée de façon privilégiée pour l'intercommunication dans les régions où plusieurs communautés linguistiques vivent.
2. Voir l'article de D. Roycourt dans cet ouvrage.
3. Seuil, 1989.
4. Voir les mots clés en fin d'ouvrage.

SAUVER LA DIVERSITÉ DES LANGUES !

Entretien avec Michel Launey[*]

Pour Michel Launey, de nombreuses langues disparaissent, et la création de nouvelles s'avère très problématique. Il précise alors le rôle possible du linguistique dans ce phénomème de société.

Sciences Humaines : Quel est le principal objectif de la description des langues de tradition orale ?

Michel Launey : Les objectifs sont multiples, et les enjeux à la fois généraux et locaux. La linguistique a pour objectif final l'étude du langage humain. Nous pensons que le langage n'est accessible qu'à travers la variation des langues, et que toute théorie du langage doit être compatible avec ce qu'on observe dans quelque langue que ce soit. Il s'agit de connaître à la fois l'ampleur de la variation des langues aussi bien que les restrictions sur cette variation. C'est un enjeu essentiel pour les sciences du langage que de comparer des langues très éloignées les unes des autres. La linguistique a parfois surestimé la variété des langues, mais a tendance aujourd'hui à la sous-estimer.

SH : Est-il vrai que le nombre des langues est, à notre époque, en train de se réduire d'une manière tout à fait drastique ?

M.L. : C'est un processus inéluctable. Beaucoup de langues sont menacées et la création de langues est rare. Il faut pour cela des circonstances particulières, comme des déplacements de population dans le cas des langues créoles. Et il serait erroné de considérer comme création de langues des manipulations politiques qui attribuent à deux parlers, en réalité deux variétés assez peu éloignées et mutuellement intelligibles de la même langue, le statut de langue : le cas le plus proche est l'éclatement officiel du serbo-croate en serbe et croate. La différenciation linguistique spontanée, elle, est un processus de très longue haleine, qui requiert des centaines d'années pour qu'on arrive à une différenciation forte. En revanche, on voit bien comment une langue peut disparaître : le cas le plus fréquent est que les gens qui la parlent ont acquis une autre langue, dominante, et ne trouvent plus d'intérêt à transmettre la première à la génération suivante. C'est très rapide, cela peut

[*] *Professeur à l'Université de Paris-VII et directeur du CELIA (Centre d'étude des langues indigènes d'Amérique). A publié notamment :* Introduction à la langue et à la littérature aztèque, *L'Harmattan, 1979.*

se produire sur deux ou trois générations. Toutes les langues minoritaires sont menacées.

SH : **Y a-t-il un enjeu scientifique à s'intéresser activement à ces langues en danger ?**

M.L. : Une langue non écrite perdue ne renaît jamais. C'est, d'un point de vue de la connaissance, une perte grave : on a peut-être raté avec cette langue un aperçu unique sur un mode de construction du sens qui aurait pu être très utile pour la linguistique et les sciences cognitives. La sauvegarde des langues menacées entre dans l'application du principe de précaution, dont on parle beaucoup aujourd'hui.

Mais il y a des enjeux plus concrets, qui concernent le maintien en vie de ces langues menacées. Le problème de la valorisation des langues minoritaires ne touche pas seulement les peuples d'Amérique, mais aussi d'autres régions du monde, y compris en Europe. Autrefois, les chercheurs pouvaient considérer les gens avec lesquels ils travaillaient comme de simples sources d'informations. Depuis environ vingt-cinq ans et sans doute en réaction à la mondialisation culturelle, les linguistes sont sollicités pour participer à la valorisation des langues minoritaires. Nos informateurs sont devenus demandeurs vis-à-vis des linguistes, ne serait-ce que parce que leur travail montre que leur langue est digne d'intérêt. De façon plus directe, ils leur demandent de produire du matériel d'enseignement, des dictionnaires et de la normalisation orthographique qui permet le passage à l'écriture. Ils réclament aussi parfois une normalisation de la langue elle-même. Ce faisant, ils s'engagent dans un processus qu'on a déjà observé au cours de l'histoire des civilisations : la création de la *koinè* grecque, de l'arabe contemporain, du breton unifié, du français au XVIe siècle... Ce mouvement de revitalisation volontaire des langues rencontre des succès : l'eskimo en est un cas emblématique.

SH : **Il y a donc des enjeux culturels et politiques liés à la défense de la diversité des langues ?**

M.L. : L'exercice de la diversité linguistique fait souvent peur aux autorités politiques, qui y voient une source de conflits. En réalité, il n'y a pas de lien direct entre le plurilinguisme et le degré de conflictivité d'une société. Il y a des manières de vivre le bilinguisme, voire le plurilinguisme, qui sont très apai-

sées. En revanche, de mauvaises conditions faites aux groupes minoritaires sont une source potentielle de conflits.
Cela dit, la langue est un terrain sensible, qui se prête aux idéologies les plus radicales. Les gens qui s'opposent à une culture et à une langue dominantes peuvent vite déraper dans la haine de l'autre. Si l'intervention du linguiste peut leur montrer que leur langue, aussi bien que la langue dominante, n'est qu'un système de significations parmi tant d'autres, elle les aide à sortir de la situation de confrontation locale entre deux langues que les gens croient uniques au monde, et à leur faire prendre conscience de la diversité des langues. L'intervention du linguiste dans ce type de situation n'est pas seulement technique : elle tend à pacifier le rapport que les gens entretiennent avec leur langue. Les combats linguistiques réussis le sont sur une base scientifique et culturelle.
Il faut définir un espace dans lequel une langue est utile : cela peut être un territoire, mais aussi certaines circonstances de la vie sociale. La seule vraie chance des langues minoritaires, c'est que les parents ne cessent pas de les enseigner à leurs enfants. L'officialisation n'est pas une panacée : le quechua a été déclaré langue officielle au Pérou en 1975, mais à l'époque sans résultat, parce qu'aucun travail préalable de planification linguistique n'avait eu lieu.

Propos recueillis par
NICOLAS JOURNET
(*Sciences Humaines*, hors série n° 27, décembre 1999/janvier 2000)

Nicolas Journet[*]

PEUT-ON RÉFORMER LES LANGUES ?[**]

Loi sur l'emploi du français, réforme de l'orthographe : les mesures prises en haut lieu sur la langue sont souvent accueillies avec scepticisme ou ironie. Le français n'appartient-il pas exclusivement à ceux qui le parlent ? Un Etat a-t-il le droit et le pouvoir de changer la pratique des langues sur son territoire ?

COMME l'annonce un sondage Sofres de mars 1994, 97 % des Français expriment un fort attachement à leur langue maternelle et à son « bon usage ». A preuve : ils n'autorisent généralement leurs dirigeants à aucun écart dans ce domaine. L'adoption, en août 1994, d'une loi sur « L'emploi de la langue française » n'en a pas moins soulevé de vigoureux débats et de nombreuses plaisanteries. L'Etat a été accusé d'atteinte aux libertés, la langue a été déclarée intouchable. Les Français, oublieux de leurs années d'école, ont redécouvert avec étonnement qu'il existait en France un « ordre public linguistique » (1), et que la langue n'était pas le jardin privé de chacun. Qu'en pensent les linguistes ? Tous n'ont pas, vis-à-vis des langues qu'ils étudient, un intérêt exclusivement contemplatif. Il arrive que l'on s'adresse à eux pour évaluer ou mettre en œuvre une mesure linguistique. C'est le cas de Bernard Cerquiglini, professeur à l'Université de Paris-VII, qui a été, de 1989 à 1993, délégué général à la langue française et a participé à l'élaboration de la réforme de l'orthographe (2). Il a accepté de répondre à nos questions, de même que Louis-Jean Calvet, professeur de sociolinguistique à l'Université

---

[*] Journaliste scientifique au magazine *Sciences Humaines*.
[**] *Sciences Humaines*, n° 52, juillet 1995.
1. Document du ministère de la Culture et de la Francophonie, accompagnant le texte de la loi n° 94-665 du 4 août 1994 sur « L'emploi de la langue française ».
2. A publié notamment : *La Naissance du français*, Puf, « Que sais-je ? », 1993 ; *L'Accent du souvenir*, Minuit, 1995.

de Paris-V, et auteur de plusieurs livres dans le domaine de la planification linguistique (3).

Comment les langues évoluent

Comment et pourquoi les langues évoluent-elles ? Sont-elles, comme les espèces vivantes, le produit d'une évolution naturelle ? Pas tout à fait. Au moins deux facteurs interviennent. Selon L.-J. Calvet, il y a d'abord une histoire *in vivo*, qui résulte du fait que les langues changent tous les jours par l'action de ceux qui les parlent. *« Nos grands-parents pratiquaient des distinctions phonétiques (4) que nous ne faisons plus, comme entre "brun" et "brin". Le vocabulaire change également. Qui se souvient aujourd'hui que le mot amadouer était un mot d'argot qui désignait l'action, chez un mendiant, de se passer le visage à l'amadou pour se donner l'air malade et apitoyer les chalands ? Il est difficile de suivre ces changements au jour le jour, parce que la langue n'en retient que peu, mais cette action est constante et spontanée. »* B. Cerquiglini appelle cela l'histoire « interne » de la langue. *« C'est l'objet scientifiquement prestigieux de la philologie. »* Il n'y est question ni de bon ni de mauvais usage, et encore moins de réforme.

L'autre versant de l'histoire est celui des conditions dans lesquelles une langue est instituée, transmise et éventuellement fixée dans son contenu par une institution politique ou académique. L.-J. Calvet appelle cela une évolution *in vitro*, parce qu'elle se décide principalement dans les « laboratoires » que sont les commissions d'experts. B. Cerquiglini affirme que cette histoire « externe » du français est plus ancienne qu'on le pense et profondément liée à l'écriture. Bien avant la création de l'Académie française et l'instauration du bon usage – celui de la cour de Versailles – par Vaugelas au XVIIe siècle, on trouve, dès le IXe siècle, un document (*Les Serments de Strasbourg*, 843) qui met en œuvre un usage commun aux dialectes de la France médiévale. *« Le français écrit, ajoute-t-il, est le type même de la langue élaborée consciemment et grammatisée. Or, c'est cette langue-là qui est devenue le français national, celui des écoles, qui s'est imposé à tous les autres parlers régionaux de l'intérieur et de l'extérieur de la France. »* La plupart des langues européennes sont dans le même cas : *« Ce n'est pas par hasard que l'on parle de la langue de Goethe, de Shakespeare ou de Dante. Ce sont les écrivains qui ont façonné les langues nationales. Même s'il n'y a pas d'académie en Angleterre, le bon anglais est le* king's English, *et celui du* Oxford dictionnary. »

Il y a deux façons d'intervenir sur la situation d'une langue : on peut agir sur son emploi ou sur son contenu. Au niveau des Etats, la politique linguistique consiste à imposer une ou plusieurs langues nationales pour les actes officiels et l'enseignement dans les écoles. 120 pays dans le monde ont actuellement inscrit des dispositions de ce genre dans leur Constitution. Dans de nombreux pays, comme le Québec

---

3. A publié notamment : *La Guerre des langues et les politiques linguistiques*, Hachette, 1987 (rééd. 1999) ; *L'Europe et ses langues*, Plon, 1993 ; *L'Argot*, « Que sais-je ? », Puf, 1999.
4. Voir les mots clés en fin d'ouvrage.

Cherchez l'erreur !

« Tandis que nous buvions un ponch douçâtre dans l'ile aux nénufars, ce vanupied en bluejean s'est permis d'interpeler crument ma femme. Quel évènement ! » Y a-t-il une erreur ? Non, aucune : ponch, ile, nénufar, vanupied, interpeler, etc., font partie des quelque 2 000 mots concernés par les « nouvelles orthographes » figurant au *Journal Officiel* du 6 décembre 1990. Les changements obéissent à quelques principes :
– régularisation, notamment des noms composés. On écrivait portefeuille mais porte-monnaie. Désormais, la tendance est à la soudure : on pourra écrire boutentrain, contrindication... Pour ceux qui restent composés, une règle unique de formation du pluriel est appliquée : un sèche-cheveu, des sèche-cheveux ;
– rationalisation. Combattre prend deux « t », combattif en prendra deux aussi ; charrette prend deux « r », charriot aussi ;
– simplification. Des voyelles superflues sont supprimées, comme le « e » dans douceâtre (on écrira donc douçâtre). Les accents circonflexes sont supprimés sur les « i » et les « u » (ile, boite, connait, dument, voute, etc.) ;
– mise en conformité avec la prononciation : on pourra écrire règlementaire (au lieu de réglementaire) et ognon sans « i ». Skunks (sorte de putois américain) pourra s'écrire sconse, et punch devient ponch ;
– le cas de nénufar est un remord : le « ph » de nénuphar était une préciosité introduite par l'Académie en 1935, qui suggère aujourd'hui de revenir en arrière.
Quoi qu'il en soit, chacun fera, jusqu'à nouvel ordre, comme il lui plaît (ou plait).

ou la Belgique, où deux langues sont en concurrence, des dispositions très précises portent sur l'affichage, les documents commerciaux, les contrats de travail, la publicité, etc. En France, la langue est depuis le XVIᵉ siècle au moins une affaire d'Etat, et si son inscription dans la Constitution n'est intervenue finalement qu'en 1992, c'est peut-être parce que la place ne lui était pas disputée.

Ensuite, il est arrivé plus d'une fois dans l'histoire que le contenu d'une langue, son vocabulaire, sa syntaxe (5) et son écriture soient délibérément réformés. Il s'agissait, en général, de marquer un changement culturel important : sous Kemal Ataturk, la Turquie a adopté par décret l'alphabet latin, épuré sa langue de son vocabulaire persan et arabe et laïcisé son lexique (6). Plus récemment, on a vu les belligérants serbes et croates de l'ex-Yougoslavie décréter que le serbo-croate ne formait plus une langue unique, mais deux, dont les moindres

---
5. Voir les mots clés en fin d'ouvrage.
6. *Idem.*

différences ne devraient pas tarder à être codifiées.

La loi française d'août 1994 prévoit que, dans les textes officiels, les termes étrangers devront être évités et remplacés par des mots français formés à cet effet. Mais l'extension de cette disposition aux médias et à la publicité a été annulée par le Conseil constitutionnel. En fait, à moins d'imposer de peu vraisemblables sanctions, elle risquait bien de n'être jamais appliquée. Selon B. Cerquiglini, «*les décisions légales ne doivent porter que sur l'emploi de la langue, pas sur son contenu. Quand l'Etat s'occupe du contenu, il ne peut que proposer : dans un pays démocratique, une loi ne peut pas imposer à un citoyen de parler d'une manière ou d'une autre.*» De plus, l'emprunt de termes étrangers est une donnée normale de l'histoire des langues. «*Académie est un italianisme, daurade et salade sont des mots provençaux : il n'y a que des mots étrangers en français, cinquante seulement sont d'origine gauloise...*», rappelle B. Cerquiglini. «*L'idée d'imposer des quotas d'importation de mots, défendue par certains, est inapplicable. Une langue ne vit que lorsqu'elle prend et donne des termes à d'autres langues. Sinon, elle cesse d'évoluer et meurt.*» Le plus xénophobe des puristes doit admettre que les mots étrangers ne dégradent pas le français courant, mais l'enrichissent.

Pourtant, bon nombre des pulsions linguistiques qui animent les Français se fondent sur le sentiment confus mais puissant que la langue «fiche le camp» ou s'abâtardit, soit d'elle-même, soit au contact de langues étrangères. Ce sentiment est-il légitime ? Il est en tous cas ancien : «*Au XVIe siècle, Henri Estienne,* explique B. Cerquiglini, *écrivait que le français était perdu, qu'il n'était plus qu'une sorte d'italien. Aujourd'hui, il serait une espèce d'anglais : la réaction est la même.*» Cette nostalgie de la langue des origines est tout à fait indépendante du devenir objectif des langues : «*Ce sentiment de perte vient du fait que nos enfants parlent une langue qu'ils ont apprise trente ans après nous. Ce n'est donc déjà plus la même, et c'est cela qui nous gêne. Mais, dans les conditions courantes d'emprunt, les mots étrangers cessent de l'être ou bien ne font que passer : il y a vingt ans, on faisait du* footing; *aujourd'hui, on fait du* jogging, *et dans cinq ans ce sera encore un autre mot.*»

Vu sous cet angle, le danger semble minime. Par ailleurs, aucune menace de disparition ne pèse sur le français. «*Il y a aujourd'hui 125 millions de francophones répartis dans trente-trois pays du monde,* rappelle B. Cerquiglini, *c'est-à-dire plus qu'il n'en a jamais existé. A moins de détruire les populations, ou de les opprimer de telle manière qu'elles renoncent à utiliser leur langue, on ne peut pas faire disparaître l'usage quotidien d'une langue parlée par tant de gens. En tout cas, on n'a jamais vu cela.*» Une langue, sans disparaître, peut néanmoins perdre de l'influence comme outil d'échanges dans le monde. C'est le cas du français face à l'anglais depuis trente ans. La réforme de la langue peut-elle avoir une incidence sur cette situation ? Concernant la loi Toubon, les opinions sont rarement positives. «*Il est faux,* souligne L.-J. Calvet, *de faire croire aux Français qu'en défendant leur langue contre des emprunts de mots étrangers on va donner à leur pays une plus grande force sur la scène internationale.* » De manière générale, remarque-t-il, les mesures défensives sont neutralisées par l'absence d'une politique linguistique européenne : «*Aujourd'hui, on propose aux enfants d'apprendre une langue étrangère dès l'école primaire. Dans 80 % des cas, c'est l'anglais. Dans le secondaire, 90 % des élèves apprennent l'anglais en première langue. Les Allemands et les Espagnols n'apprennent qu'une seule langue étrangère : l'anglais. Quant aux Anglais, ils n'apprennent que le français. Résultat : l'allemand, qui est la langue la plus parlée d'Europe (90 millions de locuteurs) n'est plus appris, et est évacué des institutions internationales. On pourrait commencer par introduire un peu de diversité à l'école. Protéger l'affichage en France, imposer des modes d'emploi et des colloques en français – pour autant qu'on y arrive – ne change pas grand-chose à l'image dominante de l'anglais comme langue des échanges.*»

La loi Toubon et la « défense de la langue »

B. Cerquiglini n'est pas tout à fait du même avis, et retient plusieurs aspects positifs des mesures de réforme adoptées ces dernières années. En effet, selon lui, l'usage quotidien du français doit être bien distingué de son usage dans des domaines spécialisés que, dans le contexte actuel, il tend à abandonner à l'anglais. «*Il est inadmissible*, fait-il remarquer, *que des cours d'université soient donnés en France en anglais par des professeurs qui parlent français, sous le prétexte que la bibliographie est en anglais. Ce n'est pas une question de chauvinisme : cela veut dire que l'anglais risque de devenir la langue scientifique en France.*» Sujet délicat sur lequel a buté le projet ministériel. Sa première rédaction prévoyait, en effet, de donner le droit à tout participant à un colloque se tenant en France d'exiger que conférences et débats se tiennent en français. Même les moins anglophiles des spécialistes consultés en ont eu un haut-le-cœur. Il en allait du destin de certaines rencontres internationales de haut niveau qui, désormais, allaient fuir le sol français. On supprima donc la proposition. Cette réaction raisonnable illustre les risques et les limites de toute politique linguistique. En tant que pratique, l'emploi d'une langue est le reflet d'un état social et économique : en l'occurrence, du fait qu'un chercheur sur deux dans le monde appartient à un laboratoire américain, et que les meilleures revues scientifiques sont publiées en anglais. Cela, comme le soulignait plus haut L.-J. Calvet, ne peut être modifié directement par aucune loi linguistique. Cependant, il s'agit bien de situations où les institutions ont leur part de responsabilité. Le volontarisme n'est donc pas exclu. «*Parler une langue, c'est avoir une représentation de cette langue*, souligne B. Cerquiglini. *L'influence d'une langue dépend de facteurs objectifs, mais aussi de cette représentation.*» On peut espérer agir sur cet imaginaire linguistique : c'est ce que tentait de faire par exemple le ministre Jacques Toubon, lorsqu'il écrivait que l'usage de l'anglais relevait du snobisme tandis que celui du français exprimait l'appartenance au peuple (7). Il n'est pas sûr que les Français le vivent vraiment ainsi. «*En revanche*, observe B. Cerquiglini, *beaucoup de gens aujourd'hui ont l'impression que le français ne peut pas dire le monde moderne, principalement parce qu'il ne peut pas dire l'informatique, la biologie, la physique ou la finance. Si l'on veut imposer l'usage du français dans les colloques, il faut d'abord modifier cet état de choses par la création terminologique. La création terminologique consiste à proposer des mots français bien formés et clairs pour remplacer des mots anglais la plupart du temps empruntés de manière inexacte et en tout cas opaque. C'est une manière de faire évoluer la langue un peu plus vite que nature et de l'enrichir, dans des domaines où, de toute façon, on n'a pas affaire à une création populaire, mais spécialisée.*»

Le résultat concret dont peut se prévaloir la Délégation à la langue française est un *Dictionnaire des termes officiels de la langue française*, paru en janvier 1994, dont l'usage est chaudement recommandé aux employés de l'Etat dans leurs activités professionnelles. L'ouvrage propose un peu plus de deux mille termes techniques et scientifiques, leur équivalent en anglais, et les textes juridiques qui en fixent l'emploi. Cette réalisation couplée à la loi de 1994, a été fréquemment accueillie comme une mesure totalitaire. Erreur : «*Ce lexique n'a aucun caractère obligatoire, hormis dans les textes officiels : il ne s'impose ni à l'école, ni dans les médias. Ce ne sont que des propositions d'usage. Ce n'est qu'une fois que l'usage se confirmera qu'il pourra devenir la norme, notamment à travers les dictionnaires courants*», précise B. Cerquiglini.

Plus sceptique, L.-J. Calvet s'interroge sur les chances de succès de ce lexique institué par le Prince, de même d'ailleurs que sur le succès de mesures qu'il juge globalement «*défensives, alors qu'il faudrait plutôt de l'offensif*».

Orthographe : pourquoi changer ?

Changer d'écriture est, *a priori*, moins stratégique que de changer de mots. Il n'empêche : les réformes de l'orthographe, sur lesquelles l'Académie française a la haute main, irritent immanquablement l'opinion. Celle de 1990, qui modifie la graphie d'environ deux mille mots français, a soulevé quelques tempêtes *a posteriori*. Certains écrivains ont crié au sacrilège, tandis que la moyenne des Français s'est plutôt désolée de devoir réapprendre ce qui avait déjà coûté tant d'efforts à apprendre. Selon B. Cerquiglini, les uns comme les autres oublient facilement que ce type de changement n'est pas nouveau, mais s'inscrit dans un effort multiséculaire de simplification et de rationalisation du français. L'écriture du français, de même que sa grammaire n'ont cessé d'être modifiées par l'Académie entre le XVIIe et le XIXe siècles. «*En 1552, le grammairien Ramus jugeait déjà qu'il était nécessaire de simplifier l'écriture du français pour en faciliter l'accès aux étrangers. Pour lui, simplifier signifiait uniformiser. L'orthographe étymologique choisie par l'Académie en 1694 n'a pas réglé pour autant tous les problèmes : par*

---

7. *Le Monde*, 24 février 1994.

la suite, elle n'a eu cesse de se corriger, jusqu'en 1932, date de la dernière réforme. »

A quoi bon relancer l'affaire en 1991 ? Pour plusieurs motifs, plus ou moins urgents. D'abord, un souci de redressement des erreurs du passé : chariot n'avait qu'un « r », et charrette en avait deux. On a choisi d'en mettre deux partout. Ensuite, pour tenir compte de certaines évolutions, on supprime certains accents ne signifiant plus rien. Enfin, pour certains cas d'espèce, on a proposé des règles nouvelles : désormais compte-goutte ne prendra d'« s » qu'au pluriel, de même que tous les noms composés, et tous les « néo-quelque chose » s'écriront sans tiret. « Evidemment, on m'a fait remarquer qu'un tire-fesse en tire toujours deux à la fois, mais quelle importance ? La langue n'est pas une image du réel ! » B.Cerquiglini défend ces règles avec d'autant plus de conviction qu'il a participé directement à leur création. Selon lui, réforme de l'orthographe et création de mots vont de pair : « *Qu'est-ce qu'une langue qui ne saurait pas écrire les mots qu'elle crée ?* »

Dans quelles conditions l'intervention de l'Etat sur l'emploi et le contenu des langues peut-elle aboutir ? A moins de pratiquer la dictature scolaire – ce que personne ne souhaite, hormis quelques puristes – les réformes ne marchent que si les intéressés les comprennent et les acceptent. L.-J. Calvet rappelle le cas de la Guinée où, sous la présidence de Sékou Touré, on enseigna en langues africaines à l'école. Mais les Guinéens n'y voyaient apparemment pas une facilité puisque, après la mort du président, ils demandèrent le retour au français, langue qu'ils ne parlent pourtant pas à la maison.

Les modifications de contenu sont en principe moins difficiles à faire passer, à condition de ne pas être pressé : on estime qu'en moyenne les changements proposés par l'Académie française mettent dix ans à s'imposer dans l'usage. Certaines résistances étranges peuvent pourtant se maintenir longtemps : qui sait, en France, que le fameux accord du participe passé avec « avoir » n'est plus sanctionnable aux examens depuis 1905 ? L'indécision peut s'installer : les Norvégiens ont connu une quarantaine de réformes de l'orthographe depuis deux siècles, et ne parviennent pas à se décider entre le « norvégien nouveau » et le « norvégien des livres ». Chaque école enseigne ce qui lui semble bon. Pour ce qui est du lexique « officiel », B. Cerquiglini est plutôt optimiste : ordinateur, logiciel, informatique, qui sont des mots créés de toutes pièces il y a moins de vingt ans, figurent dans les dictionnaires usuels et sont utilisés par tout le monde. La réforme de l'orthographe, elle, entrera en vigueur au fur et à mesure que paraîtront les fascicules du dictionnaire de l'Académie. Mais il suffit de se procurer la dernière édition du *Petit Larousse* pour constater qu'événement peut déjà s'écrire évènement.

Evidemment, il y a plusieurs façons de mesurer le succès d'une réforme. S'il s'agit de préserver l'emploi de la langue française, comme les Québécois ont su le faire, on peut admettre qu'elle est pertinente. Si l'objectif est d'améliorer la position de notre langue sur le marché mondial, rien ne prouve que ces mesures aient une efficacité quelconque. D'autres facteurs interviennent, que L.-J. Calvet juge plus importants : « *L'avenir de la langue française ne se joue ni dans les commissions de Bruxelles, ni dans le bureau du ministre de la Francophonie, mais en Afrique. C'est auprès de ces populations très nombreuses et potentiellement francophones que la place du français comme langue véhiculaire* (8) *se joue. Il y a une chose que l'on oublie souvent : les Français ne représentent plus la majorité des francophones. Pourquoi persistent-ils à croire qu'ils sont propriétaires de la langue française ?* »

---

8. Langue utilisée de façon privilégiée pour l'intercommunication dans les régions où plusieurs communautés linguistiques vivent.

CATHERINE KERBRAT-ORECCHIONI[*]

LES CULTURES DE LA CONVERSATION[**]

En France, la conversation a peur du vide, on préfère même se couper la parole. Chez les Lapons, on doit laisser un silence entre chaque réplique... Les tours de parole, les rituels de salutations sont autant de marqueurs pour saisir la diversité des pratiques culturelles.

CURIEUSEMENT, ce n'est que récemment que les linguistes ont commencé à s'intéresser à la façon dont la langue est utilisée concrètement dans les diverses situations de la vie quotidienne où des sujets sont amenés à communiquer, c'est-à-dire à interagir par le biais du langage. Apparue en France au cours des années 80, au croisement de la pragmatique (1) et de l'analyse du discours (2), et très largement inspirée de différents courants de recherche américains (sociologie interactionniste, ethnométhodologie, éthologie et ethnographie des communications(3)), l'analyse des interactions verbales a pour objectif de décrire le fonctionnement de tous les types d'échanges communicatifs (conversations familières, mais aussi interactions se déroulant dans des contextes plus formels). A partir de l'étude de corpus enregistrés et minutieusement transcrits (l'approche est résolument empirique), il s'agit de dégager les règles et principes en tous genres qui sous-tendent le fonctionnement de ces formes extrêmement diverses d'échanges verbaux.

Or, il apparaît que ces règles ne sont pas universelles. Elles varient sensiblement

---

[*] Professeur en sciences du langage à l'Université Lumière–Lyon-II et membre de l'Institut universitaire de France. A publié notamment : *La Conversation*, Seuil, 1996 ; *Les Interactions verbales*, 3 tomes, Armand Colin, 1990-94.
[**] *Sciences Humaines*, hors série n° 27, décembre 1999/janvier 2000.
1. Voir les mots clés en fin d'ouvrage.
2. Ce type d'analyse a pour objectif de déterminer les règles qui commandent la production des suites de phrases structurées.
3. Voir les Points de repère : « Les courants de la sociolinguistique » dans cet ouvrage.

d'une société à l'autre – ainsi du reste qu'à l'intérieur d'une même société, selon l'âge, le sexe, l'origine sociale ou géographique des interlocuteurs. Mais on admettra que quelle que soit l'ampleur de ces variations internes à une même communauté linguistique, il est malgré tout possible de dégager certaines tendances moyennes propres à telle ou telle de ces communautés, et de jeter les bases d'une approche contrastive (des différences) du fonctionnement des interactions.

L'enjeu est d'importance, car dans notre monde contemporain, on constate à la fois et paradoxalement la multiplication spectaculaire des échanges entre individus relevant de cultures différentes, et la persistance tenace de la croyance selon laquelle on communiquerait fondamentalement partout de la même manière.

La dangereuse illusion universaliste

Soit la recommandation suivante, extraite d'un ouvrage destiné aux futurs professionnels de la vente :
« *Un enfant est toujours gêné de devoir répéter un mensonge lorsque ses parents lui demandent de le faire en les regardant "dans les yeux".*
Vous, vous ne mentez pas à vos clients. Alors, regardez-les.
Regardez-les lorsque vous leur parlez.
Regardez-les lorsqu'ils vous parlent.
Regardez-les! Un regard franc et direct renforcera vos paroles. Il donnera confiance à vos clients. » (4)

Il est vrai qu'en France, le fait de regarder son interlocuteur droit dans les yeux est généralement interprété comme un signe de franchise. Mais dans bien des cultures, un tel comportement passe au contraire pour arrogant, insolent ou agressif, et peut même être tabou dans une relation hiérarchique. La direction des regards comme la durée des contacts oculaires obéissent à des règles en grande partie inconscientes, et qui sont variables culturellement. Une étude comparant le fonctionnement des négociations commerciales dans différents pays a pu ainsi montrer que, dans le corpus de référence, la durée des contacts oculaires représentait respectivement 13 % seulement de la durée totale de l'interaction pour le japonais, mais 33 % pour le corpus constitué aux Etats-Unis, et 52 % pour le brésilien... Prenons un autre exemple, extrait d'un ouvrage de même nature que le précédent : « *Pour négocier dans de bonnes conditions, entre le client et le représentant doit s'établir une relation d'égalité : bannissez "je m'excuse de vous déranger", ne soyez pas gêné, vous parlez d'égal à égal avec votre interlocuteur.* » (5)

Il est vrai que dans notre société, nombreuses sont les situations où les interlocuteurs peuvent et doivent afficher un comportement symétrique et égalitaire. Mais ce comportement d'égal à égal sera des plus mal venu dans les sociétés dites « à éthos hiérarchique », comme la société japonaise, où l'on doit au contraire se montrer respectueux des différences de statut, et où le vendeur doit faire preuve à l'égard de son client

---
4. G. Rozès, *Tout ce que vous devez savoir pour vendre plus*, Chotard, 1983.
5. R. Moulinier, *L'Entretien de vente*, Les Editions d'Organisation, 1984.

de cette humilité déférentielle qui seule permettra à son discours d'être accueilli favorablement par l'interlocuteur. Or, ce qui frappe à la lecture de ces deux ouvrages, et de tous les autres du même acabit, c'est qu'à aucun moment ils ne prennent la précaution de nous dire – oubli bien révélateur – que les conseils qu'ils nous prodiguent sont relatifs à un contexte culturel bien particulier (le nôtre), mais que leur application pourrait avoir des effets désastreux dans des cultures obéissant à d'autres normes comportementales... Dès lors que l'on se trouve engagé dans un échange interculturel quelconque, il importe de prendre conscience de cette donnée fondamentale : loin de se restreindre, comme on le croit encore trop communément, à quelques comportements isolés et superficiels, la variation peut affecter tous les aspects et se localiser à tous les niveaux du fonctionnement des interactions.

Parmi les très nombreux exemples que l'on pourrait donner des variations culturelles dans les interactions verbales, retenons par exemple celui des tours de parole et celui de la salutation (6).

A chacun son tour de parole

Pour que l'on ait affaire à une interaction verbale, il faut que se trouvent mis en présence deux interlocuteurs au moins, qui parlent à tour de rôle. Si les principes généraux sur lesquels repose le système des tours de parole sont universels, leur application varie considérablement d'une société à l'autre. Les spécialistes de l'analyse conversationnelle ont ainsi mis en évidence le principe de minimisation de la pause inter-tours et du chevauchement de parole. En ce qui concerne la pause inter-tours, on considère que la durée minimale de la pause entre les tours de parole de chacun est celle en deçà de laquelle les locuteurs ont le sentiment d'avoir été interrompus. Elle semble être aux Etats-Unis de cinq-dixièmes de seconde, mais de trois-dixièmes seulement en France. D'où les problèmes que rencontrent les Américains amenés à converser avec des Français, et leur difficulté à prendre la parole dans ce type de situation interculturelle (même s'ils maîtrisent parfaitement la langue). Ayant été dès leur plus jeune âge dressés à attendre poliment une demi-seconde avant d'enchaîner, ils se laissent aisément doubler par un partenaire dont les règles de fonctionnement tolèrent une réaction plus prompte.

Le même type de déboire a été signalé pour les Athabascans d'Alaska conversant en anglais avec des Canadiens ou des Américains. Etant cette fois les plus rapides, les Américains s'étonnent de la mauvaise volonté communicative de leurs partenaires athabascans trop lents à enchaîner, cependant que ceux-ci s'offusquent d'être sans cesse interrompus par leurs partenaires américains... Malentendu donc, donnant lieu de part et d'autre à la construction de stéréotypes négatifs – tout cela à cause d'une différence dérisoire dans les normes relatives à la pause inter-tours (d'une demi-

---

6. Pour d'autres exemples, voir notre article dans *La Communication : état des savoirs*, Philippe Cabin (coordonné par), Sciences Humaines Editions, 1998 ; ainsi que le tome III des *Interactions verbales* (Armand Colin, 1994), sous-titré « Variations culturelles et échanges rituels ».

seconde pour les Américains, et d'une seconde environ pour les Athabascans). On ne saurait mieux illustrer la disproportion entre les faits et leurs effets, dans le fonctionnement (et les dysfonctionnements) de la communication interculturelle.

La pause inter-tours a aussi une durée maximale : celle au-delà de laquelle le silence est perçu comme embarrassant. Cette durée varie elle aussi fortement d'une société à l'autre. De l'ordre de quelques secondes en France (où la conversation a manifestement peur du vide), l'arrêt de la parole peut s'étaler ailleurs sur plusieurs minutes sans que cela produise la moindre gêne chez les interlocuteurs. Ainsi, les Lapons du nord de la Suède, lorsqu'ils se trouvent réunis autour d'une table d'hôte, n'échangent-ils de parole que par intermittence (ce qui donne par exemple : offre – silence – acceptation de l'offre – grand silence – question – silence – réponse – grand silence, etc., soit en tout cinq ou six échanges minimaux pour une rencontre d'une heure environ).

Le même genre de conversations à trous a été décrit pour d'autres sociétés (amérindiennes par exemple). On peut en conclure que le principe selon lequel toute rencontre doit obligatoirement être remplie par un flux continu de paroles est loin d'être universel : dans bien des sociétés, l'échange de paroles n'est qu'une composante secondaire et facultative de ce type particulier d'interaction sociale qu'est la visite.

En ce qui concerne le chevauchement de parole, la parole simultanée, ainsi que l'interruption, qui généralement l'accompagne, sont selon les sociétés plus ou moins bien tolérées, et diversement interprétées. Ainsi les Français ont-ils la réputation de se couper sans cesse la parole, et de parler tous à la fois. C'est que les interruptions, si elles ne sont pas trop fréquentes (on peut parler ici de seuil de tolérance), permettent d'accélérer le tempo de la conversation. Elles lui donnent un caractère vif et animé, et produisent un effet de chaleur, de spontanéité, de participation active, généralement apprécié dans notre société.

A l'inverse, les conversations où les tours se suivent bien sagement sans empiéter les uns sur les autres ont un peu l'air de languir d'ennui. Mais on aura ailleurs une vision des choses bien différente, percevant ces interruptions permanentes comme agressives, et insupportablement anarchiques. Ce sont non seulement les comportements eux-mêmes qui varient d'une culture à l'autre mais aussi, corrélativement, leur interprétation et le système de valeurs qui les sous-tend. Ces divergences d'interprétation peuvent évidemment prêter à malentendu, comme l'illustre cette observation de Raymonde Carroll, ethnologue française vivant aux Etats-Unis : « *Quand ma fille était toute petite, elle m'a demandé un jour pourquoi je me disputais toujours avec mes amis français qui venaient à la maison, et jamais avec mes amis américains ; c'est probablement ce jour-là que j'ai commencé mes analyses interculturelles...* » (7)

---

7. R. Carroll, *Evidences invisibles. Américains et Français au quotidien*, Seuil, 1987.

Simple comme bonjour

Quant au rituel de salutation, en dépit de ce que suggère l'expression française, il n'est pas toujours simple comme bonjour. Ce rituel soulève en effet de délicates questions, auxquelles les différentes cultures apportent des réponses fort diverses, questions telles que : qui saluer, où, quand, comment, pourquoi ? Et plus précisément :
– dans quel site (ascenseur, taxi, autobus, magasin, bureau de poste, etc.) la salutation est-elle de mise ou au contraire exclue ? ;
– qui doit saluer en premier ? On salue en wolof (8) de bas en haut, alors qu'en France, il n'existe plus guère de préséance en la matière ;
– à quelle distance convient-il d'entamer le rituel ? Pensons à ces simagrées auxquelles nous sommes contraints lorsque nous croisons dans la rue une personne de notre connaissance, feignant de ne pas la voir jusqu'à ce que nous nous trouvions à la bonne distance pour procéder à la salutation… Et convient-il de réitérer le rituel lorsqu'on se rencontre plusieurs fois au cours de la même journée ? ;
– quelle doit être la durée de la salutation ? Elle peut selon les situations et les cultures être réduite au minimum, ou au contraire se déployer en une interminable succession de formules dûment codées : c'est cette litanie des salutations bien attestée dans de nombreuses sociétés traditionnelles ;
– quelles sont les fonctions de la salutation ? Fonction phatique bien sûr (la salutation est avant tout un rituel de contact) (9), mais aussi fonction de marquage de la relation interpersonnelle, familière ou distante, égalitaire ou hiérarchique… ;
– enfin et surtout : Quels sont les gestes et les formules qu'il convient d'effectuer pour accomplir le rituel, en ce qui concerne aussi bien la salutation proprement dite que la salutation complémentaire ?

On sait en effet qu'en France, un bonjour/bonsoir est fréquemment suivi, voire remplacé, par une question sur la santé de son interlocuteur («Comment ça va ? », ou «Ça va ? »). Question qui le plus souvent ne constitue pas une véritable demande d'information, mais prolonge simplement le rituel de salutation. On parle donc, à propos des énoncés de ce type, de salutations complémentaires, ou en anglais de *greeting questions*.

Or, ce ne sont pas partout les mêmes formules qui sont par convention susceptibles de fonctionner comme des questions de salutation, ce qui peut encore une fois donner lieu à certains malentendus dans la communication interculturelle. C'est ainsi que notre «Comment ça va ? » ou «Comment allez-vous ? » semblera incongru à un locuteur ignorant cet usage rituel, et interprétant donc la question à la lettre. Mais à l'inverse, un locuteur français jugera indiscrètes d'autres types de questions, faute de les prendre pour ce qu'elles sont, à savoir des salutations complémentaires qui n'attendent qu'une réponse évasive et non circonstanciée.

---

8. Langue d'une ethnie d'Afrique de l'Ouest (Sénégal…).
9. Une des fonctions de communication définie par R. Jakobson, dans laquelle le langage permet d'établir, prolonger ou interrompre une communication (exemple : «Allô», au téléphone).

En Afrique par exemple, les questions de salutation portent sur la santé non seulement de l'interlocuteur, mais aussi de son entourage au grand complet. « *Au Ghana, une ouverture de conversation comporte typiquement la routine suivante : Comment va ta famille ? Alors quand je suis arrivé en Suisse, cette question est une des premières que j'ai dite à mon amie suisse. Elle a eu une réaction d'hésitation avant de me répondre, puis elle a commencé à me donner des nouvelles très précises de son père, de son frère, de ses cousins, etc. Cela m'a choquée parce que je ne voulais pas qu'elle me raconte toute sa vie. La question sur la famille est une routine, ce qui signifie que le locuteur ne s'attend pas à ce qu'on lui raconte le détail de ce qui est arrivé à la famille mais s'attend à une réponse elle aussi ritualisée, à savoir par exemple : ça va bien.* » (10)

Dans ce type de situation, le malentendu est en général réciproque : si la Suissesse trouve son amie ghanéenne bien indiscrète, celle-ci trouve de son côté bien déplacé le bavardage de son interlocutrice, qui se met soudain à lui raconter sa vie... De même, en Corée, au Viêt-Nam ou en Chine, des questions telles que « D'où viens-tu ?, Où vas-tu ?, Que fais-tu là ?, Tu vas au marché ?, As-tu déjà mangé ? » doivent être prises comme de simples questions de salutation. Ces formules peuvent pourtant prêter à confusion, particulièrement la dernière lorsqu'elle s'adresse à un interlocuteur occidental, qui risque de l'interpréter à tort comme une invitation !

La pragmatique dite « contrastive » a d'abord pour objectif de décrire toutes les variations observables dans les comportements qu'adoptent les membres de différentes sociétés dans une situation communicative particulière. Mais ces descriptions de faits isolés doivent déboucher sur des généralisations de divers ordres. Elles doivent premièrement permettre de définir le profil communicatif propre à une société donnée : on peut en effet raisonnablement supposer que les différents comportements d'une même communauté obéissent à quelque cohérence profonde, et espérer que leur description systématique permette de dégager l'*éthos* de cette communauté, c'est-à-dire sa manière de se comporter et de se présenter dans l'interaction, en relation avec un certain nombre de valeurs partagées. C'est ainsi que l'on distinguera des sociétés à *éthos* plus ou moins proche ou distant, égalitaire ou hiérarchique, consensuel ou conflictuel, individualiste ou collectiviste, modeste ou immodeste, etc., ces caractérisations reposant sur un certain nombre de marqueurs pertinents.

Par exemple, pour déterminer si la culture envisagée est une culture à contact (c'est-à-dire à *ethos* de proximité), on se fondera sur les normes proxémiques (11) en vigueur, la fréquence des contacts oculaires et gestuels, celle des appellatifs connotant la familiarité (prénoms, diminutifs), la facilité avec laquelle les locuteurs parlent à autrui de

---

10. Anecdote rapportée par M. Kilani-Schoch : « Il fait beau aujourd'hui. Contribution à l'approche linguistique des malentendus interculturels », *Cahiers de l'ILSL*, 2, Université de Lausanne.
11. Proxémique : discipline fondée par E.T. Hall, qui étudie l'organisation spatiale de la communication, et en particulier la distance à laquelle sont censés se tenir les interlocuteurs dans une situation donnée (*La Dimension cachée*, Seuil, 1971).

choses intimes ou lui donnent accès à leur territoire. Notons que tous ces marqueurs ne vont pas forcément dans le même sens : en France par exemple, la bise est plus fréquente qu'aux Etats-Unis, mais l'usage du prénom est beaucoup plus rare.

La variété des normes culturelles

Ces descriptions débouchent alors sur une typologie des cultures, considérées sous l'angle de leur comportement dans la communication. Elles doivent enfin, à terme, permettre de répondre à cette question tapie au cœur de la réflexion pragmatique. Quelle est la part relative des universaux et des variations culturelles dans le fonctionnement des interactions ? Il va en effet de soi qu'au-delà des nombreuses différences dont nous venons de donner un petit aperçu, le fonctionnement des interactions obéit à certains principes généraux transculturels, sans lesquels elles ne pourraient tout simplement pas fonctionner. Mais il n'en reste pas moins que les variations sont suffisamment importantes pour entraîner des problèmes sérieux dans la communication interculturelle.

Deux exemples encore pour terminer :
• L'expression anglaise *Help yourself* (Servez-vous) adressée par l'hôte à son invité : polie pour un locuteur américain valorisant l'autonomie individuelle, elle sera jugée désinvolte, voire grossière, par un membre d'une autre société (à politesse positive), qui y verra l'équivalent d'un «Débrouillez-vous».
• Le remerciement adressé à un proche : poli chez nous, il sera jugé bizarre, voire insultant, par un locuteur de culture coréenne, où cet acte rituel marque toujours la distance sociale. On le voit, ce n'est pas seulement le défaut d'un rituel attendu qui est stigmatisé, mais aussi son excès – ainsi nos voisins espagnols ont-ils tendance à trouver ridiculement maniérée notre manie de remercier à tout bout de champ : politesse en deçà des Pyrénées, impolitesse au-delà !

Traquant inlassablement le culturel sous le masque du naturel, la pragmatique contrastive nous aide à mieux comprendre l'autre, cet étranger qui cesse d'être étrange dès lors que l'on admet le caractère éminemment relatif et variable des normes communicatives.

CHRISTIANE MARCHELLO-NIZIA*

LE FRANÇAIS D'HIER ET D'AUJOURD'HUI**

Quelles sont les origines de notre langue ? Comment a-t-elle évolué au fil du temps ? D'où viennent des mots comme brouette, balcon, copain, alchimie ? Depuis plus de dix siècles, le français a connu de nombreuses variations, s'est enrichi d'apports extérieurs... Ces changements sont la condition même du bon fonctionnement de toute langue.

UNE LANGUE NE «naît» pas comme un homme ou une plante, elle est le résultat d'un acte social d'institutionnalisation. Pour qu'un «parler» acquière le statut de «langue», un double processus est nécessaire, impliquant l'individu, puis l'institution. Dans un premier temps, il y a la prise de conscience par les locuteurs d'une différence entre la langue qu'ils parlent et celle qu'ils sont censés utiliser. Sentie d'abord comme négative, cette différence conduit à la reconnaissance d'une langue distincte possédant ses caractères propres. Pour le français, ce tournant se situe vers la fin du VIIIe siècle. C'est en effet en 813 qu'un concile des évêques de Gaule réuni à Tours décide que les sermons devront être prononcés en langue vulgaire : «*Et ut asdem omelias quisque aperte transferre studeat in rusticam romanam linguam aut thiosticam, quo facilius cuncti possint intellegere quae dicuntur*» («Et que chacun s'efforce de traduire par écrit ces homélies en langue vulgaire romane ou germanique, afin que tous puissent comprendre plus facilement ce qui est dit» – art. XVII). Preuve que le latin n'était plus du tout compris des fidèles.

La seconde étape consiste en une reconnaissance du caractère de langue nationale ou régionale de ce «parler». Ce changement-là ne concerne plus seulement les simples locuteurs, mais le

---

* Professeur à l'ENS Lettres et Sciences humaines (Lyon), Institut universitaire de France. A publié notamment : *Le Français en diachronie. Douze siècles d'évolution*, Ophrys, 1999.
** *Sciences Humaines*, hors série n° 27, décembre 1999/Janvier 2000.

Les dialectes Gallo-romans

PRINCIPAUX DIALECTES GALLO-ROMANS PARLÉS EN FRANCE JUSQU'AU XIXème SIÈCLE

- Langue d'Oil
- Langue d'Oc

Source: tiré de R. Anthony Lodge, *Le Français, histoire d'un dialecte devenu langue*, Fayard, 1993, (d'après Offord, 1990)

A partir des IXe-Xe siècles, les parlers ordinaires se sont fortement diversifiés selon les régions. Les lignes pointillées (ou isoglosses) ne représentent que des limites symboliques, certains traits dialectaux se retrouvant souvent dans deux régions voisines. La division la plus importante est celle qui sépare les dialectes linguistiquement conservateurs du Midi (langue d'oc) des dialectes plus innovants du Nord (langue d'oil).

corps politique lui-même. Pour le français, cette nouvelle étape se situe en 842, avec les *Serments de Strasbourg*, un texte officiel rédigé dans la nouvelle langue d'un nouveau royaume. Ce traité de paix est un bel exemple du plurilinguisme de l'époque ; il comprend quatre courts textes, dont deux sont rédigés en roman, et deux en germanique. Chacun des rois en présence, Charles le Chauve et Louis le Germanique, assure l'autre de sa loyauté, et le fait dans la langue adverse, afin d'être compris des chefs de guerre d'en face. Sont du royaume de France ceux qui comprennent le texte roman, du royaume germanique ceux qui comprennent la version germanique. C'est ainsi que se constituent, symboliquement, deux des royaumes succédant à l'empire de Charlemagne.

Moyen Age :
le français du manuscrit

Que parlait-on avant le IXe siècle sur le territoire de la France actuelle ? Notre pays se reconnaît aujourd'hui comme étant monolingue, mais à l'époque, il n'en était pas ainsi. Comme la majorité des pays du monde où plusieurs langues « officielles » coexistent – comme en Espagne, en Belgique, en Suisse, au Canada, aux Etats-Unis, etc. –, la France médiévale était plurilingue, et le monolinguisme affiché de nos jours, qui d'ailleurs ne va pas sans difficulté, est le résultat d'un processus historique.

On nomme « ancien français » l'ensemble des formes du français parlé et écrit entre le IXe siècle et la fin du XIIIe siècle au nord de la Loire. Il se différenciait selon les régions en une série de dialectes oraux ou de *scriptas* dialectalisées. Si dès l'origine se trouve de l'écrit, la plupart des habitants des provinces de langue française ne lisent ni n'écrivent (seule 1 % ou 2 % de la population est concernée par l'écrit).

En 1066, la conquête par Guillaume de Normandie du trône d'Angleterre donne au français le statut de langue de l'administration, de la littérature et de la justice pour plus de deux siècles dans ce pays. Cet épisode et des emprunts plus tardifs font que l'anglais actuel a un lexique composé d'environ 40 % de mots d'origine latine – d'où une facilité de compréhension de l'anglais écrit par des locuteurs de langue romane. En outre, dès la fin du XIIe siècle, avec Philippe Auguste puis saint Louis, la royauté s'étend vers l'ouest et le sud, régions du franco-provençal, du limousin, du provençal ou occitan.

Ce français d'avant l'imprimerie nous est connu par les manuscrits. C'est à partir de ces documents que, dès la fin du XVIIIe siècle et surtout au XIXe siècle, on a pu étudier la grammaire et le lexique du français du Moyen Age. En vers jusqu'au début du XIIIe siècle, puis en prose, le français reste la langue de la fiction, chansons de geste, vies de saints, puis romans et poésie lyrique. Les domaines de la science, de la religion, de la philosophie sont du ressort du latin. Mais le français gagne du terrain et, domaine par domaine, supplante progressivement le latin entre le début du XIIIe siècle (chartes et chroniques historiques) et la fin du XIXe siècle (thèses en Sorbonne).

Au XIVe siècle, s'initie un mouvement très important pour le lexique mais

La grande famille du français...

A l'époque où le français a commencé à exister de façon autonome dès le IXe siècle, on parlait en France des langues diverses dont certaines ont continué à être employées longtemps.

• Géographiquement, l'ancien français est une mosaïque de dialectes parlés : picard, champenois, orléanais, wallon, lorrain, anglo-normand, normand, dialecte de l'Ile-de-France (« le français de Pontoise », comme disaient des clercs du XIIe siècle, puis appelé au XIXe siècle « le francien »). Ces dialectes étaient l'unique langue pratiquée par la majorité de la population.

• Ces formes du français coexistent avec le latin, utilisé dans la liturgie, dans les écoles et à l'université par les clercs, seule langue écrite avant le XIe siècle.

• Par ailleurs, jusqu'au IVe siècle environ, les dialectes gaulois continuèrent d'être parlés. Au Ve siècle, un dialecte gaulois de Grande-Bretagne a été introduit en Bretagne par des Celtes insulaires chassés de leur pays par l'invasion viking : c'est l'origine du breton actuel.

• A la cour et dans la caste noble d'origine germanique, on parle le « francique » : cet usage cessa en 987 avec l'avènement de la dynastie capétienne.

• Du IXe au XIe siècle, le parler des conquérants scandinaves vikings est introduit dans la province devenue la Normandie. Il influence un peu la langue locale et le lexique maritime.

• Dans les régions du Sud, le français est confronté à d'autres langues : les dialectes occitans, dérivés du « gallo-roman » et franco-occitans, pratiqués au sud de la Loire et dans le Centre. Au sud-ouest, le basque, qui subsiste depuis la période qui a précédé l'occupation de l'Europe par les Indo-Européens. Au sud-est, sur la côte méditerranéenne, le ligure.

A chaque langue, à chaque variété est réservée une fonction déterminée – c'est ce que Renée Balibar a nommé le « co-linguisme » : latin pour les clercs dans l'exercice de leurs fonctions, français (« roman ») ou plutôt français dialectaux dans la vie quotidienne mais aussi, bientôt, pour écrire la littérature épique et romanesque naissante ; francique à la cour et dans l'entourage des souverains d'origine germanique, jusqu'en 987 où, pour la première fois, le roi de France (c'est-à-dire alors d'Ile-de-France) ne parlait pas une langue germanique. Ainsi les « clercs », religieux ou lettrés, étaient à toutes les époques au moins trilingues, usant suivant la situation du dialecte maternel, du français ou du latin.

> • Malgré toutes ces diversités, dès sa « mise en écrit », le français est déjà une *scripta* « transdialectale » (Bernard Cerquiglini). Dans aucun texte, même le plus régional, on ne trouve une parfaite homogénéité dialectale : une majorité plus ou moins forte de formes peuvent être lues et comprises dans tous les autres dialectes.
>
> C.M.-N.

aussi la syntaxe (1) : les traductions d'œuvres latines (Tite-Live, saint Augustin, traités médicaux, etc.) ou grecques – d'abord traduites en latin (Aristote par exemple) – commandées par des souverains et de grands seigneurs éclairés, tels Jean le Bon ou Charles V qui fonda la Bibliothèque nationale de France. De très nombreux mots nouveaux se créent alors, souvent calqués sur le latin.

Existait-il une réflexion sur la langue dès cette époque ? Oui, mais limitée : Dante (*De vulgari eloquentia*, 1304) sait rattacher au latin les trois langues qu'il connaît, le français, l'italien, la langue d'oc. Mais il n'y a pas encore de grammaire du français, et les grammaires du latin n'étaient que des dérivés des traités antiques. En revanche, avec les philosophes dits « modistes » s'initie dès le XIIIe siècle une réflexion proprement linguistique.

Renaissance : le français de l'imprimerie

Une invention capitale favorise de façon spectaculaire la progression de l'écrit : l'imprimerie (1460-70 en France). Elle contribue en même temps à fixer des normes graphiques et à implanter l'idée d'une unité de la langue. Cette période est marquée par deux faits importants : un édit célèbre de François Ier, l'Edit de Villers-Cotterêts, et la naissance de la grammaire.

La progression du français par rapport au latin s'était étendue, mais inégalement. En 1539, François Ier prit une ordonnance qui stipulait : « *Nous voulons doresnavant que tous arrestz ensemble toutes aultres procedures soient des cours souveraines ou aultres... soient de registres, enquetes, contratz... soient prononces, enregistrez et deliverez aux parties en langage maternel françois et non aultrement.* » Cette décision avait été précédée d'autres ordonnances, dont celle de Nîmes en 1531, où, à la demande des états généraux du Languedoc, il était précisé que les arrêts de justice devaient être prononcés dans la langue des parties. On a pu interpréter l'ordonnance de Villers-Cotterêts soit comme la confirmation de celle de Nîmes pour instaurer le primat de la langue maternelle (quelle qu'elle soit) sur le latin, soit comme une volonté de standariser le français juridique aux dépens des langues régionales.

A la même époque paraissaient les premières grammaires du français : celle de

---

1. Voir les mots clés en fin d'ouvrage.

Palsgrave d'abord, élaborée à l'intention d'un public anglais (1520-1530), puis celles de Louis Meigret (qui déjà proposait une réforme de l'orthographe…), de Ramus, etc. Pour la première fois, on y formule des règles de fonctionnement de la langue française, ce qui s'accompagne nécessairement de choix et de l'instauration d'une norme. Ce mouvement de « grammatisation » atteindra son plein développement au siècle suivant. Concernant le lexique, Robert Estienne élabore un *Dictionnaire français-latin* où, au cours des rééditions, les mots français ont pris la plus grande place. En 1606, *Le Thresor de la langue françoyse tant ancienne que moderne* de Jean Nicot, qui se situe explicitement dans la lignée du précédent, est le premier dictionnaire définissant des mots français en français. C'est au XVIe siècle enfin que commence le débat sur l'origine du français, et plusieurs positions s'affronteront, avant qu'au XVIIIe siècle l'hypothèse de l'origine latine soit assurée.

XVIIe-XIXe siècles : « une » langue française ?

Au XVIIe siècle, pour la première fois, est formulée une norme explicite et stricte : Malherbe instaure le « purisme », Vaugelas publie ses remarques et Bouhours ses entretiens qui sont des formes élaborées du « dites…, ne dites pas… ». L'Académie française, créée en 1635 par Richelieu, reçoit une mission claire : « *La principale fonction de l'Académie sera de travailler avec tout le soin et toute la diligence possible à donner des règles certaines à notre langue, et à la rendre pure, éloquente et capable de traiter les arts et les sciences.* » (Statuts de l'Académie française, art. 24). Un discours préalable d'un de ses membres précise ce que signifie « rendre pure » : « *Nettoyer la langue des ordures qu'elle avoit contractées, ou dans la bouche du peuple, ou dans la foule du Palais (la justice) et dans les impuretés de la chicane (les avocats), ou par les mauvais usages des courtisans ignorants, ou par l'abus de ceux qui la corrompent en l'écrivant, et de ceux qui disent bien dans les chaires (l'Eglise ou l'Université), mais autrement qu'il ne faut.* » Le but n'est pas seulement « culturel » : « *Il sembloit ne manquer plus rien à la félicité du Royaume que de tirer du nombre des langues barbares cette langue que nous parlons, et que tous nos voisins parleroient bientôt, si nos conquêtes continuoient comme elles avoient commencé…* » On le voit, l'impérialisme linguistico-politique n'est pas une invention moderne.

Cependant, l'expansion du français se poursuit aux dépens du latin : le philosophe René Descartes écrit ses premiers ouvrages en latin, mais le *Discours de la méthode* paraît en français à Leyde en 1637 – une version en latin suit en 1644. C'est entre 1690 et 1694 que paraissent les trois premiers grands dictionnaires du français : de Richelet, de Furetière, de l'Académie. De son côté la grammaire générale dite « de Port-Royal » rompt également avec la tradition, en cessant de calquer les catégories de la grammaire française sur celles de la grammaire latine : en un siècle, entre 1660 et 1760, se crée l'essentiel du métalangage grammatical moderne.

Cette expansion du français se fait aussi aux dépens des dialectes et patois. Les institutions de la Révolution chargent l'abbé Grégoire d'une enquête sur l'état linguistique de la France, en 1790-93. Sa conclusion sera une recommandation allant dans le sens d'une éradication des patois qui, freinant la connaissance de la langue commune de la nation, tiennent les citoyens à l'écart de la vie politique. La scolarisation obligatoire instaurée un siècle plus tard (en 1882) accentuera encore ce mouvement, l'enseignement étant donné uniquement en français.

Parallèlement à cet effort d'unification, existe une prise de conscience de l'extraordinaire diversité des «langues de spécialité» : l'*Encyclopédie* en est la meilleure preuve, outre le fait que désormais tout ou à peu près peut s'écrire en français... même si, à la fin du XIX siècle encore, le latin reste la langue des thèses complémentaires, comme celle de Jean Jaurès – *De primis socialismi germanici lineamentis apud Lutherum, Kant, Fichte, Hegel, 1891* – consacrée aux origines du socialisme allemand.

Que nomme-t-on le français ?

Dans les langues, Il existe trois modalités de variations : géographique (dialectes), sociologique et registral (registre familier, courant, cultivé...), et historique. Toutes les langues naturelles évoluent, on ne connaît pas de contre-exemple : la variété et le changement sont les conditions mêmes de leur fonctionnement. Mais les changements ne sont pas le pur fruit du hasard : il existe des régularités, que la linguistique historique, et spécialement la linguistique diachronique, ont pour tâche de mettre au jour, révélant du même coup des caractères fondamentaux de la faculté de langage.

Ecrit ou oral, registres sociaux, langues spécialisées, français de tel ou tel pays, standard ou dialectal, de telle ou telle époque, emprunts ou évolutions de contact, etc. : ces diverses formes permettent de parler de «français» au singulier mais aussi au pluriel. Certains phénomènes, plus que d'autres, marquent ces diversités : la réduction de la négation «ne... pas» à «pas», («j'ai pas faim») caractérisent l'oral non soutenu ; le passé simple s'emploie dans le récit écrit (romans, rédactions d'élèves...) ; l'usage des mots en «o» (apéro, restau, métro, boulot, dodo...) marquent un oral non soutenu et l'écrit qui l'imite. Toute langue est en effet une structure complexe et dynamique, en constante réorganisation : diversité d'une part, changement d'autre part sont les conditions mêmes de son fonctionnement. Le français appartient, à l'intérieur de la grande famille des langues indo-européennes, à la sous-famille ou «branche» des «langues romanes». Cette branche regroupe, parmi les langues indo-européennes, la dizaine de langues qui sont issues du latin : le portugais, l'espagnol, le catalan, l'occitan (ou provençal), le français, l'italien, le sarde (le sarde est un dialecte italien, mais si différent des autres que les linguistes lui reconnaissent un statut autonome), le rhéto-roman (ou romanche, parlé dans quelques cantons suisses), et le roumain. Situé sur un territoire depuis longtemps de langue celtique, il est pourtant issu du latin : il y a mille cinq cents ans environ, les dialectes gau-

LE LANGAGE

D'où vient le français ?

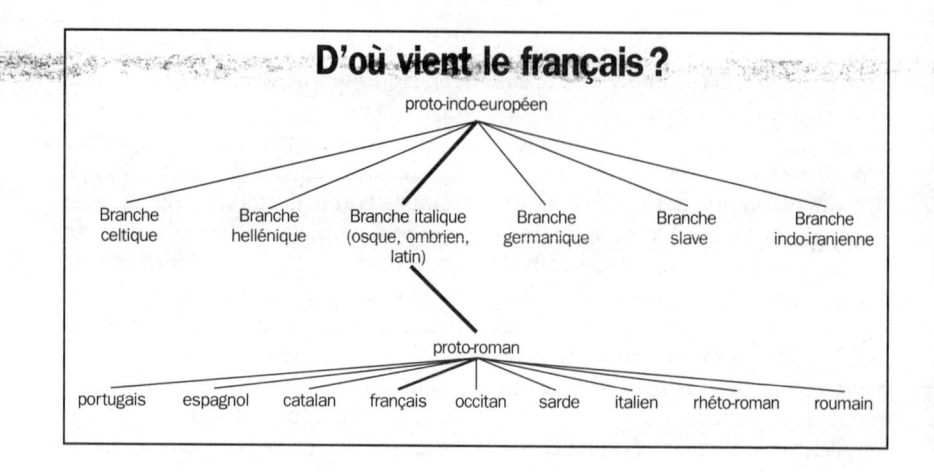

```
                    proto-indo-européen
       ┌──────┬──────┬──────┬──────┬──────┐
    Branche Branche Branche Branche Branche Branche
    celtique hellénique italique germanique slave indo-iranienne
                    (osque, ombrien,
                       latin)
                          │
                     proto-roman
    ┌─────┬─────┬─────┬─────┬─────┬─────┬─────┐
 portugais espagnol catalan français occitan sarde italien rhéto-roman roumain
```

lois disparaissent, le latin étant devenu la langue dominante. Mais l'existence d'un « substrat » celtique (gaulois continental) d'une part, l'influence d'un « superstrat » (2) germanique d'autre part, sont sans doute à l'origine de traits distinctifs propres.

Une langue romane
Par bien des traits en effet, le français se différencie de ses langues « sœurs ». Ainsi, si l'expression du sujet du verbe n'était pas obligatoire en latin, et ne l'est toujours pas systématiquement dans les autres langues romanes, elle l'est devenue en français. L'ordre du verbe et de l'objet nominal (V-O) est également plus strict en français actuel qu'il ne l'est ailleurs, et qu'il ne l'était en ancien français où l'on écrivait aussi bien : *Li rois* (sujet) *apele* (verbe) *un escuier* (cod) ; *Li rois* (sujet) *le brief* (« la lettre » – cod) *a sa main* (complément circonstanciel) *prent* (verbe) ; *Le chevalier estrange* (« le chevalier étranger » – cod) *mande* (« fait appeler » – verbe) *li rois* (sujet).
Aujourd'hui, la plupart des énoncés du français standard sont du type SVO (sujet-verbe-objet nominal). Le français est la seule langue romane à ne pas avoir d'accent de mot dans l'énoncé, mais un accent de phrase, ou de syntagme (3). Depuis le Xe siècle, le français oral actuel, au quotidien, mais aussi écrit, pratique non seulement la dislocation avec reprise, qui existe dans toutes les langues romanes et même dans de très nombreuses langues du monde, mais il connaît les dislocations successives : « Moi, le matin, le café, je le prends sans sucre » ; « Le café, je le prends sans sucre, moi, le matin », etc.. En français actuel, il existe près d'une vingtaine de façons de formuler une question : « Quand Pierre vient-il ? » « Y vient quand, Pierre ? » « Quand est-ce qu'il vient, Pierre ? », etc. Depuis le début du XVIIe siècle, au moins, la négation composée « ne… pas » a pour

---
2. Le « substrat » désigne la langue d'une région qui a été remplacée par une autre langue. Le « superstrat » est une langue qui se répand sur le territoire d'une autre langue, sans remplacer cette dernière.
3. Voir les mots clés en f'in d'ouvrage.

224

variante «pas» employé seul : le tout jeune dauphin et futur Louis XIII disait déjà : «*j'ay pas dejuné*» (*Journal de J. Héroard*).

Les étapes du développement du français

Comme tous les systèmes sociaux, les langues évoluent – mais pas de façon aléatoire. La linguistique étudie les régularités dans ces changements : c'est l'une des voies par lesquelles on explore la faculté de langage et les fonctions cognitives humaines. Les grandes étapes et les structures du développement du français ont été définies en fonction du degré de différence avec le français actuel.

Jusqu'au XVIII siècle, il est souvent difficile de lire un texte, de quelque niveau et registre qu'il s'agisse, sans buter à chaque phrase ou presque sur une difficulté. Depuis, en revanche, la compréhension semble presque absolue. Le français de Rousseau, de Diderot ou de la Déclaration des droits de l'homme et du citoyen est très proche du nôtre ; il n'est pas besoin d'un dictionnaire pour les lire. Dès lors, on est dans le français moderne.

On a coutume depuis le XIX siècle, où les linguistes ont commencé à faire l'histoire des langues et à décrire leur évolution, de distinguer pour le français différentes périodes successives, suivant leurs caractéristiques linguistiques et donc suivant le degré d'intercompréhension qu'elles permettaient avec l'étape suivante.

Du IX au XIII siècle, l'ancien français se caractérise par des déclinaisons nominales et pronominales, le verbe majoritairement en seconde position (loi de Thurneysen 1892), une structuration des énoncés en thème (ce dont on parle) – rhème (le propos : ce qu'on en dit), la conservation de l'accent tonique de mot, des diphtongues (eau prononcé [eao]) et hiatus nombreux (le participe passé en -eu se prononçait [e : Ü]), etc. Aux XIV-XV siècles, le moyen français est identifié par la disparition des déclinaisons nominales et la structuration de l'énoncé en sujet-verbe-objet. Les diphtongues ont presque toutes disparu ainsi que les hiatus ; mais le sujet est encore souvent omis, les parfaits restent complexes (je vin, tu venis, il vint). Avec le français de la Renaissance (XVI siècle), l'emploi du sujet devient la règle. Les périphrases verbales et locutions adverbiales se créent en quantité, le vocabulaire s'enrichit de larges emprunts aux parlers dialectaux et à l'italien.

Le français classique du XVII siècle offre bien des termes et des constructions, participiales ou verbales, opaques au lecteur moderne : qui comprend encore «*Tire le chevillette, et la bobinette cherra*» du conte *Le Petit Chaperon rouge* de Perrault ?

Le français moderne du XVIII siècle au début du XX siècle connaît plus que le français actuel le passé simple et le subjonctif imparfait, mais offre peu de difficulté par rapport au français contemporain qui comporte un oral et un écrit standards, et un oral non standard.

Que ce soit à l'écrit ou à l'oral, et en toute période, un troisième type de distinction s'impose, entre les «styles» ou registres (familier, populaire, soutenu...), et entre les langues plus ou

Des métissages multiples

Si 86 % des mots du lexique français viennent du latin, notre langue a été enrichie tout au long de son histoire par des emprunts d'origine diverse.
Dans son fonds ancien, le français a gardé une centaine de mots usuels issus du gaulois : alouette, bouleau, balai, cervoise, dune, tonneau... Beaucoup plus nombreux, les mots issus du germanique, et plus particulièrement du francique, ont fourni le vocabulaire de la guerre : guerre, dard, épieu, hardi, (dé)guerpir... Les mercenaires germains des armées romaines appelaient *companio* (de *cum*, avec et *panio*, pain) les soldats partageant la même miche et mangeant à la même gamelle : d'où viennent copain, compagnon, compagnie, accompagner. Quant aux Normands, parlant eux aussi une langue germanique et arrivés en France sur leurs fiers drakkars, ils ont offert plusieurs mots au vocabulaire maritime : agrès, arrimer, bâbord...

Des mots voyageurs
Dans les échanges avec les pays méditerranéens, le commerce ainsi que les croisades ont introduit des mots grecs comme diamant ou canapé, mais plus encore des mots venus de l'arabe : jupe, gazelle, échalotte, matelas, coton... Certains de ces mots arabes ont eu pour intermédiaire le latin médiéval, ce qui a donné l'alchimie, l'algèbre, le chiffre ou le zéro...
A la Renaissance, et particulièrement à partir de Catherine de Médicis, le français italianisé devient à la mode à la cour. Les termes sont relatifs à la guerre (soldat, soldatesque), à la finance (banque, crédit), à la vie de cour (courtisan, bouffon). La terminologie restera en grande partie italienne dans le domaine des beaux arts et de la musique : artisan, fresque, mosaïque, faïence, modèle, etc. Gothique, qui signifiait à l'origine laid, grotesque (qualifiant les figures trouvées dans les grottes de Rome), et monstre (qui qualifiait ces figures étranges) sont aussi des italianismes.
Les grandes découvertes, quant à elles, ont apporté tout un vocabulaire exotique tel que grigri, caïman, canot, manioc, ananas... Le français fourmille de mots-voyageurs venus de langues lointaines, comme le chocolat (mot aztèque), le pyjama (hindi) ou le judo (japonais) et l'anorak (esquimau) introduits plus récemment.

Martine Fournier

moins spécialisées : un médecin, une plombière, un charcutier, une notaire, n'ont pas les mêmes expressions, pas le même vocabulaire, dans leur métier ou au-dehors, et suivant leur interlocuteur.

Aujourd'hui, la « francophonie »
Aujourd'hui, à l'intérieur même du français, comme au sein de toute langue, les variations existent : géographiques (à travers la prononciation, la morphologie, le lexique (4)), ou sociales (avec par exemple le verlan). Les dialectes ou « français régionaux » s'estompent irrémédiablement, malgré la loi Deixonne de 1951, ou la loi Savary de 1982 qui promettait *« un enseignement de la culture et de la langue régionales »*.

Le français est en fait à lui seul tout un paradoxe : mot de racine germanique, qui désigne une langue d'origine latine, dont les locuteurs se croient gaulois, c'est-à-dire celtiques... Est-ce pour cela que l'on observe un raidissement des Français sur leur langue ?

Langue largement répandue depuis longtemps – c'est encore la 12e ou la 15e langue parmi les plus pratiquées dans le monde –, on évalue ses locuteurs à près de 150 millions, de langue maternelle ou seconde. Le français est utilisé dans d'autres pays où il coexiste avec d'autres langues : territoires d'outre-mer (Antilles, Réunion, Guyane), Belgique wallonne, Luxembourg, Canada (Québec surtout), Suisse francophone (cantons de Genève, Valais, Neuchâtel), Monaco, pays d'Afrique et du Maghreb. Il est également utilisé en France, où l'on dénombre au moins 25 communautés linguistiques (basque, breton, corse, catalan, occitan, alsacien, flamand, picard, langues du Maghreb, de l'Afrique, d'Asie, d'Europe de l'est...). Toutes ces variétés, la France, sensible au fait que la perte d'influence d'une langue traduit une réalité politique, a tenté récemment de les constituer en une communauté : la francophonie.

---

4. Voir les mots clés en fin d'ouvrage.

MARTINE FOURNIER*

NIQUE TA LANGUE !**

Le langage des cités se répand aujourd'hui dans la jeunesse et les milieux branchés. Une nouvelle langue est-elle en train de naître?

« ON NE SAIT *plus parler français dans les banlieues ! Et ce langage des jeunes se répand dans les médias, dans la publicité… Pire, on entend des pères, très respectables, parler rebeu (« beur ») à leur fille pour faire plus "branché"… Le français est menacé par une langue appauvrie, qui ne comporterait que "80 locutions et 100 mots utiles"…* » (1)
Ces formules, que l'on rencontre régulièrement à propos du langage des jeunes, dit aussi « langue des cités » ou « des banlieues », « parler des jeunes » ou encore « néo-français », sont presque devenues des stéréotypes. Il est vrai que ce langage connaît une diffusion spectaculaire ; il est d'ailleurs utilisé chez les jeunes de toute origine sociale, et le succès de la musique rap n'est pas sans participer de sa popularité. Un tel phénomène ne pouvait pas manquer d'interpeller les linguistes : le « parler jeune » n'est-il qu'un argot de notre fin de siècle, comparable à celui des classes populaires d'antan, ou bien une nouvelle langue est-elle en train de naître, en rupture avec le français standard ? En y regardant de plus près, on s'aperçoit que la réponse n'est pas si simple. Les langues ont toujours eu leurs pratiques argotiques, formes de contournement de la langue académique. Les goulags soviétiques, à l'instar de tout

---

* Journaliste scientifique au magazine *Sciences Humaines*.
** *Sciences Humaines*, hors série n° 27, décembre 1999, janvier 2000.
1. D. Mazure, cité par H. Boyer, « Le jeune tel qu'on le parle », *Langage et Société*, n° 70, déc. 1994.

univers carcéral, avaient leurs argots, de même que les dissidents tchèques du Printemps de Prague, qui voulaient échapper aux oreilles ennemies de la police politique. En France, au XVe siècle, François Villon a rédigé ses célèbres *Ballades* dans l'argot de la Coquille, confrérie de malfrats qui détroussaient le pèlerin (ils livrèrent une partie de leur vocabulaire sous la torture). A Paris, à la fin du XIXe siècle et jusqu'à ce que les quartiers populaires soient rejetés aux périphéries, les parlers populaires de la Mouffe (rue Mouffetard), de la Butte (Montmartre) ou des Fortifs (aujourd'hui devenues les boulevards périphériques) ont eu aussi leurs parlers argotiques.

Dans bien des domaines, la langue des cités se situe dans un continuum qui caractérise les formes argotiques : une production lexicale foisonnante utilisant des procédures classiques au niveau sémantique et formel (2), avec des métaphores (un *fax* pour une fille maigre), des métonymies (un *pascal* pour un billet de 500 F), la transformation des mots par inversion des syllabes (verlan : l'envers), ou par troncation (3), ou par ajout de suffixes, le tout se combinant de diverses façons (*voir l'encadré page ci-contre*).

Comme dans tous les argots, les emprunts de vocabulaire sont eux aussi très nombreux. La cité étant un lieu multiculturel, ils sont représentés par des mots d'origine arabe (*ahchouma* : honte, *doura* : virée dans la cité), tsigane (*pillav* : boire, *chourav* : voler), africaine (*go* du bambara qui a déformé *girl* pour fille) ou de l'argot anglo-américain (*destroy, dope, job, flipper, sniffer*...).

Or, ces métissages sont considérés comme une menace par ceux qui défendent la pureté de la langue. En incorporant des mots d'origine arabe, créole ou manouche, on est en train de «défranciser» le français. Et Jean-Pierre Goudaillier (4) admet que «*de nos jours, les épices importées dans la langue française sont de plus en plus fréquemment empruntées à des langues étrangères. Même si l'argot traditionnel a su s'alimenter de termes étrangers, il le faisait dans des proportions moins importantes.*»

Une fracture linguistique ?

Autre caractéristique – paradoxale – des argots : leur grande richesse lexicale ne porte que sur un nombre restreint de domaines bien spécifiques. Les grandes thématiques classiques sont l'argent, les affaires illicites, le sexe et les femmes, la police et la délinquance. Dans le « parler jeune » sont venus s'ajouter d'autres thèmes relatifs au mode de vie dans les cités : la famille, la bande de copains, la dénomination des diverses communautés, le chômage, le sida...

Ces changements de thématiques posent également problème : ils marquent une rupture par rapport aux fonctions traditionnelles des argots. Selon Louis-Jean Calvet (5), il faut définir l'argot par les fonctions qu'il remplit. Or, la principale est une fonction

---

2. Voir les mots clés en fin d'ouvrage.
3. Abréviation par suppression de la ou les syllabe(s) finale(s).
4. J.-P. Goudaillier, *Comment tu tchatches ! Dictionnaire du français contemporain des cités*, Maisonneuve et Larose, 1998.
5. L.-J. Calvet, *L'Argot*, Puf, « Que-sais-je ? », 1994.

Un argot des cités

« Tu fais la rime en long, en large, et t'as pas besoin du dico, le Larousse il a pas la place aux quartiers chauds »
(« Minots des minorités », Zebda, CD *L'Arène des rumeurs*).
Largement véhiculé par les paroles des rappeurs, le langage des cités tord, malaxe, transforme les mots avec force, inventivité... à tel point que, pour les non-initiés, il est aussi difficile à maîtriser que l'imparfait du subjonctif ! On y retrouve pourtant les procédés classiques de manipulation de la langue.

- Des métaphores : une belette, une rate, une souris, une taupe (pour une fille) ; avec de beaux airbags (seins) et de belles quilles (jambes), c'est un canon, une bombe, ou une Mururoa...
- Des métonymies : un bleu pour un flic, un feu pour une arme, un crêteux pour un punk...
- L'emploi du verlan : dans les técis (cités), une femme est devenue une meuf, un flic un keuf, et pendant la Coupe du monde de football, ce fut une méga-teuf où l'on criait « ziva Zizou » (vas-y Zidane), en tirant parfois à donf (à fond) sur le oinj (joint)...
- La troncation des mots : sique (musique), biz (pour business, affaires illicites)...
- La re-suffixation de termes d'origine argotique comme dans « j'me suis fait couillav » (couillonner).

La musique rap, quant à elle, utilise des procédés bien connus de la poésie comme la paranomase (succession de sons semblables) : *« Arrêtons plutôt que cela traîne ou ne draine, même, encore plus de haine... »* chante le groupe NTM (Nique ta mère), qui, en prenant ce nom, a banalisé l'une des injures emblématiques des cités.

---

cryptique (du grec *kryptos* : caché) : les voleurs qui préparent un « coup » ne tiennent pas à être compris des passants qui les entendent. C'est ce que Françoise Mandelbaum-Reiner appelle le « jeu du tiers exclu » (6) : si deux bouchers veulent se dire devant les clients d'écouler la viande moins fraîche, ils se parleront dans l'argot de leur métier, le louchébèm.

Cette fonction cryptique des argots s'accompagne d'une fonction ludique et d'une fonction identitaire. Certes, la fonction crypto-ludique est présente dans le langage des cités : *« Quand tu parles verlan dans le métro, tu peux te foutre de la gueule de n'importe qui sans qu'il s'en rende compte »*, explique Raja, 21 ans. D'autant que ce langage est pratiqué par des jeunes qui s'amusent à apposer des suffixes parasitaires (*musicos* pour musiciens), ou à utiliser sans le savoir l'apocope (*kro* pour Kronen-

---

6. F. Mandelbaum-Reiner, « L'argot ou les mots de la pudeur », *Langage et Société*, n° 75, mars 1996.

Parlez-vous javanais ?

Le javanais est une expression populaire pour désigner les langages secrets : moyens dont disposent les locuteurs pour cacher leurs propos à des tiers. Il existe d'autres langues parlées comme le verlan (à l'envers) des banlieues ou le louchébèm, le langage des bouchers. Les utilisateurs utilisent un code qui altère la langue, soit par adjonction de syllabes soit par déformation systématique des mots. C'est un phénomène répandu dans le monde entier. On y retrouve les mêmes procédés d'ajout ou de déformation, leur nombre étant assez limité.

Le verlan, javanais le plus parlé en France, est né au début du XXe siècle ; jusque dans les années 60, il est principalement utilisé par la pègre et dans le milieu carcéral. Il a depuis fait une entrée fulgurante dans le monde lycéen et particulièrement parmi les immigrés, pour symboliser la rupture entre générations. Face à l'univers normatif du langage, cette « non-langue » apparaît comme un espace de liberté où les utilisateurs lui donnent eux-mêmes ses règles.

---

bourg, bière), l'aphérèse (*blème* pour problème), à combiner le tout avec le verlan : c'est ainsi que le métro est devenu le *trom* (métro, tromé, trom)… Mais, explique J.-P. Goudaillier, alors que le cryptage était la fonction première dans les argots de métier, c'est la fonction identitaire qui devient primordiale dans ce qu'il nomme *« les argots sociologiques »* : *« Autant l'argotier traditionnel se sentait-il lié à son quartier, autant les locuteurs des cités, banlieues et quartiers d'aujourd'hui ne peuvent-ils trouver de refuge linguistique identitaire que dans leurs propres productions linguistiques… »* Ce langage dénote donc une « fracture linguistique » née de la fracture sociale : pour les jeunes des cités, l'univers du français académique évoque l'autorité, le pouvoir, le monde du travail qui leur est barré par le chômage et les renvoie à l'échec scolaire

que connaissent beaucoup d'entre eux. Pour J.-P. Goudaillier, l'intégration passe par la langue… et la langue utilisée dans les banlieues est une façon de *« dire ses maux »*. De la mosaïque linguistique des diverses communautés des cités, dont l'exclusion est le point commun, est née cette *« interlangue »*, véritable véhicule « interethnique » d'une culture que L.-J. Calvet nomme *« intersticielle »*.

Parler jeune, c'est branché !
Quoi qu'il en soit, le langage des jeunes est pratiqué aujourd'hui par de larges couches de la population qui, selon Henriette Walter (7), manifestent ainsi leur adhésion à certains modes de pensée.

---

7. H. Walter, *Le Français dans tous les sens*, Laffont, 1988, rééd. Lgf, 1996.

Par l'intermédiaire des médias, mais aussi de la publicité («*elle assure en Rodier*», «*on roule cool*»...), le parler des cités devient ce langage «branché» qu'adoptent aussi les générations plus âgées. On peut même constater à son égard une certaine bienveillance officielle : «*Pour rester une langue vivante, le français doit forcément s'enrichir, mais je préfère qu'il s'enrichisse de l'argot de Saint-Denis plutôt que de l'argot de Brooklyn*», déclarait Jacques Toubon en 1994. Aujourd'hui, nombre de vocables «jeunes» finissent par entrer dans le français standard, aussi bien par les chansons (*Laisse béton* chantait Renaud il y a déjà vingt ans) ou les bandes dessinées, que par le cinéma mais aussi les dictionnaires. On relève dans l'édition 1996 du *Petit Robert* : allumé, baston, beur/beurette, craignos, flipper, galérer, keuf, meuf, etc. (8).

Ce qui pourrait laisser penser que le parler jeune contribue à enrichir et à dynamiser le français contemporain...

---

8. M. Bellot-Antony, «Quelques aspects du français aujourd'hui», article paru sur le site Internet : http://www. ifb.sk/culturel/pedagaspects.htm.

TROISIÈME PARTIE

Enjeux

Chapitre VI
Les applications   *237*

Chapitre VII
L'acquisition du langage   *257*

Chapitre VIII
Langage et pensée   *281*

CHAPITRE VI

Les applications

- **Langage et travail**
  Philippe Cabin   *239*

- **Modes d'emploi : mode d'emploi**
  Dominique Boullier   *247*

- **L'art de faire un dictionnaire**
  Entretien avec Daniel Péchoin   *253*

PHILIPPE CABIN*

LANGAGE ET TRAVAIL**

Le langage est partout dans les entreprises, des conversations informelles aux réunions de travail, des documents papiers aux supports informatiques... Son analyse apparaît comme un des enjeux contemporains des organisations.

LORS D'UN COLLOQUE sur le chômage de longue durée (1), un des intervenants insistait sur les difficultés pour un demandeur d'emploi à dire sa qualification, ainsi que celles pour l'entreprise d'exprimer fidèlement les compétences dont elle a besoin. Le chômeur de longue durée est aussi marqué par la façon dont le langage le désigne comme membre situé dans l'espace social. Autrement dit, comment redevenir acteur quand on reste nommé par les problèmes que l'on pose à la société ? Cet exemple montre à quel point les effets du langage sont au cœur de la relation de travail.
Autre point, les mutations des modes de fabrication ont accru l'importance de l'échange et de la gestion d'informations dans les activités productives. Le malentendu, le non-dit, la mauvaise interprétation de codes, la rétention d'information : ces phénomènes existent dans l'entreprise et influent sur son fonctionnement.
Le langage est un fait tellement quotidien, tellement évident, que tout un chacun croit tout savoir à son sujet. D'où le désarroi du dirigeant quand il s'aperçoit que personne n'a compris sa circulaire. Comprendre et maîtriser les processus langagiers, ce n'est pas seulement se donner les moyens d'analyser un support pour l'information, c'est

---

* Journaliste scientifique. En collaboration avec le réseau Langage et Travail.
** *Sciences Humaines*, n° 15, mars 1992.
1. Colloque Agir contre le chômage de longue durée, 18-19 novembre 1991, ministère du Travail, de l'Emploi et de la Formation Professionnelle, atelier n° 4, « Chômage de longue durée et pratique des entreprises ».

La production des langages techniques

Les organisations sont des « usines à mots » : les mots y naissent et s'y transforment dans un double rapport aux objets, outils et processus, et aux rapports sociaux dans lesquels ces derniers s'inscrivent.

On a maintes fois souligné la fonction descriptive des vocabulaires techniques, souvent assurée par la métaphore : « pied de biche », « maître à danser » (un compas). Mais acteurs, outils, processus se disent aussi avec des mots qui expriment la diversité des points de vue et des expériences. Que fabrique-t-on sur telle « ligne » (ou « chaîne ») : des « voitures » selon les ingénieurs, ou des « poubelles » selon d'autres agents de production qui continuent à se dire OS ? Mais les mots sont aussi lourds de l'histoire : si les professions se féminisent, les termes des métiers nobles résistent au changement de sexe. Ils sont aussi lourds des rêves de leurs utilisateurs : quand l'histoire sociale épouse l'utopie, on invente le « Robot-Marie ».

Comme leurs créateurs et utilisateurs, les mots sortent, par de multiples voies et voix, des lieux de travail, vont gonfler la langue commune et l'enrichir. Pensons au martyr des terminologues chargés de fixer les lexiques, tandis qu'autour d'eux on ne cesse de néologiser, de détourner signifiants et signifiés (1).

BERNARD GARDIN

1. Voir les mots clés en fin d'ouvrage.

---

aussi et surtout pénétrer une composante essentielle de l'action. C'est, par exemple, saisir pourquoi telle ou telle consigne n'a pas été suivie, pourquoi tel mode d'emploi est illisible pour le client, comment tel usage grammatical ou lexical (2) peut peser sur les relations sociales ou hiérarchiques.

Parler c'est toujours agir

Le langage ne saurait donc être réduit à sa fonction d'informer : le dire. Depuis longtemps, on en distingue d'autres. La fonction d'expression, ou le parler, par laquelle l'individu exprime ce qu'il est, son affectivité, ses émotions. L'action, par la voie des actes de parole ou du faire : on agit toujours quand on parle (3). La fonction cognitive : le penser, qui montre que la connaissance et la pensée sont indissociables du langage, et comment elles participent non seulement à la construction intellectuelle des organisations, mais aussi à l'action, par la voie notamment de l'argumentation.

Les apports de la linguistique sur ces questions ont amené les sciences du tra-

---

2. Voir les mots clés en fin d'ouvrage.
3. Voir notamment l'article de N. Journet « Le langage est une action » dans cet ouvrage.

vail (sociologie, ergonomie, psychologie, gestion) à intégrer la dimension langagière des activités de production, et à se tourner vers les travaux des linguistes. Certes ces derniers sont déjà sollicités par les entreprises en tant qu'experts collaborant à la production d'outils, notamment des logiciels. L'informatique a bouleversé les modes de communication et a généré des langages et des codes spécifiques. Il y a une « industrie de la langue », pour laquelle les linguistes sont directement impliqués dans le processus de production (4). De même, dans les secteurs de pure communication, comme la publicité, on fait naturellement appel aux travaux des linguistes et des sémiologues (5). Mais au-delà de ces constats, il y a celui, plus vaste, de l'importance croissante des phénomènes langagiers dans le travail. Cette évolution est perceptible sur plusieurs plans.

En premier lieu, les développements technologiques accroissent la part des échanges symboliques au détriment des manipulations matérielles directes de produits, d'outils ou d'objets. Il y a un processus d'« intellectualisation » de la production (6). L'automatisation des moyens de production, la généralisation des technologies de la communication (bureautique, télématique, réseaux informatisés) font qu'une part de plus en plus importante de l'activité accomplie par les hommes dans les entreprises consiste à gérer des signes et des symboles.

Par ailleurs, l'intérêt des entreprises pour les techniques dites du « management participatif » tend à impliquer les acteurs, quel que soit leur niveau hiérarchique, dans une activité de la parole.

L'obsolescence relative du modèle taylorien et la diffusion de certaines formes de démocratie industrielle concourent à modifier le statut social, la fonction technique et l'usage institutionnel de la parole dans l'entreprise (7).

Enfin, la communication prend une grande place au sein des stratégies patronales. L'entreprise doit être fluide, flexible, interactive, informée. Les savoirs et savoir-faire, souvent tacites et informels, font figure de ressource essentielle. Ils doivent circuler, irriguer l'entreprise à tous les niveaux. Les « nouvelles technologies » imposent la plasticité des informations, au sein des unités de production, mais aussi entre services appelés à être en interaction permanente. La nécessité de « communiquer » répond dès lors non à un souci d'humanisme ou de démocratisation, mais à l'impératif d'efficacité économique.

Dans ces conditions, et dès lors que l'on admet que l'entreprise est à la fois et de façon indissociable un système technique, un système socio-organisationnel et un système symbolique, les productions écrites et les discours oraux qui y circulent et qu'elle produit sont des objets d'analyse à privilégier pour en

---
4. Voir Ph. Cabin « Les industries de la langue » dans J.-F. Dortier (coord.), *Le Cerveau et la Pensée*, Sciences Humaines Editions, 1999 ; R. Carré et alii, *Langage humain et Machine*, Presses du CNRS, 1991.
5. B.-N. Grunig, *Les Mots de la publicité : l'architecture du slogan*, Presses du CNRS, 1990 ; B. Fraenkel et C. Legris-Desportes, *Entreprise et Sémiologie : analyser le sens pour maîtriser l'action*, Dunod, 1999.
6. P. Veltz, « Informatisation des industries manufacturières et intellectualisation de la production », *Sociologie du travail*, n° 1, 1986.
7. Voir A. Borzeix et D. Linhart « Entreprise et pratiques langagières » dans J.-F. Chanlat, *L'Individu dans les organisations, les dimensions cachées*, Eska, 1990.

Les sociolinguistes au travail

On ne peut pas mettre sur un même plan, par exemple, le travail d'un cadre ou d'un professeur, qui est fait de discussions, de correspondances, d'écrits de toutes sortes, et celui d'un opérateur de montage de carrosseries ou de soudure de composants électroniques.

Le statut du langage dans le travail est donc plus complexe qu'il n'y paraît. D'un côté, il est l'objet d'approches technologiques, comme dans les dispositifs d'extraction des connaissances destinés à la constitution de systèmes experts. Mais de l'autre, il est partie prenante de la construction des collectifs au travail ; il est le vecteur de la transmission des savoirs ; il permet d'exprimer le plaisir ou la souffrance engendrés par le travail. Ce sont là des questions dans la communauté des chercheurs étudiant le travail. Parmi eux il y a les sociolinguistes.

Les sociolinguistes sont des linguistes qui ne séparent pas l'analyse du langage de celle des situations sociales (1) dans lesquelles les locuteurs dialoguent, raisonnent, commentent, répondent... Dans les années 70 en France, les sociolinguistes étudiaient le système scolaire. Dix ans après, certains sont allés observer les situations de travail. La sociolinguistique n'avait aucune tradition qui la rattachait au travail, contrairement à l'école qui eut partie liée avec la réflexion sur le langage depuis des siècles, grâce à la rhétorique et à la grammaire (2). En revanche, le travail constitue l'objet traditionnel de l'ergonomie, de la sociologie du travail, de l'économie et des sciences de la gestion. Les collaborations interdisciplinaires se sont engagées sur la base de cette dissymétrie dans nos connaissances. Les connaissances sur les questions liées à la langue, au langage et à la communication sont importantes et anciennes. Elles permettent d'émettre quelques réserves sur la façon dont les entreprises conçoivent parfois la communication entre les hommes. Celle-ci, à la différence de la communication homme-machine, ne se réduit jamais à de la transformation d'informations, car parler engage aussi notre psychisme, notre corps, nos relations sociales, nos positions dans une hiérarchie, nos actions sur autrui. Une conception instrumentale du langage permet difficilement d'appréhender la diversité et la complexité du fonctionnement et de l'usage de la parole, par des hommes et des femmes engagés dans des activités de travail.

JOSIANE BOUTET

---

1. Voir Points de repères : « Les courants de la sociolinguistique » dans cet ouvrage.
2. Voir les mots clés en fin d'ouvrage.

comprendre le fonctionnement et les éventuels dysfonctionnements.
On l'aura compris, ce texte ne prétend pas dresser un panorama des rapports entre linguistique et entreprise. Il cherche à dégager, par une approche interdisciplinaire, des problématiques autour de la question du langage dans les situations de travail. Il ne préjuge en rien de l'existence d'autres recherches pertinentes dans le même domaine d'investigation.

Le travail et l'innovation créent du langage

Un premier axe de recherches concerne la construction et la diffusion des savoirs pratiques. Il s'agit d'analyser les connaissances mises en œuvre par les agents dans leur travail. L'entreprise est en permanence confrontée à des problèmes de formation, de qualification, d'apprentissage, de transfert de compétences et de mise au point de systèmes experts. Comment se construisent les compétences, les savoir-faire ? Comment peuvent-ils circuler et être appliqués ? Les communications verbales, mais aussi écrites ont dans cette perspective une importance décisive. Daniel Faita montre comment le langage exerce une fonction déterminante dans les activités de surveillance et de prévention des aléas qui pourraient perturber le déroulement du processus productif (8). Face à une panne, le langage devient un instrument précieux. A partir de l'enregistrement des conversations occasionnées par un incident dans une usine d'aluminium, l'auteur analyse le contrôle du processus technique par la parole.

Les organisations et les métiers fabriquent et transforment des mots. Il y a une véritable invention du langage en situation, une activité sociale de production. Le cycle de vie des mots du lexique technique épouse celui de l'innovation. Comment ces termes naissent-ils, comment émergent-ils dans les échanges, qui les invente ? Des ingénieurs, des concepteurs, des terminologues certes, mais les usagers y ont aussi leur part.
L'analyse des modes d'emploi, une des littératures techniques les plus répandues, constitue un champ d'application pertinent pour les entreprises. La rencontre avec un mode d'emploi incompréhensible est une épreuve que tout le monde a connue un jour, et qui peut contribuer à discréditer un bon produit aux yeux du consommateur. Est-ce à dire que le fabricant se moque de sa clientèle ? On pourrait parfois le penser, si l'on n'avait à admettre que la rédaction d'un mode d'emploi est confrontée à de multiples difficultés. Comment décomposer et décrire dans le détail un processus qui peut être complexe, tout en satisfaisant aux impératifs de la correction technique, et en étant simultanément lisible pour un client dont on ne peut cerner toutes les caractéristiques (9) ? Les travaux des linguistes sur la lisibilité peuvent ici être précieux pour la commercialisation d'un produit.

---

8. D. Faita, « Interaction verbale et gestion des variables du travail », communication au Colloque international Analyse des interactions, 12 au 14 septembre 1991, Aix-en-Provence.
9. Voir l'article de D. Boullier dans cet ouvrage et « Mode d'emploi de la panne et panne du mode d'emploi » dans *Cahiers de linguistique sociale*, n° 16, 1990.

> **Pour en savoir plus**
> - C. Bachmann, J. Lindenfeld, J. Simonin, *Langage et Communications sociales*, Hatier, 1981.
> - A. Borzeix, B. Fraenkel, *Langage et Travail : communication, cognition, action*, Cnrs Editions, 2001.
> - A. Borzeix, S. Pene, B. Fraenkel (éd.), *Le Langage dans les organisations : une nouvelle donne*, L'Harmattan, 2001.
> - J.-F. Chanlat (dir.), *L'Individu dans l'organisation. les dimensions cachées*, Eska, 1990.
> - C. Dejours (dir.), *Plaisir et souffrance dans le travail*, 2 tomes, Aocip, 1988.
> - J.-B. Grize, P. Verges, A. Silem, *Salariés face aux nouvelles technologies, vers une approche sociologique des nouvelles technologies*, CNRS, 1987.
> - *Langages*, n° 93 : numéro spécial.
> - P. Zariffian, *La Nouvelle Productivité*, L'Harmattan, 1990.

Troisième axe : la coopération et l'interaction dans les situations de travail. Dans l'entreprise en effet, la plupart des activités supposent une part de coopération. Si celle-ci passe parfois par une communication non verbale plus ou moins codifiée (gestes, mimiques, comme dans le cas de la Bourse), son vecteur privilégié reste le langage. La prise de décision, la répartition et la coordination des tâches au sein d'une équipe ou d'un service nécessitent un minimum d'échanges langagiers. Les recherches empiriques dans ce domaine offrent une analyse fine d'activités de travail variées.

L'intérêt de ces recherches est évident pour tout un ensemble d'activités professionnelles ayant pour point commun l'interaction sociale : relations entre clients et agents, entre médecin et patient, ou bien entre collègues, que ce soit directement ou par la médiation de téléphone, d'écran ou de tout autre dispositif informatisé. S'appuyant sur du matériel enregistré en situation dite naturelle, ce type d'analyses permet de décrire par le menu et de comprendre comment le travail s'accomplit concrètement grâce aux verbalisations et à leur organisation interne.

Michèle Lacoste, étudiant la coordination par la parole sur un chantier, montre comment celle-ci a pour fonction de scander le déroulement des actions de travail en les synchronisant et en indiquant publiquement la succession de l'une à l'autre (10). Les services bancaires informatisés, le dépannage à distance, la navigation maritime, les contrôles aériens sont d'autres activités qui ont fait l'objet de recherches de ce type. Ces procédures ont pour point commun le respect de règles de métier, de codes tacites. Elles s'opèrent le plus souvent sur un mode implicite, et par conséquent seule une analyse fine et rigoureuse peut permettre d'interpréter ces interactions.

Les dirigeants passent leur temps à parler

Plus généralement, les pratiques langagières prennent une place croissante dans le fonctionnement et la gestion quotidienne des entreprises. Des études ont établi que les dirigeants et les cadres passent le plus clair de leur temps à parler. Parole instrumentale liée à des nécessités techniques, économiques ou organisationnelles ; parole sociale aussi, qui façonne et entretient la sociabilité (11). Des recherches portent par exemple sur l'analyse sociolinguistique des formes langagières que revêt cette

---

10. M. Lacoste, « Langage et action collective », communication au Colloque international Analyse des interactions, *op cit.*
11. Voir notamment D. Guigo « Les termes d'adresse dans un bureau parisien », *L'Homme*, n° 119, juillet-septembre 1991, XXXI (3).

démocratisation des discours institutionnels, sur ses effets en terme de performance économique, de formation des identités sociales, des solidarités ou de l'action collective. Ces analyses permettent ainsi une meilleure appréciation des effets de ces nouvelles formes de management, et une relativisation des discours optimistes sur la démocratisation dans l'entreprise.

DOMINIQUE BOULLIER[*]

MODES D'EMPLOI : MODE D'EMPLOI[**]

Une notice de montage, ou un mode d'emploi, doit tenir compte des besoins de l'utilisateur du produit. Mais ce dernier se comporte rarement comme le concepteur l'avait prévu.

D U MONTAGE d'une armoire à l'installation d'un magnétoscope, en passant par la mise en marche d'un jouet, jusqu'à l'utilisation d'un logiciel ou d'un four à micro-ondes... chacun d'entre nous s'est un jour trouvé confronté à la lecture et à l'utilisation de modes d'emploi ou de notices techniques... Beaucoup ont une anecdote croustillante à raconter sur le caractère erroné, voire fantaisiste, de certains modes d'emploi.
Sujet de mécontentement et de dérision de la part des consommateurs, la documentation technique constitue pourtant un enjeu économique et industriel considérable, reconnu comme tel par les entreprises et par le ministère de l'Industrie qui la classe parmi les 105 technologies clés. Il reste que les entreprises ont rarement une stratégie d'investissement ou de recherche en la matière. C'est que la conception et la rédaction de la documentation technique sont une affaire très complexe, qui se heurte à de nombreux problèmes.

La bonne notice doit passer inaperçue
Un des points couramment admis aujourd'hui par les concepteurs de documentation technique est la prise en

---

[*] Sociologue et linguiste, directeur de recherches et professeur à l'Université de technologie de Compiègne. Il a publié notamment : (avec M. Legrand) *Les Mots pour le faire. Conception des modes d'emploi*, Ed. Descartes et Cie, 1992 ; «Terminologie des interfaces et construction des connaissances de l'utilisateur» dans V. Delavigne et M. Bouveret, *Sémantique des termes utilisés*, Université de Rouen, 2000.
[**] *Sciences Humaines*, n° 76, octobre 1997.

compte de l'utilisateur final. Celle-ci peut sembler un impératif évident mais se révèle souvent plus difficile qu'on ne le pense. Il s'agit alors véritablement d'une épreuve ergonomique (1). En effet, l'objectif d'assistance visé par un mode d'emploi, une notice, un manuel, apparaît parfois paradoxal. L'objectif n'est pas de faire la « doc la meilleure » qui conduirait l'utilisateur à s'y attacher et à en dépendre : l'objectif est plutôt qu'il s'en passe. C'est au bout du compte la seule mesure de qualité qui vaille en matière de documentation : la notice passe inaperçue parce qu'on l'intègre rapidement ou qu'elle répond immédiatement aux problèmes en cas de difficultés.

Documentation et ergonomie du produit

Une bonne « doc » est rarement un sujet de conversation, alors que les mauvaises... D'où la difficulté à déterminer une « qualité intrinsèque » de la documentation, qui n'existe en fait que dans un contexte d'usage et dans une relation à un produit et à un utilisateur. Il devient dès lors difficile de convaincre qu'il faut absolument améliorer une documentation, si les résultats semblent aussi peu mesurables et aussi dépendants d'un contexte.

Dans tous les cas, les critiques retomberont sur le mode d'emploi, sur la documentation, qui est au fond la dernière trace du concepteur, du message qu'il veut faire passer. Or, ce qui rend l'utilisateur satisfait ou non, c'est avant tout le couple produit-documentation, inséparable en réalité. Il n'existe pas de « bonne » documentation pour un « mauvais » produit, c'est-à-dire un produit qui n'aurait pas pris en compte l'utilisateur final dans la définition de ses fonctionnalités ou dans l'ergonomie de ses interfaces. La documentation ne pourra jamais rattraper les erreurs de conception : s'il faut deux pages pour expliquer comment changer la pile, c'est vraiment que la conception ergonomique n'a pas été travaillée, mais c'est la documentation qui sera accusée, car « trop compliquée ».

En fait, cette propriété de la documentation devrait pouvoir être exploitée dans la conception même : elle fait office de cahier des charges ou de contrôle de qualité ergonomique du produit. S'obliger à concevoir la documentation très tôt, c'est alors se contraindre à expliciter les procédures prévues : ce seul fait permet de voir si elles sont réellement praticables par l'utilisateur, si elles ne sont pas « trop compliquées » et du coup de les changer avant d'avoir arrêté le développement.

Par exemple, le rédacteur de la documentation doit nécessairement mettre en scène l'utilisateur final, imaginer quelles sont les conditions concrètes de son activité, les autres appareils qu'il utilise en même temps, les savoir-faire qu'il est supposé avoir acquis en les utilisant. Il faut alors s'assurer que les procédures préconisées reprennent certains standards ou qu'elles sont au moins homogènes pour un même type de tâches, par exemple pour un magnétoscope,

---

1. Ergonomie : C'est l'étude sur le fonctionnement de l'homme au travail et sa relation à la machine, afin d'appliquer les résultats à la conception des tâches, des outils, des machines et des systèmes de production.

l'enregistrement et les procédures de programmation. Il faut aussi s'assurer que les environnements techniques ou sociaux les plus fréquents sont bien pris en compte. S'il y a des enfants, par exemple, les parents voudront contrôler leur consommation de télévision à péage ou de téléphone, et il vaut mieux prévoir les dispositifs adéquats. En décrivant finement la façon de faire, la documentation permettra de concrétiser des idées de fonctionnalités et de vérifier ainsi l'acceptabilité des solutions envisagées.

Bien entendu, rien ne remplacera un test en situation d'utilisation la plus naturelle possible pour vérifier la qualité ergonomique du produit et celle de la notice. Il est souvent difficile de faire admettre aux industriels que la documentation technique, étant un produit comme un autre, justifie les mêmes contrôles et les mêmes tests que les autres produits.

Cette épreuve ergonomique devient une épreuve commerciale quand elle doit prendre en compte l'ensemble des aides apportées à l'utilisateur. En effet, tout faire reposer sur la documentation ne peut conduire qu'à l'échec. Le produit lui-même doit se plier par anticipation à l'utilisateur. Les concepteurs du câble en France ont longtemps refusé de l'envisager avant tout comme un outil de diffusion de la télévision. Cela les a conduits à surcharger le terminal initial de fonctions interactives inutilisées et à éviter de parler de Canal + dans les notices d'installation. C'est seulement en prenant en compte ce que le client-utilisateur désignait comme usage premier que le câble a pu reprendre vie.

Mais le réseau commercial peut aussi se plier et faciliter la tâche du client : un installateur qui paramètre tout le système avant même que le client l'utilise, un vendeur qui explique les règles de base, une *hot line* disponible aisément sont autant d'efforts pour s'adapter à l'utilisateur et le décharger d'un certain travail. La documentation doit nécessairement connaître ces médiations pour ne pas prendre à son compte des tâches inutiles.

Une documentation technique en « temps réel » ?

N'oublions pas qu'il est aussi possible de faire plier l'utilisateur, de le faire se transformer : la documentation ou la formation sont autant de moyens de modifier les façons de faire de l'utilisateur pour qu'il se conforme au produit. Sans que l'on s'en rende compte, c'est ce que nous faisons souvent. Bien sûr, dix ans plus tard, personne n'a l'impression d'avoir dû peiner pour apprendre à conduire, et l'automobile est devenue l'exemple apparent de « l'objet naturel ». En fait, il a fallu investir beaucoup de temps, d'argent, de personnels spécialisés pour y arriver. Et encore, il faut souvent la contrainte de la police pour faire respecter l'usage normé de cet appareil somme toute très dangereux qu'est la voiture. Si l'harmonisation des produits a facilité cette naturalisation de la conduite automobile, il est quand même remarquable que tout le monde se plie à des opérations aussi sophistiquées et même aussi peu ergonomiques que le débrayage simultané au changement de vitesses. On peut mesurer l'écart avec les moyens mis en œuvre pour diffuser la culture informatique et celle d'Internet.

Puisqu'une documentation technique « en temps réel » reste utopique pour de nombreux produits, il faut bien admettre que la documentation a encore de beaux jours devant elle. Cependant, ses formes sont amenées à évoluer considérablement. Le couple documentation-produit en informatique s'est déjà renforcé avec l'intégration de bulles d'aide, d'afficheurs, de documentation en ligne intégrés dans les logiciels. Cette tendance ne peut que s'accentuer de façon à s'assurer de la présence permanente de la « doc » au moment le plus adapté. Des guidages vocaux existent pour configurer un produit, certains appareils pourront même voir leur interface se transformer, ainsi que l'aide apportée, en fonction de l'analyse faite de l'activité en cours de l'utilisateur (interfaces adaptatives). Pour l'instant, le passage de la documentation papier à la documentation électronique n'a pas encore exploité tous les potentiels d'indexation et de présentation visuelle que l'on attribue au multimédia. Bien souvent, le savoir-faire en maquette et en typographie (mise en pages, présentation, dessins…) a quasiment disparu au profit du texte au kilomètre (comme en témoignent les notices sur Internet).

Les éléments visuels, les différents types de lecture

Or, les enjeux de présentation visuelle étaient déjà présents sur les supports papier. L'utilisation des schémas, par exemple, demeure une ressource essentielle pour un lecteur-utilisateur et il ne suffit pas de les rendre « jolis » en trois dimensions pour les rendre plus informatifs. Abraham Moles a indiqué depuis longtemps à quel point les icônes adoptées pour un (supposé) même objet pouvaient être différentes : le choix d'une échelle, d'un ordre des schémas (voire de certains zooms), d'une catégorie de traits ou de trames répond à chaque fois à des visées informatives qui doivent être explicitées. De la même façon, la mise en pages est le dispositif de navigation visuelle de base qui doit exploiter les blancs tout autant que les blocs pour optimiser le parcours de l'œil. La documentation technique qui peut faire passer d'une lecture procédurale linéaire dans certaines phases (initiation) à une lecture mosaïque accrochant à quelques indices (retrouver une consigne précise) doit impérativement mettre en œuvre ce savoir-faire de la tradition typographique, en ligne ou non, avec hypertexte (2) ou non !

Il sera à l'inverse souvent nécessaire de rappeler que « l'évidence » du schéma, souvent avancée face à l'ambiguïté de la langue, ne tient pas un instant. Par exemple, comment faire admettre des conventions de représentation qui obligent l'utilisateur à regarder en face le panneau arrière de son appareil alors que bien souvent il va se pencher par-dessus… et le voir à l'envers ? Comment s'assurer que la juxtaposition d'un plan d'ensemble et d'un zoom sur une partie doit être comprise dans cer-

---

2. Hypertexte : technique documentaire de représentation des documents sous forme de graphe, dont les nœuds contiennent l'information et dont les liens peuvent être parcourus interactivement par l'utilisateur.

tains cas comme une précision et dans d'autres comme une étape nouvelle (avant/après) ? La combinaison du schéma et du texte est de ce fait indispensable et reste souvent la seule façon de réduire les risques (inévitables) d'ambiguïté.

Quelques principes de rédaction des modes d'emploi

La façon de rédiger demeure dès lors un point clé du savoir-faire du rédacteur technique, bien que l'on ait souvent tendance à le cantonner abusivement à ce seul savoir. Guider un utilisateur de four, de tondeuse ou même de poste de contrôle dans une centrale nucléaire, ce n'est pas écrire un roman, assurément. C'est vouloir réduire la pluralité des interprétations d'un texte, dans la mesure où il reste encore tout le travail opératoire lui-même à effectuer. Une langue opératoire tend inévitablement vers le code : la terminologie doit en être fixée et systématisée (d'où les nécessaires répétitions de termes), l'essentiel de l'action doit être découpé en opérations élémentaires et énoncé brièvement, le style de l'action doit s'imposer (verbes d'action plutôt que noms, voix active plutôt que passive, etc.).

Tout cela ne paraît guère littéraire, mais c'est en fait la compétence à reformuler sans cesse et à critiquer ses propres productions qui fait un bon rédacteur. Il doit en permanence traduire et trouver de nouvelles formules plus directes, plus précises, plus adaptées à la langue supposée de l'utilisateur.

Le problème n'est guère éloigné de celui de la traduction internationale, qui produit parfois des notices gags lorsque le passage du japonais à l'anglais en passant par le suédois aboutit au français. Un exemple authentique, tiré de la notice d'utilisation d'un logiciel : «*ALCONFIG EXE setup program vous fournit de contrôler la son carte s'il travaille cinnectement et de vérifier la configuration installée du système en les situations ou vous avez besoin de.*»

Là encore, des métiers qualifiés existent, des méthodes et des techniques d'aide à la traduction se sont développées : l'industrie, devenue internationale, ne peut plus ignorer que la qualité des traductions de sa documentation peut devenir un facteur de rejet définitif ou d'acceptation sur certains marchés.

L'utilisateur n'en fait qu'à sa tête

Malgré tous ces efforts pour s'adapter à l'utilisateur, l'observation ordinaire comme les travaux de recherche que nous avons effectués montrent bien la capacité de l'utilisateur à n'en faire qu'à sa tête. Parfois volontairement, pour refuser *a priori* toute prise en charge, en revendiquant une autonomie qui peut aboutir à un violent conflit avec l'appareil qui lui résiste : forcer la trappe d'insertion de la cassette quand on ne parvient pas à trouver le bouton pour effectuer la manœuvre est très difficile mais si cela réussit, c'est à coup sûr… la panne. Parfois, c'est un transfert involontaire de savoir-faire hérité d'une autre expérience technique qui peut aider, mais qui peut aussi «intoxiquer» en faisant plaquer des modèles inadaptés sur un nouvel appareil. Un four à micro-ondes à commande digitale, c'est un four sans doute mais ce que j'ai appris sur mon four traditionnel me perturbe plutôt pour faire face à la nouveauté : c'est peut-être mon autoradio, à affichage digital lui aussi, qui devient le modèle de procédure pertinent !

Parfois, l'utilisateur peut au contraire abdiquer ses compétences et se reposer entièrement sur le mode d'emploi. Malheureusement, l'échec est là aussi probable, car le mode d'emploi indiquera certes la procédure pour cuire grâce au fameux four mais il ne pourra pas savoir que je veux cuire un poulet de 3 kg. Il me faut donc travailler, adapter la consigne à mon contexte toujours particulier et l'interpréter.

La prise en charge totale n'est jamais possible. En fait, elle est souvent négociée et intermittente. Il est de bon ton, dans le public averti comme chez les développeurs de produits, d'affirmer sans autre preuve que personne ne lit les documentations ni les modes d'emploi. En fait, personne ne les lit de façon linéaire, ni dans leur intégralité. Mais très rares sont ceux qui, au moment de l'installation, de l'initiation, d'un perfectionnement ou encore d'une panne, n'ont jamais eu recours au mode d'emploi d'un appareil quelconque. C'est une ressource à usage variable selon le temps et selon les milieux ou les savoir-faire, mais c'est une ressource indispensable. La diversité de ces usages rend encore plus risquée l'acte d'écriture et de conception d'une documentation. Si ce métier peut encore être formalisé, il demeurera pourtant incertain quant à son résultat, et c'est pourquoi nous pourrions parler d'un art de la rédaction technique.

L'ART DE FAIRE UN DICTIONNAIRE

ENTRETIEN AVEC DANIEL PÉCHOIN[*]

Pour Daniel Péchoin, faire un dictionnaire, ce n'est pas reproduire un «bon français», mais intégrer l'évolution de la langue et des indications sur les différents contextes d'utilisation.

Sciences Humaines : Comment peut-on exercer une profession libérale dans le domaine de la linguistique ?

Daniel Péchoin : Je suis linguiste de formation, mais je me suis très vite spécialisé en lexicographie, c'est-à-dire dans la réalisation des dictionnaires. J'ai travaillé dans les trois maisons qui se partagent le plus gros de ce marché, Robert, Hachette et Larousse, ainsi qu'au Conseil international de la langue française. En 1993, j'ai fondé mon propre cabinet de *packager*, comme on dit en jargon de métier. Je passe contrat avec des sociétés d'édition, le plus souvent pour concevoir des ouvrages de référence. Cela représente selon les années entre 80 % et 100 % de mon chiffre d'affaires ; le reste consiste en missions de conseil. Par exemple, pour le *Dictionnaire des difficultés du français*, une commande de Larousse, j'ai fait appel à une dizaine de personnes, six rédacteurs et quatre maquettistes. Je suis donc à la fois lexicographe et éditeur.

SH : On voit bien ce qu'est un dictionnaire de langue, mais n'existe-t-il pas des besoins pour des travaux plus spécialisés ?

D.P. : Les besoins existent, comme le montre l'abondance des titres dans les domaines professionnels. Mais je ne suis pas sûr qu'ils soient toujours bien satisfaits, notamment parce que ceux qui publient ces dictionnaires terminologiques font appel en général aux seuls praticiens du domaine, habitués aux réalités concrètes. Or, l'écriture dictionnairique implique une confrontation avec des concepts, avec de l'abstrait. En la matière, je plaide pour la méthode du balancier : le praticien apporte les contenus, le lexicographe les met en forme, le praticien relit et corrige, etc.

D'autre part, je suis persuadé que nombre d'entreprises auraient intérêt à mieux gérer la transmission de leur culture propre en se dotant d'outils adaptés. Le dictionnaire peut être l'un de ces outils. C'est un créneau auquel je m'intéresse de

[*] Lexicographe et éditeur. Il a publié notamment : Thésaurus : des idées aux mots, des mots aux idées, Larousse, 1998 ; Dictionnaire des difficultés du français, Larousse, 2001.

plus en plus, j'ai d'ailleurs eu l'occasion récemment de réaliser un petit lexique du management pour une grande entreprise publique.

S.H. : Y a-t-il des possibilités d'avoir un style particulier et éventuellement d'innover en matière de dictionnaires ?

D.P. : Oui, bien sûr, il y a un style des dictionnaires : je crois que tout le monde perçoit par exemple la différence entre le ton de connivence culturelle avec le lecteur affiché par le *Petit Robert*, et l'écriture plus neutre du *Petit Larousse*, qui s'adresse à un public beaucoup plus vaste – environ 350 000 exemplaires en année ordinaire contre 100 000 à 150 000 pour le *Robert*. Ce statut de « dictionnaire du consensus » oblige Larousse à gommer les aspérités qui pourraient déplaire, notamment en étant moins accueillant à l'égard des néologismes et de la langue parlée familière.

Cela dit, le « style » est aussi sous la dépendance des contraintes matérielles. Si l'on s'en tient à cet exemple, le nombre d'entrées est à peu près le même pour les deux ouvrages : environ 60 000. Mais le *Larousse* ne dispose pour traiter cette matière que de 12 millions de signes, à cause de la place prise par les illustrations et les noms propres, et le *Robert* de plus de 20 millions.

En ce qui concerne les possibilités d'innover, il me semble que le dictionnaire sous sa forme papier est arrivé à maturité : les habitudes de consultation sont fortement ancrées, et les dirigeants de sociétés d'édition bénéficient d'une formule qui a fait ses preuves. Ils sont donc peu portés à une nouveauté par nature coûteuse et risquée. En revanche, les médias électroniques, CD-Roms et autres, permettent de briser par des liens hypertexte (1) la lecture linéaire qu'imposait l'espace à deux dimensions du papier. On accède ainsi à ce dont j'ai souvent rêvé en rédigeant des articles de dictionnaire très complexes : la possibilité de donner à voir à la fois, comme dans une représentation en volume, les sens, les liens entre syntaxe et sémantique (2), les niveaux de langue, les difficultés d'emploi, etc.

SH : Est-ce que les dictionnaires, qui sont des réservoirs de savoirs constitués, ne sont pas naturellement conservateurs ?

D.P. : Je ne crois pas que les dictionnaires soient conservateurs par nature. En revanche, la représentation qu'en ont beaucoup de Français est apparentée à celle qu'ils ont du système métrique : comme il y a quelque part un étalon du kilogramme, il y aurait quelque part un étalon du «bon français» et la mission du dictionnaire serait d'en fournir une réplique fidèle. Mais les langues, comme les espèces animales, évoluent : c'est à ce prix qu'elles survivent. Il appartient au lexicographe de refléter cette évolution. Ce qui ne l'empêche d'ailleurs en rien de dire ce qui est adapté à telle situation de communication et ne l'est pas à telle autre, conversation de bistrot ou entretien d'embauche. On peut indiquer, notamment au moyen de marques telles que familier, courant, soutenu, emploi critiqué, etc., les contraintes sociales qui pèsent sur l'expression, comme elles pèsent sur la façon de se vêtir.

Propos recueillis par
NICOLAS JOURNET
(*Sciences Humaines*, hors série n° 27, décembre 1999/janvier 2000)

---

1. Hypertexte : technique documentaire de représentation des documents sous forme de graphe, dont les nœuds contiennent l'information et dont les liens peuvent être parcourus interactivement par l'utilisateur.
2. Voir les mots clés en fin d'ouvrage.

Chapitre VII

L'acquisition du langage

- L'acquisition du langage
  Gaëtane Chapelle — 259

- Parler tôt pour parler bien
  Entretien avec Claude Hagège — 265

- L'enseignement précoce des langues
  Daniel Gaonac'h — 271

Gaëtane Chapelle[*]

L'ACQUISITION DU LANGAGE[**]

La précocité de l'acquisition du langage chez l'enfant a conduit certains théoriciens à postuler le caractère inné du langage. D'autres chercheurs ont mis, eux, l'accent sur l'influence du milieu social.

A QUEL ÂGE l'enfant dit-il ses premiers mots ? Parler, c'est utiliser des mots, c'est-à-dire des suites de syllabes arbitraires, dans un ordre précis, pour désigner des objets, décrire des actions, énoncer des idées. Avant d'arriver à une maîtrise totale du langage, l'enfant passe par de nombreuses étapes. Selon les psychologues, l'apprentissage du langage commence dès la fin de la vie fœtale. Car pour pouvoir parler un jour, il faut que le bébé commence par comprendre la parole humaine. On ne peut donc envisager l'acquisition du langage sans étudier ses deux facettes : la perception et la production du langage.

Déjà dans le ventre de sa mère, le fœtus distingue la parole humaine des bruits environnants. Des expériences ont montré qu'il distingue déjà les phonèmes (1) et peut donc faire la différence (ce qui ne veut pas dire comprendre) entre « le rat poursuit la souris » et « le chat poursuit la souris ». Ensuite, dès la naissance, il préfère la voix de sa mère à une autre, et la langue maternelle à une langue étrangère. Jacques Mehler, par de nombreuses recherches expérimentales chez des nouveau-nés, montre par exemple qu'un bébé français est capable très tôt (à quatre jours) de distinguer le russe du français. Grâce au développement des techniques d'imagerie cérébrale, on peut mieux comprendre les bases céré-

---
[*] Journaliste scientifique au magazine *Sciences Humaines*.
[**] *Sciences Humaines*, n° 108, août-septembre 2000.
1. Voir les mots clés en fin d'ouvrage.

brales de l'acquisition du langage. Ainsi, Ghislaine Dehaene-Lambertz et Stanislas Dehaene ont montré que, dès 3 mois, des zones cérébrales spécifiques traitent les stimulus langagiers.

De 1 mois jusqu'à 8 mois, le bébé va ensuite apprendre à distinguer les syllabes puis les mots, jusqu'à la première compréhension de mots dans leur contexte. C'est à ce moment aussi qu'il commence à reconnaître son prénom. A partir de 10 mois, le bébé commence à comprendre les mots isolés, et son « vocabulaire passif » (2) se développe. Pendant ce temps, la production du langage se met en place. Après les « arheu » des premiers mois, l'enfant apprend à maîtriser sa voix. Vers 7 mois, il se met à babiller, c'est-à-dire à répéter des suites de syllabes rythmées (mamama, gagaga). Le babillage, qui peut paraître complètement désordonné, permettrait à l'enfant de comprendre comment il faut bouger tel ou tel muscle pour provoquer un changement de son. Après la simple maîtrise de la voix, il apprend donc à maîtriser la production de sons. Jusqu'à 10 mois, il se spécialise ensuite dans les consonances de sa langue maternelle, et c'est entre 10 et 12 mois qu'apparaît le premier mot. A 16 mois, il utilise en moyenne 50 mots, mêlés à du babillage avec intonation. Son vocabulaire est généralement constitué de noms de personnes proches et d'objets (papa, doudou), de termes sociaux (coucou, allô), d'adverbe (encore) et parfois de verbes (tombé). Vers 18 mois, et jusqu'à 3 ans, on assiste à une véritable explosion du vocabulaire. L'enfant apprend alors plusieurs mots par jour, à une vitesse étonnante.

Et à quel âge dit-il ses premières phrases ?

Même si l'acquisition des premiers mots est une étape décisive dans l'acquisition du langage, le trajet à parcourir avant sa maîtrise totale est long. Après les mots, l'enfant apprend à faire des phrases. Vers 18-20 mois, il produit deux mots à la suite, exprimant ainsi différentes relations de sens : l'existence (auto ça), la récurrence (encore lait), l'attribution (auto papa), la localisation (maman travail), etc. Certains linguistes voient dans ces phrases élémentaires l'apparition des premières règles de grammaire : certains mots, appelés mots pivots, sont toujours utilisés à la même place (apu gâteau, apu bébé, donne ça, lis ça). Très tôt, les enfants seront d'ailleurs sensibles à la grammaire de leur langue maternelle. Et dès 2 ans, ils disposent de connaissances grammaticales importantes. Vers 3 ans et demi, ils commencent à conjuguer les verbes, avec des généralisations incorrectes du style « tu fèseras » ou « j'ai ouvri la porte ». Mais ces incorrections prouvent qu'ils ont compris une règle.

Le vocabulaire continue à s'enrichir, avec l'augmentation du nombre de mots connus, mais aussi avec une capacité de plus en plus grande à donner du sens aux mots. Alors qu'au départ, les enfants définissent les mots par leurs composants (lapin : il a des grandes oreilles), leur localisation (arbre : dans le jardin), ou leur utilisation (beurre : pour faire des tartines), ils développent ensuite des définitions catégorielles. Ils

---

2. Ensemble de mots reconnus et compris, mais non obligatoirement utilisés dans le discours.

seront capables de dire qu'une rose est une fleur, mais aussi qu'elle a des pétales comme la tulipe.
Dernier volet de l'évolution du langage : l'acquisition de ses différentes fonctions. Dès le départ, l'enfant utilise le langage dans sa fonction instrumentale, c'est-à-dire pour obtenir ce qu'il désire (boire lait). Il sait aussi exprimer ses sentiments (veux pas) et entrer en relation avec les autres (au revoir, coucou), ce qu'on appelle la fonction personnelle et interpersonnelle. Mais ce n'est que plus tard qu'il utilisera la fonction heuristique du langage comme outil de découverte du monde (« Dis, pourquoi la mer est bleue ? »), la fonction imaginative, en inventant une histoire, et la fonction informative, en échangeant des informations avec les autres.
L'enfant mettra également du temps à adapter les formes du langage qu'il utilise à la situation. Tout petit, s'il veut un jouet, il dira « veux ça ! ». Il apprendra ensuite qu'une formule plus polie (« Tu l'achètes, s'il te plaît ? ») sera plus facilement suivie d'effet. Puis il pourra se mettre à la place d'autrui par une formulation indirecte (« si tu me l'achètes, je pourrai jouer avec ma petite sœur, et elle t'embêtera pas »).

Comment expliquer l'acquisition du langage ?

Le chemin est donc long, et complexe, avant une pleine maîtrise du langage. Néanmoins, son apprentissage est étonnamment rapide et facile chez l'enfant, si on le compare à l'adulte qui apprend une seconde langue. Cela n'a pas manqué d'éveiller l'intérêt des linguistes et des psychologues.

Les béhavioristes considéraient le langage comme un comportement comme un autre, dans lequel une production verbale acquiert une force plus grande si elle est régulièrement suivie d'effet. Les productions verbales correctes sont encouragées, et les autres disparaissent faute de renforcement. Cette version très mécanique de l'apprentissage du langage a été remise en question. Une théorie alternative et très novatrice a été proposée par le linguiste américain Noam Chomsky dans les années 50. Selon lui, l'individu possède dès la naissance une compétence de base, qui est une aptitude à produire des phrases grammaticalement structurées. Toutes les langues du monde reposent, selon lui, sur quelques règles profondes identiques, formant une grammaire universelle. La conception innéiste du langage a stimulé un très grand nombre de recherches et de théories. L'Américain Steven Pinker (3) intègre des données linguistiques, psychologiques et anthropologiques pour étayer et nuancer la théorie de N. Chomsky. Il raconte ainsi comment de jeunes sourds du Nicaragua, lorsqu'ils furent scolarisés ensemble, se mirent à inventer leur propre langue des signes. Si la première version de cette nouvelle langue restait encore floue et approximative, la génération suivante, qui l'apprit très tôt, a spontanément standardisé les signes et créé une véritable grammaire.
Des théories alternatives ont été proposées à la conception innéiste du langage. Parmi celles-ci, les perspectives interactionnistes renvoient à une approche

---

3. *L'Instinct du langage*, Odile Jacob, 1999.

beaucoup plus sociale de l'acquisition du langage. Elles partent de l'idée que l'enfant n'apprend pas seul à parler, mais dans le cadre d'interactions de communication avec son entourage proche, principalement son père et sa mère. Lev S. Vygotsky (4) fut le premier à développer cette idée dans les années 30, qui fut reprise ensuite par Jerome Bruner. Sans réellement s'opposer à une conception innéiste du langage (puisqu'il admet que sont nécessaires au minimum certaines compétences pour pouvoir parler), J. Bruner s'intéresse davantage à la façon dont l'enfant apprend à utiliser le langage, c'est-à-dire dans des situations réelles de communication.

> **A lire**
> - B. de Boysson-Bardies, *Comment la parole vient aux enfants*, Odile Jacob, 1996.
> - A. Florin, *Le Développement du langage*, Dunod, 1999.
> - M. Kail et M. Fayol, *L'Acquisition du langage*, Puf, 2000.

Y a-t-il des différences d'un enfant à l'autre ?

Tous les enfants ne disent pas leur premier mot au même âge, ni ne peuvent comprendre ou produire le même nombre de mots à l'âge de 2, 5 ou 10 ans. Déjà entre 8 et 10 mois, certains bébés vocalisent plus que d'autres : généralement ceux à qui la mère s'adresse le plus souvent. Et loin de disparaître avec le temps, ces différences vont se maintenir : les plus précoces le restent, et souvent les meilleurs en vocabulaire sont aussi les meilleurs en syntaxe ou en compréhension de récits. C'est principalement à l'école que les différences vont apparaître. Une étude de Stéphane Ehrlich et ses collègues a ainsi montré que le vocabulaire des enfants augmente de 1 300 mots environ du CE1 au CM2, que les écarts entre les enfants issus de milieux favorisés et défavorisés pouvaient être de 600 mots, soit à peu près 6 mois d'acquisition de vocabulaire. Alain Lieury, qui s'est intéressé à l'acquisition du vocabulaire au collège, montre, lui, l'écart entre le premier et le dernier de la classe de 6e : alors que le meilleur élève apprend 4 000 nouveaux mots dans l'année, le dernier du classement n'en acquiert que 1 000. Ces différences de niveaux paraissent fortement liées au niveau socioculturel. Mais l'explication n'en est pas simple. Il semble en tout cas qu'un facteur déterminant réside dans la richesse des échanges langagiers entre les parents et l'enfant. Une façon de réduire les différences consiste donc à encourager les familles à parler avec leur enfant, au travers de lecture d'histoires, ou de récits. L'école, bien sûr, pourrait également jouer un rôle important. Même si jusqu'à maintenant elle tend plutôt à creuser les écarts qu'à les réduire. Depuis 1995, *« apprendre à parler et à construire son langage »* est mis au programme de l'école maternelle et primaire. Il est demandé aux enseignants de créer des situations d'échanges langagiers, sous forme de jeux verbaux. Mais ces « conversations scolaires », comme le montrent les observations d'Agnès Florin, ne semblent pas encore atteindre leur objectif : l'adulte occupe la majorité du temps de parole, et parmi les enfants, ne parlent que les plus bavards.

---

4. Voir l'article de J. Lecomte dans cet ouvrage.

Des bilingues pas comme les autres

Quoi de plus difficile que d'apprendre à parler lorsqu'on n'entend pas les autres ? Cette situation est celle des enfants sourds. Depuis l'Antiquité et jusqu'au XVIIIe siècle, ils étaient considérés en France comme des débiles, et relégués dans des institutions obscures. Pire, depuis le Congrès de Milan en 1880, il leur était interdit de parler la langue des signes : ils étaient obligés d'apprendre à articuler le français oral. Pourtant, l'abbé de l'Epée avait inventé au XVIIIe siècle la langue française des signes (LSF), en observant la communication gestuelle d'enfants sourds entre eux. Il faut attendre 1991, c'est-à-dire hier !, pour que la loi Fabius autorise les parents à choisir pour leur enfant, soit la langue orale, soit la langue des signes, soit le bilinguisme. Bien qu'un débat persiste sur le meilleur choix, de nombreux spécialistes préconisent un bilinguisme LSF/français oral, avec certaines variantes : soit en alternant l'exposition à la langue des signes et à la langue orale, soit en utilisant un bilinguisme bimodal, c'est-à-dire que les parents entendants parlent en même temps qu'ils signent.

Le retour vers un apprentissage de la langue des signes est en grande partie provoqué par l'intérêt des linguistes pour ce langage particulier. Ils ont en effet montré qu'il s'agissait d'une vraie langue, riche, avec sa propre structure grammaticale. Bien que les travaux soient peu nombreux et récents, les psychologues commencent à étudier l'acquisition de la langue des signes par les bébés sourds (1).

Ils montrent que comme les autres, le bébé sourd babille, mais avec les mains. En revanche, il semble que l'apparition du premier mot soit plus précoce : vers 7-9 mois.

G.C.

---

1. C. Lepot-Froment, « L'acquisition d'une langue des signes : données empiriques et questions apparentées », dans M. Kail et M. Fayol, *L'Acquisition du langage*, Puf, 2000.

PARLER TÔT POUR PARLER BIEN

ENTRETIEN AVEC CLAUDE HAGÈGE*

Dans son ouvrage L'Enfant aux deux langues, *Claude Hagège développe deux grandes idées pour promouvoir le multilinguisme en Europe et rééquilibrer l'usage des langues : commencer tôt l'apprentissage et échanger les maîtres d'école.*

Sciences Humaines : Claude Hagège, vous vous êtes fait connaître par une illustration du pouvoir des langues à exprimer des cultures et à traverser l'histoire. Vous venez de publier un nouvel ouvrage, *L'Enfant aux deux langues*, où vous proposez aux Français (et aux Européens) un moyen de devenir un peu plus polyglottes. En dehors du fait que cela sert aux échanges entre pays voisins, quelles vertus attachez-vous au fait de parler plusieurs langues ?

Claude Hagège : L'avantage principal est la découverte d'autrui, la réaction contre cette forme de racisme qu'est l'ignorance de l'altérité de l'autre, dont on n'a pas pris la peine d'apprendre la langue. L'apprentissage des langues est une très bonne formation à l'ouverture à l'autre. Quant aux autres avantages, l'apprentissage des langues étrangères améliore la capacité à résoudre des problèmes. Ceux qui connaissent plusieurs langues posent mieux les problèmes que ceux qui ne parlent qu'une langue, et cela peut s'expliquer de façon très simple. Un enfant unilingue est tenté par l'adéquation entre l'objet (l'animal) cheval et l'ensemble de voyelles et de consonnes qui forment le mot « ch-e-v-a-l ». Tandis que l'enfant bi- ou multilingue, qui sait que « cheval » est appelé « Pferd » en allemand, « horse » en anglais, « ma » en Chinois, « uma » en japonais, « caballo » en espagnol, etc., acquiert nécessairement un plus grand sens de la relativité. Il s'aperçoit qu'il n'y a aucune relation nécessaire entre un signifiant et un référent (1), puisque tant de langues disent chaque fois différemment. Vous pouvez imaginer que les unilingues sont tentés de penser que les mots collent à la réalité et qu'il ne peut en exister d'autres qui l'expriment autrement. Or, l'aptitude à distinguer les mots des choses est une dimension évidente de l'intelligence.

* Professeur au Collège de France et directeur d'études à l'Ecole Pratique des Hautes Etudes. Voir l'encadré page suivante.

SH : Quelles sont les raisons qu'on peut avoir de faire commencer l'apprentissage des langues plus précocement que dans l'enseignement tel qu'il est généralement dispensé aujourd'hui ?

Itinéraire d'un multilinguiste

Né en 1936, Claude Hagège est agrégé de lettres et ancien élève de l'Ecole normale supérieure (Ulm). Il est aussi diplômé en hébreu, en chinois et en russe. Il a commencé sa carrière de chercheur sur des langues africaines, puis a élargi son intérêt à bien d'autres aires culturelles : langues amérindiennes, océaniennes, moyen-orientales (1), etc. Il a produit de nombreuses études de terrain, des ouvrages de synthèse et des essais. Il a été professeur de linguistique générale à l'Université Paris-XII, de 1970 à 1977, puis directeur d'études à l'Ecole pratique des hautes études (4e section), où il a succédé à André Martinet. Il est également, depuis 1987, professeur au Collège de France et a participé en 1990 aux travaux du Conseil supérieur de la langue française en vue de la réforme de l'orthographe.

Il s'est fait connaître du public principalement à travers deux ouvrages :

• *L'Homme de paroles, contribution de la linguistique aux sciences humaines* (Gallimard, 1991).

Claude Hagège met en place et défend son approche de la pratique linguistique. Sa méthode est d'aller au langage *« à travers les langues »*, à travers la comparaison et les typologies, dont – par vocation – il est virtuose. Son style de linguistique est conforme à cette pratique : il ne s'agit pas tant de formaliser des différences ou des traits universels, que de relier les langues aux cultures et aux hommes qui les ont produites. C'est ensuite que s'en dégagent éventuellement de grands traits : *« La linguistique nous apprend quelque chose sur l'homme »* déclarait-il dans un entretien (2). Il y défendait une conception humaniste et modeste de sa discipline. Il se montrait plutôt réservé sur les grands « modèles » à l'aide desquels les sciences cognitives aujourd'hui, le structuralisme hier s'efforçaient de décrire les productions de l'esprit humain.

• *Le Souffle de la langue, voies et destins des parlers d'Europe*, (Odile Jacob, 1992).

Dans ce livre, C. Hagège montre d'abord que l'émergence d'une langue dominante a toujours été suivie, en Europe, d'un reflux par lequel la diversité des langues nationales a été maintenue à travers les siècles. C'est ce que montre l'histoire de l'espagnol, de l'anglais, de l'allemand et du français. Considérant l'extraordinaire diversité des langues d'Europe et leur imbrication sur le terrain, en particulier en Europe de l'Est, C. Hagège évalue la pertinence de l'idée de langue unique pour l'Europe. En effet, un plurilinguisme scrupuleux serait peu favorable à la construction d'une unité politique, car on ne peut exclure que le nationalisme linguistique favorise une certaine *« ivresse de l'al-*

> *térité »*. Sans repousser l'idée d'une langue institutionnelle et transnationale, C. Hagège voit dans le multilinguisme des individus une meilleure solution.
>
> NICOLAS JOURNET
>
> ---
>
> 1. Pour situer ces langues, voir Points de repère : « Les langues du monde dans cet ouvrage ».
> 2. Voir le deuxième entretien avec C. Hagège dans cet ouvrage p. 191.
>
> ---
>
> **Bibliographie**
> - *L'Homme de paroles*, Gallimard, coll. Folio, 1985.
> - *Le Français et les siècles ?*, Odile Jacob, 1987.
> - *Les Structures des langues*, Puf, coll. « Que sais-je ? », 1986.
> - *La Grammaire générative : réflexion critique*, Puf, 1976.
> - *La Phonologie panchronique* (en collaboration avec A. Haudricourt), Puf, 1978.
> - *La Réforme des langues* (en collaboration avec 60 linguistes du monde entier), 4 volumes, Buske, (Distribution Puf), 1983-1990.
> - *Halte à la mort des langues*, Odile Jacob, 2000.

C.H. : Il y a un seuil au-delà duquel la disponibilité auditive des enfants n'est plus la même. L'enfant a une oreille avide jusqu'à l'âge de onze ans. Au-delà, il lui est beaucoup plus difficile d'entendre et donc de reproduire des sonorités nouvelles. D'autre part, l'apprentissage précoce d'une langue rend l'enfant bien plus apte à en apprendre beaucoup d'autres. Pour des raisons physiologiques, liées à la souplesse des synapses (2) qui, après onze ans, au contraire se sclérosent, l'apprentissage précoce ouvre à l'apprentissage d'autres langues. Il y a donc une urgence : plus on perd de temps, moins on se donne de facilités d'apprentissage.

SH : Pourtant, il n'est pas du tout impossible de manier des langues étrangères à l'âge adulte.

C.H. : Tout ce que je viens de dire ne s'applique qu'à la phonétique (3), et non au vocabulaire ou à la syntaxe (4) des langues. Un adulte peut très bien apprendre une langue nouvelle et la manier correctement, quel que soit son âge. Mais, dans la plupart des cas, il gardera un fort accent étranger. L'interprétation qu'il donne des sons de la langue nouvelle se fait en fonction de sa langue maternelle. Pour tout ce qui n'est pas phonétique, il n'est pas très différent d'apprendre après onze ans. C'est pour la phonétique, et presque uniquement pour elle, qu'un apprentissage précoce est, de toute évidence, avantageux.

SH : Une bonne partie des relations internationales ne concerne que des activités spécialisées : commerce, sciences, techniques. Est-il vraiment nécessaire de parler parfaitement la langue de ses interlocuteurs pour réussir à communiquer dans ces domaines ?

C.H. : Evidemment, on peut se dire que, dans bon nombre de situations professionnelles (exposés, négociations) la question de la prononciation, de l'accent, n'est pas très grave. La maîtrise du lexique et de la grammaire (5) est très importante. Contrairement à ce que croit une partie du public, il n'est pas vrai qu'une connaissance partielle de l'anglais suffise à un chercheur pour faire un bon exposé de physique ou de chimie. La science n'est pas faite seulement de chiffres et d'expériences : il y a aussi du texte en langue naturelle. A condition de consentir un investissement suffisant en énergie, cette maîtrise peut être acquise tardivement. Mais les scientifiques n'ont souvent pas le temps de perfectionner leurs connaissances en langues : faute de maîtrise réelle, ils sont défavorisés par rapport à leurs collègues, dont la langue maternelle est utilisée. Il ne faut pas oublier que l'enfance est un moment privilégié pour les apprentissages de toute une vie.

SH : Il y a une chose que vous dites dans votre livre : selon vous, il est nécessaire d'exclure l'anglais de l'enseignement précoce, afin de compenser un peu l'importance excessive que tend à prendre cette langue dans l'enseignement.

C.H. : Si l'on proposait, en France et en Europe, l'anglais dans le primaire, tous les gens se précipiteraient dessus avec avidité. Il faut savoir qu'aujourd'hui, même dans les pays du sud de l'Europe, 80 à 90 % de collégiens choisissent l'anglais comme première langue étrangère. On peut penser que si l'on introduit l'anglais plus tôt, alors, dans un délai plus ou moins long, on ne ferait qu'aggraver le déclin de l'allemand, de l'italien, de l'espagnol comme langues étrangères enseignées à l'école. On ne peut pas prendre ce risque. L'anglais ne peut figurer au programme du primaire que si deux langues sont obligatoires.

SH : L'anglais a aujourd'hui acquis une place prépondérante au plan international, non seulement dans le domaine des échanges commerciaux, mais aussi dans celui de la science, au point que certains lui attribuent la même place qu'avait le latin au Moyen Age et à la Renaissance. Pensez-vous que cela ait un sens de chercher à limiter cette prépondérance ?

C.H. : Bien sûr, cela a un sens à la fois politique et culturel.

Considérer, comme le font certains journalistes, que cette situation est inévitable, c'est s'inféoder, se soumettre, sous prétexte de la commodité d'une langue internationale, à l'hégémonie d'une nation, qui plus est non-européenne. Mon rôle comme chercheur est de dire ce que je pense être juste. Considérer l'état actuel comme une fatalité n'a de sens que si on le juge définitif, ce qui n'est évidemment pas vrai. On a le droit de penser à une situation où d'autres langues auraient une place dans le monde de demain.

En revanche, si l'on ne fait rien, le français, l'allemand et l'espagnol pourraient devenir des langues régionales et l'anglais subsister seul au plan institutionnel. Il y a un précédent : aux IIe et IIIe siècles de notre ère, en Gaule, en Dacie (la Roumanie actuelle), en Pannonie (la Hongrie actuelle), en Illyrie (ex-Yougoslavie), le latin s'est substitué au gaulois, au dace, à l'illyrien et au thrace en quelques générations, en moins d'un siècle. Les disparitions sont possibles, y compris dans l'usage domestique des langues. Les moyens actuels de diffusion de l'anglais, à travers les médias et les réseaux informatisés, sont autrement plus puissants que ceux dont bénéficiait le latin au IIe siècle de notre ère. Le risque est donc bien réel.

Propos recueillis par
NICOLAS JOURNET
(Sciences Humaines, n° 64, août-septembre 1996)

---

1. Pour le sens de ces deux termes et leur lien, voir notamment les articles de J.-M. Klinkenberg et de J. Courtés dans cet ouvrage.
2. Espace de contact de deux neurones.
3. Voir les mots clés en fin d'ouvrage.
4. *Idem.*
5. *Idem.*

Daniel Gaonac'h[*]

L'ENSEIGNEMENT PRÉCOCE DES LANGUES[**]

Faut-il favoriser l'enseignement précoce des langues étrangères ? Y a-t-il un âge critique ? La réponse passe par une meilleure compréhension des processus d'apprentissage selon les âges et le contexte.

L'UTILITÉ de commencer l'apprentissage d'une langue étrangère le plus tôt possible est largement admise, par les linguistes, les pédagogues ou les parents. On se fonde, pour la défendre, sur la facilité avec laquelle les enfants peuvent acquérir quelques bribes d'une langue, sur le plaisir des élèves à des activités scolaires qui font intervenir une langue étrangère. Pourtant, les réponses de la psycholinguistique (1) à la question de l'âge d'enseignement d'une langue étrangère sont loin d'être univoques, que ce soit sur l'utilité réelle des apprentissages précoces ou sur leurs conséquences quand ils concernent une langue étrangère, notamment sur les autres acquisitions langagières.

Toutes les recherches sur le bilinguisme précoce ont montré qu'il s'agissait d'une situation très favorable pour l'enfant, sur le plan des acquisitions langagières bien sûr, mais aussi sur le plan de son développement cognitif général. Mais les situations auxquelles on se réfère alors sont bien souvent des situations privilégiées : un enfant bénéficie d'un milieu bilingue favorisé, avec une exposition fréquente et équilibrée aux deux systèmes linguistiques, dans un contexte culturel qui complète harmonieusement cette double exposition.

---

[*] Professeur à l'Université de Poitiers et directeur du Laboratoire Langage et cognition (LaCo), CNRS. A publié notamment : (dir.) *Acquisition et utilisation d'une langue étrangère : l'approche cognitive*, Hachette, 1990 ; (avec A. Coirier et J.-M. Passerault) ; *Psycholinguistique textuelle*, Armand Colin, 1997.
[**] *Sciences Humaines*, n° 123, décembre 2001.
1. Voir les mots clés en fin d'ouvrage.

Les données de la psycholinguistique conduisent à penser que la différence est aussi qualitative, c'est-à-dire que la nature même des acquisitions réalisées n'est pas la même. Les éléments présentés ici ont pour principal objet d'essayer de caractériser les acquisitions réalisées dans le cadre d'un « apprentissage précoce » d'une langue étrangère en situation scolaire.

Y a-t-il un âge critique ?

La notion d'âge critique, ou de « période sensible », est l'argument central utilisé lorsqu'on défend l'utilité d'un apprentissage précoce d'une langue étrangère. La théorie linguistique de Noam Chomsky (2) et son correspondant biologique développé par Eric Lenneberg (3) émettent le postulat que tout petit d'homme possède un dispositif inné à acquérir le langage. Celui-ci disparaîtrait au-delà d'un certain âge. De plus, ces dispositions particulières seraient utilisables pour une première langue, mais aussi pour plusieurs langues acquises simultanément.

Les arguments classiques avancés par les tenants de cette théorie sont que l'acquisition du langage est extrêmement difficile lorsqu'un isolement social accidentel (les « enfants sauvages ») est rompu tardivement, et que les sourds-muets guéris tardivement n'ont pas une acquisition normale du langage. A ces arguments empiriques s'en ajoutent d'autres, logiques, relevant de la linguistique : N. Chomsky met en particulier en avant la rapidité d'acquisition de sa langue maternelle par tout enfant. S'y ajoutent aussi des arguments biologiques, relatifs à la fin de la maturation progressive du système nerveux, qui pourrait expliquer la disparition d'un tel dispositif. Cette analyse a souvent été étayée par des références neurophysiologiques : il existe jusqu'à l'âge de 10 ans environ une plasticité cérébrale qui disparaît au-delà de cet âge. Ces idées sont-elles applicables à la situation d'apprentissage d'une langue étrangère, en particulier lorsqu'il s'agit d'un contexte scolaire ?

Les différences d'apprentissage enfant/adulte

Que sait-on des effets de l'âge sur l'acquisition d'une langue étrangère ? En examinant les effets connus, il est possible d'argumenter autant en faveur des apprentissages précoces qu'en faveur de la supériorité des capacités d'apprentissage des adultes sur celles des enfants. Les auteurs qui défendent cette dernière position considèrent que l'expérience du fonctionnement d'une première langue, mais aussi le développement cognitif général sont des facteurs qui peuvent favoriser certains types d'apprentissage. Apprendre une langue étrangère à l'âge adulte présente certains avantages :
– possibilité de transferts de la langue maternelle ;
– capacités métalinguistiques et métacognitives plus grandes, c'est-à-dire une meilleure utilisation des connaissances antérieures sur la langue et des phénomènes linguistiques en général ;

---

2. N. Chomsky, *Réflexions sur le langage*, Maspéro, 1977.
3. E.H. Lenneberg, *Biological Foundations of Language*, Wiley, 1967.

– possibilité de mise en œuvre de stratégies cognitives plus efficaces, par exemple dans le domaine de la mémorisation ou de la représentation mentale d'un objet ;
– et, dans le domaine phonétique (4) lui-même, souvent considéré *a priori* comme plus favorable aux enfants, on a pu relever chez l'adulte de meilleures capacités de reproduction des sons.

En fait, lorsqu'on trouve que les enfants réussissent mieux, c'est souvent en situation quasi naturelle, avec une longue exposition à la langue et des interactions importantes avec des natifs ou d'autres apprenants. La durée d'exposition à la langue apprise est un facteur essentiel, délicat à contrôler : les contextes d'apprentissage varient très fortement ; les situations d'apprentissage sont rarement strictement scolaires, et les opportunités d'être confrontés à la langue apprise en dehors des séquences d'enseignement sont évidemment très difficilement contrôlables. Les conditions d'apprentissage ont des effets importants, qui peuvent dépasser largement ceux de l'âge. Rappelons qu'un an d'apprentissage en situation naturelle correspond à environ dix-huit années d'apprentissage en situation scolaire !

Catherine Snow et Marian Hoefnagel-Höhle (5) ont montré que les adultes et les adolescents ont un avantage, mais qu'il est limité dans le temps : ils apprennent plus vite au début, mais les enfants les rattrapent et les dépassent au bout d'un an. Les apprentissages précoces auraient donc un effet beaucoup plus positif sur la maîtrise ultérieure de la langue. Ce phénomène peut aussi s'expliquer par les possibilités qu'ont les adultes de faire appel à des connaissances générales, qui permettent de saisir rapidement quelques éléments du fonctionnement de la langue apprise.

Il faut de plus prendre en compte le fait que les apprentissages peuvent être de nature différente chez l'enfant et chez l'adulte. On sait par exemple que l'adulte fait preuve de meilleures performances dans la compréhension des mots (reconnaissance) que dans leur production (qui nécessite un rappel actif), ce qui peut relever de stratégies de mémorisation différentes. Laura Heilenman (6) a utilisé des épreuves où il faut faire correspondre une phrase avec une image ou avec une autre phrase, en fonction de leur signification. Elle a montré ainsi que les enfants font environ les 2/3 de leurs erreurs par rapport à la structure syntaxique (7) des phrases, et le 1/3 restant par rapport au respect des règles morphémiques (8), alors que cette proportion est inversée chez l'adulte. L'auteur interprète ce résultat en relevant que les acquisitions morphémiques supposent simplement une « exposition linguistique » suffisante (apprentissages implicites), alors que les acquisitions syntaxiques, liées au repérage et à l'acquisition de règles, nécessitent une maturation cognitive suffisante.

Enfin, les stratégies adultes ont bien sûr

---

4. Voir les mots clés en fin d'ouvrage.
5. C.E. Snow, M. Hoefnagel-Höhle, « Age Differences in Second Language Acquisition », in G. Nickel (ed), *Applied linguistics*. Psycholinguistics, Hochschulverlag, 1978.
6. L.K. Heilenman, « Do Morphemes Mature ? The Relationship between Cognitive Maturation and Linguistic Development in Children and Adults », *Language Learning*, n° 31, 1981.
7. Voir les mots clés en fin d'ouvrage.
8. *Idem.*

des inconvénients : on pense notamment aux risques plus grands d'interférence avec la langue maternelle. Le rôle «figeant» de la langue maternelle est surtout évoqué dans le domaine de la phonologie (9). On note généralement une grande plasticité des acquisitions avant l'adolescence, alors que plus tard on devient «sourd», moins sensible aux oppositions qui ne sont pas pertinentes dans notre langue maternelle.

Avantage aux enfants ?

Souvent, quand l'âge auquel on apprend une langue augmente, les différences individuelles dans la réussite à l'apprentissage augmentent aussi. Ainsi, Jacqueline Johnson et Elissa Newport (10) indiquent que les performances d'apprentissage seraient optimales jusqu'à 7 ans environ, mais aussi que les différences interindividuelles sont faibles, et deviennent plus importantes ensuite. Cette donnée confirme bien l'idée que les adultes mettent en œuvre des stratégies d'apprentissage qui peuvent dépendre des expériences linguistiques et cognitives antérieures. Ainsi, ces stratégies d'apprentissage peuvent être de nature très différente de celles mises en œuvre par les enfants, et même, en étant plus radical, on pourrait dire que ces derniers n'en ont pas, leurs acquisitions étant plus «naturelles».

Les résultats de ces mêmes auteurs vont clairement dans le sens d'un déclin de l'efficacité des acquisitions au fur et à mesure que l'âge augmente. Ils concluent ainsi que les capacités à acquérir une langue nouvelle ne sont jamais vraiment absentes chez l'adulte, mais qu'elles ne sont alors que faiblement mobilisables. Les contraintes du fonctionnement de toute langue sont bien maîtrisées par l'adulte, mais, disent J.S. Johnson et E.L. Newport, pas directement utilisables pour apprendre. Précisons les choses, sur la base des résultats obtenus par ces auteurs :
– ce déclin porte tout autant sur les aspects spécifiques de la langue apprise, que sur des aspects généraux qu'on peut retrouver dans toutes les langues ;
– le déclin est progressif : il n'y a pas d'âge «critique» qui correspondrait à un seuil au-delà duquel les apprentissages ne sont plus possibles ;
– ce déclin commence très tôt : il est manifeste dans tous les cas à partir de 7 ans, et dans beaucoup de cas dès 4 ans. Si donc les enfants ont des dispositions particulières, non seulement on ne peut leur donner une valeur absolue, sûre, mais surtout certaines d'entre elles semblent s'affaiblir très vite. Autrement dit, les avantages de l'enfance valent surtout pour les très jeunes enfants. Cette constatation vaut tout particulièrement pour certaines dispositions, qui ont été largement étudiées par les chercheurs travaillant autour de Jacques Mehler (11) à propos de la langue orale dans chaque système linguistique. L'oreille du nouveau-né est très rapidement «habituée» aux caractéristiques spécifiques de la langue de son entourage, et les sons des autres langues qui n'entrent pas

---

9. Voir les mots clés en fin d'ouvrage.
10. J.S. Johnson, E.L. Newport, «Critical Period Effects on Universal Properties of Language : the Status of Subjacency in the Acquisition of a Second Language», *Cognition*, n° 39, 1991.
11. J. Mehler, P.W. Jusczyk, G. Lambertz, N. Halsted, J. Bertoncini, C. Amiel-Tison, «A Precursor of Language Acquisition in Young Infants», *Cognition*, n° 29, 1988.

alors dans la structure phonologique de la langue « maternelle » deviennent progressivement inaudibles pour l'enfant (*voir encadré ci-dessous*).
Finalement, il ressort entre autres de ces travaux que la notion de « précocité » est très relative. On peut trouver des arguments empiriques pour dire que l'apprentissage d'une langue étrangère chez l'adulte est tout à fait possible et efficace, et d'autres pour avancer que l'acquisition d'une langue étrangère peut se trouver confrontée à des difficultés dès les premières semaines de vie. Si l'on adopte une attitude scientifique sur cette question, on doit conclure qu'il faut éviter tout lyrisme sur les formidables aptitudes d'apprentissage du jeune enfant (pas toujours si formidables que ça, et qui ne durent pas si longtemps que ça !). La véritable question est surtout de pouvoir analyser les caractéristiques des apprentissages en fonction de l'âge auquel ils sont réalisés, mais aussi probablement en fonction des situations d'apprentissage. Les processus d'un apprentissage précoce sont-ils les mêmes que les processus d'un apprentissage tardif ? Cette question rejoint une question plus ancienne :

Les effets très précoces de la langue maternelle

Des recherches réalisées avec des nouveau-nés de quatre jours montrent que ces enfants ont déjà une sensibilité plus grande à l'écoute de la langue maternelle par rapport à une autre langue. Il semble donc que quelques jours suffisent à l'enfant pour repérer certaines propriétés prosodiques de la parole, par exemple dans l'accentuation, l'intonation et le rythme (1). Ce phénomène n'empêche bien sûr pas l'audition des sons d'autres langues, mais on sait aussi que la sensibilité perceptive pour les contrastes phonétiques des langues étrangères décline rapidement au profit des seuls contrastes de la langue maternelle. D'autre part, des études ont montré que les enfants anglophones peuvent, jusqu'à 6-8 mois, discriminer les contrastes phonétiques du Hindi, alors que les adultes parlant l'anglais en sont incapables (2). L'enfant garde-t-il longtemps cette sensibilité aux propriétés des autres langues ? D'après les résultats de Janet Werker et ses collègues, ces capacités diminuent à partir de 10-12 mois. A partir de 9 mois, les enfants vont préférer les mots de la langue maternelle aux mots d'autres langues très éloignées quant aux caractéristiques phonétiques et phonotactiques (l'enchaînement des sons).

1. J. Mehler, P.W. Jusczyk, G. Lambertz, N. Halsted, J. Bertoncini, C. Amiel-Tison, « A Precursor of Language Acquisition in Young Infants », *Cognition*, n° 29, 1988.
2. J.F. Werker, C.E. Lalonde, « Cross-language Speech Perception : Initial Capabilities and Developmental Change », *Developmental Psychology*, n° 24, 1988.

celle de la spécificité des processus d'apprentissage d'une langue étrangère, par rapport à ceux de la langue maternelle.

Processus généraux ou processus spécifiques ?

La référence explicite ou implicite à une « période critique » implique, nous l'avons vu, d'accepter l'idée que l'apprentissage d'une langue étrangère serait en quelque sorte plus « naturel » chez le jeune enfant que chez l'adolescent ou chez l'adulte. Cette idée a souvent été contestée, sur la base notamment d'observations qui conduisent à admettre que l'apprentissage d'une langue étrangère n'est jamais identique à l'apprentissage de la même langue en tant que langue maternelle : les stratégies spécifiques à la situation de langue étrangère se retrouvent y compris chez le jeune enfant. Larry Selinker, Merrill Swain et G. Dumas (12) ont pu relever l'existence de transferts liés à la langue maternelle chez des enfants de 7 ans, aussi bien au plan syntaxique que lexical (13). Des travaux montrent que les modalités d'acquisition d'une langue étrangère par de très jeunes enfants sont différentes des modalités d'acquisition de la même langue en tant que langue maternelle. Sacha W. Felix (14), par exemple, travaillant avec des enfants de 4 à 7 ans, indique que les productions en langue étrangère peuvent se faire dès 4 ans sur la base du repérage et de l'utilisation de quelques principes syntaxiques. Au même stade d'apprentissage en langue maternelle, on observe plutôt dans les productions l'effet de stratégies cognitives initiales (une simple mise en relation de mots par juxtaposition, par exemple « partie voiture »), qui se trouvent ensuite progressivement « encadrées » par l'utilisation de principes syntaxiques (« la voiture est partie »). Autrement dit, on relève en langue maternelle la prééminence de stratégies cognitives, sur lesquelles s'ancrent des stratégies linguistiques, alors qu'en langue étrangère peuvent se développer directement des stratégies linguistiques. Si l'enseignement précoce présente des avantages incontestables, ce n'est donc pas pour autant qu'il faut le considérer comme une solution « naturelle » – donc idéale ? – à la question de l'enseignement des langues. Il ne faut pas perdre de vue que l'enseignement d'une langue – fût-il précoce – reste un « enseignement », relevant d'activités scolaires et non d'activités « naturelles ». Et il doit donc, à ce titre, être inclus dans une conception d'ensemble des programmes scolaires.

Le lien entre langue étrangère et langue maternelle

L'enseignement précoce d'une langue étrangère, lorsqu'il se produit dans un contexte scolaire, a obligatoirement des répercussions sur l'ensemble des autres apprentissages. On dispose de peu de données sur les effets dans le développement cognitif général. En revanche, un petit nombre de travaux récents insistent sur les effets bénéfiques de l'appren-

---

12. L. Selinker, M. Swain, G. Dumas, « The Interlanguage Hypothesis Extended to Children », *Language Learning*, n° 25, 1975.
13. Voir les mots clés en fin d'ouvrage.
14. S.W. Felix, « Some Differences Between First and Second Language Acquisition », in N. Waterson, C. Snow (Eds.), *The Development of Communication*, Wiley, 1978.

tissage précoce d'une langue étrangère sur le développement des compétences dans la langue maternelle, ou sur le développement des compétences linguistiques en général.
Le lien entre langue maternelle et langue étrangère est établi pour l'enseignement de langue étrangère au collège : la recherche de Joris Hulstijn et Bart Bossers (15) montre clairement que les élèves les plus performants en langue maternelle (lecture à voix haute et compréhension en lecture) sont aussi ceux qui réussissent le mieux en langue étrangère. En sens inverse également, il existe des effets de l'enseignement précoce de langue étrangère sur la maîtrise ultérieure de certains aspects de la langue maternelle. Ainsi Alan Garfinkel et Kenneth Tabor (16) ont pu voir que l'enseignement de l'espagnol (langue étrangère aux Etats-Unis) durant quatre années de la scolarisation élémentaire avait des effets positifs sur le niveau de lecture en langue maternelle, mesuré au début du collège. Un aspect intéressant des résultats de cette recherche est que cet effet positif est particulièrement important pour les enfants de niveau scolaire moyen. L'interprétation proposée par les auteurs est que ces enfants bénéficient, à travers l'apprentissage de la langue étrangère, d'une expérience linguistique qu'ils ne peuvent pas avoir par ailleurs, autrement dit que l'enseignement précoce de la langue étrangère joue à ce niveau un rôle de déclencheur pour certaines acquisitions linguistiques plus générales.
Les effets du bilinguisme sur les compétences métalinguistiques ont été montrés depuis longtemps. Ces dernières relèvent d'une connaissance explicite des composantes structurales de la langue. Elles permettent des traitements portant sur les phonèmes (17), les mots, les structures syntaxiques, en tant qu'unités de langue, indépendamment des significations qu'elles portent. Un test classique de ces compétences chez les jeunes enfants consiste à demander de juger la longueur de différents mots, désignant des référents de différentes tailles (par exemple des animaux). On peut alors évaluer la capacité de l'enfant à réaliser la séparation entre les caractéristiques du référent et les caractéristiques du mot qui le désigne (quel est le mot le plus long : « coccinelle » ou « chat »?). On utilise aussi souvent comme critère les capacités de segmentation des éléments linguistiques à l'intérieur des énoncés : isoler les mots dans une phrase (segmentation lexicale), les syllabes d'un mot (segmentation syllabique), ou les sons (segmentation phonétique).
Ellen Bialystok (18) a ainsi montré que les enfants bilingues sont plus précoces dans la maîtrise de telles capacités, et que cette supériorité vaut y compris dans les cas de bilinguisme partiel. Plusieurs recherches ont pu établir que l'enseignement précoce d'une langue étrangère pouvait avoir également de

---

15. J. Hulstijn, B. Bossers, « Individual Differences in L2 Proficiency as a Function of L1 Proficiency », *European Journal of Cognitive Psychology*, n° 4, 1992.
16. A. Garfinkel, K. Tabor, « Elementary School Foreign Languages and English Reading Achievement : a New View of the Relationship », *Foreign Language Annals*, n° 24, 1991.
17. Voir les mots clés en fin d'ouvrage.
18. E. Bialystok, « Connaissances linguistiques et contrôle des activités de langage », in D. Gaonac'h (Ed.), *Acquisition et utilisation d'une langue étrangère : l'approche cognitive*, Hachette, 1990.

tels effets positifs. Gregory Yelland, Jacinta Pollard et Anthony Mercuri (19) ont montré l'existence d'un effet positif dans des tâches nécessitant de prendre en compte les caractéristiques des mots. Les auteurs insistent sur le fait que les acquisitions en langue étrangère sont ici très faibles (l'enseignement dispensé est d'une heure par semaine pendant six mois), mais que les effets sur les compétences métalinguistiques sont néanmoins très nets. En revanche, ces effets ne sont que provisoires : la supériorité des enfants qui ont bénéficié d'un enseignement précoce s'estompe rapidement. Ces mêmes auteurs relèvent cependant l'existence d'un effet positif qui se prolonge : il s'agit des capacités de lecture en langue maternelle. Cet effet positif est particulièrement net pour ce qui concerne l'efficacité de la reconnaissance des mots. Les effets de ce type méritent qu'on s'y attarde un peu, dans la mesure où l'on est conduit ici à établir un lien fort entre deux zones actuellement très sensibles de l'enseignement élémentaire : l'apprentissage de la lecture, et l'apprentissage des langues étrangères.

Par exemple, la recherche de Mia Dufva et Marinus Voeten (20) avait pour objet l'étude des liens entre les difficultés de lecture en langue maternelle et les difficultés d'apprentissage d'une langue étrangère . Les auteurs ont ainsi mesuré :

– pour ce qui concerne la langue maternelle, en CP et en CE1 : la reconnaissance de mots et la lecture de pseudomots (21), la compréhension orale et écrite ;

– pour ce qui concerne la langue étrangère, en CE2 : la compréhension orale, les connaissances lexicales, les compétences de communication.

Il s'avère que les facteurs envisagés au niveau de la langue maternelle sont d'excellents prédicteurs des compétences acquises ensuite en langue étrangère, notamment la vitesse du décodage des mots et pseudo-mots de la langue maternelle. Les effets de la compréhension orale et écrite ne sont pas négligeables, mais sont plus faibles. Il s'agit sans doute là d'effets stratégiques, portant sur les capacités générales de traitement des textes.

Pour les auteurs qui travaillent dans ce domaine, ce rapprochement est fondé sur l'idée que l'apprentissage d'une langue étrangère, tout comme la maîtrise de l'écrit en langue maternelle, loin de pouvoir constituer des activités naturelles, imposent une prise de distance par rapport à la langue. Ce qui n'est pas sans poser problème au jeune enfant, si un certain nombre de pré-requis ne sont pas mis en place. L'objectif terminal de l'apprentissage d'une langue étrangère est certes l'accès à des significations, ou la production de significations, mais à partir de moyens linguistiques nouveaux. Et du point de vue du fonctionnement cognitif, cet objectif ne

---

19. G.W. Yelland, J. Pollard, A. Mercuri, « The Metalinguistic Benefits of Limited Contact with a Second Language », *Applied Psycholinguistics*, n° 14, 1993.

20. M. Dufva, M.J. Voeten, « Native Language Literacy and Phonological Memory as Prerequisites for Learning English as a Foreign Language », *Applied Psycholinguistics*, n° 20, 1999.

21. Les pseudo-mots sont des suites de lettres qui ne constituent pas des mots de la langue du sujet, mais qui sont conformes à la manière dont les suites de lettres sont habituellement agencées dans cette langue : BATRICAL serait un pseudo-mot pour le français, et non GNOKIF.

Enseignement précoce et contacts avec la langue étrangère

L'enseignement précoce favorise-t-il l'apprentissage de la langue dans l'enseignement secondaire ? Les conclusions de la synthèse de David Singleton (1) sont peu optimistes : les élèves qui ont bénéficié d'un enseignement précoce de langue étrangère et qui intègrent ensuite un cursus d'enseignement secondaire habituel, sont avantagés pendant quelques semaines ou quelques mois par rapport aux autres élèves, mais ne maintiennent pas leur avantage très longtemps.

Nina Spada et Patsy Lightbown (2) apportent des résultats plus optimistes, il est vrai dans une situation *a priori* plutôt favorable, celle de l'enseignement de l'anglais langue seconde au Québec à la fin de l'école primaire. Ils montrent qu'un enseignement intensif précoce a des effets positifs, y compris à long terme, tant du point de vue des compétences grammaticales que du point de vue des compétences de communication (prises de parole). Mais les auteurs insistent sur les informations qu'ils ont recueillies à propos des attitudes et des comportements vis-à-vis de cette langue étrangère. Les élèves qui avaient bénéficié d'un enseignement précoce intensif se mettaient, beaucoup plus que les autres, en situation d'avoir des contacts avec la langue étrangère, de par des relations sociales ou des outils d'acculturation (livres, films, télévision...). On peut alors se demander si la meilleure maîtrise de l'anglais, y compris à long terme, est ici en fait la cause (plus grande maîtrise d'un outil de communication), ou la conséquence (élargissement des occasions d'acquisitions naturelles) de la multiplication des contacts avec la langue étrangère. En d'autres termes, est-elle directement un effet de l'enseignement précoce, ou est-elle un effet indirect du changement des attitudes et des comportements vis-à-vis de la langue induit par l'enseignement précoce ?

---

1. D. Singleton, « Introduction : A Critical Look at the Critical Period Hypothesis in Second Language Acquisition Research », in D. Singleton et Z. Lengyel (Eds), *The Age Factor in Second Language Acquisition*, Multilingual Matters LTS, 1995.
2. N. Spada, P.M. Lightbown, « Etude des effets à long terme de l'apprentissage intensif de l'anglais, langue seconde, au primaire », *The Canadian Modern Language Review*, n° 48, 1991.

---

peut être atteint qu'à travers la maîtrise du code linguistique lui-même. Les compétences de manipulation des codes linguistiques portent sur les capacités d'analyser, de catégoriser, de recoder les éléments de la langue, capacités qu'on trouve en jeu à la fois dans l'accès à l'écrit en langue maternelle et dans la maîtrise d'un code linguistique nouveau.

> **Pour aller plus loin**
> - Les langues à l'école : un apprentissage ? CNDP-CRDP de Bourgogne, 1996.
> - D. Gaonac'h, *Théories d'apprentissage et acquisition d'une langue étrangère*, Hatier, 1987.
> - D. Gaonac'h (dir.), *Acquisition et utilisation d'une langue étrangère : l'approche cognitive*, Hachette, 1990.
> - M. Kail & M. Fayol (dir.), *L'Acquisition du langage*, Puf, 2000 (2 volumes).

Vers une dynamique globale

Deux des caractéristiques de l'apprentissage précoce des langues se rejoignent ainsi.

D'abord, même si tout n'est pas toujours aussi simple qu'il n'y paraît, les données dont nous avons pu faire état conduisent bien à étayer l'idée qu'il peut être utile d'apprendre une langue étrangère avant 7-8 ans. Mais elles conduisent aussi à insister sur le fait qu'un enseignement de ce type est déjà fortement différent de l'acquisition « naturelle » de la langue maternelle.

Ce point de vue nous a amenés à relever que l'enseignement d'initiation à une langue étrangère ne peut être placé à part dans le contexte général des apprentissages réalisés à cet âge. On peut insister en particulier sur les articulations qui existent entre l'apprentissage d'une langue étrangère et ce qui concerne l'accès à l'écrit en langue maternelle, domaine particulièrement sensible pour les enfants de cet âge. Le raisonnement vaut bien sûr dans les deux sens : la distance que le jeune enfant commence à prendre par rapport à sa langue maternelle quand il en analyse le code (avant même la lecture, d'ailleurs, à travers les « jeux de langue » de l'école maternelle) est un facteur favorisant l'apprentissage d'une autre langue ; cet apprentissage lui-même constitue en retour une nouvelle occasion de voir fonctionner un autre code linguistique, et de renforcer ainsi le rôle du métalinguistique dans la maîtrise de sa langue maternelle. C'est sans doute là un des aspects les plus positifs des apprentissages précoces, qui dépasse peut-être celui de l'utilité directe d'une langue considérée comme un outil incontournable si l'on veut réussir dans la vie...

CHAPITRE VIII

Langage et pensée

- Peut-on faire parler les singes ?
  Dominique Lestel — *283*

- Lev Vygotski. Pensée et langage,
  du social vers l'individuel
  Jacques Lecomte — *291*

- Quand l'aphasie nous parle
  Gaëtane Chapelle — *297*

- Langage et représentations
  Jean-Paul Bronckart — *303*

DOMINIQUE LESTEL*

PEUT-ON FAIRE PARLER LES SINGES ?**

Au terme de trente années d'expérimentation et de controverses passionnées, on peut le dire : le monopole humain du langage symbolique a été sérieusement entamé par quelques singes malins. Mais une question importante subsiste : Ont-ils vraiment quelque chose à dire ?

LE DÉSIR d'apprendre à parler à des singes est vieux de plusieurs siècles. Les philosophes du XVIIIe siècle ont discuté passionnément de cette possibilité. Edward Tyson, un médecin anglais, ayant affirmé que la forme du larynx (1) du singe excluait radicalement la maîtrise de la parole, le penseur matérialiste La Mettrie suggéra en 1747 de recourir au langage gestuel des sourds et de l'enseigner à un orang-outang. Cette idée brillante dut cependant attendre le XXe siècle et les années 60 pour se concrétiser.

Le succès des premières expériences

En 1966, Allen et Beatrix Gardner d'un côté, David Premack de l'autre développèrent deux manières assez différentes de faire « parler » des chimpanzés. Les Gardner entreprirent d'inculquer des éléments du langage américain par les signes (ASL, gestuel) à plusieurs chimpanzés, dont une guenon qui allait devenir célèbre, Washoe. D. Premack, lui, choisit d'enseigner, également à des chimpanzés, un langage nouveau. Le dispositif consistait en un ensemble de symboles magnétisés à disposer sur un tableau et permettant de construire des phrases lisibles verticalement. Ces symboles étaient non iconiques : aucun d'entre eux ne représentait l'objet ou

---

* Maître de conférences en psychologie de la cognition à l'école normale supérieure Ulm. A publié notamment : *Paroles de singes, l'impossible dialogue homme-primate*, La Découverte, 1995 ; *Les Origines animales de la culture*, Flammarion, 2001.
** *Sciences Humaines*, n° 61, mai 1996.
1. Principal organe vocal par son rôle de vibrateur.

l'action qu'il désignait. Il s'agissait donc d'un système de signes comparables à ceux qui constituent les langues naturelles chez l'homme. Les Gardner considéraient leurs animaux comme des sourds-muets, D. Premack apprenait au sien directement à lire et à écrire.

Les premiers résultats obtenus par les Gardner, publiés vers 1970, soulevèrent l'enthousiasme du milieu scientifique et du public en général. Au bout d'un peu plus de quatre ans d'entraînement, Washoe semblait être capable de comprendre et de produire 130 signes, de les utiliser dans des phrases courantes, et même d'en créer de nouvelles. Elle devenait ainsi le premier des «singes parlants». Impressionnés, de nombreux chercheurs se lancèrent sur les traces des Gardner, et pas seulement avec des chimpanzés : Francine Patterson travailla avec un jeune gorille, Koko, et Lyn Miles avec un orang-outang, Chantek. D. Premack, de son côté, n'obtint de bons résultats qu'avec un seul de ses sujets d'expérience, Sarah. Après plusieurs années d'entraînement, elle se montra capable de manier de nombreux signes, pour répondre à des questions. D. Premack considéra que ces résultats traduisaient des modifications générales des compétences cognitives de l'animal, obtenues par entraînement. L'enjeu de ces expériences portait non seulement sur les résultats, mais aussi sur le cadre théorique. En psycholinguistique, deux camps s'affrontaient. D'un côté, les béhavioristes skinnériens (de Skinner) considéraient que le langage était un comportement comme un autre, qui pouvait être acquis par l'intermédiaire des stimulus adéquats. De l'autre, les cognitivistes rangés derrière le linguiste Noam Chomsky soutenaient que le langage était en bonne partie le résultat d'une spécificité biologique propre à l'homme, dont aucun apprentissage ne pourrait jamais suppléer l'absence (2).

Remises en cause des résultats

Les recherches de Herbert Terrace allaient bousculer le débat. H. Terrace, professeur à l'Université Columbia, s'était fait connaître pour ses travaux sur le conditionnement des pigeons. En 1974, il s'engage dans la recherche sur les singes parlants en appliquant la méthode gestuelle des Gardner à un autre chimpanzé, Nim Chimsky (3). Cinq ans plus tard, ses articles font l'effet d'un coup de tonnerre dans un ciel bleu. Selon H. Terrace, Nim produit bien des «mots» qu'il a appris, mais sans syntaxe (4). Il n'a donc aucune capacité réelle de langage, pas plus d'ailleurs, ajoute H. Terrace, que Washoe et les autres. En effet, non content d'exhiber ce résultat négatif, il affirme que ses collègues, les Gardner en particulier, ont manqué de rigueur dans leurs observations et qu'ils ont pris leurs rêves pour des réalités.

Au même moment, Thomas Sebeok, un autre zoologue, compare le cas de Washoe à celui de «clever Hans», un cheval savant, dont un psychologue du début du siècle avait montré qu'il utilisait des signaux inconscients de son

---

2. Voir l'article de D. Roycourt dans cet ouvrage.
3. On reconnaît sans peine une transformation du nom de Noam Chomsky.
4. Voir les mots clés en fin d'ouvrage.

maître pour effectuer des opérations. Les performances des singes parlants, selon T. Sebeok, sont de l'ordre de la simulation. Tranchantes et bien étayées, les remarques de H. Terrace eurent l'effet d'une douche froide sur l'ensemble des recherches et entraînèrent un arrêt brutal des subventions officielles aux Etats-Unis. Le dossier du singe parlant allait-il se refermer ?

Nouvelles méthodes, nouvelles questions

Pas tout à fait, car ses défenseurs n'avaient pas dit leur dernier mot. En 1977, Duane Rumbaugh, de l'Université de Georgie, fait état des premiers résultats du programme LANA : il porte sur un chimpanzé (Lana), auquel on a appris, à l'exemple de D. Premack, un langage symbolique artificiel, le Yerkish (5). Une des particularités du dispositif tient à l'utilisation d'un clavier d'ordinateur qui le rend manipulable à distance : l'homme et le singe peuvent se trouver dans des pièces séparées et ne peuvent s'influencer directement. A la même époque, Roger Fouts, un ancien étudiant des Gardner, filme des chimpanzés qui communiquent entre eux en ASL avec une caméra vidéo automatique, qui évite donc la présence humaine. L'argument de l'effet « clever Hans » devenait de moins en moins soutenable, et la confiance dans les compétences symboliques des singes retrouva du crédit. Mais si l'on admettait qu'une interaction par symboles pouvait exister entre l'homme et l'animal, de quelle sorte de communication s'agissait-il ? H. Terrace avait écarté d'emblée l'idée d'un langage, au sens humain du terme. Mais était-ce bien sûr ? La question méritait d'être posée à nouveau.

Elle l'a été, au cours des années 80, à travers deux grands programmes expérimentaux menés par Duane Rumbaugh et Sue Savage-Rumbaugh. Le premier (Animal Model Project) a porté sur deux chimpanzés ayant appris le Yerkish, Sherman et Austin, dont on cherchait à savoir s'ils seraient capables de se « parler » l'un à l'autre. On les mit en situation d'avoir à se communiquer des informations par symboles. Par exemple, pour obtenir de la nourriture et se la partager, les deux singes devaient en pointer le signe sur leur clavier. Mais seul l'un des deux singes était mis au courant du signe correspondant à la nourriture : il devait donc faire la démarche de l'enseigner à l'autre. Sherman et Austin réussirent ce petit exploit sans ambiguïté, et montrèrent, à travers d'autres expériences, qu'ils maîtrisaient un mode de communication supposant une compréhension commune et complexe du monde. Plus même, à travers les données recueillies, les chercheurs se rendirent compte que les chimpanzés étaient constamment en train de faire usage de gestes de synchronisation et de clarification de leurs actions.

Le projet suivant, mis en place en 1980, était spécialement destiné à expérimenter des conditions plus naturelles d'acquisition et d'exercice des capacités symboliques apparemment indiscutables des primates supérieurs. Les singes sélectionnés, Kanzi et Mulika, n'étaient pas des chimpanzés communs,

---

5. En hommage à un grand primatologue, D. Yerkes.

mais des chimpanzés pygmés appelés bonobos. Considérés comme plus intelligents, dotés de comportements sociaux plus riches, les bonobos reconnaissent les sons articulés du langage humain et sont capables de prouesses symboliques étonnantes (ce qu'on ne savait pas encore à l'époque de Kanzi et Mulika). Sherman et Austin avaient appris le Yerkish par entraînement méthodique. Les enfants humains n'apprennent pas à parler de cette manière, mais par imprégnation. Les Rumbaugh proposèrent donc de suivre la même méthode pour les deux jeunes bonobos, en se limitant à les exposer à la parole et aux gestes humains, ainsi qu'à l'usage des symboles du Yerkish. Les résultats allèrent au-delà des espérances : à dix-huit mois, Kanzi se servait de gestes humains, comprenait certaines paroles et à deux ans et demi, utilisait plusieurs dizaines de lexigrammes. Au bout de son apprentissage, il parvint à en maîtriser 90, ce qui peut paraître peu, mais il était capable de formuler de nombreuses phrases à l'aide de ces signes. Le recueil intégral de ses expressions comprenait plus de 2 800 combinaisons de signes, dont près de 90 % n'avaient jamais été ni enseignées ni suscitées par un instructeur.

Finalement, au début des années 90, les Rumbaugh entreprirent de comparer les capacités linguistiques de Kanzi avec celles d'un enfant humain en menant une expérience en parallèle. Au début de l'observation, l'enfant (Alia) a deux ans et Kanzi, le bonobo, en a neuf. Tous deux ont été exposés à la langue parlée anglaise et aux lexigrammes yerkish (Alia est la fille de l'institutrice de Kanzi). Pendant neuf mois, leurs capacités de compréhension sont systématiquement testées : 660 phrases nouvelles leur sont proposées et leurs réponses recueillies dans des conditions de contrôle très strictes. Leurs performances ne sont récompensées d'aucune manière et leur participation est toujours libre. Les résultats sont surprenants. Ni l'enfant, ni le singe ne maîtrisent complètement la langue, mais l'un comme l'autre ont une compréhension syntaxique et sémantique (6) bien supérieure à celles qu'attendaient les chercheurs. Le bonobo se montre meilleur que l'enfant dans le décodage de phrases inversées ou comportant des subordonnées. L'enfant reconnaît mieux les constructions avec conjonctions, mais les performances de Kanzi et d'Alia sont très comparables. Les Rumbaugh tirent des enseignements tout à fait nouveaux de cette expérience : ils constatent que, chez le singe comme chez l'enfant, les erreurs de syntaxe sont moins fréquentes que les erreurs de sens. Or, ce résultat est incompatible avec l'idée largement répandue que l'homme possède une capacité unique à accomplir des analyses grammaticales. En matière de sémantique, Kanzi montre en certaines occasions des capacités d'interprétation qui laissent ses observateurs pantois. Un jour qu'on lui demande de *« porter des carottes sous l'eau »* (un geste qui devrait mener le singe dans la cuisine), le singe saisit les légumes, se précipite dehors et les jette par terre... sous la pluie. Une autre fois,

---

6. Voir les mots clés en fin d'ouvrage.

il est avec Alia et l'expérimentateur leur demande de «*laver des hot dogs*». Mais ni l'un ni l'autre ne portent les saucisses sous le robinet : l'enfant s'empare d'une éponge, et Kanzi d'un vaporisateur. Proposer des phrases aussi inhabituelles a pour fonction de vérifier que le singe et l'enfant ne se contentent pas de réagir à des «bruits» (les mots), mais en saisissent le sens et l'articulent à des contextes nouveaux. De ce point de vue, ce qu'observent les chercheurs va bien au-delà du dressage réussi et de la réponse réflexe. Cela dit, les performances du singe seront, par la suite, rapidement dépassées par celles de l'enfant.

Les primates et les symboles

Les singes ont-ils accès au langage humain, ou à quelque chose d'approchant ? Précisons tout de suite que la réponse habituelle des spécialistes est «non». Mais cette prudence est en fait une invitation à déplacer le problème sur un terrain plus ferme. Même si l'on est jusqu'à présent incapable d'expliquer ce que fait exactement un primate quand il « parle » par signes ou par gestes, on a acquis de solides convictions sur au moins six points :
1) que ce soit par conditionnement ou par imprégnation, les primates ont accès à un code symbolique, c'est-à-dire fait de signes qui n'ont pas de rapport d'analogie ou de proximité avec l'objet ;
2) ils sont capables de nommer des objets, pas seulement de les requérir ;
3) ils sont sensibles à la signification liée à l'ordre relatif des signes par rapport aux mêmes signes mis dans un autre ordre ;
4) ils peuvent créer de nouvelles phrases en changeant cet ordre ;
5) ils peuvent utiliser les signes pour transmettre des informations fausses ;
6) enfin, on a montré que l'apprentissage du langage symbolique modifie en profondeur les comportements et les capacités cognitives des singes.

Pour pouvoir affirmer que les singes ont un langage au même titre que les humains, deux conditions supplémentaires devraient être remplies. D'abord, on devrait comprendre pourquoi les singes ne «parlent» pas naturellement. Curieusement, les spécialistes de l'expérimentation ont, jusque récemment, à peu près totalement ignoré l'observation des singes dans leur milieu naturel. Les premières publications de Jane Goodall sur les chimpanzés datent du début des années 60, et la thèse de Dian Fossey sur les gorilles des premières années 70. Or, certaines discussions oiseuses de cette décennie auraient pu être évitées si les deux disciplines, l'éthologie animale (7) et la psychologie expérimentale, n'avaient pas été si cloisonnées. Il s'avère en effet aujourd'hui que bon nombre de primates exhibent dans la nature des comportements beaucoup plus complexes et une intelligence bien supérieure à ceux qu'on leur attribuait auparavant. L'observation a également révélé une variabilité importante des types d'organisations sociales, l'utilisation d'outils et de plantes médicinales, et l'existence de différences protoculturelles entre groupes de la même espèce. Intelligence, finesse et culture…

---

7. Ethologie : étude du comportement des animaux dans leur cadre de vie naturel.

Pourquoi les singes ne parlent-ils pas naturellement ?

La tendance chez les éthologues est d'attribuer aux primates une intelligence plus sociale que combinatoire : Richard W. Byrne et Andrew Whiten (8) la qualifient de *« machiavélienne »*. Dorothy L. Cheney et Robert M. Seyfarth (9) décrivent les compétences des singes verts comme un mélange contrasté d'intelligence élevée des relations sociales et d'intelligence des objets très faible. Ces chercheurs insistent sur la rapidité avec laquelle les singes peuvent apprendre des configurations sociales nouvelles, mais montrent des compétences très médiocres vis-à-vis des membres des autres espèces. Les primates ont-ils une intelligence trop spécialisée qui les empêche d'avoir accès à un langage plus évolué ? R.W. Byrne et A. Whiten ne sont pas loin de l'admettre : en milieu naturel, les chimpanzés n'utilisent pas de langage public car ils n'arrivent pas, selon eux, à un consensus stable sur la signification des entités qui pourraient leur servir de mots. C'est peut-être là que leurs instructeurs humains jouent un rôle essentiel, en imposant de l'extérieur une stabilité sémantique aux symboles utilisés.

Le langage pour quoi dire ?

Ensuite, on peut se poser la question de l'usage que les singes font des rudiments de langage qu'ils acquièrent auprès de l'homme. Force est de constater qu'ils en font un usage instrumental pour influencer le comportement d'un autre singe ou d'un humain.

A la différence de l'homme, le singe « parle » toujours au premier degré : il ne se sert pas de ses compétences linguistiques pour commenter ce qu'il dit, ou pour modifier significativement l'outil linguistique dont il dispose. De plus, aussi performants soient-ils, les primates ne se servent jamais du langage pour exprimer un vécu. Est-ce la raison pour laquelle les discours des singes semblent si souvent dépourvus de temporalité ? Ils n'expriment ni passé, ni futur. Les singes, en somme, donnent l'impression de n'avoir « rien à raconter ». Mais a-t-on le droit d'être aussi sévère ? Que teste-t-on réellement dans ces études sur les singes « parlants » : leur compétence à communiquer ou leur aptitude à « faire l'humain » ? Cherche-t-on vraiment à savoir ce qu'un singe peut faire avec le langage ou à mesurer avec plus ou moins de bonheur l'écart qui sépare l'homme de l'animal ?

Ce problème, le primatologue américain Duane Quiatt l'évoque très bien lorsqu'il s'étonne de l'absence de caractéristiques « gorille » (de « gorillicismes ») dans les dialogues entre Koko et F. Patterson. Est-ce parce qu'un gorille élevé comme un humain raisonne comme un humain ou parce qu'on ne peut pas verbaliser ce que c'est qu'être un gorille ? Une des difficultés majeures que le chercheur rencontre constamment avec le primate est celle du *common knowledge*. On appelle ainsi le savoir commun que tous

---

8. *Machiavelian Intelligence : Social Expertise and the Evolution of Intellect in Monkeys, Apes, and Humans*, Clarendon Press, 1988.
9. *How Monkeys see the World : Inside the Mind of another Species*, University of Chicago Press, 1990.

les membres d'une communauté partagent et dont ils savent qu'ils le partagent, même si ce savoir est implicite : c'est tout ce que l'on sait que l'autre sait. Entre humains, ce contrat fonctionne en permanence, avec toutes ses ambiguïtés et ses incertitudes. Mais entre humains et singes il n'en va pas de même. Les singes et les chercheurs forment, au moins pour un temps, une sorte de communauté. Mais si le savoir commun des chercheurs entre eux est sans cesse à l'œuvre, on ne peut pas dire que les humains considèrent ce que pense le singe comme pertinent. Ils se contentent de noter ce qu'il fait. Lorsqu'il y a refus de sa part de répondre ou de coopérer, les chercheurs ne prennent pas cela pour une opinion, mais pour une limitation de ses capacités cognitives. L'effet pervers de cette situation est facile à comprendre : le chercheur, ne pouvant pas savoir ce que pense le singe, en est réduit à ne lui accorder que des pensées superficielles, et à le considérer comme un simulateur habile.

Dauphins intelligents et oiseaux compteurs

Pourtant, les primates ne sont pas les seuls animaux à montrer de surprenantes aptitudes symboliques. Les dauphins de Louis Herman, à l'Université de Hawaï, ou Alex, le perroquet d'Irène Pepperberg, à l'Université d'Arizona, sont tout aussi étonnants. Certains spécialistes pensent même que les oiseaux pourraient être plus intéressants que les primates : par leurs chants, les oiseaux possèdent un mode de communication naturel d'une grande complexité, sans équivalent chez d'autres animaux. On sait depuis longtemps qu'ils possèdent des « dialectes ». On a appris depuis que, chez les passereaux, ce sont les mères qui apprennent à chanter aux filles et les pères aux fils. Les oiseaux utilisent des outils et leurs nids sont les constructions les plus élaborées qu'on trouve dans le règne animal. Enfin, certaines expériences ont montré que leurs aptitudes à reconnaître les nombres et à compter sont au moins égales à celles des primates supérieurs.

Il ne reste pas beaucoup de doutes sur l'existence de rudiments de langage chez certains animaux : primates supérieurs, mammifères marins, certains oiseaux. En ce sens, la singularité linguistique de l'homme, périodiquement célébrée par les philosophes depuis Aristote et systématisée par Noam Chomsky, est aujourd'hui sérieusement entamée par le doute. A travers ces expériences de singes parlants, pour la première fois dans l'histoire, une espèce a tenté de communiquer vraiment avec une autre espèce. Mais le fait de communiquer ne prouve pas que la dimension à la fois symbolique et articulée du langage humain soit à la portée de l'animal.

JACQUES LECOMTE*

LEV VYGOTSKI**
PENSÉE ET LANGAGE, DU SOCIAL VERS L'INDIVIDUEL

Quel est le lien entre la pensée et le langage ? Comment se développe-t-il chez l'être humain ? En écrivant, à contre-courant des idées de l'époque, que le processus en œuvre va du social vers l'individuel, et non l'inverse, Lev Vygotski innove. Sa conception sera confirmée et reprise dans de nombreuses recherches.

Q UELS RAPPORTS la pensée et le langage entretiennent-ils ? C'est à cette interrogation majeure que le psychologue russe Lev Vygotski s'est efforcé de répondre dans son ouvrage, *Pensée et Langage*, paru en 1934 à Moscou (1).
Fruit d'une dizaine d'années de recherches que L. Vygotski a menées avec son équipe, ce livre est aujourd'hui considéré par certains comme l'un des plus importants ouvrages de psychologie du siècle, après avoir été longtemps ignoré (*voir encadré page suivante*).
Les thèses qu'il développe sont particulièrement novatrices et ont profondément modifié le regard porté sur le développement de l'intelligence enfantine.

Vers le langage intérieur
Selon L. Vygotski, la psychologie scientifique a hésité jusqu'à présent entre deux positions extrêmes au sujet des liens entre la pensée et le langage : soit la fusion, soit la complète dissociation. Deux thèses fausses selon l'auteur, qui estime qu'on peut représenter le rapport entre pensée et langage par deux cercles qui se chevauchent. La zone de superposition constitue la «*pensée verbale*». Mais une part importante de la pensée («*la pensée technique et instrumentale*») n'a pas de rapport direct avec le langage. Inversement, certains aspects du langage n'ont pas de lien

---
* Journaliste scientifique.
** *Sciences Humaines*, n° 81, mars 1998.
1. L. Vygotski, *Pensée et Langage*, Editions La Dispute, 1997.

Lev Vygotski

Lev S. Vygotski est né le 5 novembre 1896 – la même année que Jean Piaget – dans la petite ville d'Orcha en Biélorussie. Quelques années après la Révolution d'octobre, en 1924, il présente au Deuxième Congrès panrusse de psycho-neurologie un rapport qui suscite le vif intérêt de Kornilov, nouveau directeur de l'Institut de psychologie de l'Université de Moscou. Celui-ci lui propose alors de prendre part à la reconstruction de la psychologie, dans l'esprit du marxisme, ce qu'il accepte. Il a 28 ans et s'assigne notamment comme but d'apporter des solutions concrètes à la lutte contre l'analphabétisme et le handicap mental. La tuberculose mettra un terme à l'intense activité de L. Vygotski.

C'est sur son lit de mort qu'il dicte le dernier chapitre de *Pensée et Langage*, qui sera publié peu après sa disparition. Il meurt à l'âge de 37 ans, le 11 juin 1934. Dès 1936, toutes les œuvres de L. Vygotski sont interdites en Union soviétique, notamment parce que cet auteur était trop ouvert à l'influence des travaux occidentaux. Mais en 1956, dans un climat de déstalinisation, *Pensée et Langage* est republié en Union soviétique.

La première traduction (condensée) paraît aux Etats-Unis en 1962. Longtemps censurée dans son pays d'origine et ignorée dans le reste du monde, l'œuvre de L. Vygotski est aujourd'hui considérée comme l'une des plus importantes de notre siècle.

---

avec la pensée, par exemple lorsqu'une personne se récite un poème appris par cœur. Mais ce qui intéresse surtout L. Vygotski, c'est la manière dont pensée et langage se développent chez l'être humain, en particulier au cours de l'enfance.

Jean Piaget et L. Vygotski ont deux interprétations radicalement différentes de cette évolution. Pour J. Piaget, le développement de l'enfant s'effectue de l'individuel au social, tandis que L. Vygotski pense au contraire qu'il procède du social vers l'individuel. Pour asseoir son propos, il consacre de longues pages à « *l'analyse du langage* ». Ce terme, emprunté à J. Piaget, désigne le comportement du jeune enfant qui parle sans s'occuper de savoir si on l'écoute et sans attendre de réponse. Avant 6 ou 7 ans, plus de la moitié des propos de l'enfant sont égocentriques, mais au fil des ans, ce type de langage diminue progressivement jusqu'à complète disparition. Or, affirme L. Vygotski, le langage égocentrique ne régresse pas au fil des ans, mais progresse. Certes, la quantité de langage égocentrique diminue, mais sa qualité, la richesse de sa structure, augmente avec les ans. Interpréter, comme le fait J. Piaget, la baisse quantitative de ce langage comme un symptôme de régression équivaut à considérer que l'enfant régresse en calcul lorsqu'il cesse de compter à haute voix sur ses doigts pour passer au calcul mental. L. Vygotski a mené avec ses collègues diverses expériences pour tester son hypothèse. Dans l'une d'elles, il perturbe le libre cours de l'activité enfantine. Par exemple, l'enfant ne trouve pas le crayon de couleur ou le papier dont il a besoin. Dans cette circonstance, le coefficient de langage égocentrique double par rapport à une situation normale. Un enfant dit alors : *« Où est le crayon ? Il me faut maintenant un crayon bleu ; ça ne fait rien, à la place je vais dessiner avec un rouge et je mouillerai avec de l'eau, cela fera plus sombre et comme du bleu. »* En bref, il raisonne avec lui-même.

Dès lors, L. Vygotski attribue au langage égocentrique une fonction majeure. Là où J. Piaget ne voit que rêverie, lui repère un moyen de pensée réaliste de l'enfant. Il conclut de ses recherches que ce langage présente une grande parenté avec le langage intérieur, dont il constitue une ébauche. En fait, écrit-il, *« le langage égocentrique est un langage intérieur par sa fonction psychique et un langage extériorisé par sa nature physiologique »*.

C'est donc une forme transitoire entre le langage social, destiné aux autres, et le langage intérieur, destiné à soi-même. Son rôle est d'aider l'enfant à penser et à surmonter les difficultés. Quant au langage intérieur, ce n'est pas un langage moins le son, mais une fonction tout à fait distincte du langage extériorisé. *« Si dans le langage extériorisé la pensée s'incarne dans la parole, la parole disparaît dans le langage intérieur, donnant naissance à la pensée. »*

Concepts scientifiques ou quotidiens ?

Un autre thème longuement traité par L. Vygotski concerne l'opposition entre concepts scientifiques et concepts « quotidiens » (ou « spontanés »). Il souligne le paradoxe suivant : l'enfant formule mieux ce qu'est la loi d'Archimède qu'il ne définit ce qu'est un frère. Alors qu'il a une riche expérience empirique de ce qu'est un frère, il s'embrouille si on lui demande ce que signifie le mot « frère ». De fait, nous explique L. Vygotski, les concepts quotidiens ne se développent pas du tout comme les concepts scientifiques. Les premiers sont connus dans l'expérience concrète, les seconds à la suite d'une explication du maître, *« dans une situation de collaboration entre le pédagogue et l'enfant »*. L'enfant sait manier les concepts spontanés mais n'en a pas conscience, il a en fait conscience de l'objet beaucoup plus que du concept lui-même. Inversement, l'enfant prend dès le début beaucoup mieux conscience des concepts scientifiques que des objets qu'ils représentent. Pour bien faire comprendre cette distinction, L. Vygotski établit un parallèle avec la différence entre l'apprentissage de la langue maternelle et l'apprentissage d'une langue étrangère. La langue maternelle est comme les concepts quotidiens : bien avant l'école, l'enfant en maîtrise pratiquement toute la grammaire, mais sans avoir conscience de ce qu'il fait. En revanche, l'apprentissage d'une langue étrangère va se réaliser de manière radicalement différente : l'élève apprend consciemment des règles formelles de grammaire et les utilise volontairement.

La zone proximale de développement

Mais comment l'enfant apprend-il ? L. Vygotski s'oppose à deux courants théoriques contemporains de son époque (les années 30).

D'une part, le béhaviorisme qui considère que le développement mental et l'apprentissage ne sont rien d'autre qu'une accumulation de réflexes conditionnés. Or, pour L. Vygotski, l'apprentissage implique *« un véritable et complexe acte de la pensée »*.

D'autre part, il critique la conception de J. Piaget qui estime qu'on ne peut enseigner quelque chose à un enfant que s'il a atteint le stade requis pour cet apprentissage. Or, L. Vygotski constate que des enfants qui réussissent très bien dans des disciplines scolaires ne possèdent pas la maturité cognitive qui devrait selon J. Piaget être présente. C'est le cas, affirme-t-il, pour l'apprentissage de la lecture, de l'écriture, de la grammaire, de l'arithmétique, des sciences naturelles, etc. Alors que J. Piaget considère que le développement doit précéder l'apprentissage, Vygotski affirme, lui, que *« l'apprentissage précède toujours le développement »*.

C'est ici qu'intervient la notion de *« zone prochaine (ou proximale) de développement »*, concept majeur dans la construction théorique de L. Vygotski. Admettons, écrit-il, que nous ayons déterminé chez deux enfants un âge mental équivalant à huit ans. Avec l'aide d'un adulte, l'un résout des problèmes correspondant à l'âge de 12 ans, tandis que l'autre ne peut résoudre que des problèmes correspondant à l'âge de 9 ans. C'est précisément cette différence qui définit la zone prochaine de développement. Elle est de 4 pour le premier enfant et de 1 pour le second. Ainsi, la zone prochaine de développement d'un élève est pour L. Vygotski *« l'élément le plus déterminant pour l'apprentissage et le développement »*. Car *« ce que l'enfant sait faire aujourd'hui en collaboration, il saura le faire tout seul demain »*.

L'un des premiers auteurs à avoir réagi au livre *Pensée et Langage* est précisément J. Piaget (2). Il n'a malheureusement découvert cet ouvrage que vingt-cinq ans après sa parution initiale en russe, et alors que L. Vygotski était mort depuis longtemps. J. Piaget affirme que L. Vygotski est un *« grand auteur »* et se dit *« en complet accord »* avec lui sur l'idée que le langage égocentrique constitue le point de départ du langage intériorisé, sans préciser toutefois en quoi ce nouveau regard modifie sa propre théorie. Les années 80 ont vu une explosion des études sur ce type de langage qui confirment pour la plupart les théories de L. Vygotski. Ainsi Laura Berk, professeur de psychologie à l'Université de l'Illinois, affirme que *« le soliloque* (privasse speech) *est essentiel pour le développement cognitif de l'enfant »* car il favorise l'accomplissement de tâches (3). Des études expérimentales lui ont notamment permis de constater que les enfants utilisent plus souvent ce langage lorsqu'ils travaillent seuls à une tâche qui les oblige à se surpasser ou lorsque leur enseignant n'est pas disponible.

Quant à la thèse plus générale de

---

2. J. Piaget, texte publié à la fin de *Pensée et Langage*, Editions La Dispute, 1997.
3. L. Berk, *Pour la science*, n° 207, janvier 1995.

> **Bibliographie**
>
> Livres de Lev Vygotski traduits en français :
> - *Pensée et Langage*, La Dispute, 1997.
> - *Défectologie et déficience mentale*, Delachaux et Niestlé, 1994.
> - *La signification historique de la crise en psychologie*, Delachaux et Niestlé, 1999.
>
> Ouvrages sur Vygotski :
> - Y. Clot (dir), *Avec Vygotski*, La Dispute, 2001.
> - A. Rivière (éd.), *La Psychologie de Vygotski*, Mardaga, 1990.
> - J.-Y. Rochex, « L'œuvre de Vygotski : fondements pour une psychologie hitorico-culturelle », *Revue française de pédagogie*, n° 120, juillet-août-septembre 1997.
> - B. Schneuwly et J.-P. Bronckart, *Vygotski aujourd'hui*, Delachaux et Niestlé, 1985 (contient 5 textes de Vygotski).
> - G. Vergnaud, *Lev Vygotski : pédagogue et penseur de notre temps*, Hachette, 2000.
> - « Lev Vygotski », revue *Enfance*, 1-2, 1989.

L. Vygotski selon laquelle le développement de l'intelligence trouve son origine dans les relations interpersonnelles, elle a donné lieu à de multiples recherches. Tout un courant, dit de « l'école genevoise », a ainsi largement démontré que des enfants confrontés à plusieurs à un problème améliorent leurs capacités cognitives si la situation les amène à formuler des réponses divergentes (4). Ce « conflit socio-cognitif » conduit les enfants à modifier leur point de vue s'il s'avère erroné. De plus, ils sont ensuite plus aptes à utiliser leur nouvelle compréhension lorsqu'ils sont seuls. Ce qui confirme la thèse de L. Vygotski. D'autres auteurs ont étendu ce genre de travaux à des situations scolaires. C'est le cas de Robert Pléty, professeur de mathématiques dans un collège et membre du laboratoire d'éthologie des communications de l'université Lumière Lyon-II (5). Il a fait travailler des élèves par groupes de quatre sur des problèmes de mathématiques. Un des résultats les plus encourageants concerne des groupes dont tous les membres avaient échoué à l'exercice individuel, et dont 24 % de ces groupes réussissent le même exercice lorsqu'ils travaillent ensemble.

Des confirmations

Divers auteurs russes ont également étudié l'influence de l'activité collective d'élèves sur leur développement cognitif (6). Par exemple Vitaly Roubtsov, de l'Institut de psychologie et pédagogie générale, compare les résultats obtenus par des élèves ayant suivi un cours traditionnel de physique et d'autres ayant travaillé en groupe (7). Il constate que dans ce dernier cas 75 % des élèves trouvent la bonne réponse, contre 20 % de ceux travaillant seuls. Ces travaux confirment globalement la thèse de L. Vygotski sur l'importance des relations interpersonnelles dans le développement de la pensée, mais en la modifiant fortement. En effet, ce sont ici des enfants du même âge qui analysent ensemble un problème et en découvrent la solution. Or, L. Vygotski affirmait que c'est le maître (ou à la rigueur un enfant plus âgé) qui est l'initiateur de l'apprentissage, en faisant travailler l'enfant sur la zone prochaine de développement. Les travaux cités ne constituent qu'un échantillon des nom-

---

4. Notamment A.-N. Perret-Clermont et coll., *La Construction de l'intelligence dans l'interaction sociale*, Peter Lang, 1996 ; W. Doise et G. Mugny, *Psychologie sociale et développement cognitif*, Armand Colin, 1997.
5. R. Pléty, *L'Apprentissage coopérant*, Pul, 1996.
6. C. Garnier et coll., *Après Vygotski et Piaget*, De Boeck Université, 1991.
7. V. Roubtsov, dans C. Garnier et coll., *op. cit.*

breuses recherches s'appuyant sur les théories de L. Vygotski. Nul doute d'ailleurs que cet auteur aurait produit une œuvre encore plus féconde s'il n'était pas mort prématurément, dans sa trente-huitième année.

Gaëtane Chapelle*

QUAND L'APHASIE NOUS PARLE**

L'aphasie désigne l'ensemble des troubles du langage causés par une lésion cérébrale. Cette pathologie peut nous éclairer sur le langage lui-même, sur ses relations avec le cerveau, sur ses relations avec la pensée.

L'OBSERVATION des aphasiques est source de nombreuses connaissances sur le langage. Ces patients, qui souffrent de troubles du langage suite à une lésion cérébrale, ont permis aux neurologues et neuropsychologues de progresser à différents niveaux : d'une part en précisant le rôle du cerveau dans le langage, d'autre part en comprenant mieux le langage lui-même, et enfin en éclaircissant les relations qu'entretiennent langage et pensée.

Une découverte fondamentale
L'histoire de la découverte de l'aphasie est célèbre, car elle fut à l'origine d'une constatation majeure : il existe des liens entre cerveau et fonction mentale. En 1861, le neurologue français Paul Broca a l'occasion d'examiner le cerveau d'un patient qui présentait, quelques jours avant sa mort, une incapacité totale à parler. Il découvre alors que cet homme souffrait d'une lésion dans le lobe frontal gauche. Après quelques années et l'observation de plusieurs autres cas, P. Broca suggère en 1864 que l'expression du langage est contrôlée par une zone située dans l'hémisphère gauche. Cette zone fut appelée l'aire de Broca. Cette découverte était essentielle, puisqu'elle montrait qu'une fonction mentale aussi complexe que le langage pouvait être localisée dans une zone circonscrite du cerveau.
Quelques années plus tard, le neuro-

---
* Journaliste scientifique au magazine *Sciences Humaines*.
** *Sciences Humaines*, hors série n° 27, décembre 1999/janvier 2000.

Deux aphasiques très différents

Le psychologue Howard Gardner rapporte en 1974 ses entretiens avec deux patients différents, tous deux victimes de troubles du langage (1). Des exemples valant mieux qu'un long discours, voici les conversations qu'il a eues :
« *J'ai demandé à Monsieur Ford ce qu'il faisait avant d'être admis à l'hôpital.*
– Je suis un opé… non… heu, bien…, encore. »
Il prononça ces mots doucement, avec beaucoup d'efforts. Les sons n'étaient pas bien articulés ; il énonçait chaque syllabe d'une voix dure, forte et gutturale. Avec de l'entraînement, on parvient à le comprendre, mais j'ai eu beaucoup de difficultés au début (…).
« *Rentrez-vous à la maison pour le week-end ?*
– Oui, bien sûr. Jeudi, euh… non, vendredi… Bar-ba-ra… femme… et, oh, voiture… conduire… vous savez… repos… et… télé-vision.
– Pouvez-vous tout comprendre à la télévision ?
– Oh, oui, oui, oui… euh… pres-que tout. »
Ford eut un petit sourire.

Avec un autre patient, M. Gorgan, la conversation est bien différente :
« *Qu'est-ce qui vous a amené à l'hôpital ?* », demandais-je à cet homme…
« *Eh bien, je transpire, je suis terriblement nerveux, vous savez, de temps en temps, je ne peux plus bouger, alors que, d'autre part, vous savez ce que je veux dire, il faut que je m'agite, regarde tout ce qui se passe, et tout le reste avec !* »
J'essayai plusieurs fois de l'interrompre, mais je ne parvins pas à arrêter ce débit rapide et incessant. Finalement, en soulevant et en posant ma main sur l'épaule de Gorgan, je réussis à obtenir un moment de répit.
« *Merci, M. Gorgan, je voudrais vous poser quelques…*
– Oh bien sûr, continuez, sur toutes les choses du passé. Si je pouvais, je le ferais. Oh, je ne prends pas les mots dans le bon sens pour dire, tous les barbiers ici, quand ils vous arrêtent, cela continue indéfiniment, si vous voyez ce que je veux dire… » (ndt : suit un discours incompréhensible comprenant aussi des mots inventés).
M. Ford souffre de ce qu'on appelle une aphasie de Broca : il comprend bien ce qu'on lui demande, mais ne peut plus produire normalement des phrases. En revanche, M. Gorgan souffre d'une aphasie de Wernicke, dans laquelle le langage est volubile et fluide, mais incompréhensible. De plus, il comprend mal

> ce qu'on lui demande (il ne réagit pas si on lui demande de faire semblant de se laver les dents, ou d'autres gestes). Comprendre et produire du langage sont donc deux choses bien différentes.
>
> ---
>
> 1. M.F. Bear, B.W. Connors et M.A. Paradiso, Neurosciences. *A la découverte du cerveau*, Pradel, 1997.

logue allemand Karl Wernicke découvre une autre zone cérébrale, à la surface du lobe temporal, dont l'atteinte provoque également des troubles du langage. Mais ceux-ci sont différents. L'aphasique de Broca (comme on va appeler les patients souffrant d'une lésion de l'aire de Broca) a principalement des difficultés à produire des phrases et des mots corrects, tout en comprenant bien ce qu'on lui dit. L'aphasique de Wernicke produit un discours très fluide et même ininterrompu, mais incompréhensible, et surtout ne comprend pas les ordres qu'on lui donne (*voir encadré*). Ces découvertes ont été à l'origine d'une vaste quête : comme des explorateurs à l'assaut d'un nouveau continent, les neurologues sont partis à la recherche des localisations cérébrales des différentes fonctions mentales. L'ère des neurosciences cognitives commençait (1).

Depuis un siècle, les travaux ont énormément progressé, les techniques également. La multiplication des observations de patients aphasiques et l'amélioration constante de la précision des techniques d'imagerie cérébrale ont dessiné un tableau nettement plus complexe des relations entre cerveau et langage. L'hémisphère gauche reste identifié comme essentiel dans la capacité langagière, mais il est apparu que les zones impliquées étaient plus nombreuses qu'on ne l'a cru au départ.

Du sens au mot, les mécanismes du langage

Mais surtout, les observations des patients aphasiques se sont énormément affinées. En effet, la classification grossière entre aphasie de Broca (problème de production du langage) et aphasie de Wernicke (problème de compréhension) a laissé la place à une analyse fine des erreurs, de ce qu'elles peuvent nous apprendre sur les mécanismes du langage et de la façon dont on peut aider les patients. Ainsi, en 1995, Brenda C. Rapp et Alfonso Caramazza aboutissent à un résultat très intéressant : ce ne sont pas les mêmes processus mentaux qui sont impliqués dans la signification d'un mot et dans sa forme (2).

Pour le comprendre, il faut détailler les erreurs de deux patients différents. Tout d'abord, E.S.T. (dans les rapports de recherche, l'anonymat des patients est garanti par l'utilisation d'initiales) qui, lorsqu'on lui montre la photo d'un

---

1. M.F. Bear, B.W. Connors et M.A. Paradiso, *Neurosciences. A la découverte du cerveau*, Pradel, 1997.
2. B.C. Rapp et A. Caramazza, « Disorders of lexical processing and the lexicon », dans *The Cognitive Neurosciences*, MIT Press, 1996.

bonhomme de neige, est incapable d'en retrouver le nom, mais répond : «*C'est froid, c'est un hom… froid… congelé.*» Souvent, certains éléments de la forme du mot lui reviennent. Lorsqu'elle essaye par exemple de nommer un tabouret (stool en anglais) elle dit «*/stop/, /stɛp/… un siège, un petit siège, s'asseoir sur… s'asseoir sur… /stɔ̄/* » (3). Cette difficulté avec la forme des mots se retrouve également lors de tâches de lecture. Si elle doit lire le mot steak, elle dit : «*Je vais manger quelque chose… c'est du bœuf… on peut avoir un /sə/… ça coûte plus… dans le pays des Yankees… grosse bête… ridicule…* » Il apparaît clairement qu'E.S.T. connaît la signification des mots, mais qu'elle ne peut pas retrouver leur forme et ce, même s'ils sont écrits devant elle.

Un autre patient, J.-J., présente un problème inverse : il est capable de lire ou d'écrire des mots dont il ne connaît pas la signification. Evidemment, pour le prouver, il faut utiliser des mots dont l'orthographe ou la prononciation est irrégulière. En français ou en anglais, cela ne pose pas de problèmes, puisque de nombreux mots contiennent des lettres qu'on ne doit pas prononcer (par exemple «beaucoup» ou «temps»). Le patient J.-J., bien qu'il prononce très bien ce type de mots, a de grandes difficultés à en donner le sens.

Entre E.S.T. et J.-J., les neuropsychologues assistent à ce qu'ils appellent une double dissociation : deux patients présentent une capacité préservée et l'autre déficitaire, et ce en sens inverse. Chez E.S.T., le sens des mots est préservé, mais pas leur forme, et chez J.-J., c'est l'inverse. Ils se basent sur ces faits pour postuler que ces deux aspects des mots, leur signification et leur forme, sont gérés par des mécanismes distincts.

Les exemples de dissociations entre certaines capacités préservées, et d'autres atteintes, pourraient être multipliés. On observe par exemple des patients incapables de produire des phrases syntaxiquement (4) correctes (on parle alors d'agrammatisme, comme chez M. Ford – *voir encadré*), malgré une bonne connaissance de la sémantique (le sens des phrases et des mots). Certains patients présentent un trouble encore plus curieux : une incapacité à répéter un mot entendu (le neuropsychologue dit «couteau», le patient répète «mocrida»), tout en gardant la capacité à écrire correctement «couteau». La comparaison de tous ces patients et de la spécificité de leurs erreurs permet aux neuropsychologues de mettre à l'épreuve les différentes hypothèses sur l'organisation du langage. Mais les aphasiques peuvent également faire avancer sur une autre question fondamentale : les relations entre pensée et langage.

La pensée peut-elle se passer des mots ?

Peut-on penser sans langage ? Pendant longtemps, on a tenu pour certain que le langage était indispensable à la pensée. Lorsque le philosophe Ludwig Wittgenstein affirmait : «*Les limites de mon langage signifient les limites de mon monde*» (5), il ne faisait donc que

---
3. [ɛ] = fête, mais ; [ə] = premier, bretelle.
4. Voir les mots clés en fin d'ouvrage.
5. L. Wittgenstein, *Tractatus logico-philosophicus*, Gallimard 1961, rééd. 1990.

refléter une idée largement répandue. Il est vrai que chez l'adulte normal, il est difficile d'envisager une pensée consciente sans langage. Et l'observation des enfants, chez qui le langage est soit absent, soit en devenir, conduit à croire que seule une pensée concrète et rudimentaire est possible avant la maîtrise du langage. Rappelons de plus que Jean Piaget considérait le stade de l'acquisition du langage comme celui de l'acquisition d'une pensée symbolique, abstraite. Si l'on veut comprendre les relations entre pensée et langage, il faut donc se tourner du côté de la pathologie, comme par exemple les patients aphasiques.

Toute personne qui a rencontré un patient aphasique dans la vie quotidienne, ou dans le cadre d'une consultation, ne peut rester insensible à ce que vivent ces personnes : il apparaît clairement que leur incapacité à s'exprimer correctement, et parfois même à produire le moindre mot, ne leur enlève pas pour autant le désir de communication, et surtout les capacités de penser sur eux-mêmes et le monde. Les thérapeutes qui vont les prendre en charge vont d'ailleurs partir de ce désir de communication pour essayer de la rétablir au mieux, que ce soit en passant par l'écrit, les gestes, ou en réapprenant certains mots essentiels. L'observation de patients aphasiques soulève donc des questions fondamentales : quels sont les liens entre langage et pensée ? Peut-on penser sans mots ? L'absence de langage préserve-t-elle une intelligence normale ?

Le problème évident pour explorer les pensées des aphasiques est justement leur incapacité à les communiquer. Néanmoins, certains d'entre eux ont écrit leurs mémoires, après avoir retrouvé la parole. Mais ces témoignages sont rares. Ils sont donc précieux, et plus encore lorsqu'ils viennent de médecins ou de philosophes.

Dominique Laplane, dans *La Pensée d'outre-mots* (6), rapporte et analyse différents témoignages. Le plus ancien d'entre eux est celui d'un professeur de médecine à la faculté de Montpellier, le professeur Lordat. Plus que professeur de médecine, cet homme était un spécialiste de l'aphasie, qu'il appelait l'alalie dans ses publications scientifiques de 1820 et 1823. En 1825, cruauté du destin, il est atteint d'aphasie. Lorsque plus tard son trouble régressa, il publia ses mémoires sous forme d'un cours qu'il donna en 1843. Etant un spécialiste du langage, il avait donc pu analyser mieux que personne le mal dont il souffrait. Après une description sur son incapacité à retrouver la « valeur des mots », voici ce qu'écrit le professeur : « *Ne croyez pas qu'il y eut le moindre changement dans les fonctions du sens intime. Je me sentais toujours le même intérieurement (...). Quand j'étais seul, éveillé, je m'entretenais tacitement de mes occupations de la vie, de mes études. Je n'éprouvais aucune gêne dans l'exercice de ma pensée... Le souvenir des faits, des principes, des dogmes, des idées abstraites, était comme dans l'état de santé... Il fallut donc bien apprendre que l'exercice interne de la pensée pouvait se passer de mots...* » Un autre témoignage,

---

6. D. Laplane, *La Pensée d'outre-mots*, Synthélabo, 1997.

celui du philosophe Eldwin Alexander, prête à réflexion : « *Je possédais encore les concepts mais non le langage. J'avais la compréhension du monde, de moi-même et des relations sociales, sans rien savoir, en fait, ni de la grammaire ni du vocabulaire que j'avais utilisés toute ma vie…* »
Ces deux témoignages ne peuvent être considérés comme des preuves scientifiques irréfutables. Ils souffrent en effet de la fragilité due à la reconstruction *a posteriori* des impressions ressenties : non seulement le temps peut déformer les souvenirs, mais en plus, ceux qui les ont donnés avaient à ce moment retrouvé justement leurs capacités de parole. De plus, tous les aphasiques n'ont pas les mêmes troubles, et on ne peut donc généraliser ces capacités de pensée à tous les patients. La grande variabilité des troubles des patients aphasiques est d'ailleurs à l'origine d'un très long débat sur leur intelligence. Ont-ils ou non une intelligence tout à fait préservée ?
Sans entrer dans tous les développements de ce débat, il faut souligner la principale difficulté à établir une règle générale sur les facultés intellectuelles de ces patients : il n'existe pas deux patients dont la lésion cérébrale soit totalement identique. Cela veut donc dire d'une part que les troubles du langage eux-mêmes peuvent varier, mais aussi que de nombreux patients peuvent présenter en plus des troubles d'attention, ou d'autres fonctions mentales. Il est donc probable qu'un certain nombre d'aphasiques présentent une détérioration de leurs capacités intellectuelles davantage en raison de ces troubles associés que de leur perte de la parole. Mentionnons, comme le fait D. Laplane, le cas de ce scientifique de haut niveau dont les performances verbales ne dépassaient pas celles d'un enfant de quatre ou cinq ans, mais dont le QI de performance atteignait 132 !
Malgré toute la prudence avec laquelle il convient donc de prendre ces observations, les témoignages de patients aphasiques et l'observation de leur intelligence mènent à la même conclusion : si pensée et langage sont intimement liés, on ne peut affirmer qu'ils ne font qu'un.

Jean-Paul Bronckart*

LANGAGE ET REPRÉSENTATIONS**

Comment s'élaborent les représentations sociales ? Comment s'effectuent les interactions entre représentations individuelles et collectives ? Quel rôle y joue le langage ? A travers l'esquisse de réponses, l'appropriation par l'individu des discours déjà constitués au cours de l'histoire se révèle très importante pour mieux comprendre le lien entre le langage et les représentations.

A L'ÉVIDENCE, les êtres humains disposent d'une capacité de connaissance du monde dans lequel ils sont plongés, ce qui signifie qu'ils conservent des traces internes – ou représentations – de leurs interactions avec le monde environnant. Cette fonction de représentation est en réalité une propriété constitutive de la vie. Aucun animal, aucun végétal, ne peut survivre s'il ne s'adapte à son milieu, et cette adaptation requiert nécessairement que l'organisme conserve en lui des traces de ses échanges avec son environnement.

Les représentations du monde

Chez l'humain, cette fonction se réalise sous une forme spécifique et particulièrement efficiente. Elle repose sur des unités représentatives délimitées (images mentales, sentiments, etc.) qui s'organisent en un système de pensée (opérations mentales). En outre, la pensée se révèle accessible à elle-même, c'est-à-dire potentiellement consciente. Ce système étant disponible en chaque humain singulier, les représentations qu'il organise peuvent donc, en première analyse, être qualifiées d'individuelles.

Mais à l'évidence également, les connaissances humaines se développent et se

---

* Psycholinguiste et professeur de didactique des langues à l'Université de Genève. Il a publié notamment : (avec M. Kail et G. Noiret) *Psycholinguistique de l'enfant*, Delachaux et Niestlé, 1983 ; *Activité langagière, textes et discours ; pour un interactionnisme socio-discursif*, Delachaux et Niestlé,1997.
** *Sciences Humaines*, hors série n° 21, juin-juillet 1998.

transmettent de génération en génération. Les représentations du monde subsistent donc au-delà de la durée de vie d'un individu, elles doivent dès lors se conserver « ailleurs » qu'en l'organisme lui-même. C'est cette autre évidence qui a conduit Emile Durkheim, fondateur de la sociologie française, à poser l'existence de représentations collectives. Celles-ci non seulement auraient leur siège au-dehors de l'organisme (en une conscience collective), mais en outre elles s'organiseraient selon des modalités différentes de celles des représentations individuelles, et exerceraient sur ces dernières une contrainte (au moins partielle). Ce à quoi Ferdinand de Saussure, père de la linguistique moderne, a ajouté que la langue constituait le réceptacle privilégié de ces représentations collectives, le médium par lequel les connaissances humaines du monde se conservent, se transmettent et se transforment.

S'il est ainsi admis que représentations individuelles et collectives coexistent dans le fonctionnement humain, deux ensembles de questions se posent néanmoins. Tout d'abord, comment qualifier plus précisément les propriétés de ces deux sortes de représentation ? Outre leur lieu d'ancrage, s'opposent-elles aussi dans leur essence (les premières produites par le seul organisme, les secondes par l'activité collective) ? Et s'opposent-elles encore dans leurs modalités d'organisation et de gestion (les premières gérées par l'individu, les secondes par les organisations sociales) ? Ensuite, et quelles que soient les réponses fournies à ce premier type de questions, comment s'opèrent les interactions inévitables entre ces deux ordres de représentation ? Comment les unes agissent-elles, concrètement, sur les autres ?

La genèse des représentations humaines

On ne peut comprendre l'être humain que par son développement dans l'enfance et l'adolescence. Si cette maxime est acceptée par la plupart des psychologues, les conceptions de la genèse des représentations humaines se distribuent néanmoins en deux courants radicalement opposés.

Pour le premier, toute capacité de représentation se fonde sur les caractéristiques biologiques de l'organisme ; les capacités spécifiques des êtres humains s'expliquent dès lors par leur supériorité biologique. Le constructivisme de Jean Piaget (1), ainsi que la psychologie cognitiviste (2) contemporaine témoignent de cet accent porté sur le rôle des caractéristiques génétiques, biologiques et neurophysiologiques dans la constitution de la pensée humaine. Dans cette approche, les capacités psychiques humaines seraient donc issues de l'organisme-individu, et s'appliqueraient ensuite aux propriétés du monde environnant. Le mouvement développemental va de l'interne vers l'externe, du biologique au psychologique puis au social. Ce faisant, les représentations humaines auraient d'abord des propriétés générales, issues des mécanismes biologiques d'interaction de l'organisme avec son milieu. Elles n'auraient que

---

1. Voir notamment l'article de J.-F. Dortier « Le débat Chomsky-piaget » dans cet ouvrage.
2. Voir les mots clés en fin d'ouvrage.

secondairement des propriétés différentielles, issues de la confrontation de l'organisme aux formes d'activités culturelles et langagières particulières de son groupe.

La difficulté majeure de cette position est qu'elle ne permet pas de comprendre d'où émanent les diversités sociales, culturelles et langagières qui caractérisent objectivement le fonctionnement humain.

Pour le second courant, que l'on peut qualifier d'interactionnisme social, les capacités de représentation spécifiquement humaines sont le produit de l'intériorisation des formes particulières d'interactions qui se sont développées dans l'espèce au cours de l'histoire. Les caractéristiques biologiques supérieures de l'être humain rendent possible la coopération dans l'activité collective. Cette activité implique une distribution des tâches et des rôles sociaux et elle est de plus productrice d'objets sociaux (d'instruments adaptés aux tâches communes et d'œuvres résultant de ces tâches). Son organisation nécessite, enfin, l'existence de moyens d'entente ou de négociation sur ce que sont les situations concrètes d'interaction et sur les rôles que les individus sont censés y jouer. Comme le suggèrent les thèses développées, notamment par le philosophe Jurgen Habermas, c'est le langage qui joue ce rôle de médiateur de l'activité collective. Le langage est ici conçu comme constitué de signes arbitraires, c'est-à-dire d'unités représentatives façonnées par l'échange social et radicalement indépendantes des propriétés des objets qu'elles désignent. Il est également vu comme organisant ces signes en textes, c'est-à-dire en formes communicatives adaptées à des situations d'action déterminées (3). Dans cette optique, c'est alors la réappropriation, en un organisme singulier, de ces construits historiques, sociaux et sémiotiques (4), qui est constitutive de la pensée consciente. L'intériorisation du langage s'effectue dans le cadre d'activités collectives ; l'enfant apprend à parler et à penser au travers d'interactions familiales, scolaires ou autres. Et c'est dans la mesure où le langage entraîne un dédoublement des images mentales et une capacité d'agir sur ses propres processus mentaux, que son appropriation transforme la fonction de représentation commune à toute espèce vivante en une pensée consciente.

Si, au plan des processus d'hominisation (5), cette conception ne peut guère être validée, faute de données scientifiques pertinentes, Lev S. Vygotski (1934/1985) (6), Jerome Bruner et bien d'autres ont démontré empiriquement que c'est bien ce mouvement de l'externe vers l'interne, du social vers le psychologique, qui caractérise le développement de la pensée consciente de l'enfant. Ces auteurs soutiennent que la connaissance de soi n'est qu'un cas particulier de la connaissance des autres ; que les représentations humaines sont d'abord marquées par le social, dans ses

---

3. Texte : dans les sciences du langage contemporaines, ce terme désigne toute production verbale cohérente et finie, qu'elle soit orale ou écrite, et quelle que soit sa longueur. « Formes communicatives » : combinent des aspects linguistiques et des aspects extralinguistiques (intonation, gestualité ; ponctuation, mise en page, etc.).
4. Voir les mots clés en fin d'ouvrage.
5. Passage du primate à l'homme.
6. Voir l'article de J. Lecomte dans cet ouvrage.

dimensions d'activité et de langage ; qu'elles sont en conséquence d'abord conditionnées par les interactions sociales contextualisées, avant de se transformer en une logique proprement cognitive.

Les représentations sociales

Du point de vue de l'interactionnisme, en raison des conditions mêmes de leur genèse, toutes les représentations proprement humaines sont sociales en essence. Dans cette perspective, il paraît regrettable que le courant de psychologie issu des travaux de Serge Moscovici ne qualifie de « sociales » que les seules représentations qui s'appliquent à la vie sociale et qui s'organisent sur un mode pratique.

Les représentations humaines-sociales peuvent être qualifiées de collectives lorsqu'elles ont leur siège dans les œuvres humaines (milieu aménagé, institutions sociales, sciences, arts, etc.). Mais ces œuvres ne sont cependant elles-mêmes interprétables qu'au travers des textes (oraux ou écrits) qui les commentent, textes qui sont par ailleurs les seules manifestations empiriques du langage verbal humain. Si ce dernier constitue donc bien le réceptacle majeur des représentations collectives, il ne conditionne cependant pas l'ensemble de leurs modalités d'organisation. A un premier niveau certes, ces représentations sont fortement déterminées par l'organisation politique, culturelle ou économique des formations sociales dans lesquelles s'élaborent les textes, les mythes, les idéologies et tous les grands systèmes de représentations. Et elles dépendent aussi des situations concrètes dans lesquelles les individus expriment verbalement leurs jugements, leurs croyances et leurs connaissances. Mais dès lors que les diverses pratiques textuelles se confrontent et se répondent, finissent par s'élaborer aussi des connaissances tendanciellement indépendantes du contexte social et des règles d'organisation des textes oraux ou écrits. Et ces représentations décontextualisées s'organisent alors collectivement selon d'autres modalités ; elles prennent place dans les *« mondes formels »* postulés par J. Habermas, c'est-à-dire dans ces systèmes de règles proprement logiques qui structurent les connaissances acquises par l'humanité. Mondes formels qui s'incarnent dans les théories scientifiques et philosophiques, mais aussi dans l'ensemble des doctrines politiques ou religieuses.

Les représentations humaines-sociales peuvent être qualifiées d'individuelles lorsqu'elles ont leur siège en un organisme singulier. Elles se distinguent des précédentes à la fois par leur ampleur et par leur forme d'organisation. Elles s'acquièrent dans le cadre des échanges que chaque individu peut avoir avec l'activité, les textes et les mondes formels de son milieu. Mais aucun individu ne peut avoir suffisamment de contacts avec ces acquis collectifs pour se réapproprier l'ensemble des connaissances humaines. Par ailleurs, elles s'acquièrent selon un ordre et une temporalité qui dépendent des circonstances de chaque vie individuelle ; toute acquisition nouvelle conditionnant les suivantes (en lui fournissant un cadre d'accueil), les représentations de chaque individu s'organisent dès lors selon des modalités radicalement singulières, ce qui justifie que tout individu puisse être qualifié de personne.

Enfin, étant donné que les représentations collectives relèvent soit d'une logique pratique, soit d'une logique formelle, les représentations individuelles qui en sont issues s'organisent elles aussi selon ces deux modalités. En une «raison pratique» (certaines croyances surnaturelles ou jugements sur autrui) tout d'abord, qui persistera tout au long de la vie, mais aussi en une «raison pure» (celle des opérations logico-mathématiques) qui émergera après la première, par abstractions-généralisations successives.

Les mondes discursifs

Où et comment s'opèrent les échanges entre ces deux types de représentations ? En fonction de ce qui précède, dans les interactions verbales médiatisant les activités collectives, bien sûr ! Mais cette affirmation globale peut être assortie d'une réponse plus précise.

Tout échange langagier s'effectue sur l'arrière-fond d'un intertexte déjà là, c'est-à-dire de multiples genres de textes élaborés par les générations précédentes pour répondre à des besoins et des enjeux sociaux précis (roman, manuel, dictionnaire, éditorial, mode d'emploi, etc.). S'ils constituent des formes communicatives complexes, les genres ont aussi cette particularité de combiner des types de discours différents, c'est-à-dire des segments spécifiques, que l'on qualifie de segments de narration, de récit, de dialogue ou d'exposé théorique : le genre «roman», par exemple, combinera généralement des segments de narration et de dialogue ; le genre «manuel scolaire ou universitaire» des segments d'exposé théorique et de narration, etc. Dans un segment de narration, les représentations verbalisées (constituant son «contenu») sont explicitement mises à distance de la situation de production orale ou écrite (cette distance étant marquée par des formules du type «il était une fois», «le 12 novembre 1996», etc.). De plus, elles sont organisées en une progression chronologique. Dans un discours théorique en revanche, les représentations verbalisées sont présentées comme si elles étaient totalement indépendantes de cette même situation, et elles sont organisées en une progression achronologique, à caractère logique et/ou argumentatif. Outre qu'ils sont reconnaissables à leurs propriétés linguistiques, ces segments ou types de discours témoignent donc de la construction d'un «monde formel spécifique» (voir la définition de J. Habermas ci-dessus), dans lequel les représentations sont réorganisées en tenant compte à la fois de la linéarité de toute production textuelle et du rapport qui est posé entre le contenu du texte et l'acte concret (oral ou écrit) dont ce texte est issu. Ce sont ces mondes formels spécifiques qui se créent ou se reproduisent dans toute production verbale que l'on peut qualifier de mondes discursifs. Ceux-ci constituent la charpente des représentations que les individus ou les organisations peuvent s'approprier et même formuler. En s'inscrivant dans une doctrine politique ou syndicale, par exemple, un individu ne peut que formuler des énoncés conformes à une logique discursive et argumentative reconnue; s'il adhère aux thèses nationalistes, il est clair que ses représentations seront structurées par l'ensemble des propriétés de cette forme idéologique. Et c'est dans le cadre des mondes discursifs exprimés par les types de discours que sont présentées ces formes idéologiques. En retour, l'individu peut intervenir sur ces formes, en les reproduisant ou en les transformant peu ou prou.

Dans le processus de lecture des textes, tout être humain est confronté aux types de discours historiquement élaborés au sein de la science, de la littérature, des philosophies, de la culture, etc. Pour comprendre ce qui est écrit (ou dit), il doit s'intégrer à ces cadres discursifs les représentations collectives qui organisent, en vue de l'échange. Et en généralisant la thèse que Paul Ricœur avait soutenue pour le seul type narratif, c'est par le biais de cette intégration que les humains accèdent à la manière dont le monde a déjà été pensé, commenté et évalué par les autres. Ce faisant, ils peuvent se situer en rapport avec ces connaissances, et par là, se comprendre eux-mêmes.

Dans le processus de production textuelle, l'individu ne peut qu'exploiter les modèles de genres disponibles dans l'intertexte, et donc les types discursifs que ces genres comportent. Mais chaque individu ne peut produire un texte que dans une situation particulière, telle qu'il se la représente. Tout discours nouveau est dès lors le produit de l'adoption d'un modèle collectif-historique, et de l'adaptation de ce modèle à une situation particulière. Et les mondes discursifs exprimés par les différents types de discours constituent donc les lieux dans lesquels se déploie, en permanence, la dialectique entre représentations collectives et représentations individuelles.

> **Bibliographie**
> - M. Bakhtine, *Esthétique de la création verbale*, Gallimard, 1979.
> - J.-P. Bronckart, *Activité langagière, textes et discours; pour un interactionnisme socio-discursif*, Delachaux et Niestlé, 1997.
> - J.-P. Bronckart et al., *Le Fonctionnement des discours*, Delachaux et Niestlé, 1985.
> - J.S. Bruner, *Car la culture donne forme à l'esprit*, Eshel, 1991.
> - J. Habermas, *Théorie de l'agir communicationnel*, tomes I et II, Fayard, 1987.
> - S. Moscovici, *La Psychanalyse. Son image et son public*, Puf, 1961.
> - P. Ricœur, *Temps et Récit*, tome I, Le Seuil, 1983.
> - L.S. Vygotski, *Pensée et Langage*, La Dispute 1997; 1re éd. Editions sociales, 1985 (rédaction originale en russe, 1934).

ANNEXES

- Mots clés   *311*

- Bibliographie générale   *319*

- Index thématique   *325*

- Index des noms de personnes   *329*

MOTS CLÉS

Actes de langage
« Je te baptise », « Je le jure », ces paroles n'ont pas pour but de décrire le monde, de transmettre un message, mais constituent en elles-mêmes une action, un « acte ». D'où la notion d'acte de langage due à John L. Austin*. Un acte de langage a une valeur illocutoire, c'est-à-dire qu'il établit un type de relation de dialogue (jurer, questionner, ordonner, etc.) ; il peut avoir des effets perlocutoires, c'est-à-dire des conséquences pratiques (convaincre, intimider, etc.). Il y a des actes indirects (constater « il est tard » pour demander de partir).
→ *Voir page 61*

Analyse de conversation
Champ de recherche qui a pris son essor dans les années 70 et qui renvoie à une multitude d'approches comme l'ethnographie de la conversation, l'ethnométhodologie, la sociolinguistique*, etc.
L'analyse de conversation étudie les conversations en situation réelle. Elle montre que le langage courant est loin de correspondre aux règles de la grammaire formelle, qu'il existe beaucoup de différences dans l'expression selon les milieux sociaux et les situations, que le sens des mots dépend beaucoup du contexte, des intonations et des expressions faciales qui les accompagnent, que la conversation comporte beaucoup d'implicite (et donc une culture commune entre interlocuteurs), que la conversation est fortement ritualisée par des tours de parole, etc.
→ *Voir page 86*

Austin, John L. (1911-1960)
Philosophe du langage, chef de file de l'école d'Oxford et initiateur de la théorie des actes de langage* à travers son étude des « performatifs ». Son œuvre de référence, publiée en 1962, s'intitule *How to do things with words* (*Quand dire c'est faire*, traduit en 1970).
→ *Voir page 61*

Barthes, Roland (1915-1980)
Professeur de « sémiologie littéraire » au Collège de France, il fut une des figures de proue du « structuralisme* » français. Il reste avant tout un très fin analyste de la culture contemporaine dans *Le Système de la mode* (1967) et *Mythologies* (1957).

Benveniste, Emile (1902-1976)
Linguiste français, professeur au Collège de France de 1937 à 1970. E. Benveniste s'est fait connaître comme spécialiste des langues indo-européennes, puis a participé au développement de la linguistique structurale à partir de 1939. Son travail sur les déictiques (pronoms, démonstratifs, etc.) réintroduit le sujet dans le discours, et fait de lui un des fondateurs des études sur l'énonciation*. Il est notamment l'auteur de : *Le Vocabulaire des institutions indo-européennes* ; *Problèmes de linguistique générale*.

Cercle de Vienne

Le cercle de Vienne a rassemblé dans les années 30, autour du philosophe allemand Moritz Schlick (1882-1936), des philosophes (Ludwig Wittgenstein, Rudolf Carnap) et des logiciens (Kurt Gödel, Franck Otto Neurath, Hans Reichenbach). Karl Popper était aussi un proche du groupe.

Le Cercle produit en 1929 un manifeste, « la conception scientifique du monde », qui dénonce la philosophie spéculative et la métaphysique qui prétendent connaître le monde mais ne sont que des jeux de l'esprit. Le manifeste prend position en faveur de la science et de la raison. Les connaissances sont de deux ordres. Il y a, d'une part, les propositions analytiques : elles relèvent de la logique, et ne sont pas liées à l'expérience. Il y a, d'autre part, les énoncés qui portent sur les faits. Le but du Cercle est de constituer un langage scientifique fondé uniquement sur deux ordres de vérités : celui de la logique (connaissances analytiques) et celui des faits (connaissances positives). Voilà pourquoi la doctrine du Cercle de Vienne est nommée « positivisme logique ».

Le Cercle de Vienne se dissoudra assez tôt. Il n'est pas certain en effet que ses membres avaient une réelle unité de vue, leur commun dénominateur étant le rejet de la métaphysique allemande et leur intérêt pour la logique. Cependant, K. Gödel démontre dès 1931, dans son fameux théorème, l'impossibilité de forger une logique totalement cohérente et unifiée. En outre la montée du nazisme va contraindre plusieurs des membres du groupe à émigrer en Grande-Bretagne et aux Etats-Unis. Ils auront une influence décisive sur la philosophie dans ces pays.

Chomsky, Noam (né en 1928)

Professeur au MIT depuis 1956, il est le fondateur du courant de la « grammaire générative et transformationnelle ». L'idée de fond est que toutes les langues du monde possèdent une grammaire commune, qui peut être engendrée par un nombre limité de règles et de constituants élémentaires. Dans sa version première, la « grammaire » de Chomsky ne se préoccupait pas du sens des énoncés. En 1972, il a produit une théorie élargie à la sémantique*. La grammaire générative a connu plusieurs formulations successives.

→ *Voir page 29*

Cognitif/cognitivisme

Au sens large, le terme « cognitif » désigne tout ce qui concerne les fonctions mentales. Dans un sens plus restreint, la perspective « cognitiviste » renvoie à une théorie psychologique qui considère les fonctions mentales comme des dispositifs de traitement de l'information.

Computation, computationnisme

Computation provient de l'anglais *computer* qui signifie « ordinateur », mais aussi calculateur. Le computationnisme est un paradigme des sciences cognitives qui envisage la pensée sur le modèle de l'ordinateur et comme un programme informatique. Le cerveau est considéré comme une machine à traiter de l'information et la pensée est réductible à une suite d'opérations mathématiques et logiques simples, qui se succèdent selon un ordre déterminé. On parle aussi de modèle « computo-représentationnel » ou « computo-symbolique » ou parfois encore de « symbolisme ».

Connotation
Signification qui vient s'ajouter au sens ordinaire d'un mot. Par exemple, le mot « paysan » peut être connoté par des représentations péjoratives : fruste, traditionnel, boueux. Les connotations d'un signe sont l'ensemble des références implicites auxquels elles renvoient. La connotation introduit un double langage au sein d'un langage de base.

Dénotation
Signification invariante et non subjective. La dénotation est, au contraire de la connotation*, le fait de ne rien désigner en plus de ce qui est dit. Exemple : « Je ne le dirai pas trente-six fois. ». « Trente-six » dénote le nombre 36 et connote un très grand nombre.

Enonciation
« Tu vois ce que je veux dire ? », « J'aimerais que tu ailles... » Le discours porte diverses marques de la présence du locuteur et de la situation de parole (autoréférence) et permet d'établir des degrés variables d'adhésion ou de distance par rapport aux propos proférés. L'énonciation est donc un phénomène complexe qui distingue la communication d'une simple transmission de signaux codés.

Grammaire
La grammaire analyse la construction des phrases. On distingue la syntaxe* (étude des règles d'accords, de structuration de la phrase), et la morphologie*, qui s'intéresse à la forme des mots (déclinaison, conjugaison).

Grice, Paul H. (1913-1988)
Philosophe-linguiste pragmaticien américain de Harvard, il s'est fait connaître à partir de 1957 pour ses analyses sur l'intentionnalité dans le discours. Il a travaillé sur les règles de la communication et ce qu'implique leur non observance. Un recueil de ses articles a été publié en 1989 (*Studies in the Way of Word*).

Herméneutique
A l'origine, science de l'interprétation des textes philosophiques ou des textes sacrés et qui vise à en dégager la ou les significations profondes, le sens caché. L'herméneutique s'est étendue aujourd'hui à d'autres disciplines comme la psychanalyse, la sémiotique pour lesquelles l'interprétation consiste à décrypter les phénomènes observables de la réalité comme des signes d'une réalité cachée.
Dans *Le Conflit des interprétations*, le philosophe Paul Ricœur a montré qu'un même ensemble de faits est susceptible d'être soumis à une pluralité d'interprétations toutes cohérentes. Se pose alors la question de la validité et du contrôle des interprétations. Dans *Les limites de l'interprétation*, le sémiologue Umberto Eco explique que la spéculation interprétative a des limites.
→ *Voir page 117*

Hymes, Dell (né en 1927)

Anthropologue et linguiste américain, il a été professeur à Harvard, Berkeley, puis en Pennsylvanie et enfin en Virginie. Il est surtout connu pour avoir proposé et développé une « ethnographie de la parole » qui influença la pratique des linguistes de la communication. Il a également impulsé un courant d'« anthropologie de la communication », représenté depuis 1972 par la revue *Language in Society*.
→ *Voir page 87*

Implicite

Ensemble des phénomènes par lesquels l'énonciation exprime davantage ou autre chose que le sens immédiat de l'énoncé. Pour la pragmatique*, outre les présupposés, l'implicite concerne ce qu'on laisse entendre (involontairement), ce qu'on donne à entendre (qu'on suggère à dessein), ce qu'on fait entendre (qu'on oblige à déduire par une violation apparente des principes de conversation). Les interactionnistes élargissent l'implicite à l'ensemble des signes qu'échangent inconsciemment les interlocuteurs.

Inférence

Opération logique qui permet de passer d'une proposition à une autre par déduction, induction, généralisation. On désigne aussi par là toute opération par laquelle on admet une proposition dont la vérité n'est pas connue directement, en vertu de sa liaison avec d'autres propositions déjà tenues pour vraies. Par extension, on nomme ainsi la proposition inférée.
→ *Voir page 78*

Interactions verbales

L'étude des interactions verbales fait aujourd'hui partie des sciences du langage à plusieurs titres. Au niveau le plus global elle distingue des types d'interaction selon qu'ils sont :
– complémentaires (consultation, enquête, entretien, transaction) ou symétriques (discussion, débat, dispute) ;
– plus ou moins formels (débat public) ou informels (échange verbal sur l'oreiller) ;
– plus ou moins compétitifs (dispute) ou coopératifs (conversation).
En fait, toutes ces situations exigent un minimum de coopération et de conventions et peuvent être assimilées à des contrats de communication.
Les analyses peuvent faire appel à tous les outils de l'analyse du discours (pragmatique*, énonciation*, argumentation, actes de langage*...). Elles peuvent porter spécifiquement sur les aspects interactifs de ces discours (tours de parole, reprises, reformulations) ou bien sur des procédés généraux de construction du sens (présupposition, implicitation, modalisation, modulation).
→ *Voir page 205*

Jakobson, Roman (1896-1982)

Linguiste d'origine russe, installé en Tchécoslovaquie en 1921, puis aux Etats-Unis en 1941, il publie son œuvre principale *Essais de linguistique générale* en 1963. Il est un des fondateurs de la phonologie* moderne, mais s'intéresse aussi à la poésie et à la fonction de communication du langage. Il collabore avec les fondateurs de la théorie de l'information, Shannon et

Weaver*, et aura une grande influence sur le mouvement structuraliste* en France.

Labov, William (né en 1927)
Professeur de linguistique à New York, il est un des fondateurs de la sociolinguistique*. Son étude de 1962, sur l'île de Martha's Vineyard, montrait comment un changement linguistique pouvait être directement lié à un changement social. Il a mené ensuite de grands programmes de dialectologie urbaine. Son œuvre de référence, *La Sociolinguistique*, a été traduite en 1975.

Langue/parole
Distinction fondatrice de la linguistique générale. La langue, système conventionnel abstrait partagé par tous les locuteurs, s'oppose à la parole, réalisation pratique d'un individu dans une situation. Cette opposition, qui a permis de représenter la langue comme un ensemble de signes cohérents, est abandonnée par la linguistique de l'énonciation*.

Lexique
Ensemble des mots, des unités formant le vocabulaire d'une langue. La lexicologie étudie le vocabulaire et la formation des mots.

Morphème
Plus petit segment de signe porteur de signification. Le mot «valise» constitue à lui seul un morphème, car il ne peut pas être décomposé en éléments plus simples ayant une signification. Mais dans le mot «nageuse», par exemple, «nage» et «euse» sont deux morphèmes qui permettent de distinguer «nageuse» des deux mots voisins «nageur» et «rageuse».

Morphologie
Etude de la formation des mots et des variations de forme qu'ils subissent dans la phrase.

Neurolinguistique
Etude de l'organisation du langage à partir des troubles occasionnés par des lésions corticales.

«Philosophie du langage» ou philosophie analytique
Ecole philosophique anglo-saxonne née en Angleterre dans les années 30. Proche de la logique formelle et de la linguistique, la philosophie analytique rejette la prétention à connaître le monde ou à trouver une vérité. Elle s'intéresse plutôt aux énoncés du langage. Les énoncés «analytiques» sont des énoncés logiques qui portent sur le langage, à la différence des énoncés synthétiques qui portent sur les faits. Pour le courant analytique, l'analyse des propositions linguistiques permet d'augmenter la connaissance en en clarifiant le sens. Le rôle de la philosophie est donc d'élucider le sens du langage. Le courant anglais de la philosophie analytique (ou philosophie du langage ordinaire) est représenté par l'école d'Oxford : John L. Austin* (1911-1960), Gilbert Ryle (1900-1976), Alfred J. Ayer (1910-1989).

Phonème
Unité de base sur le plan sonore (consonnes, voyelles) qui, combinée à

d'autres, forme une unité significative porteuse de sens. « Pin » est un phonème contenu dans « sapin », « pinson » et « pintade ».

Phonétique et phonologie
Ces deux branches de la linguistique s'occupent de la production des sons et de leur signification. On peut les différencier, mais elles sont difficilement séparables.
La phonétique se préoccupe des sons de la parole (ex : les accents, les formes de prononciation des mots…). La phonologie s'intéresse aux sons particuliers que sont les phonèmes*.
→ *Voir pages 41 et 45*

Pragmatique
Elle étudie le langage, et particulièrement la parole, en tant qu'il est un instrument d'action sur autrui. Cette discipline envisage les rapports des signes avec ceux qui les emploient en situation (elle se distingue de la syntaxe* et de la sémantique*). Elle analyse la communication comme une action dans le monde social : elle s'intéresse aux actes de langage* et aux principes de conversation. Le philosophe anglais J.-L. Austin* est la principale figure de la pragmatique.
→ *Voir pages 61, 67 et 73*

Psycholinguistique
Elle s'intéresse aux différents liens entre le langage et les autres fonctions psychiques : mémoire, raisonnement, perception…

Rhétorique
C'est l'art de convaincre. C'est une discipline qui est liée à la parole de l'avocat, de l'homme politique… La rhétorique ancienne concernait aussi bien les fondements d'une pensée convaincante que les aspects physiques de l'expression (gestes, mimiques…). C'est dans la société classique française que la rhétorique s'est peu à peu cantonnée au seul ornement du discours. La rhétorique classique a disparu de l'enseignement à la fin du XIXe siècle.
On appelle « nouvelle rhétorique » le courant de recherche initié par Chaïm Perelman (1912-1984). La nouvelle rhétorique vise à énoncer des règles générales de l'argumentation qui ne tiennent pas uniquement compte de la forme du discours, mais aussi des différents types de réception de l'auditoire.

Saussure, Ferdinand de (1857-1913)
Philologue et linguiste suisse, il enseigna à l'Ecole Pratique des Hautes Etudes à Paris, puis à l'université de Genève. Son *Cours de linguistique générale* (1916) est souvent considéré comme l'acte fondateur de la linguistique comme science. Sa théorie du signe, sa conception de la langue comme système sont les fondements du structuralisme* en linguistique.
→ *Voir pages 21*

Searle, John R. (né en 1932)
Philosophe, enseigne à l'Université de Californie depuis 1959. Il se situe dans le prolongement de l'école d'Oxford et est connu pour avoir systématisé la notion d'acte de langage*. A ce titre, il est un auteur important pour la linguistique pragmatique*.

Sémantique
Domaine de la linguistique qui étudie le sens, la signification des mots et plus généralement le contenu des signes et leur évolution.
Comme adjectif, s'applique à tout ce qui concerne l'attribution d'une signification à un signe ou à un énoncé.

Sémiologie (ou sémiotique)
La sémiologie n'est pas une partie de la linguistique, mais au contraire une discipline englobante. La «science des signes» regroupe non seulement les signes du langage écrit ou parlé, mais aussi les signes visuels (images, symboles).
Cette discipline se préoccupe surtout d'analyser la multiplicité des sens contenue dans un même signe. Son fondateur est l'Américain C.S. Peirce (1839-1914).

Shannon, Claude E. et Weaver, Warren (1894-1978)
Ce sont les fondateurs de la théorie de l'information. Tous deux mathématiciens, ils se sont fait connaître en 1949 par leur Théorie mathématique de la communication.

Signifiant/Signifié
Ce sont les deux versants du signe. Le signifiant représente l'aspect extérieur du signe : le son produit, le graphisme du mot écrit. Le signifié renvoie à l'objet ou l'idée représentée.

Sociolecte
Toute particularité de langage qui peut être considérée comme appartenant à un groupe social ou une catégorie culturelle. Elle peut se placer à trois niveaux différents :
– phonétique* : ce sont les fameux «accents», qui peuvent être régionaux ou traduire une appartenance sociale (populaire, rurale ou bourgeoise).
– syntactique* : il existe des façons de construire les phrases qui classent l'énonciateur de la même façon que les accents selon la région ou la catégorie sociale. «Alors j'y ai dit» est populaire et ne s'utilise pas dans le sud de la France.
– lexical* : les vocabulaires «jeunes», les argots, les vocabulaires d'«initiés» en sont autant d'exemples remarquables.
La notion de sociolecte ne signifie pas que leur emploi est réservé aux membres d'un groupe, mais qu'il fait référence à ce groupe.

Sociolinguistique
«C'est qu'est-ce que je dis», «Je n'en disconviens pas»… on ne parle pas de la même façon dans un quartier populaire et dans les couloirs des grandes écoles. L'expression linguistique varie selon les milieux sociaux. Tel est le but de la sociolinguistique : analyser les rapports entre le langage et la société, et s'intéresser aux formes d'expression, différentes selon les groupes sociaux.
S'il semble indéniable que les faits sociaux agissent sur le vocabulaire, il n'a pas été prouvé qu'il existe des corrélations directes entre un système phonologique*, la morphologie* ou la syntaxe* et la structure d'une société ou d'une civilisation.
→ *Voir page 86*

Strawson, Peter Frederick (né en 1919)

Professeur à Oxford, il est un des auteurs majeurs de la philosophie dite du langage ordinaire qui, dans le prolongement de John L. Austin*, fonde la pragmatique*. Ses travaux fondamentaux portent sur la notion de référence et celle de vérité (*Essays in Philosophical Analysis*, 1952, *Individuals*, 1959). A partir de 1967, il s'intéresse à la philosophie de l'esprit.

Structuralisme

Théorie appliquée à la langue puis étendue à l'ensemble des pratiques sociales. Elle consiste à organiser les faits en un système qui peut se décrire explicitement de façon cohérente, interne et autonome sans se référer à autre chose qu'à lui-même. Le système de la linguistique structurale définit la valeur des signes par les séries de leurs oppositions, dans un ensemble pleinement cohérent à un moment donné (synchronie). Par exemple, un texte doit pouvoir être décrit sans référence sociale ou historique autre que celle qu'il met lui-même en évidence et sans recours aux intentions supposées de son auteur.

Syntagme

Ferdinand de Saussure désigne par syntagme toute combinaison d'unités linguistiques (lettres, mots…) qui se suivent et sont liées entre elles. Par exemple, « le chien » est le syntagme nominal dans la phrase : « le chien aboie ». Ce syntagme, fait de deux éléments, se compose du déterminant « le » et du nom « chien ».

Syntaxe

Etude des règles par lesquelles les mots se combinent et s'agencent entre eux pour former une phrase cohérente. Plus généralement, elle se donne pour but de décrire les relations existantes entre les unités linguistiques et des fonctions qui leurs sont attachés. Alors que la grammaire décrit les règles d'usage, la syntaxe recherche la logique sous-jacente.

Traitement automatique du langage naturel (TALN)

Le langage naturel, c'est le langage humain (par rapport aux langages informatiques). Les TALN désigne donc l'ensemble des techniques visant à décoder et faire reproduire par un ordinateur le langage humain : synthèse vocale, lecture et traduction automatiques, reconnaissance de l'écriture…

Wittgenstein, Ludwig (1889-1951)

La pensée de L. Wittgenstein, exprimée dans le *Tractatus logique-philosophicus* (1921), a fortement influencé le courant du positivisme logique du Cercle de Vienne*. Notre connaissance du réel est tributaire du langage. Or, le langage repose sur des enchaînements logiques qui sont cohérents entre eux mais ne reflètent que fortuitement la structure du monde. La plupart des discours que nous tenons sur le monde sont, en règle générale, non vérifiables. Le rôle de la pensée authentique ne vise pas à atteindre une connaissance vraie ; il est d'élucider les propositions de notre langage.

Dans ses écrits postérieurs, L. Wittgenstein remet en cause sa vision du langage-image. Il aborde le langage sous l'angle de sa fonction dans la communication. Le langage n'est pas destiné à représenter le monde, mais, le plus souvent, à agir sur autrui. Cette « seconde » philosophie de L. Wittgenstein sera à l'origine du courant de la philosophie du langage anglo-saxonne et de la théorie des actes de langage défendue par John L. Austin* et John R. Searle*.

BIBLIOGRAPHIE GÉNÉRALE

OUVRAGES GÉNÉRAUX

S. AUROUX, *Histoire des idées linguistiques*, 3 vol., Mardaga, 1990-92-2000.

J. DUBOIS, M. GIACOMO, L. GUESPIN, C. MARCELLESI, J.-B. MARCELLESI, J.-P. MÉVEL, *Dictionnaire de linguistique et des sciences du langage*, Larousse-Bordas/Her, 1999.

O. DUCROT et J.-M. SCHAEFFER, *Nouveau Dictionnaire encyclopédique des sciences du langage*, Seuil, 1999.

C. FUCHS et P. LE GOFFIC, *Les Linguistiques contemporaines*, Hachette, 1996.

J. MOESCHLER, *Introduction à la linguistique contemporaine*, Armand Colin, 2000.

J. MOESCHLER et A. REBOUL, *Dictionnaire encyclopédique de Pragmatique*, Seuil, 1994.

Revue *Langages*, « Diversité de la (des) science(s) du langage aujourd'hui », Larousse, n° 129, mars 1998.

LA STRUCTURE DU LANGAGE

N. CHOMSKY, *Structures syntaxiques*, Seuil, 1979 (1re éd. 1957).

N. CHOMSKY, *La Nouvelle Syntaxe*, Seuil, 1986.

F. DE SAUSSURE, *Cours de linguistique générale,* Payot, 1995 (1re éd. 1916).

A. MARTINET, *Syntaxe générale*, Armand Colin, 1994.

C. NIQUE, *Initiation méthodique à la grammaire générative*, Armand Colin, 1993.

J.-Y. POLLOCK, *Langage et cognition, introduction au programme minimaliste de la grammaire générative*, Hermès, 1998.

N. TROUBETSKOY, J. CANTINEAU, L.J. PRIETO (éds), *Principes de la phonologie*, Klincksieck, 1986 (1re éd. 1939).

LANGAGE ET COMMUNICATION

B. BERNSTEIN, *Langage et classes sociales. Codes socio-linguistiques et contrôle social*, Minuit, 1993.

P. BOURDIEU, *Ce que Parler veut dire : L'économie des échanges linguistiques*, Fayard, 1982 (éd. 2001, revue et augmenté : *Langage et pouvoir symbolique*)

H. BOYER, *Introduction à la sociolinguistique*, Dunod, 2001.

J. CERVONI, *L'Enonciation*, Puf, 1992.

R. GHIGLIONE et A. TROGNON, *Où va la pragmatique ?*, Pug, 1993.

J. GUMPERZ, *Engager la conversation. Introduction à la linguistique interactionnelle*, Minuit, 1989.

C. KERBRAT-ORECCHIONI, *Les Interactions verbales*, 3 tomes, Armand Colin, 1990-1994.

W. LABOV, *Sociolinguistique*, Minuit, 1976.

J. MOESCHLER et A. REBOUL, *La Pragmatique aujourd'hui. Une nouvelle science de la communication*, Seuil, 1998.

LA SCIENCE DES SIGNES

R. BARTHES, *L'Aventure sémiologique*, Seuil, 1991.

P. CHARAUDEAU, *Langage et discours. Eléments de sémiolinguistique*, Hachette, 1983.

U. ECO, *Le signe ; histoire et analyse d'un concept*, Lgf, 1992.

N. Evereart-Desmedt, *Le Processus Interprétatif*, Mardaga, 1995.

A. Hénault, *Histoire de la sémiotique*, Puf, « Que sais-je ? », 1997.

J.-M. Klinkenberg, *Précis de sémiotique général*, Seuil, 2000.

C. et R. Marty, *99 Questions sur la sémiotique*, CRDP Montpellier, 1995.

L'ORIGINE DU LANGAGE

L. Cavalli-Sforza, *Gènes, Peuples et Langues*, Odile Jacob, 1996.

J.-L. Dessalles, *Aux origines du langage*, Hermès Sciences, 2000.

G. Jucquois, *Pourquoi les hommes parlent-ils ? L'origine du langage humain*, Académie royale de Belgique, Classe des lettres, 2001.

S. Pinker, *L'Instinct du langage*, Odile Jacob, 1999.

C. Renfrew et M. Miech-Chatenay, *L'Enigme indo-européenne. Archéologie et langage*, Flammarion, 1993.

M. Ruhlen, *L'Origine des langues. Sur les traces de la langue-mère*, Belin, 1996.

J.-A. Rondal, *Le Langage. De l'animal aux origines du langage humain*, Mardaga, 2000.

HISTOIRE ET DIVERSITÉ DES LANGUES

L.-J. Calvet, *Pour une écologie des langues du monde*, Plon, 1999.

L.-J. Calvet, *La Guerre des langues et les politiques linguistiques*, Hachette, 1987 (rééd. 1999).

J. Chauraud et J.-P. Couderc (dir.), *Nouvelle Histoire de la langue française*, Seuil, 1999.

C. Hagège, *Halte à la mort des langues*, Odile Jacob, 2000.

G. KERSAUDY, *Langues sans frontières. A la découverte des langues de l'Europe*, Autrement, 2001.

B.L. WHORF, *Linguistique et anthropologie*, Denoël, 1969.

Revue *Raisons politique*s « La République des langues », n° 2 (nouvelle série), mai 2001.

LES APPLICATIONS

A. BORZEIX, S. PÈNE, B. FRAENKEL (éds), *Le Langage dans les organisations : une nouvelle donne*, L'Harmattan, 2001.

A. BORZEIX, B. FRAENKEL, *Langage et Travail*, Cnrs édition, 2001.

D. BOULLIER et M. LEGRAND, *Les Mots pour le faire. Conception des modes d'emploi*, Descartes et Cie, 1992

C. FUCHS (dir.), *Linguistique et Traitement automatique des langues*, Hachette, 1993.

F. KAPLAN, *La Naissance d'une langue chez les robots*, Hermès, 2001.

A. LAZAR (coord.), *Langage(s) et travail : enjeux de formation*, Inrp Paris, 1998.

L'ACQUISITION DU LANGAGE

B. DE BOYSSON-BARDIES, *Comment la parole vient aux enfants*, Odile Jacob, 1996.

M. FAYOL et M. KAIL, *L'Acquisition du langage. Le langage en développement au-delà de trois ans*, 2 vol., Puf, 2000.

A. FLORIN, *Le Développement du langage*, Dunod, 1999.

D. GAONAC'H, *Théories d'apprentissage et acquisition d'une langue étrangère*, Hatier, 1987.

M. RICHELLE et M.L. MOREAU, *Acquisiton du langage,* Mardaga, 1997 (5ᵉ rééd.).

J.-R. RONDAL, *Comment le langage vient aux enfants*, Labor, 1999.

LANGAGE ET PENSÉE

N. CHOMSKY, *Le Langage et la Pensée*, Payot, 1990.

J. HABERMAS, *Théorie de l'agir communicationnel*, tomes I et II, Fayard, 1987.

D. LAPLANE, *La Pensée d'outre-mots. La pensée dans langage et la relation pensée-langage*, Synthélabo, 1997.

D. LESTEL, *Paroles de singes : L'impossible dialogue homme-primate*, La Découverte, 1995.

J. PIAGET, *Le langage et la pensée chez l'enfant : études sur la logique de l'enfant*, Delachaux et Nestlé, 1992 (1re éd. 1923).

L. VYGOTSKI, *Pensée et Langage*, La Dispute, 1997 (1re éd. original 1934).

INDEX THÉMATIQUE

Acquisition : 12-13, 30-31, 98, 143, 150, 166-167, 259-263, 265-269, 271-280, 292-293, 294, 301
Acte de langage : 17, 58, 61, 63, 65, 74, 101
Aire de Broca : 148, 297
Analyse conversationnelle : 59, 76, 88-89
Anglais : 202, 204, 205, 268, 269
Animal : 2-3, 141, 147, 149, 150, 169, 283-289
Aphasie : 12, 297-302
Argot : 87, 229-233
Argumentation : 17, 81-85, 101, 129

Behaviorisme : 30, 284, 294
Bilinguisme : 265, 271, 277
Blason : 114

Carré sémiotique : 114, 124
Cercle de Copenhague : 16
Cercle de Prague : 7, 16, 25-28
Cerveau : 146, 148, 157, 167-168, 175-176, 189-190, 193, 194, 272, 297, 299
Code : 57, 58, 67, 69, 70, 73, 74, 75, 76, 78, 100, 101, 107, 108, 122
Code signalétique : 114
Communication : 26, 51, 52, 57-60, 61, 67, 68, 69, 73, 74, 76, 77, 79, 87-89, 100, 101, 141, 142, 147, 194 ; 209-215, 241, 242, 244
Compétence : 30, 76, 87, 88, 100, 140, 141, 142, 143-144, 145, 146, 165, 166, 174, 261, 279
Conceptualisme : 128, 133
Constructivisme : 165, 166, 168
Consonne : 95
Conte : 28, 114
Contenu : voir expression
Contexte : 10, 52-53, 58, 59, 60, 69, 70, 74, 77, 86-89
Créole : 5, 145, 180

Culture : 9, 140, 142, 148-149, 150, 151, 158, 169, 170, 175-176, 185-190, 194, 202, 204, 209-215

Diachronie: 22-23, 45, 223
Dialecte : 4, 5-6, 7, 98, 218, 219, 220-221, 222, 223, 227
Dictionnaire : 253-255
Distributionnalisme : 16
Double articulation : 2, 50, 148

Ecole : 6, 262, 268
Ecole de Prague : voir Cercle de Prague
Ecrit-oral : 91, 94, 95, 98, 202
Enfant : 12, 144, 145, 150, 166-167, 259-263, 265, 267, 271-280, 291-296, 305
Enonciation : 58, 101
Entreprise : 239-245, 247-252
Ethnographie de la communication : 17, 76, 87-88
Ethnolinguistique : 17, 185-190, 192
Expression/contenu : 107-108

Fonction : 3-4, 17, 26-27, 28, 51, 240
Fonctionnalisme : 46, 51
Français : 5-6, 35-39, 43, 91-98, 196, 201-208, 217-227

Glossématique : 16
Grammaire universelle, générative : 16, 29-33, 35-39, 73, 101, 102, 144, 146, 165, 166-167
Guinée : 207

Herméneutique : 117-119
Hermétisme : 118
Hopi : 187-188

Icône : 109
Image : 110-111
Implication : 78

Implicite : 59, 60, 69, 70
Indice : 109
Indo-européen : 47, 48, 50, 158-159, 161, 162, 181, 223, 224
Industrie de la langue : 43, 101-102, 176-177, 241
Inférence : 69-71, 77-78
Innéisme : 100, 140, 143, 145, 150, 151, 165, 166, 167, 175-176, 189-190, 194, 261
Intention : 52, 58, 59, 63, 72, 76, 101
Interaction verbale ; 88, 89, 209-215, 244, 261-262, 307
Interprétation : 77, 117-119
Intonation : 92, 96

Jeunes : 229, 230, 231, 232, 233

Langage des signes : 145, 150, 263
Langue/parole : 22, 57
Langues du monde : 4, 100, 158-163, 176, 180-183, 193-195
Langue-mère : 47, 48, 100
Langues minoritaires : 100, 198-199
Langues romanes : 223-224
Latin : 221, 222, 223
Lexique : 92

Malentendu : 67-72
Manipulation : 72
Média : 113
Milieu social : 13, 17, 43, 86-89, 93, 94, 95, 96-97, 242, 262, 305-306, 307, 308
Mode d'emploi : 243, 247-252
Mohawk : 37
Monème : 2, 51
Morphème : 7
Morphologie : 7, 92

Narratologie : 28
Neurolinguistique : 12, 146, 297-302
Néogrammaire : 25
Nominalisme : 128, 130
Normes : 87, 97, 215, 222
Norvège : 207

Onomatopée : 23
Organe de la parole : 49, 148, 157, 158

Pensée : 11-12, 51, 165-170, 185-190, 283-289, 291-296, 300-302, 304, 305-308.
Pertinence : 63-64, 70, 71, 75, 77
Philosophie : 58, 59, 61, 63, 82, 106, 127-130, 171-177
Phonème : 2, 51, 52
Phonétique : 31, 51
Phonologie : 7, 26, 41-43, 45-53, 69, 94, 101
Performance : 30
Persuasion : 81
Pidgin : 145, 149, 180
Poésie : 75
Politique : 6, 99, 196, 198-199, 201-208, 219, 221, 222, 223, 268-269
Pragmatique : 17, 58, 61, 64, 65, 69-72, 73-79, 75, 101
Préhistoire : 100, 141-142, 148-151, 153-163
Présupposé : 59, 60, 65
Prononciation : 95
Protolangage : 142, 149
Prototype : 131-132
Psycholinguistique : 12, 271-280, 284, 297-302

Quiproquo : 68

Rationalité : 82, 171
Réalisme (objectivisme) : 127, 128, 130
Récit : 114
Référent : 107
Relativisme : 9, 185-190
Représentation : 2-3, 10, 36, 82
Rhétorique : 17, 81, 82
Rituel : 74

Salutations : 212-214
Savoir commun : 76, 77, 289
Sémantique : 8, 10, 69, 81, 101, 127-133,
Sémiologie-sémiotique : 28, 105-112, 113-115, 117-119

Signal : 67, 68, 78
Signe : 12, 23, 105-112, 127, 130-131
 – icônique : 110-111
 – plastique : 110-111
Signifiant : 23-24, 107, 111, 125
Signifié : 23, 24, 78, 83, 107, 111, 125
Signification : 10-11, 59, 60, 63, 69, 74, 77, 106, 113-115, 125, 127-133
Sociolecte : 59, 98
Sociolinguistique : 13, 17, 86-89, 91-98, 242, 244, 245
Stimulus : 107, 111
Structure : 23, 24, 30-31, 47
Structuralisme : 7, 16, 23, 24, 25-28, 76, 100 ; 140
Stylistique : 26, 96-97
Symbole : 11-12, 23, 109, 283-289

Synchronie : 22-23, 26, 45
Syntaxe : 8, 29-33, 35-39, 69, 92, 95, 101
Système : 23, 26, 42

Théorie de l'information : 57, 60, 67, 73, 122
Tour de parole : 211-212
Traduction : 9, 172, 174, 251
Traitement automatique du langage (TALN) : 29, 43, 101, 146, 176
Travail : 239-245

Universaux : 8-9, 41, 42, 190, 191

Vérité : 62, 63, 77, 78, 128, 129, 130, 171-172
Voyelle : 92

INDEX DES NOMS DE PERSONNES

Abélard P. : 128
Alexander E. : 302
Anscombre J.-C. : 65, 83, 101, 129
Aristote : 75, 127, 289
Auroux S. : 73-79, 171-177
Austin J.L. : 16, 59, 61-65, 74

Baker M. : 36
Balibar R. : 220
Bally C. : 22
Barthes R. : 113, 114, 121
Bellugi U. : 175
Benveniste E. : 3, 11, 27, 58, 74
Berk L. : 294
Berlin B. : 189
Bernstein B. : 86-87
Bickerton D. : 145, 149
Bloomfield L. : 16
Bonhours : 222
Bossers B. : 277
Boullier D. : 247-252
Bourdieu P. : 65, 93, 87
Boutet J. : 242
Brémond C. : 28
Broca P. : 297
Bronckart J.-P. : 303-308
Brøndal V. : 27
Brown R. : 189
Bruner J. : 262, 305
Byalystok E. : 277
Byrne R.W. : 288

Cabin P. : 239-245
Carroll R. : 212
Cavalli-Sforza : L. : 100, 161
Calvet L.-J. : 99, 197-204, 230
Caramazza A. : 299
Carnap R. : 58, 63
Cérellier G. : 170
Cerquiglini B. : 197-203, 221
Changeux J.-P. : 170

Chapelle G. : 71, 259-263, 297-302
Chency D.L. : 288
Chomsky N. : 9, 16, 27, 29-33, 57, 73, 74, 76, 88, 100, 101, 140, 143, 144, 165-170, 171, 174, 175, 189, 194, 261, 272, 284, 289
Condillac : 128, 154
Coppens Y. : 157
Corballis M.C. : 149
Courtés J. : 121-126

Dante : 221
Davidson I. : 150
Deacon T. : 150
Dehaene S. : 260
Dehaene-Lambertz G. : 260
Descartes R. : 127
Dessalles J.-L. : 4
Dolgopolski A. : 159
Donald M. : 149
Dortier J.-F. : 32-33, 147-151, 165-170
Ducrot O. : 65, 74, 81-85, 101, 129
Dufva M. : 278
Dumas G. : 276
Dummett M. : 129

Eco U. : 115, 117-119
Ehrlich S. : 262
Eluard P. : 75
Estienne R. : 222

Faita D. : 243
Felix S.W. : 276
Feuer L. : 189
Floch J.-M. : 114-115
Florin A. : 262
Fodor J. : 168-169
Fornel M. de : 65
Fossey D. : 287
Fournier M. : 93, 97, 226, 229-233
Fouts R. : 285

Gadet F. : 91-98
Gaonac'h D. : 271-280
Gardin B. : 240
Gardner A. : 283, 284
Gardner B. : 283, 284
Gardner H. : 298
Garfinkel A. : 277
Gamkrelidze T.V. : 162
Goffman E. : 59, 76, 88
Goodall J. : 287
Goudailler J.-P. : 230, 232
Gould S.J. : 158
Greenberg J.H. : 100, 159, 160
Grégoire Abbé : 223
Greimas A.J. : 28, 114, 122, 124, 125
Grice P. : 59, 63, 74-75
Grosjean J. : 75
Gumperz J.J. : 17, 76, 89

Habermas J. : 305, 306
Hagège C. : 6, 99, 187-192, 265-269
Halle M. : 27
Harris Z. : 16
Haudricourt A.-G. : 154
Heilenman L. : 273
Herman L. : 289
Hjelmslev L.T. : 16, 24, 27, 113, 121
Hobbes T. : 128
Hœfnagel-Höhle M. : 273
Holloway R. : 148
Hubel D. : 168
Hulstijn J. : 277
Hymes D. : 17, 76, 87-88

Illitch V. : 159
Inhelder B. : 168
Ivanov V.V. : 162

Jacob F. : 167, 169-170
Jakobson R. : 4, 7, 16, 17, 24, 25, 26, 27-28, 114, 192
Jespersen O. : 172
Johnson J. : 274
Journet N. : 25-28, 57-65, 78, 99-102, 113-115, 139-146, 185-190, 197-204, 266-267

Kay P. : 189
Kerbrat-Orecchioni C. : 209-215
Klinkenberg J.-M. : 105-112,
Krieg A. : 21-24
Karcevski S. : 25-26

Labov W. : 13, 17, 59, 86
Lacoste M. : 244
Laks B. : 41-43
Langaney A. : 161
Laplane D. : 301-302
Launey M. : 193-195
Lecomte J. : 291-296
Lenneberg E. : 189, 272
Lestel D. : 283-289
Lévi-Strauss C. : 24, 124, 192
Lewis D. : 76
Lieury A. : 262
Lightbown P. : 279
Locke J. : 128
Lordat : 301

Malherbe : 222
Malmberg B. : 154
Mandelbaum-Reiner F. : 231
Marchello-Nizia C. : 217-227
Martinet A. : 17, 24, 27-28, 45-53, 122, 266
Mathesius V. : 25
Mehler J. : 30, 143, 170, 259, 274
Meigret L. : 222
Meillet A. : 21
Mellars P. : 142
Mercuri A. : 278
Merleau-Ponty M. : 11
Mettrie La : 283
Metz C. : 114
Miles L. : 284
Mœschler J. : 101
Moles A. : 250
Monod J. : 168, 169-170
Morier : 154
Morris C. : 114
Mounin G. : 31, 114
Mukarovsky J. : 25
Müller M. : 154

INDEX DES NOMS DE PERSONNES

Newport E. : 274
Nicot J. : 222
Nikolaiev : 159
Noble W. : 150
Noiré : 154

Palsgrave : 222
Panofsky E. : 115
Papert S. : 170
Patterson F. : 284, 288
Péchoin D. : 253-255
Pedersen H. : 158
Peirce C.S. : 107, 113, 122
Pepperberg I. : 289
Perleman C. : 17
Peyraube A. : 153-163
Piaget J. : 12, 165-170, 189, 292, 293, 294, 301, 304
Piattelli-Palmarini M. : 170
Pinker S. : 143, 144, 261
Platon : 127
Pléty R. : 295
Pollard J. : 278
Pollock J.-Y. : 35-39
Premack D. : 169, 170, 283-284, 285
Prieto L.J. : 122
Propp V. : 28
Putman H. : 129, 170

Quiatt D. : 288
Quillier P. : 154
Quine W.V.O. : 129, 172

Ramus : 206, 222
Rapp B.C. : 299
Rastier F. : 124, 180
Reboul A. : 67-72, 101
Recanati F. : 65
Renan E. : 154
Renfrew C. : 162
Ricœur P. : 308
Roubstov V. : 295
Ruhlen M. : 100, 159, 160-161, 162
Roycourt D. : 29-31
Rousseau J.-J. : 154
Rumbaugh D. : 285-287

Russell B. : 58, 63

Sankoff D. : 86
Sapir E. : 9, 16, 159, 185-190
Saussure F. de : 7, 12, 16, 21-24, 26, 28, 58, 101, 113, 121, 122, 123, 128, 130, 140, 193, 304
Savage-Rumbaugh S. : 285-287
Searle J.R. : 31, 59, 63, 74
Sebeok T. : 284-285
Sécheaye A. : 22
Selinker L : 276
Seyfarth R.M. : 288
Shannon C.E. : 57
Schiffer S.K. : 76
Singleton D. : 279
Skarostine S.A. : 159
Skinner B.F. : 29, 140, 284
Snow C. : 273
Spada N. : 279
Sperber W. : 64, 70, 77
Strawson F.S. : 60, 63, 74
Svitytch : 159
Swain M. : 276

Tabor K. : 277
Terrace H. : 284, 285
Tesnières A. : 27
Testot L. : 154-155
Toubon J. : 200-201
Todorov T. : 28
Toulmin S. : 170
Troubetskoy N. : 7, 16, 24, 25, 26, 27
Tyson E. : 283

Valéry P. : 52
Vaugelas : 202, 222
Vico G. : 154
Vygotski L.S. : 262, 291-296, 305
Villon F. : 230
Voeten M. : 278

Walter H. : 95, 99, 232
Weaver W. : 57
Wernicke K. : 299
Whiten A. : 288

Whorf B.L. : 16, 185-190
Wiesel T. : 168
Wilson D. : 64, 70, 77
Wittgenstein L. : 58, 300

Wundt W. : 154

Yelland G. : 278
Young T. : 181

Achevé d'imprimé en décembre 2001
sur les presses de l'Imprimerie Nationale
N° d'impression : 1 020646 1
Imprimé en France
Dépôt légal 4e trimestre 2001